古琴卷 07
东汉拓版
希纸珂罗版印

白鹤梁题刻整理与研究

重庆中国三峡博物馆·重庆博物馆

■ 刘兴亮 著

重庆大学
出版社

前言

"白鹤梁位于重庆市涪陵区城北离南岸约100米的长江水中，全长约1600米，宽10～15米，是一道由坚硬的砂岩和软岩交互重叠而成的天然石梁。其状自西向东伸展，与江流平行，以14.5°的斜面向北倾斜，相传早年因常有白鹤群居梁上而得名。白鹤梁平时隐伏于江水之中不能得见。唯遇江水特别枯落时方能显露。唐代广德元年（763），人们在石梁上镌刻鲤鱼一对作为枯水标记，以后每逢鲤鱼显出水面，便有人到石梁上题写年代、日期、观鱼情形等，并镌刻出来，于是形成了当地特有的一大人文景观。"[1]

据中共涪陵市委宣传部所编《涪陵市》一书所作统计，"从唐代至今，白鹤梁上共有题刻174段。能构成水文资料的有114段共3万余字，其中唐代3段，宋代74段，元代3段，明代12段，清代11段，民国5段，新中国2段，年代不详者4段。除文字题刻外，还有鱼雕12尾、观音像、白鹤图各一幅"。[2]但是由于白鹤梁题刻区表面为厚约1~1.5米的坚硬砂岩，其下又是厚度在2米以上的软质页岩，致使题刻区高低不平，客观上造成历代所镌题刻多排列无序，参差不齐，加之对题刻本身的认识不一，同一处文字有研究者认为是一段题刻，但也有人将其看成两段甚至更多，这样无形中就造成

了各方所作白鹤梁题刻文字的统计数据多寡各有不同。例如曾参与白鹤梁水下题刻保护工程的谢向荣等人所编《水下文化遗产保护——白鹤梁题刻原址水下保护工程》一书所列各类数据与上文所言《涪陵市》一书所作统计大体相同，但孙华教授则认为"东区的石鱼有11组15尾，文字题刻157段，清代以前的早期题刻全都在这一区域；西区有石鱼3组3尾，图像2幅、文字题刻28段，除一段年代不明外，其余全都是清代及其以后的题刻"。至于题刻总数，则"石鱼14组18尾，其他图像雕刻3幅（其中白鹤雕刻1幅，观音及人物线刻2幅），文字题刻183则，文字约12000字，在所有年代明确的题刻中，年代最早的是唐广德二年（764）前的石鱼，题刻包括唐代前1则、北宋27则、南宋71则、元代5则、明代18则、清代27则、近代13则、现代3则，年代不详者18则"[3]。又，《涪陵白鹤梁》一书所记数据与此相同。[4]陈曦震、陈之涵所编《中国长江水下博物馆——白鹤梁题刻》则云，文人题刻约174段，而其中宋代题刻有103段，元代有5段，明代有17段，清代有24段，民国有11段，新中国有3段，年代不详的有11段。[5]

具体统计数据大家或有不同，但对于白鹤梁题刻所记载1200多年间72个年份的长江枯水水文情况，历来都为研究者所珍视，其所蕴含的史料信息

[1] 中共涪陵市委宣传部：《涪陵市》，重庆出版社，1996年，第156页。

[2] 同上。

[3] 孙华：《申报中国世界文化遗产预备名单项目——白鹤梁题刻》（内部报告），2013年。

[4] 重庆市文物局、重庆市移民局：《涪陵白鹤梁》，文物出版社，2014年，第9页。

[5] 陈曦震、陈之涵：《中国长江水下博物馆——白鹤梁题刻》，重庆出版社，2003年，第1页。

也为学者所看重。尤其是现在人们发现唐代线雕双鲤的鱼眼，竟与现今涪陵长江零点水位相当，这比我国在长江上设立的第一根水尺——武汉江汉关水尺的水位观测记录还要早1100多年，充分体现了巴渝地区先民的杰出智慧。

当然，白鹤梁题刻还有很高的艺术价值。这批题刻大多出自历代士大夫之手，其中有名可考者就有约300余人，除北宋诗人、书法家黄庭坚题"元符庚辰涪翁来"外，还有朱昂、庞恭孙、晁公遡、吴革、杨名时、王士禛等人的诗文题刻。颜、柳、苏、黄、赵，楷、草、行、隶、篆各体皆备。白鹤梁题刻曾使"行商往来停舟见，节使巡回驻马镌"，故被誉为"水中碑林"，是三峡库区重要的国家级文物保护单位。

历代以来，特别是清末以后，对于白鹤梁题刻的研究渐趋深入，无论是传统的金石碑帖角度的考察，还是现代学术视野之下的多学科综合研究，其成果均代有所呈。

重庆中国三峡博物馆作为白鹤梁题刻遗址的主管单位，早在20世纪中期就展开了对石鱼文字的调查工作。自1953年起，几代文博人围绕白鹤梁先后进行了大量田野考古与野外调查、数据采集。在此期间，博物馆积累了一大批有关白鹤梁题刻的第一手资料，但令人遗憾的是，由于种种原因，这些材料大都未能呈现于世人面前，尚不得为外界所知。基于充分保护与利用白鹤梁资料的需要，也为更好地宣传白鹤梁，打响白鹤梁题刻的学术知名度，笔者在吸收现有发表成果的基础上，立足于馆藏材料，对重庆中国三峡博物馆藏白鹤梁题刻拓片进行整理，并就题刻本身所隐含的一些史实予以考证与申述。

本书由白鹤梁题刻的点校、资料汇总以及相关问题研究等三部分组成。题刻点校在大量参阅相关资料的基础上，比勘异同、标点断句，对存在的一些重要问题，以按语形式在题刻录文后予以考述。题刻研究则是从文献学的视角探讨白鹤梁题刻题名人、题刻断代、题刻所涉及人物生平、题刻所反映出的地域或全局性史学议题。除上述内容之外，本书还就百年来白鹤梁题刻的研究状况进行了分段梳理，对相关问题的研究前景做了展望。

客观地说，本书所做工作和努力是在充分吸收前人研究成果的基础上所进行的汇总与补充，旨在通过本书，能为白鹤梁题刻的继续深入研究有所助力和推进。

本书所做几个方面的工作固然有一定学术价值，但也存在不小的难度。尤其点校工作，前人成果再再有之，要想有所突破，则需作仔细的梳理，翔实的订正与勘误。为了保证点校的质量，本书遵循和采用以下基本原则和方法。

一、本次辑录所用拓本以重庆中国三峡博物馆藏拓本为底本。该批拓片主要拓取于20世纪60年代，与北京大学藏缪全孙拓片及贵州省博物馆藏拓相比，虽年代不能称之为久远，但其收罗较为齐全，拓片数量较多，且拓片本身保存质量较好，所做基础工作较为细致，足以为点校提供较为完备的基础资料。[1]

二、本研究充分吸收前人研究成果，如姚觐元、钱保塘《涪州石鱼文字所见录》，钱保塘《涪州石鱼题名记》，陆增祥《八琼室金石补正》，曾超《三峡国宝研究——白鹤梁题刻汇录与考索》，李胜《白鹤梁石刻题名人考按一百二十二则》，陈曦震、陈之涵《中国长江水下博物馆——白鹤梁题

---

[1]　重庆中国三峡博物馆藏拓本主要包括20世纪五六十年代馆内椎取拓本、1964年征集拓本和1973年馆内椎取拓本三部分，其中五六十年代椎取拓本数量最多，此次整理即以这批拓本为底本，同时适度利用了1964年征集拓本和1973年馆内椎取拓本，对于馆内所无拓本，则以他馆所藏补齐。

刻》，《中国西南地区历代石刻汇编·四川重庆卷》《长江三峡工程水库水文题刻文物图集》，黄海《白鹤梁题刻辑录》，王晓晖《白鹤梁题刻汇集校注》等均为本书整理研究提供了不小的帮助。

三、原拓本所见笔误及镌刻之误及俗体字、异体字、泐损字等凡可确定者，均直接改正为通行简体字，不出校记；而涉及重要人物或影响题刻整体判断者，则改正后在按语中予以说明。

四、馆藏拓本内容清晰可辨，而他书所录存有异文者，于按语中列出他书之说，但不下断语。他书录文或断句有明显错误者，则作简要说明。

五、比勘直接和间接引用的古籍资料，不恢复题刻省改的内容，但凡有明显的差别或错误则于按语中注明，并注明出处。

六、题刻文字中所涉及避讳字，直接回改，不做单独说明。少量足可引起歧义者，则出校。

七、馆藏拓本文字无法释读者，用"□"标示。若他书有已释读者，于按语中列出他书文字。若本书可释读而他书空缺之字，同样列他书之说，以备呈其说。

八、本书引用文献置于题刻后。凡引用关键字或对题刻中人名、官职有所考证者，则详示出处。

九、本书在单个拓片考证之外，另将题刻所见二十位宋人事迹单列于后文，专章考述，以期详简有别。

十、本书在录文过程中，对部分拓本文字作形式上的些许调整，以适应排版之需要，不作具体说明。此外，还将《涪州石鱼文字所见录》《涪州石鱼题名记》《八琼室金石补正》等书以及清代涪州诸地方志所载题刻文字目录制成简表附于书末。另制成《白鹤梁题刻人名索引》以便于学界同好检索。

以上为本研究所本之原则。因文献点校过程较为复杂，绝非简单句读而能概括，故在题刻实际整理过程中，亦依据具体情况做了部分变通，这一点是使用者尤其需要注意的。

在本次整理研究过程中，重庆中国三峡博物馆馆长程武彦先生多次就课题设计及文稿撰写提出宝贵意见，此书能最终得以完稿亦多赖其耳提面命。重庆中国三峡博物馆前辈学者董其祥、龚廷万、胡人朝、刘豫川等先生所做前期工作，为本书研究奠定了坚实的基础。长江师范学院李胜、曾超、王晓晖，涪陵博物馆黄海等先生的前期研究则为本书提供了某种参考与借鉴。北京大学孙华教授为本书写作提供重要学术信息。重庆中国三峡博物馆董越、重庆图书馆蔡斌两位先生于百忙之中提供馆藏资料。胡昌健先生对本书写作中的一些具体问题提供了极具价值的看法，在排难解疑中发挥了重要的作用。重庆中国三峡博物馆原馆长、馆学术委员会主任黎小龙教授为本书立项费力良多，在此一并致谢。

金石拓本文字的整理研究本来就花工费力，而本书面对的又是流传不广且残损严重的白鹤梁题刻文字，若对其做出精准的考证与恰当的分析，尤须著者深耕细耙。为让本书能够尽量减少不必要的讹误与遗漏，在本书点校研究中，笔者尽量细致谨慎，力求做到言必有据、述必成理。当然，由于眼界、学识等诸方面的原因，本书肯定仍存在不少的问题，恳请读者批评指正。

刘兴亮

乙未冬至后一日

目录

第一章

百年來白鶴梁題刻研究狀況

从史料记载来看，白鹤梁题刻出现时间较早，但清代以前文献少有以"白鹤梁"三字相称者，而是多以"石鱼""双鱼""石刻双鱼""瑞鳞""石梁""石鱼浦""白鹤脊"等称之。《舆地纪胜》卷一七四[1]中曾记涪州石鱼云，石鱼"在涪陵县下江心，有双鱼刻石上，每一鱼三十六鳞，一衔蒌草，一衔莲花。有石秤、石斗在旁，三五年或十年一出，出必丰年。唐大顺元年镌，古今诗甚多，刘忠顺有诗见在石上"[2]。对于此段文献，以往学者多有利用，但是解读方式则各有不同。虽争议尚存，无论如何均不容否认，至晚在唐大顺元年（890）之前，白鹤梁上已经多有题记[3]，也可以说，古人对于白鹤梁题刻的认知与附会，在此时已经成形。然令人遗憾的是，唐代及更早历史文献中，对于白鹤梁题刻则并无更多记载，这样一来，成书于宋初的《太平寰宇记》实际就是有关题刻线索的最早记录。《太平寰宇记》有载："杂居溪洞，多是蛮獠，其性犷悍，其风淫祀，礼法之道，固不知之。开宝四年，黔南上言江心有石鱼见，上有古记，云广德元年二月，大江水退，石鱼见，部民相传丰稔之兆。"[4]《太平寰宇记》之后，宋人地理类志书诸如《舆地纪胜》《方舆胜览》等书也陆续有对石鱼的记载，特别是《舆地纪胜》《方舆胜览》二书均有引录的宋人马提干《涪州五十韵》诗，"地据襟喉重，城依雉堞坚。东渐邻楚分，南望带夷边。舟楫三川会，封疆五郡连。人烟繁峡内，风物冠江前。溪自吴公邑，园由妃子传。许雄山共峻，马援坝相联。滩急群潈沸，崖高落马悬。石鱼占岁稔，铁柜验晴天。地暖冬无雪，人贫岁不绵。岩标山谷字，观塑尔朱仙"[5]。该诗首次将唐宋间广为流传的尔朱仙人的故事与白鹤梁"石鱼占岁"的传说结合起来，可谓后世相关故事之渊薮。

宋以后，白鹤梁题刻的记录渐多，诸如文集、笔记、杂史、方志等均出现部分题刻内容的描述与相关故事的记载。但是需要指出的是，元明文献中依然不见白鹤梁之指称，仍多以涪州"石鱼"代之。而至清代"白鹤梁"三字才在文献中广为出现，无论诗词抑或是文赋中，"白鹤梁"已是很普遍的称呼。如《（乾隆）涪州志》所载邹澍宁《白鹤梁》诗，"石鹤成形望宛然，中流屹立几经年。不同鸥鹭随波下，宁让蛟龙得水先。洗净浮尘新羽翼，听来清籁杂

---

[1] 《舆地纪胜》卷一七四《夔州路·涪州景物上》。

[2] 对于上述题刻文字，孙华等人则将其断句为"唐大顺元年镌。古今诗甚多"，且认为王象之此言可解读为"石秤斗为'唐大顺元年镌'，又说石梁上'古今诗甚多，刘忠顺有诗见在石上'。这不是说大顺元年有好古者将古今人的诗都镌刻在石梁上，更不是说大顺元年镌刻的诗中还有北宋刘忠顺的诗，而是分别记述了三件事：一是江心石梁上有年代不明的石鱼图案；二是有唐大顺元年的秤斗图案；三是石梁上还镌刻有很多古今题诗。据此唐广德二年始载石鱼旁的石秤和石斗是大顺元年（890）的作品"。详见孙华、陈元棪《白鹤梁题刻的历史和价值》（《四川文物》，2014年第1期）一文注释十。

[3] 今所见白鹤梁题刻中已无唐代题刻，然据宋刻可知，唐广德元年（763）曾有刺史郑令珪题记。另据《八琼室金石补正》所载，至少在清末陆增祥所见拓本中，仍有"见南记"三字，陆氏疑其为唐题，惜今拓多不存此三字，故无从辨识。

[4] 《太平寰宇记》卷一二〇。

[5] 《舆地纪胜》卷一七四。

潺湲。崆峒旧有凌霄志，应许飞鸣凤阁边"。[1]又如《（同治）重修涪州志》于卷二"古迹门"内专以白鹤梁为名，讲述该处题刻。[2]此外，诸如罗奎的《白鹤梁石鱼》、张楫的《白鹤梁石鱼》、高应乾的《白鹤梁观石鱼》等均有此称。

当然，需要说明的是，明清以后白鹤梁记载虽逐渐增多，但是大多数记述仍属题记转录或诗词阐发而已，并不能算作是对题刻的专门研究。而这一时期为数众多的以收录与考据并重的金石学著作中，则几乎没有这批题记。[3]特别是以记载巴蜀地区石刻、碑刻为主的著作，诸如李调元《蜀碑记补》、刘喜海《金石苑》均无只言片语道及。以《金石苑》为例，该书内容收录自汉代直至宋末碑刻题记493段，其中宋代碑刻占据全书九成以上，地域范围涉及渠县、雅安、芦山、巴州（治今四川巴中）、中江、广元、绵州（治今四川绵阳）、华阳（治今四川成都一带）、南江（治今四川巴中南江县）等多地，但于涪州则不作记录，这不能不说是一种记载的遗憾。总之，白鹤梁题刻历史虽可算悠久，但对其真正系统性的整理则已是清末时事。这一时期，最具代表性的成果是姚觐元与钱保塘合署的《涪州石鱼文字所见录》以及钱保塘独自署名的《涪州石鱼题名记》。

一、《涪州石鱼文字所见录》

姚觐元、钱保塘与

姚觐元，原名经炳，号彦侍，亦号彦士，晚号复丁老人，吴兴（今浙江湖州）人。世居湖州府东北乡姚家埭，籍隶归安。道光癸未年（1823）十二月初二日生于京师，自小颖慧过人，五岁入私塾读书，刻苦自励，无间寒暑，博览群书。后"折衷汉儒，潜研经学，形声训诂，尤为专门"。[4]好金石文字，工小篆，肆力诗古文辞，旁及占验、印刻、绘画之事，无所不通，名声颇大，与东武刘燕庭、汉阳叶东卿、嘉兴张叔未均为忘年交。道光癸卯年（1843），中顺天乡试举人，时年二十一岁。咸丰乙卯年（1855），补内阁中书。次年，协办侍读。咸丰庚申年（1860），入江苏巡抚徐有壬幕府，参与镇压太平天国起义。湖州告警后，帮助赵景贤筹办湖防，迭出奇计。因以军功保升员外郎，赏戴花翎。苏州、湖州沦陷后，绕道湖广入京。同治壬戌年（1862），签分户部云南司，加三品衔。在部十年，于部务库款悉心勾稽，曾严治铜局书吏，裁革南苑供奉白粮，议定苏杭减漕章程，奏请金陵克复军需免其报销。特别是减漕和报销这两件涉及清王朝国计民生的大事，为姚觐元赢得很好的声誉。同治辛未年（1871）十月，姚觐元被任命为川东分巡兵备

---

[1]　《（乾隆）涪州志》卷一一。

[2]　除此二志之外，康熙时董维祺、冯懋柱等纂修《（康熙）重庆府涪州志》以及同治九年（1870）由吕绍衣主修《（同治）重修涪州志》对白鹤梁题刻也均有记载，对部分题刻文字有所收录。

[3]　清人陆增祥《八琼室金石补正》一书，亦收有白鹤梁题刻一百段。光绪五年（1879）前后，姚觐元在武汉将手中白鹤梁题刻拓片赠予陆增祥，后陆氏将此拓片以"石鱼文字题刻一百段"之名，编入《八琼室金石补正》。但陆氏此书，直至民国十四年（1925）才有嘉业堂主刘承干付梓刊印，故其在当时并不为世人所闻。

[4]　据《弓斋日记钞》，姚氏欲把阿厚庵所刻《隶韵》"倩好手钩摹刻石，以还刘氏旧观，奈床头金尽"而"此愿不克偿"，可见其拮据情形。

道，于次年五月赴任。四川地域辽阔，人民富庶，尤多中外交涉事件，历年教案层见迭出，素称难治。姚觐元审断时，并不委曲求全，而是秉公办理，只论是非，不分民教，因此没有使教案升级和复杂化。蜀地宜植桑而不得其法，川东更是少有知者。姚觐元因此大力提倡蚕桑，自号种桑叟，让人从家乡湖州运来良种，教民接桑缫丝之法，在关外隙地种桑养蚕，又在关内建蚕神祠，开辟蚕市。不数年，川东郡县，遍野桑田，民得其利。因政绩卓著，光绪戊寅年（1878），姚觐元升任湖北按察使。湖北一带刀匪盛行，掠卖妇女，习以为常，甚至杀人放火。这些刀匪大都啸聚于两县交界之处，此拿彼窜，很难捉获。姚觐元访得其实，委干员分头密捕，直捣其穴，捕杀十四人而后定。光绪己卯年（1879）十二月升广东布政使，次年六月上任。时西方列强入侵，海上告急，防费不敷。而广州滨海，沙田成熟，半为豪强侵蚀，不仅赋税积弊难收，而且为夺田而械斗的大案频发。姚觐元因以《周礼》均赋法度地，每亩沙田捐白金一两，官府给予印照，作为百姓世守之业。这样一来，不仅解决了军需费用问题，而且很大程度上制止了民间夺田争斗事件，颇有恤民之意。光绪壬午年（1882），新任户部尚书阎敬铭上台后整顿积弊，姚觐元在追论户部司员案时遭削职。是年冬天，自广东罢官归。因湖州老家无屋，侨寓苏州萧家巷。自此闭门扫迹，潜心著述刻书。光绪己丑年（1889），朝廷征召，本拟出山，因病未应，卒于次年十月初七日，年六十八。

姚觐元好书，搜集古书不下数万卷，内中多宋元刊本及名人精校之本，建思进斋藏书楼专以储藏。晚年所刻逾千卷，均古本中未见之书，手写付梓者有《缪篆分韵》《续复古编》《笠泽丛书》三种。著有《集韵校正会编》《急就篇校勘记》《金石苑目》《弓斋杂志》《灯窗拾慧》《大叠山房诗文集》等书。

钱保塘，字铁江，号兰伯。浙江海宁人。幼时应童子试，仁和曹金籀在州署阅卷，得其文，大加赞赏。后来则以第一人入泮，不久又得食廪膳。咸丰九年（1859）中举。时太平军已克江南，海宁报警。"邻县有孙姓者，在太平军中主会计，招保塘共事，保塘畏祸，夤夜奔避。遂入京师，而屡应会试不第，栖迟馆寓者有年。"[1]这一年正值原江宁布政使薛焕在上海附李鸿章抗敌办洋务，加之其刚任江苏巡抚兼署两江总督，随即又以头品顶戴调任为通商事务大臣，身边急需有人打理文案。薛焕夙闻钱保塘之名，同治二年（1863），于上海相见后，遂聘钱保塘管记室。后来，薛焕内转礼部侍郎兼总理各国事务衙门。钱保塘又随其航海入京，在薛焕家中客居二年有余。此前薛焕在江南为官时，因遭兵燹，各地流散书籍甚多，于是斥资收得三十余筐。及入京二年，所积又增两倍。钱保塘百无聊赖之际，于是尽发其书，助薛焕校读，"辄日尽一卷以为常"。[2]当时，江阴缪荃孙新入翰林，以版本目录之学驰名于公卿之间。钱保塘因与薛焕的关系，得以与缪荃孙交游，相与讲论校注之学。

[1] 王善生：《清代什邡县知事钱保塘传》，政协四川省什邡县委员会文史资料组：《什邡文史选辑（第二辑）》，1987年，第38页。

[2] 同上。

此后，薛焕由于与权贵政事不合，被罢侍郎，仅留总署之职，其干脆上书乞求去职，还蜀地故土。这年钱保塘在薛焕的帮助下，于同治七年（1368），以教习的身份得入蜀任知县。此时张之洞正督蜀学，因缪荃孙之邀，作《书目答问》，又作《輶轩语》，以劝学人。薛焕则与钱保塘宾主文字相染，渐浸雅故，感激之余遂将其荐于张之洞相识。钱保塘在张、薛间往来讲学论事，三人相交甚欢。后薛焕又约聚四川绅耆十五人，投牒总督学使，请仿浙江古经精舍、广东学海堂之成规建尊经书院，以通经学披蜀士。

光绪元年（1875）春，书院建成，收学生百余人，并请长于经学的知名学者俞樾为山长。但俞樾因事受阻，终未履任。丁宝桢继吴棠出为四川总督后，又请湘潭人王闿运，闿运亦久而不至。“院事五年中，皆由薛焕襄助学使亲自主持，保塘则受张、薛之举，自创始即监院名义，实主讲席。”[1]及至光绪五年（1879）春，王闿运到院，钱保塘方撤讲帷而离开书院。同年受命任职清远县，以防峨边功，奏保直隶州。光绪八年（1882），摄定远县。光绪十四年（1888）再补官大足县（治今重庆大足）。

在大足之任上，钱保塘处理了一桩与洋人有关的事件，充分显示了自己的政治才干。大足县属的龙水镇有洋教堂，西方传教士和当地民众素不相安，时有冲突发生。光绪十六年（1890）一洋教堂梁柱遭到雷击毁坏，洋教士却处心积虑地诬陷当地民众，向朝廷报案说是民众故意纵火烧毁，要求朝廷严加查办纵火者。当地民众获知洋人造谣诬陷，群情激愤，要拖

传教士评理，一时之间，洋人与当地民众“剑拔弩张”，关系十分紧张，大有一触即发之态势。钱保塘奉命查究此案，经多方调查了解、到现场察看，并询问了教堂遭雷击时的目击证人，弄清了事情的真相，驳回了洋人的诬陷不实之辞，为当地百姓伸张了正义，民心得到了安定，洋人也拿他没有办法，只得作罢。钱保塘敢于跟洋人较劲，敢于说不，这在当时的官吏中是不多见的。

教案风波虽然最终得以化解，但钱保塘经此事之后也是心力交瘁。他曾召其子说，“吾之精力一再疲于教案，古人六十而致仕、吾亦可追矣”。[2]于是上书朝廷，请求致仕，并最终得以如愿。然辞官不久，尚未交接，即因旧疾复发而逝，终年六十五岁。钱保塘一生著述甚多，已刊者有十三种，未刊者亦有十余种。其著名的《清风室文钞》，为身后他人所辑，远非生平著作之全。而参与辑录的《涪州石鱼文字所见录》及其独撰的《涪州石鱼题名记》是他有关巴蜀金石碑刻研究最有价值的成果。

《涪州石鱼文字所见录》一书共二卷。卷端署归安姚觐元、海宁钱保塘合编。1912年上海国粹学报社印行之《古学汇刊》，对于该书编修及刊刻缘由，有缪荃孙跋语曰：

涪州大江有石梁长数十丈，上刻双鱼，一鱼三十六鳞，一衔蓂叶，一衔莲花。或三五年，或十余年一出，出必丰年，名曰石鱼。《寰宇记》：开宝四年黔南上言，大江中心石梁上有古刻云：广德元年二月大水退石鱼见，部民相传丰稔之兆。《舆地纪胜》云：唐大顺三年镌，古今诗甚多。余入

---

[1] 王善生：《清代什邡县知事钱保塘传》，第39页。

[2] 同上。

蜀，友人问以元符庚辰山谷题名相饷者，而甲子、丁卯、癸酉三过涪江，均值盛涨，未睹石鱼。乙亥残冬客渝城姚彦侍观察署。观察曰：石鱼出矣，岁其大稔乎？又曰：宋人题名闻有数十段，不仅山谷，子为我访之。丙子人日，挈打碑人浮江而下二百四十里至涪州，赁一小舟，绝江抵石鱼，鱼出四五十步，人从字上行，旁午交错，淘沙剔石，得宋《谢昌瑜题记》等一百零八段。自宋开宝迄元至顺，而唐刻终不得。土人云：唐刻尚在下，非水至涸不得见。又云：铜柱滩下近生一滩，滩水多沸腾，虽旱年亦不能见。余因尽揭所见次日扬帆东下矣。观察理打本，属海宁钱铁江大令保塘考之。迨丁丑冬间还蜀，业已释字文，加考证，录成清册。余假观，因留箧中。观察旋擢湖北提刑以去，打本终未毕。余光绪甲辰临桂，况君夔生自蜀来宁，赠石鱼文字一箧，亟取对校，如见故人，缺三种，多两种，别出北岩两种，为量尺寸、画行数、字数，附印《古学汇刊》以广其传。[1]

上述文字虽似简略，但仍反映出以下问题：其一，有关白鹤梁题刻的情况缪氏早有耳闻，但之前一直无缘得见，直至光绪乙亥（光绪元年，1875）冬，晤姚觐元，在姚氏建议之下，才带人拓得《谢昌瑜题记》等题刻拓片一百零八段，交与姚觐元后，即离蜀而去。其二，对于题刻的整理，姚、钱二人分工，大致是姚觐元初理归类，而钱氏则主要负责对题刻文字进行考释。其三，光绪丁丑（光绪三年，1877）返蜀，见这批拓本已经过钱保塘之手"释字文，加考证，录成清册"，于是向姚借得此整理本，后来姚觐元离任，白鹤梁取拓之事遂搁浅，拓本终究未收集齐全。其四、光绪甲辰岁（光绪三十年，1904），况夔生又赠予缪氏一批拓本，他对校后认为，这批拓片缺三种，多北岩题刻两

种，为广其传，遂将其编入自己正在刊印的《古学汇刊》之中。[2]并署姚觐元、钱保塘二人之名。

另外，书中亦有钱保塘所作自序，其云：

光绪三年六月，姚彦侍观察自重庆至成都，以涪州石鱼题名百余种示保塘，命略考其仕履、行事，以备稽核。因为排比，先后得北宋二十二种，南宋六十四种，附宋末九种，元五种，凡百种，自明以来不录。诸人中史有传者朱昂、黄庭坚、庞恭孙、刘甲。史无传而其书行世者，吴震、晁公武、晁公遡、邓椿、秦九韶。其余间有见于他书可考者，略为按语，缀于各条下。观察自考定数条，谨依次列焉。石鱼在涪州城下江心，非冬春间水涸时不得见，椎拓者少，故所存大半完善。惟蜀中金石诸书，率未著录。近时新修《涪州志》颇有登载，然亦不备，亦多舛伪。观察治川东久，政平人和，频岁丰稔，石鱼数见得于其间，遍拓题名至百余种，可谓多矣。犹以未得唐人石刻为憾。保塘以谓题名江心，亦"杜征南沈碑汉水为后世名"之意。然自唐广德至今所题，其没于水中未见者，当甚多，就其所见可考者，亦十不得二三。昔人言金石不如竹帛，谅哉。观察好古，盛意命订是编，盖亦不忍没其后世之名，并以补诸城刘氏《三巴金石苑》所未备也。

据此，推论如下：首先，钱保塘从姚觐元处所得拓片共一百幅。其中北宋二十二种，南宋六十四种，附于宋末者九种，元代五种。而明代以后的拓片则不在著录范围之内。其次，钱保塘校对这批拓片的方法是先排定拓本时间次序，然后将"有见于他书可考者，略为按语，缀于各条下"。姚觐元自己所考订诸条，亦依此例。最后，钱保塘认为唐以后白鹤梁一带题记当甚多，拓取者或只为少数，之所以就拓取之文字略作考订而纂辑成书，主要是为

---

[1] 《涪州石鱼文字所见录·跋》，《丛书集成续编》，第75册，上海书店出版社，1994年，第1056页。

[2] 据相关资料显示，缪氏所藏白鹤梁题刻现存北京大学图书馆。

了补充刘喜海《三巴金石苑》（又名《金石苑》）漏载白鹤梁题刻之缺憾。

实际上，《涪州石鱼文字所见录》就题刻辑录方式而言非常严谨，体例划分亦算得当。[1]其成绩主要有以下四点：

（一）首次形成白鹤梁题刻系统化的资料

光绪四年（1878），钱保塘在接受了姚觐元的委派后，首先从缪荃孙所拓取的一百零八段拓片中，选定拓片一百段。然后按照时代先后顺序照录拓文，计"得北宋二十二种，南宋六十四种，附宋末九种，元五种，凡百种"。这批拓片集结了从北宋开宝至蒙元至顺362年的石鱼文字记载，首次形成系统化的编年资料，创编了石鱼文字的研究专著。若从开宝四年（971）题记上溯到广德二年（763），则可再向上延伸二百余年。

（二）对历代石刻题名者的生平事迹进行考证

钱保塘于该书自序中言"诸人中史有传者朱昂、黄庭坚、庞恭孙、刘甲。史无传而其书行世者，吴震、晁公武、晁公遄、邓椿、秦九韶。其余间有见于他书可考者，略为按语，缀于各条下"，这就使得该书不仅仅是单纯的拓片结集，而且与各朝各代的人和事都息息相关，为后人继续研究石鱼文字提供了更为有利的条件。

（三）根据拓片内容，引证相关文献，由此及彼，相得益彰

白鹤梁题记中有开宝四年题记称："古记云：唐广德春二月，岁次甲辰，江水退，石鱼出见。"钱保塘就引证《太平寰宇记》："开宝四年，黔南上言，江心有石鱼见，上有古记云，广德元年二月，大江水退，石鱼见。"又如宝祐二年（1254）刘叔子题诗记提到石鱼，"《图经》谓三五年或十年方一出，出则岁稔，大率与渝江晋义熙碑相似"。钱保塘于此条下引录《舆地纪胜》："重庆府丰年碑在江岸，谓之义熙碑。每水落而碑出，则年丰。人争摹打，数十年不一见"，作为参证。

（四）该书对每幅拓片的尺寸、行数、字数都加注说明

《涪州石鱼文字所见录》一书于每幅拓片整理之时，首先要做的是量取拓片尺寸，计数拓片字数，辨明书体。例如开宝四年题记注明"拓本高四尺六寸，宽三尺五寸。十三行，行十八字。正书，径寸许。前后衔名七行，径寸许，多磨灭"。这不仅记述了拓片的原貌，为后代历史、考古、文物工作者鉴定拓片实物，提供了辨别真伪、完缺的依据，而且对水利工作者而言，尤其具有实际意义的是，拓片最下端，应是刻石时距离水面的最近点。换句话说，这基本上是当时的水位所在。在该书所存的100段题刻中记述石鱼

---

[1] 此书虽署姚觐元、钱保塘二人之名，但因由缪荃孙整理刊刻，故在体例编排方面，亦颇赖缪氏之功。

出水的37段题刻，固然是研究历史水文的宝贵资料，但其余63段题刻拓片只要细加分析，也可发掘出足够丰富的历史水文信息。

除以上所列诸点，《涪州石鱼文字所见录》一书，对于拓本中出现的业已漫漶的文字，空而不辨，以防误判。另外在考证方面，姚、钱二人往往先据整体内容，判别创作时代，然后依次对题刻中所称官职、人名、地名等进行辨证。对于同一时代同名同姓者，则列明所查诸史料，仅供阅读者参考而不下断语。这些都为提升该书的学术价值增色不少。

当然，客观地说，《涪州石鱼文字所见录》一书作为早期辑录、考证白鹤梁题刻的专题性研究论著，虽然有重要的学术价值，但是也不可避免地存在一些问题。诸如对题刻考证所利用资料，主要以地方志为主，同时也会利用《宋史》《建炎以来系年要录》，对其他一些宋代史料则利用甚少，这样实际就造成所用资料过于单一，特别是《宋史》等记载如有错误时，其对题刻内容的考证自然也就会有所误读。比如在《张霁等题记》所加按语中，姚、钱认为题记中所称"与仍"为"燕王德昭九世孙"，实际上此处"与仍"二字有误，当作"与礽"，且史书所载，宋代宗室中名"与礽"者有二人，一为赵希㮮之子，一为赵希潗之子。[1]该书所录文字亦时有错误，且偶有衍文出现。如《何梦与等题名》"金沙何梦与、泉山王德叔，绍兴壬子正月四日偕来"。二书均释读为"金沙何梦与、泉山王慎升，绍兴壬子正月四日偕来"。

又比如《张宗宪题记》，《涪州石鱼文字所见录》《涪州石鱼题名记》均于"宋绍兴二年十二月初八"后，有衍文"日"字。此类错误还有很多，姑不逐一罗列。另外，姚、钱二人于书中所作考证过于简略，对史料中记载明显更为详细的人物，也仅寥寥数语。比如《冯和叔等题记》中，对于其中所出现的"郡幕东平刘甲师文"，按语中仅列，"字师文，其先永静军东光人，元祐宰相挚之后也。父著为成都漕幕，葬龙游，因家焉。（刘）甲，淳熙二年进士，累官宝谟阁学士、知兴元府、利路安抚使"。实际上，《宋史·刘甲传》《舆地纪胜》以及《南宋馆阁续录》对于刘甲在蜀地为官情况均有记载，如多加引述，人物考证可更为完备。

当然，缺憾虽存，但不容否认，《涪州石鱼文字所见录》一书对于白鹤梁题刻的整理仍属开创性的。[2]其对于石鱼文字的一些考证颇见功力，同时该书为后世学者的继续深入研究提供了一批可资参考的重要史料线索。

---

[1] 见《宋史》卷二一七《宗室世系表》，第5952页。另，俞如云编《宋史人名索引》（上海古籍出版社，1992年，第1946页）曾对此二人资料有所整理。

[2] 陆增祥《八琼室金石补正》一书创作时间大体与此书相当，但二书白鹤梁题刻部分的内容并无承继关系。从钱保塘自序中推断，《涪州石鱼文字所见录》当成书于光绪四年（1878）之前，刊刻则至民国初；而陆增祥早在光绪八年（1882）就已去世。

二、钱保塘及其《涪州石鱼题名记》

《涪州石鱼题名记》最早的版本为光绪乙未年（光绪二十一年，1895）清风室校刊本。[1]清风室为钱保塘书斋名，故清风室本实为钱氏自校自刻本。后来上海书店于20世纪90年代编辑出版《丛书集成续编》时，将此书与《涪州石鱼文字所见录》一并收入，合刊印行。[2]另外，台湾图书馆藏有此书钞本，封面题《涪州石鱼题刻》，正文末另附"龙脊石题刻"内容，亦录有光绪四年钱保塘跋。首题民国十一年（1922）斅宧钞本，收藏印记有朱文长方印"国立中央图书馆收藏"，白文方印"华阳王氏怀六堂所藏经籍金石书画印"、朱文方印"王秉恩"、朱文方印"息存"、白文方印"文燾长年"、朱文长方印"椿荫宧钞本"。斅宧，清末川籍金石学家王文燾的字，其又字寿鲁，四川华阳人，编有《椿荫丛录》，著有《春秋左氏古经》等书，钱保塘在川时期，与之多有往来。而从钤印情况看，此书亦曾经川籍藏书家王秉恩之手，后入民国时期台湾图书馆，并最终迁台保存。钞本行款为10行，行20字，单栏，版心白口，上方记"斅宧所钞之"五字。框高16.2厘米，宽13.5厘米，正楷书就，装帧颇为典雅。此钞本今已由台湾新文丰出版公司影印出版，收入《石刻史料新编》第三辑。

对于钱保塘生平及编写涪州白鹤梁题刻经过和缘由，上节所述甚详，故此不做赘述。下面仅就《涪州石鱼题名记》一书体例及收录题刻情况略作说明，并对二书整体情况略作比较。

《涪州石鱼题名记》不分卷，首页下方题"海宁钱保塘编"，共录入题刻一百段。每段题刻前则依次注明字数、书风等情况。题刻后附按语释读题刻内容，并对题刻中所存人名、地名、官职沿革等进行考释。题刻整体以时代排序，但由于部分题刻时代难以断定，故也并非严遵此例。所录题刻亦依《涪州石鱼文字所见录》之原则，明及之后不做收录。汉文题刻在前，唯一的蒙古文题刻则置于全书最末端。可以说在以上各方面，《涪州石鱼题名记》与之前的《涪州石鱼文字所见录》大体相同。

二书互异之处则在于《涪州石鱼题名记》序中言"光绪四年正月十一日海宁钱保塘序"，后不见有跋语。《涪州石鱼文字所见录》或因前接《涪州石鱼题名记》，故无序，但有缪荃孙题跋，跋中有"光绪三年六月""江阴缪荃孙跋"等语。

需要注意的是，《涪州石鱼题名记》前附有详细目录并标注石刻年代，而《涪州石鱼文字所见录》不列目录，且石刻年代亦不标明。另外《涪州石鱼文字所见录》于每条石刻下注明拓本尺寸，《涪州石鱼题名记》则略而不书。《涪州石鱼文字所见录》保留了石刻的版式，《涪州石鱼题名记》则不循此例。

至于其他一些方面二者也略有差异。如《朱昂题诗记》，《涪州石鱼文字所见录》记为："拓本高四尺，宽五尺六寸。记八行，行十字。正书，径三寸。

---

[1] 上海图书馆藏书目录称另有光绪四年清风室刊本，查之实为光绪二十一年刊本。

[2] 2009年，甘肃省古籍文献整理编译中心又将二书合刊编入《中国西南文献丛书（二编·第6辑）》（学苑出版社，2009年），但对《涪州石鱼文字所见录》一书，仅题姚觐元撰。

诗凡四行，行十二字，字径三寸五分。衔名一行。"《涪州石鱼题名记》则为"正书，径三寸。凡八行，行十字。衔名一行。诗字径三寸五分，凡四行，行十二字"。又如《刘忠顺等倡和诗》，《涪州石鱼文字所见录》记为："拓本高四尺六寸，宽八尺二寸。凡十九行，行十八字。正书，径二寸余。"《涪州石鱼题名记》则为"恭士燮正书，径二寸余。十九行，行十八字"。由此可见，《涪州石鱼文字所见录》更多地保留了题刻的原始信息，拓本尺寸实际上就是石刻的尺寸，这就为研究者提供了石刻本身的原始数据。《涪州石鱼题名记》无拓本尺寸，对小注的体例进行了调整，使之简明有序。同时，《涪州石鱼题名记》还对石刻内容作了进一步的考证，对原来缺失的部分进行了补充。如《谢□□题记》[1]，《涪州石鱼文字所见录》记为"遂请通刺□□□"，《涪州石鱼题名记》记为"遂请通刺史□□"。又如《刘忠顺等倡和诗》，《涪州石鱼文字所见录》记为"圣宋□□元年五月十二日"，"五"为"正"之讹，《涪州石鱼题名记》更正为"圣宋□□元年正月十二日"。

另外，二书条目也有不同。[2]《涪州石鱼题名记》共收录题刻题记等一百段，而《涪州石鱼文字所见录》则仅有九十六段。缺《卢棠等题名》《张彦中等题名》《何震午等题名》《邢纯等题名》四段。又如《涪州石鱼题名记》中所录《贾涣等题名》在《涪州石鱼文字所见录》一书中录为《贾复等题名》，录文内容则大体相同。

总之，《涪州石鱼文字所见录》与《涪州石鱼题名记》二书均以录文为主。题刻内容虽多只涉及镌刻时间及人物，但亦有部分条目为文学作品，如《朱昂题诗记》："欲识丰年兆，扬鬐势渐浮。只因同在藻，无复畏吞钩。去水非居辙，为祥胜跃舟。须知明圣代，涵泳杳难俦。"《刘忠顺等倡和诗》："七十二鳞波底镌，一衔蓂草一衔莲。出来非其贪芳饵，奏去因同报稔年。方客远书徒自得，牧人嘉梦合相先。前知上瑞宜频见，帝念民饥刺史贤。"《王蕃题诗》："冬旱江成渚，维鱼记石稜。滋濡春遂足，狼庚岁将□。"《何宪、盛辛倡和诗并序》："何年天匠巧磨□，巨尾横梁了莫穷。不是江鱼时隐见，要知田稼岁凶丰。四灵效瑞非臣力，一水安行属帝功。职课农桑表勤惰，信传三十六鳞中。……巨浸浮空无路通，双鳞纪瑞杳难穷。昔人刊石留山□，今日呈祥表岁丰。众喜有年歌□□，独惭无补助□□。□知显晦将千载，往哲标名岁大中。"《赵汝廪观石鱼诗》："预喜金穰验石鳞。□能免俗且怡神。晓行鲸背占前梦，瑞纪龟陵知几春。拂石已无题字处，观鱼皆是愿丰人。片云不为催诗黑，欲雨知予志在民。"《刘叔子题诗记》："唧尾洋洋石上镌，或依于藻或依莲。梦占周室中兴日，刻自唐人多历年。隐见有时非强致，丰凶当岁必开先。太平谁谓真无象，罩罩还歌乐与贤。"《太守杨公留题》："邀客西津上，观鱼出水初。长江多巨石，此地近仙居。所记皆名笔，为祥旧奏书。丰年知有验，遗秉利将舒。戏草春波静，双鳞乐意徐。不才叨郡寄，燕喜愧萧踈。"其中很多未载于作者文集，借石得传，二书收录后方传于世。

---

[1] 陈震曦、曾超均将其定名为"谢昌瑜题记"，详见曾超：《三峡国宝研究——白鹤梁题刻汇录与考索》，中国文史出版社，2005年，第3页。

[2] 薛新力主编《巴渝古代要籍叙录》（中州古籍出版社，2008年，第149页）认为二书条目相同，且均载九十四段。

此外，二书所辑录的题刻内容，如《吴缜题记》"江水至此鱼下五尺"，《庞恭孙等题名》"大宋大观元年正月壬辰，水去鱼下七尺"，《贾思诚题记》"石鱼出水面数尺"，《李景孚等题名》"鱼在水尚一尺"，《杨谔等题名》"石鱼出水四尺"，《杜与可等题记》"戊辰春，五马以双鱼出水"，等等，[1]对民国及中华人民共和国成立初期学者调查题刻情况、研究长江水文史提供了极其重要的参考。

三、民国至20世纪70年代有关白鹤梁题刻的调查与研究

清民易代之后，随着我国近代学科体系的建立和国外学术研究方法的传入，国内知识界逐渐开始聚焦于白鹤梁题刻的研究。

（一）民国时期

早在20世纪30年代施纪云在纂修《涪陵县续修涪州志》一书时，就延续《（乾隆）涪州志》及《（道光）涪州志》传统，对过去《涪州石鱼文字所见录》及《涪州石鱼题名记》二书未收之宋元以后题刻，特别是清代题刻进行了广泛收录。而同时期由中国画学研究会主办的《艺林月刊》则设专栏"涪州石鱼文字所见录"，分期刊载白鹤梁题刻文字，供研究者查证。但是由于种种因素制约，直至20世纪70年代末期，学术界对于白鹤梁题刻的研究成果并不多见。在此期间发表的文章中，无论浅谈性质的科普读物还是严肃精深的研究论文总数不过十余篇。而就发表时间来看，成文最早者首推易哲文《长江中的一座古代水文站——涪陵石鱼》[2]，该文首次以科学的态度，对部分具有水文研究价值的题刻进行了介绍，并就白鹤梁题刻的成因，以及题刻中所反映的江水消长年代，进行了详细的解读。而在此后不久庞福成撰成《白鹤梁记》一文，其言"控涪陵之西北，离城数百步，有巨石焉。屹然立于江中，绵亘里许，每值夏秋之际，江水泛溢，汹汹混流，则沉没于江心，隐不可见。迨秋末冬初，水稍退，则石见如初，以供骚人墨客之游咏。驾小舟登其上则波涛汹涌，风云开阖，诚有如范文正所谓昼则舟楫出没于其前，夜则鱼龙悲啸于其下者。东望乌江之下流，城郭隐隐可辨。西观荔圃诸山，岗陵起伏，草木行列。南有秦园桑林畅茂，渔父、樵夫之舍，皆可指数。北有伊川点易之故迹，山谷洗墨之遗址，今人徘徊感想，起无穷之思，而此石又有名人字画，唐宋间风流遗迹，亦足称焉。噫！是石也，其所处之美，乃沉浮之际，有类贤人君子，隐德之士。孔子云'有道则见，无道则隐'，今水浅而清则见，水涨而浊则隐，盖于出处之道，深有合焉。余不识其名，询诸父老，乃曰'白鹤梁，夫鹤，载于《易》，咏于《诗》，其清远间放，超然出于尘埃之外，以字兹石，岂非实至名归者乎'。余甚爱之，爱之不已，

---

[1] 薛新力：《巴渝古代要籍叙录》，中州古籍出版社，2008年，第150页。

[2] 易哲文：《长江中的一座古代水文站——涪陵石鱼》，《科学实验》，1914年第1期。

不禁长言之，故记之"。[1]这是一篇游记性质的文章，也可以说是民国以后首篇对白鹤梁题刻及周边情况进行详细描述的文字。而此文以后数年间，与白鹤梁题刻相关的文章几乎绝迹，不见再有发表。

20世纪30年代以后，先后有多篇有关白鹤梁题刻情况的介绍性文字见诸期刊。比如杨讷庵《剑门涪江之游》[2]一文，该文内容虽不专门谈论白鹤梁，但对涪陵白鹤梁题刻情况也有所述及。与之相似，宋其新在《旅行杂志》发表《涪游小记》一文，也专门提到白鹤梁及附近其他题刻，更说此地"刻石拓帖者踵接不绝"。[3]当然在20世纪30年代见刊的白鹤梁题刻相关文章还有《新世界》杂志所刊《白鹤梁》一文，该文极短小，不署作者，仅言"白鹤梁石鱼。涪陵城西江心，旧志：'尔朱真人，浮江而下，渔人有石姓者，举网得之，击磬方醒，遂于梁前修炼，后乘白鹤仙去，故名'。梁石刻有双鱼，皆三十六鳞，一衔芝草，一衔莲花，旁一秤一斗。其缘起不可考。唯唐广德中刺史郑令珪，已载上其事，谓其出为丰年之兆。相传历代名人，留题颇多，尔来水虽极涸，宋以前之刻石皆不可见。清王士贞（祯）诗云'涪陵水落见双鱼，北望乡园万里余。三十六鳞空自好，乘潮不寄一封书'"。[4]以上内容仍不出对题刻文字进行介绍的窠臼。此后直至20世纪40年代末，有关白鹤梁题刻的文字再次陷入沉寂，这一方面是由于进入20世纪30年代中后期以后，全面抗日战争打响，知识界关注重心有所转移，对古史及古遗迹的研究往往赋予一种沉重的历史使命感，古为今用、救亡图存意识高涨，故无论是通俗性论述还是学术研究都自然会将白鹤梁这种边缘化的议题排除在外。

当然，相较于公开出版物的缺失，对题刻本身的调查和续题等活动却一直没有中断。1915年，当时主持修纂涪陵地方志的施纪云与张树菁、颜广恕等人游历白鹤梁，并题记于上。"乙卯正月，江水涸，石鱼出。时哀鸿在野，方与官绅筹赈恤，喜丰年有兆，亟往观焉，鱼形古拙，鳞有剥落痕。志载：其下刻秤、斗，今未见也。同游者邹进士增祜，刘孝廉子冶，张树菁、颜广恕两茂才，曹淳熙上舍与其弟铺，旧史氏施纪云记。"1923年有安平王叔度、隆昌张宪星、贵阳李任民等游白鹤梁，并作题记，然字迹漫漶现已无法全文释读。[5]1931年，又有曲阜颜爱博、江津成肇庆、崇庆杨茂仓、合川蒋汉宵以及周极甫等游白鹤梁，并作题记。原文为"神仙福慧，山水姻缘。民国辛未春，曲阜颜爱博，江津成肇庆，崇庆杨茂仓，合川蒋汉宵、周极甫偕游斯梁，历视往迹，憩而乐之，镌此纪念。"至1937年二三月份，涪江水涸，石梁再次露出水面，是年，白鹤梁再添七段题记。其一为涪陵人刘冕阶所镌《白鹤时鸣图》。其二为刘镕经游白

[1] 庞福成：《白鹤梁记》，《学生》，1916年第7期，第168—169页。

[2] 杨讷庵：《剑门涪江之游》，《旅行杂志》，1936年第10期。

[3] 宋其新：《涪游小记》，《旅行杂志》，1940年第12期，第21页。

[4] 《白鹤梁石鱼》，《新世界》，1934年第40期，第19页。

[5] 此处所录文字引自曾超《三峡国宝研究——白鹤梁题刻汇录与考索》（中国文史出版社，2005年，第387页）以及黄海《白鹤梁题刻辑录》（中国戏剧出版社，2014年，第251页）二书，但二者所录文字稍有差异。比如曾著所录人名中有"杨鸿口"，而黄著中则言"扬鸿胜"，曾著所录"安平王叔度"，黄著作"安平王口度"，"叔"字无释读。

鹤梁所作题记《游白鹤梁》，"江水西来去自东，浪淘淘尽几英雄。两三鸣鹤摩天渐，卅六鳞鱼兆岁丰。皇祐序诗刘转运，元符纪事黄涪翁。遍舟载得潞州酒，醉听渔人唱晚风。民国丁丑仲春，至山老人刘镕经题，年七十六矣。邑人刘树培涂鸦。同游文君明盛、王君伯勋"。其三为《刘镜源题诗》一则，"白鹤梁中白鹤游，窗听飞花几千秋。只今皓月还相照，终古长江自在流。铁柜峻嶒樵子路，鉴湖欸乃渔人舟。升沉世事何须问，把酒临风一醉休。民国丁丑大悔刘镜源题"。其四为文德铭题、刘冕阶书石鱼诗一首，"民国丁丑仲春，偕弟德修、德禄、德禧。游白鹤梁观石鱼。双鱼石出兆丰穰，弟后兄先叙雁行。白鹤不知何处去，长江依旧水泱泱"。其五为是年二月，刘镜源、陈翼汝、刘德藩、石应绩、潘俊高、张肇之、郭载之、刘冕阶、刘泽金等人观石鱼后所作"白鹤绕梁留胜迹，石鱼出水兆丰年"题记。其六为同年三月，何耀萱偕曾海清、刘升荣、王和欣、谭佑甫、蒋慎修、周国钧、周哲生、刘静禅游白鹤梁时所作题记，"民国廿六年三月，雨泽稀少，河流枯落沿西。鉴湖中有石梁横亘，古凿有两石鱼于其上，相传水涸鱼出，出则岁丰。公余之暇，偕曾海清、刘升荣、王和欣、谭佑甫、蒋慎修、周国钧、周哲生、刘静禅诸君命舟渡梁，眺览大周，果见鱼出。窃思涪陵亢旱六载于兹，民不聊生，哀鸿遍野。今天显仁爱，示兆于石，斯亦吾民之大幸也。海清命余为记，并勒诸石。邑

人何耀萱记。方伯旻书。"其七为是年三月十三日卢学渊等作题记。"民生公司渝万河床考察团冉崇高、江世信、李晖汉、魏哲明、罗嘉猷、殷平志、陈资生、赵海洲等廿九人经此留念。重庆水位倒退一尺六寸，宜昌水位倒退一尺八寸。民国廿六年三月十三日，卢学渊题。"对于该处题记，《新世界》杂志1937年第5期曾有短消息予以报道，原题《渝万河床考察团在白鹤梁题字》，"十四日午，渝万河床考察团陈资生、李晖汉等二十余人，乘民用到涪，在白鹤梁鉴别水位，并将渝宜倒退水位，请卢学渊经理书写，雇工刊于该梁，共七十七字，以留纪念"[1]。

（二）改革开放前有关白鹤梁题刻的研究

中华人民共和国成立后，有关白鹤梁题刻的研究与调查逐渐走向科学的轨道。可以说，从这一时期开始，白鹤梁题刻正式结束了传统金石学资料著录的研究范式，转而出现多种研究方法并重，并注重发掘白鹤梁题刻本身所附着的地理信息、水文资料等多样化价值。

1958年，重庆市博物馆（重庆中国三峡博物馆前身）派员参加长江三峡考古调查，发现并椎拓白鹤梁题刻及其他一些重要水文考古资料200余幅。[2]是年冬，博物馆结合其他地区同时进行的考古调查，撰成《长寿、涪陵、武隆、彭水文物调查报告》，并附《长寿至彭水沿线文物分布图》[3]。1962年长江水位

---

[1]　《渝万河床考察团在白鹤梁题字》，《新世界》，1937年第5期，第62页。

[2]　有关这次调查活动的记载，见于《重庆市博物馆大事记》，详见《巴渝文化（第二辑）》，重庆出版社，1991年，第480页。

[3]　相关资料存重庆中国三峡博物馆图书资料室。

有所下降，白鹤梁上大批题刻显露出来。是年3月，重庆市博物馆计划在原有馆藏碑刻拓片的基础上，再增加收集四川地区的古代碑刻拓片资料，拟编辑一部《四川石刻文字图征》。根据时任副馆长邓少琴先生的建议，派龚廷万与胡人朝二人赴涪陵工作，在涪陵文化馆郭昭岑、徐泽光等人的配合下，从3月13日至3月30日，集中工作18天，取得了很大的成绩。这次调查在传统金石学方法之外，融入了不少现代文物研究的方法，除对所见题刻区进行数量统计外，还对题刻进行逐一的编号、照相，并就水文情况与题刻所记进行了实地测量。利用这次调查，重庆市博物馆不但绘制了石梁地形平、剖面图，以及白鹤梁题刻分布草图，还椎取拓片81幅。但是因这年长江并不到历史最低水位，仍有大批题刻无缘得见，特别是清代《萧星拱重镌双鱼记》题刻仍没于水中，致使调查组无法弄清石鱼水标的年代始末。1963年2月15日，石鱼露出水面1.45米，梁上题刻露出水面很多。是年3月17日，博物馆又组织调查组对题刻情况进行摸排。这次调查除了补拓上年未拓的清代以来题刻之外，还测量了清代萧星拱重镌石鱼中线距水面的距离，并将这个距离同附近长江航运水尺所示的水位进行了比较，绘制成《古代石鱼与现在川江水位比较图》，发现当日石鱼去水的高度与当地长江航运水尺的零点距离水面的高度相同。[1]

可以说，重庆市博物馆组织的此次调查，是新时期首次对白鹤梁题刻所进行的系统考察工作。考察的目的本是鉴定石刻年代，并为题刻编号以及统计数量，椎打拓片，与传统题刻整理差别不大。但随着相关工作的开展，调查组却从中发现了白鹤梁题刻更多的水文价值，这次考察也被认为是以后长江上游地区"水文考古"的开端。调查工作进行期间，龚廷万、李谦写成《四川涪陵石鱼铭刻图集》[2]书稿，对重庆市博物馆所存168段题刻拓本进行年代编排，附拓本照片，同时附录钱保塘释文，并就一些题刻进行了初步的考证。不久，龚廷万再撰《四川涪陵"石鱼"题刻文字的调查》[3]一文，发表在1963年第7期的《文物》杂志上。该文制作了石鱼题刻简表，详列已取得的拓片信息，并详细列举了石鱼及拓片的水文科学价值。这之后的1970年，博物馆还曾派员参加长江上游水文考古调查，对白鹤梁题刻材料再次进行补充收集。[4]

自这几次调查以后，对白鹤梁题刻的考察逐渐走向多元化，无论在历史、艺术还是科学方面都有研究人员的目光聚集。同时，研究方法也开始焕然一新，不再单纯是著录和考据，而是运用现代测量技术与记录方式，更精准地判断题刻的各类价值。在这种背景之下，学术界对于白鹤梁题刻研究的视角和选题逐渐呈现出多样化的趋势，研究内容变得更加深入和广泛。

在整个20世纪六七十年代，有关部门为了给当

[1] 据《重庆市博物馆大事记》记载，1962年、1963年两次调查，共椎取拓片163张。

[2] 该书至今未出版，原稿藏于重庆中国三峡博物馆及涪陵区图书馆。

[3] 龚廷万：《四川涪陵"石鱼"题刻文字的调查》，《文物》，1963年第7期。

[4] 多次参与白鹤梁及其他各处题刻调查工作的胡人朝亦曾撰《长江上游"水文考古"亲历记》，发表在《重庆市渝中区文史资料（第12辑）》，对20世纪60年代以来历次水文考古工作进行了回顾与总结。

时正在规划中的长江三峡水利工程提供有效的历史资料，多次组织专家、学者对包括白鹤梁在内的重庆市江津区到湖北省宜昌市之间的长江历史洪水、枯水位情况进行调查研究。特别是1972年1月27日至4月4日，长江流域规划办公室和重庆市博物馆组成联合枯水调查组，对白鹤梁一带石鱼水标和枯水题记等情况进行专题调查与研究，后又转赴宜昌，对宜昌段情况进行考察，最终由龚廷万执笔撰成《渝宜段历史枯水调查报告》，此稿并未刊布，但其简本《长江上游渝宜段历史枯水调查——水文考古专题之一》[1]，则以长江流域规划办公室与重庆市博物馆历史枯水调查组的名义，载于1974年第8期的《文物》杂志。[2]

这次调查以后，利用所取得的成果，重庆市博物馆在1974年1月6日出版的《光明日报》第三版发文《古代长江"水位站"——关于四川涪陵白鹤梁石鱼题刻》，这是白鹤梁题刻首次在全国性权威媒体上得到宣传。文章中提出，白鹤梁题刻的出现，"证明了至少在距今1200多年前，中国古代先民就创立了富有民族风格的古代'水尺'，开创了立'尺'以记水文的新纪元"。[3]也是在这一年，联合国教科文组织有关国际水文工作的学术会议在巴黎召开，中国代表团在会上作了题为"涪陵白鹤梁题刻"的研究报告，该报告引起了与会各国专家学者的极大兴趣，白鹤梁从此正式步入了国际学术界。此外，1977年，重庆市博物馆还曾组织调查涪陵、武隆、彭水等地文物情况，是年11月撰成《涪陵、武隆、彭水三县调查简报》。

在重庆市博物馆开展相关工作的同时，根据长江流域文物考古工作队四川分队的分工，重庆市图书馆亦于1974年组织人员编写了《长江流域重庆至巫山段水文地震历史资料提要索引》[4]一书，在水文题刻部分，该书汇列了古籍中关于石鱼出水的时间、地点，并做摘要，最后为方便研究者检索，还详举文献篇名、出版年、索书号等信息。

从这以后直至20世纪80年代初，有关白鹤梁的研究因某些原因趋于沉寂，但是这一时期发表的成果毕竟为研究者关注白鹤梁题刻的历史文化背景以及文化特质、分析其科学价值、艺术价值、历史价值起到了先导与推动作用。

在学术研究与调查的同时，白鹤梁题刻的续题，以及其他一些相关活动亦无中断。1955年，贵州省博物馆征集到一批白鹤梁题刻拓片，被相关专家认定为清拓本。[5]1963年2月涪陵县文化馆在白鹤梁题记一则，其内容为"红日艳艳映碧空，白鹤翩翩舞东风。鉴湖泛舟歌盛世，石鱼衔花庆丰年"。其下又作后记，"我县人民在共产党和毛主席的英明领导下，在总路线、大跃进、人民公社三面红旗的光辉照耀下，战胜了连续三年的特大旱灾，使我们的经济情况日益好转。去年比前年好一些，肯定

[1] 《长江上游渝宜段历史枯水调查——水文考古专题之一》，《文物》，1974年第8期。
[2] 据龚廷万先生回忆，此次参加枯水调查的重庆博物馆专家主要有龚廷万、汪耀奉二人。
[3] 《古代长江"水位站"——关于四川涪陵白鹤梁石鱼题刻》，《光明日报》，1974年1月6日第3版。
[4] 重庆市图书馆：《长江流域重庆至巫山段水文地震历史资料提要索引（第二辑）》（内部资料），1974年6月。
[5] 该批题刻前期整理出42件，并已由该馆何凤桐先生发表。参见何凤桐：《宋代长江水文题刻实录》，《贵州文史丛刊》，2002年第1期。

今年必将比去年更好"。尾题"涪陵县文化馆，一九六三年二月十五日"，后再镌"石鱼距水：1.45公尺。长寿水位：零下0.68M"。与此题刻同时，又有涪陵地区专员公署副专员山东牟平林樵所题诗刻一章，"水枯江心石鱼现，相传鱼现兆丰年。丰稔岂由鱼断定，战胜自然人胜天"。此题刻旁，涪陵地区专员公署副专员四川达县龚堪贵再做《卜算子·游白鹤梁》词一首，"涪陵长江心，白鹤梁驰名。相传石鱼唐人刻，还有佛像神；石鱼兆丰年，游者题诗称。尽管有唯心观点，贵在四代文"。

这一时期，重庆市博物馆还利用数次水文调查的成果，于1973年举办了专题展览《长江上游水文考古展》，展览分三部分：第一部分为"正确的方向，光荣的任务"；第二部分为"水文考古新成就"；第三部分为"广阔的道路，光辉的前景"。1977年，博物馆再与上海博物馆、长江流域文物考古工作队合作举办了《长江流域水文考古展览》，展览最终在北京故宫博物院汇报展出。两次展览展出了大量包括白鹤梁题刻拓本，题刻著录书籍在内的水文题刻展品，文字虽有较为浓重的"文化大革命"色彩，但是通俗易懂的语言和平实浅近的文字还是为宣传白鹤梁发挥了一定作用。

总之，这一时期的白鹤梁题刻研究，在很多方面仍属开创性的尝试，其中虽有传统研究方式的延续，但更多则是在一种理性与科学精神的指引下进行的有益探索，这为改革开放以后白鹤梁题刻的进一步研究提供了一批宝贵的学术资源。

四、20世纪80年代以来白鹤梁题刻研究现状

进入20世纪80年代以后，随着三峡水利工程被正式提上议事日程，在国家文物局的领导下，中国历史博物馆水下考古研究室开展了大量关于三峡工程水下文物的考古调查工作，对白鹤梁水下题刻、朝天门码头灵石水下碑林、云阳龙脊石题刻等古代遗迹进行了详细的探摸与记录，并获取了丰富的成果资料。1992年重庆博物馆在充分调查研究的基础上撰成《关于三峡水库重庆淹没区地下文物的初步调查和下一步工作计划的报告》，白鹤梁题刻是其中的重点所在。1994年10月28日，该馆再提交《涪陵市三峡淹没区文物保护规划情况》[1]，为当时正在筹划中的白鹤梁题刻文物保护工作提供了决策参考。而在科学调查的同时，学术界对白鹤梁题刻的研究逐步升温，并于90年代中期掀起了一个小的高潮。这一时期有关白鹤梁介绍与资料汇编性质的图书开始集中出版，如政协四川工委的《世界第一古代水文站——白鹤梁》[2]，陈曦震的《水下碑林白鹤梁》[3]，水利部长江水利委员会

[1] 以上资料现存重庆中国三峡博物馆图书资料室。

[2] 政协四川工委：《世界第一古代水文站——白鹤梁》，中国三峡出版社，1995年。

[3] 陈曦震：《水下碑林白鹤梁》，四川人民出版社，1995年。

的《长江三峡工程水库水文题刻文物图集》[1]，陈曦震的《鹤风鱼韵——白鹤梁诗萃》[2]，陈曦震、陈之涵的《中国长江水下博物馆——白鹤梁题刻》[3]。以上书籍对世人认识白鹤梁、研究白鹤梁题刻提供了便利，但是由于这些出版物本身性质不一，侧重点各异，因此，都多少存在一些问题，如收录题刻不全、释文错误、解读失当，等等。对此，曾超出专书《三峡国宝研究——白鹤梁题刻汇录与考索》[4]，分"正误""辑佚""考证""求索""附录"等五个部分，对以上诸书存在的问题进行了汇总补正，并就研究白鹤梁题刻提出了一些富有启示性的思路。此外，高文、高成刚《四川历代碑刻》[5]，长江水利委员会宣传出版中心《长江志》[6]，郑敬东《中国三峡文化概论》[7]，胡人朝《中国西南地区历代石刻汇编·四川重庆卷》[8]等书也对白鹤梁题刻进行了部分收录介绍。2011年，白鹤梁题刻所在地重庆市涪陵区组织编写了《涪陵历史文化丛书》，首批十四个选题即包括黄海主持的《白鹤梁题刻辑录》[9]，该书详细收录了已发现的白鹤梁题刻，并就题刻逐一进行释文，书尾则以附录形式列《白鹤梁题刻的记载与研究索引》为相关研究的继续展开提供了方

便。除以上公开出版物，这一时期重庆博物馆研究员胡昌健还自编《四川元以前石刻文字简目》[10]，稿本现藏重庆中国三峡博物馆资料室，该稿本内容虽并非专研白鹤梁，但其中对于《涪州石鱼文字所见录》《金石苑》《四川通志》等书篇目的整理，实际涉及石鱼文字甚多，该书稿为学者检索相关典籍提供了便利。另外，1990年北京图书馆（现国家图书馆）金石组编成《北京图书馆藏中国历代石刻拓本汇编》，此书收录有该馆旧藏白鹤梁题刻拓片《庞恭孙题记》以及《吴革等观石鱼题记》两幅。又，曾枣庄、刘琳主编《全宋文》收录《张霁等题记》文字一则。而《中国金石总录数据库》亦据《八琼室金石补正》收录《吴革等人观石鱼题记》《庞恭孙题记》二则，《历代石刻文献全编》则未见有石鱼文字之收录。[11]

21世纪以来，伴随三峡工程的峻工，一些与白鹤梁题刻保护工程相关的著作亦开始出版。如谢向荣、吴建军、章荣发著《水下文化遗产保护——白鹤梁题刻原址水下保护工程》[12]一书，该书分上、下两篇，上篇主要集中于水下保护工程的实施方案及技术报告的理论介绍；下篇则主要是对白鹤梁水

[1]　水利部长江水利委员会：《长江三峡工程水库水文题刻文物图集》，科学出版社，1996年。

[2]　陈曦震：《鹤风鱼韵——白鹤梁诗萃》，四川人民出版社，1996年。

[3]　陈曦震、陈之涵：《中国长江水下博物馆——白鹤梁题刻》，重庆博物馆，2003年。

[4]　曾超：《三峡国宝研究——白鹤梁题刻汇录与考索》，中国文史出版社，2005年。

[5]　高文、高成刚：《四川历代碑刻》，四川大学出版社，1990年。

[6]　长江水利委员会宣传出版中心：《长江志》，中国大百科全书出版社，2007年。

[7]　郑敬东：《中国三峡文化概论》，中国三峡出版社，1996年。

[8]　胡人朝：《中国西南地区历代石刻汇编·四川重庆卷》，天津古籍出版社，1998年。

[9]　黄海：《白鹤梁题刻辑录》，中国戏剧出版社，2014年。

[10]　胡昌健：《四川元以前石刻文字简目》（稿本），1994年。

[11]　以上所录题刻名均据原书直录，以备研究者查证利用。

[12]　谢向荣、吴建军、章荣发：《水下文化遗产保护——白鹤梁题刻原址水下保护工程》，东南大学出版社，2014年。

下题刻保护工程的保护方案以及关键技术问题、工程实践等方面的解读。下篇之后另作附录，分别是《水下文化遗产保护公约》《加强水下文化遗产保护的重庆建议》《白鹤梁题刻文物保护工程大事记》《工程与文化相互促进的武汉倡议》等与水下文化遗产保护息息相关的文件。由于该书主要作者均任职于长江勘测规划设计院，并直接或间接参与了白鹤梁题刻水下保护工程，因此他们对题刻保护工程的解读，更具针对性与可读性。又如重庆市文物局与重庆市移民局共同编著的《涪陵白鹤梁》（长江三峡工程文物保护项目报告·丙种第六号）一书，共分三篇，首篇《历史与研究》，主要对白鹤梁的地理环境、白鹤梁题刻的概况、白鹤梁题刻演变的历史以及题刻的发现与研究等进行介绍。第二篇《勘察与保护》，重点回顾了白鹤梁题刻保护工程方案的形成，汇集了《水下保护工程地质勘察报告》以及《白鹤梁题刻原址水下保护工程专题研究》等一批方案文件。第三篇《设计与施工》，共八部分内容，依次为涪陵白鹤梁题刻保护工程设计工作；涪陵白鹤梁水下工程施工；涪陵白鹤梁C标段工程——地面陈列馆；涪陵白鹤梁工程竣工验收、竣工决算及工程移交；涪陵白鹤梁题刻原址水

下保护工程在科技创新方面的贡献；永恒的记忆；涪陵白鹤梁工程大事记；涪陵白鹤梁工程主要参建单位名录。全书最后亦以附录形式收录与白鹤梁题刻水下保护工程相关的各类文件及会议纪要等20篇。可以说，该书是目前有关白鹤梁题刻保护工程最权威的官方报告集，它的出版对于学界充分了解白鹤梁，掌握题刻保护工程整体情况，多有助益。此外，天津大学白鹤梁题刻保护规划组《长江三峡工程淹没及迁建区四川省涪陵市白鹤梁题刻保护规划报告》[1]以及郝国胜《二十年——三峡工程重庆库区文物保护总结性研究1992—2011》[2]二书，也可谓是相关学科研究白鹤梁题刻保护工程的重要资料。

值得一提的是，这一时期大量通俗读物以及地域文化研究论著中也多有涉及白鹤梁题刻的内容。如涪陵县人民政府地名办公室《四川省涪陵县地名录》[3]，文绍奎、李梅《涪陵风物录》[4]，杨铭等《三峡史话》[5]，沈宁《中国考古博览》[6]，吴涛等《巴渝文物古迹》[7]，李胜《涪陵历史文化研究》[8]，马培汶《历史文化名人与涪陵》[9]，张立先《石壁立西江——中国三峡工程决策建设实录》[10]，章创生等《重庆掌

[1] 天津大学白鹤梁题刻保护规划组：《长江三峡工程淹没及迁建区四川省涪陵市白鹤梁题刻保护规划报告》（内部资料），1996年。

[2] 郝国胜：《二十年——三峡工程重庆库区文物保护总结性研究1992—2011》，科学出版社，2014年。

[3] 涪陵县人民政府地名办公室：《四川省涪陵县地名录》（内部印行），1981年。

[4] 文绍奎、李梅：《涪陵风物录》，重庆出版社，1991年。

[5] 杨铭等：《三峡史话》，中华书局，1997年。

[6] 沈宁：《中国考古博览》，重庆出版社，1999年。

[7] 吴涛、柳春鸣、王玉等：《巴渝文物古迹》，重庆出版社，2004年。

[8] 李胜：《涪陵历史文化研究》，中央文献出版社，2006年。

[9] 马培汶：《历史文化名人与涪陵》，重庆出版社，2006年。

[10] 张立先：《石壁立西江——中国三峡工程决策建设实录》，长江出版社，2010年。

故》[1]，高文麒《巴渝川蜀文化》[2]，白鹤梁水下博物馆《白鹤梁——世界第一古代水文站》[3]等书均属此类，而这类书籍还有很多，此处不再逐一罗列。

在图书出版的同时，学术界有关白鹤梁题刻研究的项目申报也如火如荼地展开。早在1994年，文物部门即委托重庆博物馆进行"三峡工程川江水文石刻"研究，并签订正式委托书，后相关课题组撰成《三峡石刻题记》研究报告。除这一研究项目之外，申请获批的其他研究项目也都有一定篇幅涉及白鹤梁题刻，如：重庆市教委人文社会科学资助项目《白鹤梁题刻文化遗产研究》；重庆市文物局项目《白鹤梁题刻文物本体和保存环境监测》；重庆中国三峡博物馆项目《白鹤梁宋元题刻研究》和《白鹤梁题刻丛书》；国家古籍整理出版专项经费资助项目《白鹤梁题刻文献汇集校注》[4]；长江师范学院项目《白鹤梁文化研究丛书》。此外，长江师范学院科研启动基金项目《重庆古代石刻文献研究》；重庆市教委资助项目《乌江石刻文化研究》；重庆市重大社科研究项目《重庆碑刻整理与研究》；教育部人文社科规划项目《水文记录与社会意识：中国古代洪水枯水题刻研究》；国家社会科学基金项目《微痕分析与数字模型技术在考古研究中的应用》；国家社会科学基金项目《乌江流域

非物质文化遗产保护与抢救研究》；国家社会科学基金项目《西南少数民族非物质文化遗产保护研究》，以及长江师范学院科研项目《乌江沿岸少数民族文字题刻研究》等。[5]2015年12月，北京大学还专门利用项目研究成果及所藏拓片资源举办了《白鹤梁题刻拓片展》，广受学界好评。

各类相关图书出版的同时，这一时期有关白鹤梁研究的学术论文数量也开始井喷式增长，可谓成果丰硕。从已有研究成果来看，主要有四个大的方向：

一是有关白鹤梁题刻文物保护方面的研究。如杨宝衡《涪陵白鹤梁的形成、发展与保护》[6]认为白鹤梁题刻保护应从地质学的角度，依其地质结构，对白鹤梁的形成条件、砂岩的解体和发展趋势进行分析。曾中懋《涪陵白鹤梁题刻的本体保护》[7]利用多学科视角，叙述了白鹤梁题刻所处的地理环境、气候条件、地质构造和岩石属性，分析了题刻本体的稳定性及不利于题刻保护的各种因素，总结了实施维修保护工程的内涵、材料和工艺措施，并对这类石质文物维修保护的方法进行了探讨。赵冰课题组在《武汉大学学报》（工学版）2004年第2期，分别发文《白鹤梁题刻保护规划总体方案》[8]、《白鹤梁题刻保护相关附属工程设计》、《白鹤梁题刻本体保护工程设计》、《白鹤梁题刻保护方案的前期研究》、《白鹤梁题刻价值

[1]　章创生、范时勇、何洋等：《重庆掌故》，重庆出版社，2013年。

[2]　高文麒：《巴渝川蜀文化》，经济科学出版社，2013年。

[3]　白鹤梁水下博物馆：《白鹤梁——世界第一古代水文站》，中国水利水电出版社，2014年。

[4]　同名研究著作《白鹤梁题刻文献汇集校注》已于2015年12月由天津古籍出版社出版。

[5]　此处所统计相关研究项目仍有遗漏，特别是自然科学方面的课题，尚未做统计。

[6]　杨宝衡：《涪陵白鹤梁的形成、发展与保护》，《人民长江》，1998年第3期。

[7]　曾中懋：《涪陵白鹤梁题刻的本体保护》，《四川文物》，2009年第6期。

[8]　赵冰：《白鹤梁题刻保护规划总体方案》，《武汉大学学报》（工学版），2004年第2期。

评估及保存现状》，就白鹤梁题刻本体保护及白鹤梁题刻复建，提出了保护规划方案，同时对相关附属工程的设计进行可行性分析，对题刻的价值及保存现状作出条理化梳理。中国工程院院士、著名岩土力学专家葛修润教授，是现行"无压容器"创新方案的设计者，他撰文《白鹤梁题刻——世界第一古代水文站在长江三峡水库库底的原址水下保护工程简介》[1]就该方案的形成背景，以及施工过程进行了回顾，对于公众了解该项工程贡献良多。贺勇《沉没，也记忆——涪陵白鹤梁题刻地面陈列馆设计方案札记》[2]一文，则是对地面陈列馆的设计方案进行的讨论。吴建军《三峡库区白鹤梁题刻原址水下保护工程设计》[3]一文介绍了用"无压容器"概念修建白鹤梁题刻原址保护工程方案的设计理念及主要设计成果。认为这一极具创新设想的工程实施，成为世界上唯一的遗址类水下博物馆，为水下文化遗产的原址保护提供了成功的工程范例。章荣发发表《涪陵白鹤梁题刻原址水下工程文物保护施工》[4]和《计算机在白鹤梁交通廊道有限元分析中的应用与发展》[5]二文，前文从保护原则、保护制度、保护措施等方面，对白鹤梁题刻原址水下保护工程在施工过程中文物保护需要采取的相关技术措施进行

了阐述和讨论，以确保文物的万无一失。后文则采用大型软件ANSYS对廊道进行了大变形（开裂）非线性有限元分析，分析结果表明部分区域应力过高，但不存在贯穿墙体的裂纹，故结构是安全可靠的。另外，文中还介绍了ANSYS的混凝土单元——SOLID65单元的基本原理和使用。文章最终认为，ANSYS软件可用于白鹤梁交通廊道有限元分析和类似水工分析，其发展前景是良好的。郭晓《白鹤梁题刻原址水下保护工程交通廊道的止水连接设计》[6]一文认为白鹤梁题刻原址水下保护工程交通廊道变形缝、施工缝、接头缝的防水不仅要考虑结构沉降、伸缩以及金属板与混凝土间的收缩等变形，而且在充分变形的情况下，保证其水密性。其止水连接设计采用了外贴橡胶止水带、中埋可注浆式钢边橡胶止水带、内装可卸式Ω橡胶止水带及聚胺脂密封胶、遇水膨胀腻子止水条、SM胶等辅助防水措施。既满足廊道承受水压和接缝变形要求，又提高了止水结构的安全可靠性能，可为其他类似工程接缝止水结构设计与施工提供参考。李宏松在《白鹤梁题刻保护工程》[7]一文中则是对题刻历史背景进行追述的同时，准确把握题刻保护工程的时间节点后所做的综合性讨论，该文也重点对题刻保

[1] 葛修润：《白鹤梁题刻——世界第一古代水文站在长江三峡水库库底的原址水下保护工程简介》，《2005年云冈国际学术研讨会论文集（保护卷）》，文物出版社，2005年。

[2] 贺勇：《沉没，也记忆——涪陵白鹤梁题刻地面陈列馆设计方案札记》，《新建筑》，2000年第5期。

[3] 吴建军：《三峡库区白鹤梁题刻原址水下保护工程设计》，《人民长江》，2011年第4期。

[4] 章荣发：《涪陵白鹤梁题刻原址水下工程文物保护施工》，《山西建筑》，2012年第18期。

[5] 章荣发：《计算机在白鹤梁交通廊道有限元分析中的应用与发展》，《第十三届全国工程建设计算机应用学术会议论文集》，华南理工大学出版社，2006年。

[6] 郭晓：《白鹤梁题刻原址水下保护工程交通廊道的止水连接设计》，《长江大学学报》（自然科学版），2013年第1期。

[7] 李宏松：《白鹤梁题刻保护工程》，《中国文化遗产》，2004年第3期。

护工程的工作思路进行了分析。李尔《"白鹤梁题刻"保护工程的设计及运行》[1]一文介绍了"白鹤梁题刻"保护工程循环水系统的设计思路、各组成部分及其基本功能、主要管材配件以及监控和测定设备的选型，同时说明了循环水系统的运行方式。2005年《白鹤梁题刻水下保护工程特殊过滤器性能试验研究》[2]一文是为检验白鹤梁题刻水下工程特殊过滤器的性能是否符合工程要求而撰就的模拟试验报告。结果表明，按最不利情况考虑，通过过滤器进入系统的水浊度超标需41.7 d，系统内外水压差在各种情况下均在±1mH₂O以内，满足设计要求。他还以《白鹤梁题刻保护工程水循环系统截滤器性能研究》[3]撰写硕士学位论文，对循环水系统连接容器内外的专用截滤器性能进行研究，提出了一些极富学术价值和应用价值的工作方案。

另外，刘斌《白鹤梁题刻原址水下保护工程围堰施工技术》[4]一文以白鹤梁题刻原址水下保护工程为依托，介绍特殊条件下围堰施工技术。宋靖华《保护题刻古迹再现长江水文历史——长江白鹤梁题刻文物保护方案研究》[5]一文，回顾了白鹤梁题刻保护工程的实施过程，并就当时"就

地保存，异地陈展"的保护方案进行了研究。张绪进《三峡库区涪陵河段泥沙淤积及对白鹤梁题刻影响的研究》[6]一文，在模型试验成果的基础上，研究分析了三峡水库运行30年过程中白鹤梁所在河段的泥沙冲淤特征及河床演变规律，为白鹤梁题刻的保护方案提供了科学依据。王小兰在《白鹤梁题刻——国际档案遗产保护成功范例》[7]一文中指出，白鹤梁题刻的保护，虽看似是对历史古迹的保护，实际也可以看作是对水文档案的整理，它的成功为国际档案学界开拓新视野、发掘新材料提供了参考。而赵万民《三峡工程中历史文化遗产保护问题：涪陵市迁建与白鹤梁保护规划思考》[8]，则讨论了涪陵区城市迁建与白鹤梁文物保护之间的关系，提出了关于建设白鹤梁"城市型"博物馆的保护规划设想。胥润生《再谈长江三峡文物"白鹤梁"的保护》[9]一文，回顾了三峡工程兴建后，白鹤梁保护的三套方案。在分析各方案的基础上，提出了"充水壳体+浮式平台"综合方案，为文物保护、景观再现、旅游开发提供参考。又，黄真理《白鹤梁题刻保护问题及其与水域环境的关系》[10]一文，在简单介绍

[1] 李尔：《"白鹤梁题刻"保护工程的设计及运行》，《中国给水排水》，2004年第10期。

[2] 李尔：《白鹤梁题刻水下保护工程特殊过滤器性能试验研究》，《给水排水》，2005年第3期。

[3] 李尔：《白鹤梁题刻保护工程水循环系统截滤器性能研究》，华中科技大学硕士学位论文，2004年。

[4] 刘斌：《白鹤梁题刻原址水下保护工程围堰施工技术》，《福建建材》，2007年第2期。

[5] 宋靖华：《保护题刻古迹再现长江水文历史——长江白鹤梁题刻文物保护方案研究》，《南方建筑》，2002年第3期。

[6] 张绪进：《三峡库区涪陵河段泥沙淤积及对白鹤梁题刻影响的研究》，《中国水力发电工程学会水文泥沙专业委员会第四届学术讨论会论文集》，2003年。

[7] 王小兰：《白鹤梁题刻——国际档案遗产保护成功范例》，《中国档案报》，2009年7月27日第4版。

[8] 赵万民：《三峡工程中历史文化遗产保护问题：涪陵市迁建与白鹤梁保护规划思考》，《建筑学报》，1997年第5期。

[9] 胥润生：《再谈长江三峡文物"白鹤梁"的保护》，《重庆交通学院学报》（社会科学版），2003年S1期。

[10] 黄真理：《白鹤梁题刻保护问题及其与水域环境的关系》，《文物保护与考古科学》，2001年第1期。

和评价白鹤梁题刻现有保护方案的基础上，探讨了白鹤梁题刻及其与水域环境的相互关系，并提出在进行白鹤梁题刻保护时，除应注意保护题刻本体外，还应恢复白鹤梁题刻赖以生存的水域环境及其所形成的独特的人文景观。刘争《文化瑰宝"水中逢生"——白鹤梁题刻保护方案出台的前前后后》[1]和《白鹤梁，不灭的记忆——涪陵白鹤梁保护历程回顾》[2]二文，在全面回顾了白鹤梁文物保护的过程后，对白鹤梁文物的综合利用价值进行了评估。高远《白鹤梁题刻博物馆修建与水下文化遗产保护》[3]一文结合博物馆建设提出白鹤梁题刻保护应建立起有中国特色的水下文化遗产保护体系。此外，刘忠铭《涪陵白鹤梁题刻原址保护参观廊道设计综述》[4]，周建军《关于涪陵白鹤梁题刻保护工程的可靠性研究和建议》[5]，胡长华《白鹤梁题刻水下保护工程安全监测系统设计研究》[6]，汪耀奉《长江涪陵白鹤梁题刻在科学文化领域中的应用》[7]、《长江涪陵白鹤梁历史枯水题刻研究应用》[8]等文所论，则是分别从建筑学、地质学、信息技术、水文学等学科的研究视野出发对白鹤梁题刻的保护提出的具体操作方案。

除以上所列之外，李涵《白鹤梁题刻：世界水文奇观的"金钟罩"》[9]、杨君《白鹤梁题刻水下工程探秘》[10]、郝国胜《白鹤梁水文题刻及其保护》[11]、赵靓《白鹤梁——世界第一古代水文站》[12]、张飞《白鹤梁：铭记江河万古流》[13]、熊怡《白鹤梁——水下献礼》[14]、孙坷《白鹤梁十年生死路》[15]、胡任《白鹤梁：全世界最独特的水下博物馆》[16]、陈小玮《白鹤梁："难产"的水下博物馆》[17]、郝国胜《白鹤梁的回忆》[18]、嫘笛《白鹤梁一座建立在水下的水文博物馆》[19]、葛修润《国宝"白鹤梁"》[20]、

[1] 刘争：《文化瑰宝"水中逢生"——白鹤梁题刻保护方案出台的前前后后》，《当代党员》，2003 年第 4 期。

[2] 刘争：《白鹤梁，不灭的记忆——涪陵白鹤梁保护历程回顾》，王久渊、戴伟、彭寿清等：《乌江经济文化研究（第一辑）》，重庆出版社，2004 年。

[3] 高远：《白鹤梁题刻博物馆修建与水下文化遗产保护》，《重庆文理学院学报》（社会科学版），2012 年第 3 期。

[4] 刘忠铭：《涪陵白鹤梁题刻原址保护参观廊道设计综述》，《人民长江》，2011 年第 23 期。

[5] 周建军：《关于涪陵白鹤梁题刻保护工程的可靠性研究和建议》，《科技导报》，2003 年第 4 期。

[6] 胡长华：《白鹤梁题刻水下保护工程安全监测系统设计研究》，《长江工程职业技术学院学报》，2006 年第 4 期。

[7] 汪耀奉：《长江涪陵白鹤梁题刻在科学文化领域中的应用》，《四川水利》，1998 年第 6 期。

[8] 汪耀奉：《长江涪陵白鹤梁历史枯水题刻研究应用》，《水文》，1999 年第 2 期。

[9] 李涵：《白鹤梁题刻：世界水文奇观的"金钟罩"》，《重庆旅游》，2011 年第 2 期。

[10] 杨君：《白鹤梁题刻水下工程探秘》，《人民长江报》，2011 年 1 月 29 日第 7 版。

[11] 郝国胜：《白鹤梁水文题刻及其保护》，《中国历史文物》，2003 年第 3 期。

[12] 赵靓：《白鹤梁——世界第一古代水文站》，《环球人文地理》，2012 年第 6 期。

[13] 张飞：《白鹤梁：铭记江河万古流》，《中国西部》，2012 年第 8 期。

[14] 熊怡：《白鹤梁——水下献礼》，《今日重庆》，2009 年第 6 期。

[15] 孙坷：《白鹤梁十年生死路》，《新西部》，2003 年第 6 期。

[16] 胡任：《白鹤梁：全世界最独特的水下博物馆》，《中华建设》，2009 年第 6 期。

[17] 陈小玮：《白鹤梁："难产"的水下博物馆》，《新西部》，2010 年第 8 期。

[18] 郝国胜：《白鹤梁的回忆》，《中国三峡》，2010 年第 2 期。

[19] 嫘笛：《白鹤梁一座建立在水下的水文博物馆》，《最重庆》，2011 年第 7 期。

[20] 葛修润：《国宝"白鹤梁"》，《中国三峡建设》，2006 年第 2 期。

唐探峰《国之瑰宝——白鹤梁》[1]、崔佳《重庆：白鹤梁题刻水下博物馆建成开放》[2]、王奕才《世界水文奇观——白鹤梁题刻》[3]、黄鹤《水下碑林白鹤梁，鹤鸣九皋破云霄——千古文韵白鹤梁》[4]、佚名《长江白鹤梁古水文题刻》[5]、邓科《石鱼题刻白鹤梁》[6]、黄德建《"重庆得去　白鹤梁必游"》[7]、佚名《水下博物馆：涪陵白鹤梁》[8]、大勐龙《世界古代水文站重庆长江三峡涪陵白鹤梁题刻》[9]、杨顺成《川江水文石刻》[10]、陶镇钧《隐没江底的珍迹——涪陵石鱼题刻》[11]、韩钰莹《保存完好的世界唯一古代水文站白鹤梁》[12]、涪陵师范学院学报编辑部《水下碑林——白鹤梁》[13]等文，主要是对白鹤梁题刻保护工程的前世今生所做的通俗性叙述。而佚名《七一九所承担的白鹤梁题刻保护工程相关设计方案通过初评》[14]、沈之良《三峡库区白鹤梁题刻保护方案的探索》[15]、苏健建《三峡第一文物保护工程——白鹤梁水下保护工程》[16]、华凌《三峡白鹤梁题刻：独具匠心的保护》[17]、《国家文物局调研白鹤梁文物保护工作》[18]、《白鹤梁题刻原址水下保护工程研究与实践》[19]、夏帆《白鹤梁景区启动申遗》[20]、秦纪民等《白鹤梁水下博物馆开馆迎客》[21]、高立洪《白鹤梁还能风采依旧吗》[22]、何方《白鹤梁题刻水下博物馆揭开面纱》[23]、李新龙《永远的白鹤梁》[24]、刘诗平《成就永远的白鹤梁》[25]、张国圣《白鹤梁水下博物馆探

[1]　唐探峰：《国之瑰宝——白鹤梁》，《中国三峡建设》，2000 年第 2 期。

[2]　崔佳：《重庆：白鹤梁题刻水下博物馆建成开放》，《现代城市》，2009 年第 2 期。

[3]　王奕才：《世界水文奇观——白鹤梁题刻》，《重庆与世界》，1998 年第 5 期。

[4]　黄鹤：《水下碑林白鹤梁，鹤鸣九皋破云霄——千古文韵白鹤梁》，《中国西部》，2011 年第 3 期。

[5]　佚名：《长江白鹤梁古水文题刻》，《水利科技》，2005 年第 3 期。

[6]　邓科：《石鱼题刻白鹤梁》，《中国西部》，2003 年第 6 期。

[7]　黄德建：《"重庆得去　白鹤梁必游"》，《最重庆》，2011 年第 7 期。

[8]　佚名：《水下博物馆：涪陵白鹤梁》，《重庆工贸职业技术学院学报》，2008 年第 2 期。

[9]　大勐龙：《世界古代水文站重庆长江三峡涪陵白鹤梁题刻》，《重庆与世界》，2012 年第 6 期。

[10]　杨顺成：《川江水文石刻》，《水利天地》，1990 年第 2 期。

[11]　陶镇钧：《隐没江底的珍迹——涪陵石鱼题刻》，《水利天地》，1987 年第 4 期。

[12]　韩钰莹：《保存完好的世界唯一古代水文站白鹤梁》，《西部资源》，2012 年第 2 期。

[13]　涪陵师范学院学报编辑部：《水下碑林——白鹤梁》，《涪陵师范学院学报》，2003 年第 5 期。

[14]　佚名：《七一九所承担的白鹤梁题刻保护工程相关设计方案通过初评》，《船海工程》，2004 年第 2 期。

[15]　沈之良：《三峡库区白鹤梁题刻保护方案的探索》，《科技导报》，2002 年第 11 期。

[16]　苏健建：《三峡第一文物保护工程——白鹤梁水下保护工程》，《涪陵年鉴》，2003 年。

[17]　华凌：《三峡白鹤梁题刻：独具匠心的保护》，《科技日报》，2001 年 6 月 1 日第 4 版。

[18]　《国家文物局调研白鹤梁文物保护工作》，《中国文物报》，2011 年 4 月 20 日第 2 版。

[19]　《白鹤梁题刻原址水下保护工程研究与实践》，《中国文物报》，2010 年 11 月 19 日第 9 版。

[20]　夏帆：《白鹤梁景区启动申遗》，《重庆日报》，2011 年 3 月 26 日第 2 版。

[21]　秦纪民等：《白鹤梁水下博物馆开馆迎客》，《人民政协报》，2009 年 5 月 19 日第 A1 版。

[22]　高立洪：《白鹤梁还能风采依旧吗》，《中国水利报》，2001 年 1 月 13 日第 5 版。

[23]　何方：《白鹤梁题刻水下博物馆揭开面纱》，《重庆日报》，2009 年 5 月 19 日第 1 版。

[24]　李新龙：《永远的白鹤梁》，《湖北日报》，2010 年 5 月 5 日第 4 版。

[25]　刘诗平：《成就永远的白鹤梁》，《新华每日电讯》，2003 年 2 月 19 日第 8 版。

秘》[1]，何力《川江上的古水文标志》[2]，陈继荣《白鹤梁水下保护工程动工》[3]，黄放《白鹤梁露出长江水面》[4]，刘佳岭等《三峡白鹤梁题刻水下保护工程施工》[5]，佚名《中国第一座水下博物馆——白鹤梁题刻水下博物馆开馆》[6]，胡黎明《白鹤梁题刻水环境现状与展示提升思考》[7]，孙华、陈元棪《涪陵白鹤梁题刻的保护与展示》[8]，等等，则或是有关白鹤梁题刻保护过程的实施报告，或是从不同视角对白鹤梁题刻保护过程的系列报道、专题解读。

二是关于白鹤梁题刻价值的认识及文化产业开发、旅游品牌打造等方面的研究。袁明媛《白鹤梁效应打造涪陵文化名片的思考》[9]将白鹤梁题刻特征概括为本土化、个性化、直观化三大要素，并认为开发白鹤梁文化，是打造涪陵特色文化产业名片的必要举措。谭荣志、王春振《白鹤梁题刻的历史贡献与当代价值探析》[10]一文则论述了白鹤梁题刻在水文资讯、流域气候气象记录、巴蜀文化传承等诸多方面的历史价值，并对石鱼题刻在当前的积极意义做了介绍。王高龙《巴渝文化的璀璨奇葩——

涪陵白鹤梁题刻》[11]将白鹤梁题刻置于巴渝文化的视野之内，对题刻所蕴含的地方文化信息、文化价值、开发前景进行了探讨。其另有《〈涪陵白鹤梁题刻〉的档案价值》[12]一文，则是对题刻文献价值的探讨。此外，吴胜成《白鹤梁题刻水下考古新发现及其历史意义》[13]一文，结合20世纪70年代中期国家文物局和中国历史博物馆在白鹤梁水下考古过程中重新发现的《晁公溯（遡）题记》等，对这批新见题刻进行了汇总，并就其重要性做了评估。王德芬《白鹤梁题刻讲解之我见》[14]则从旅游开发的角度，对白鹤梁题刻文化宣传等方面的具体操作提出建议。此外，周兰在《以游客体验为基础的产品开发——ASEB栅格分析法——以白鹤梁水下博物馆为例》[15]一文中认为，随着体验经济的到来，旅游也开始进入体验时代，旅游体验成为衡量游客是否满意与价值高低的主要标准。提供价值体验，不论是从满足游客需要的产品开发还是从旅游企业的体验营销方面都显得非常重要。因此该文以白鹤梁水下博物馆为例在进行传统的SWOT分析的基础上，运用将重点集中在游客体验和收益为主的ASEB栅格

[1] 张国圣：《白鹤梁水下博物馆探秘》，《人民长江报》，2009年6月13日第B1版。

[2] 何力：《川江上的古水文标志》，《重庆政协报》，2011年11月15日第3版。

[3] 陈继荣：《白鹤梁水下保护工程动工》，《科学新闻》，2003年第4期。

[4] 黄放：《白鹤梁露出长江水面》，《水利天地》，1993年第3期。

[5] 刘佳岭等：《三峡白鹤梁题刻水下保护工程施工》，《水利水电技术》，2001年第12期。

[6] 佚名：《中国第一座水下博物馆——白鹤梁题刻水下博物馆开馆》，《岩土力学》，2009年第7期。

[7] 胡黎明：《白鹤梁题刻水环境现状与展示提升思考》，《中国文化遗产》，2015年第5期。

[8] 孙华、陈元棪：《涪陵白鹤梁题刻的保护与展示》，《四川文物》，2015年第6期。

[9] 袁明媛：《白鹤梁效应打造涪陵文化名片的思考》，《涪陵师范学院学报》，2003年第4期。

[10] 谭荣志、王春振：《白鹤梁题刻的历史贡献与当代价值探析》，《安徽农业科学》，2012年第3期。

[11] 王高龙：《巴渝文化的璀璨奇葩——涪陵白鹤梁题刻》，吴安祥、吴盛成：《涪陵特色文化研究论文集（第一辑）》，2001年。

[12] 王高龙：《〈涪陵白鹤梁题刻〉的档案价值》，《涪陵档案》，1998年第3期。

[13] 吴胜成：《白鹤梁题刻水下考古新发现及其历史意义》，王久渊、戴伟、彭寿清：《乌江经济文化研究（第一辑）》，重庆出版社，2004年。

[14] 王德芬：《白鹤梁题刻讲解之我见》，吴安祥、吴盛成：《涪陵特色文化研究论辑（第二辑）》，2003年。

[15] 周兰：《以游客体验为基础的产品开发——ASEB栅格分析法——以白鹤梁水下博物馆为例》，《商业现代化》，2006年第10期。

分析法分析游客在号点活动中的体验收益来制订更有利于产品开发与市场营销的策略，这对白鹤梁题刻的旅游研究无疑是一种新的尝试。而其《白鹤梁旅游资源的开发》[1]一文则以翔实的数据论证了白鹤梁题刻旅游开发的必要性，通过SWOT数据分析模式，分析了白鹤梁旅游的优势，并借机提出了白鹤梁旅游发展的战略。最后，作者认为白鹤梁的开发具有良好的外部环境和资源优势，把握机遇和实现优势的转换是成功开发的关键。徐秋颖《白鹤梁的重庆角力》[2]通过将视角放在白鹤梁题刻保护的艰辛历程，以及围绕博物馆建设的诸多纷争，间接揭示了白鹤梁题刻景区的独特之美。

三是对白鹤梁题刻整体的历史性解读。熊达成是较早从史学的视角对白鹤梁题刻做整体解读的学者，他于20世纪80年代早期发表论文《从涪陵白鸽（鹤）梁石鱼题刻看四川省的水旱灾害》[3]，利用石刻题名资料，对古代四川地区水旱情况进行了图文汇总。丁祖春、王熙祥《涪陵白鹤梁石鱼和题刻研究》[4]一文，则通过翔实的史料梳理，对白鹤梁题刻的起止时间、刻石特点、刻石作用等做了较为系统的分析。朱更翎《清人研究涪陵石鱼题刻的成就》[5]主要考察了清代对白鹤梁题刻的整理活动，并从研究方

法、研究内容等方面做了梳理。这一时期，李胜曾分别撰文《白鹤梁石刻题名人考按五十六则》[6]、《白鹤梁石刻题名人考按续六十六则》[7]、《〈水下碑林白鹤梁〉题刻释文校读记》[8]，黄海撰文《白鹤梁题刻考释》[9]，对白鹤梁题刻所录人名以及释文、职官等进行了探讨。蔺同《涪陵白鹤梁石鱼图的缘起及其含义》[10]，通过资料搜集，对白鹤梁题刻中石鱼题刻的来历及其所暗含的实际意义做了解读。而同样是关注"石鱼题刻"，黄秀陵视角又有不同，他将石鱼的讨论定格于传统《周易》文化，并发文《涪陵白鹤梁唐代石鱼与周易文化》[11]，认为无论是从历史背景、地理环境，还是就文献记载、石鱼图像本身来分析，白鹤梁题刻中的唐代石鱼刻石与传统《周易》学说都关系紧密。

又如，胡昌健《三峡库区川江水文石刻与古代巴渝修禊习俗》[12]一文，通过考察包括白鹤梁题刻在内的川江范围内六处题刻群，揭示了巴渝境内修禊习俗的一些特征。特别值得关注的是，杨冬明《白鹤梁刻石与大足石刻之比较研究》[13]，将大足石刻与白鹤梁石刻——这对同一地域内的石刻进行比较，归结出一系列易被前人忽略的问题，这一研究方法极大地拓宽了巴渝史研究的新视野，值得做进一步思考。武

[1]　周兰：《白鹤梁旅游资源的开发》，《集团经济研究》，2007年第1期。

[2]　徐秋颖：《白鹤梁的重庆角力》，《长城月报》，2010年第2期。

[3]　熊达成：《从涪陵白鸽（鹤）梁石鱼题刻看四川省的水旱灾害》，《成都科技大学学报》，1983年第1期。

[4]　丁祖春、王熙祥：《涪陵白鹤梁石鱼和题刻研究》，《四川文物》，1985年第2期。

[5]　朱更翎：《清人研究涪陵石鱼题刻的成就》，《长江水利史论文集》，河海大学出版社，1990年。

[6]　李胜：《白鹤梁石刻题名人考按五十六则》，《三峡大学学报》（人文社会科学版），2006年第1期。

[7]　李胜：《白鹤梁石刻题名人考按续六十六则》，《三峡文化研究》，2007年第12期。

[8]　李胜：《〈水下碑林白鹤梁〉题刻释文校读记》，《重庆社会科学》，2005年第10期。

[9]　黄海：《白鹤梁题刻考释》，《重庆书学》，2015年第3期。

[10]　蔺同：《涪陵白鹤梁石鱼图的缘起及其含义》，吴安祥、吴盛成：《涪陵特色文化研究论文集（第一辑）》，2001年。

[11]　黄秀陵：《涪陵白鹤梁唐代石鱼与周易文化》，《四川文物》，2004年第2期。

[12]　胡昌健：《三峡库区川江水文石刻与古代巴渝修禊习俗》，《文史知识》，1997年第4期。

[13]　杨冬明：《白鹤梁刻石与大足石刻之比较研究》，《重庆教育学院学报》，2008年第5期。

仙竹、邹后曦、黄海《白鹤梁石鱼考》[1]一文指出，宗教文化是人类传统文化的重要组成部分，它影响到人们的思想意识、生活习俗等方面，并渗透到文学艺术、天文地理等领域，是各种文化体系的重要组成部分。白鹤梁石鱼集宗教符号与传统文化为一体，给我们展现了一个鲜为人知的白鹤梁。王兴国《怀藏千年艺 身隐万古流——白鹤梁石刻书法艺术述略》[2]一文，主要考察白鹤梁题刻书法艺术。他认为白鹤梁题刻从书法角度主要有以下特点：一是较系统地展现了我国古代书法艺术价值。二是较好地反映了宋代楷书艺术水平及其他书体状况。三是较为鲜见地体现了宋代篆书水平。

此外，张志仁《水中碑林——涪陵白鹤梁石刻档案》[3]一文主要从档案学角度对白鹤梁题刻所反映出的古代档案类文献进行了解读。杨斌则将研究的视角对准了题刻中有岩画色彩的部分，在其《论长江三峡地区白鹤梁石刻中的岩画》[4]一文中，他提出白鹤梁岩画虽然创作时期较晚，并非史前时期和无文字时代的交流形式，但与其他地区发现的岩画相比，却独具特点，无论是内容、题材或创作技法，还是岩画所处的自然环境、科学价值和意义等方面都值得研究。周晏《民间符号语的历史记录——长江白鹤梁题刻管见》[5]一文认为，长江白鹤梁题刻以其独特的表达方式，表现了唐代来自民间的、关于长江枯水位与农业收成之间复杂关系的科学认识。其认知过程带有中华民族在探求事物本源时，长于感悟，不重实证的特点。其表达上的模糊性，在今天看来，又具有显示事物本质属性的意义。由此产生的长江千余年来枯水位的记录、官宦题词以及文人雅士、迁客骚人的感叹和相关传说故事，具有较高的历史价值和美学价值。邓旭华《关于白鹤梁文献数据库建设的思考》[6]一文则论述了建立"白鹤梁文献数据库"的必要性，分析了长江师范学院图书馆搜集白鹤梁文献资料的优势，提出了长江师范学院图书馆建设"白鹤梁文献数据库"的设想。卢登平《探析涪陵白鹤梁题刻科学价值的形成因素》[7]一文专门分析了白鹤梁题刻的科学价值。他于文中指出，整体来看促使白鹤梁科学价值形成的主要因素，首先是白鹤梁的自然资质，其次是有学识的人参与研究，此外还离不开易学思想的指导。

曾超是目前国内学术界对白鹤梁题刻整体研究

[1] 武仙竹、邹后曦、黄海在《白鹤梁石鱼考》（《中国国家博物馆馆刊》，2012年第10期）中对白鹤梁石鱼从构图布局、雕刻技法和形态种类方面进行系统研究，指出石鱼雕刻在构图布局方面形式多样，雕刻风格以写实为主，雕刻技法有线雕、浅浮雕、高浮雕。石鱼形态种类包括鲤鱼、花鲈、鲻鱼、岩原鲤、青鱼、鲫鱼、胭脂鱼、中华倒刺鲃、短身白甲鱼等9种。从唐代开始，作为水标的石鱼形态属于鲤鱼。元代、明代石鱼形态为花鲈、鲻鱼等溯流海鱼。清代以后雕刻的石鱼作品，主要是岩原鲤、青鱼、鲫鱼、胭脂鱼、中华倒刺鲃、短身白甲鱼等三峡地区特色鱼种或优势鱼种。同样是考察石鱼图，冉毅在《宗教与历史的积淀——白鹤梁"石鱼"形象初探》（《大众文艺》，2013年第5期）中有所提及。

[2] 王兴国：《怀藏千年艺 身隐万古流——白鹤梁石刻书法艺术述略》，《文史杂志》，2003年第1期。

[3] 张志仁：《水中碑林——涪陵白鹤梁石刻档案》，《四川档案》，1992年第5期。

[4] 杨斌：《论长江三峡地区白鹤梁石刻中的岩画》，《三峡论坛》，2013年第2期。

[5] 周晏：《民间符号语的历史记录——长江白鹤梁题刻管见》，《重庆教育学院学报》，2003年第1期。

[6] 邓旭华：《关于白鹤梁文献数据库建设的思考》，《内蒙古科技与经济》，2011年第14期。

[7] 卢登平：《探析涪陵白鹤梁题刻科学价值的形成因素》，《科学咨询》，2013年第18期。

用力甚勤的学者，其对白鹤梁题刻的研究几乎面面俱到，发表了一系列相关学术成果。如《"石鱼出水"的文化意蕴》[1]、《三峡库区白鹤梁题刻的姓族考察》[2]、《试论白鹤梁石鱼文化的科技理性精神》[3]、《浅议"石鱼出水兆丰年"》[4]，以及收录于王久渊等主编《乌江经济文化研究》一书中的《试论枳巴文化对白鹤梁石鱼文化的影响》[5]、《试论白鹤梁石鱼文化的开放精神》[6]、《石鱼题刻哲学观念探索》[7]、《西南地区白鹤梁题刻唐宋涪州牧考述》[8]、《白鹤梁题刻易学文化考察》[9]等论文。这些研究通过仔细梳理题刻所录内容、刻石情况、书写风格等，对白鹤梁题刻所蕴含的科技、人文、历史等信息进行了充分的发掘，得出了一系列有价值的结论。可以说这种研究正是对白鹤梁题刻研究内容的拓展。

值得一提的是，随着研究队伍的扩大，研究成果的成倍增加，这一时期学术界有关白鹤梁题刻的研究综述及述评也多见发表。如刘兴亮《国内白鹤梁题刻研究综述》[10]，重点对20世纪80年代以来白鹤梁题刻的研究进行了回顾，并指出研究的不足，总结了今后研究的方向。但由于种种原因，该文统计论文仍有遗漏，且对于文史研究之外的论文虽有涉及，但划分不细，梳理不清。曾超在《三峡国宝研究——白鹤梁题刻汇录与考索》[11]一书中专列附录两篇《白鹤梁题刻系年录》《白鹤梁题刻的记载与研究索引》，对北宋以来白鹤梁题刻的历史沿袭进行了粗线条勾勒。与之类似，黄海《白鹤梁题刻辑录》[12]一书也以一定篇幅，对目前题刻研究状况以索引形式进行了呈现。此外，胡昌健也曾撰文《历代学者关于"石鱼"文字的著录与研究》[13]，主要梳理了白鹤梁题刻研究的大体脉络，特别是对一些较有影响的事件，有翔实的记录。

四是对白鹤梁题刻的断代研究。从现有研究成果来看，对题刻的断代研究并不是很多，且主要集中于单个刻石的考察。如黄秀陵《涪陵白鹤梁"瑞鳞古迹"题刻》[14]、《宋代科学家秦九昭与白鹤梁的水文科学》[15]均是就宋人秦九昭与白鹤梁水文记录关系及背景所做的述论。与之相似，周晏亦曾

[1] 曾超：《"石鱼出水"的文化意蕴》，《涪陵教育学院学报》，1997年第1期。

[2] 曾超：《三峡库区白鹤梁题刻的姓族考察》，《重庆三峡学院学报》，2010年第2期。

[3] 曾超：《试论白鹤梁石鱼文化的科技理性精神》，《重庆三峡学院学报》，2001年第6期。

[4] 曾超：《浅议"石鱼出水兆丰年"》，《涪陵师范学院学报》，2002年第2期。

[5] 曾超：《试论枳巴文化对白鹤梁石鱼文化的影响》，王久渊、戴伟、彭寿清等：《乌江经济文化研究（第一辑）》，重庆出版社，2004年。

[6] 曾超：《试论白鹤梁石鱼文化的开放精神》，王久渊、戴伟、彭寿清等：《乌江经济文化研究（第一辑）》，重庆出版社，2004年。

[7] 曾超：《石鱼题刻哲学观念探索》，王久渊、戴伟、彭寿清等：《乌江经济文化研究（第一辑）》，重庆出版社，2004年。

[8] 曾超、张正武：《西南地区白鹤梁题刻唐宋涪州牧考述》，《长江师范学院学报》，2013年第1期。

[9] 曾超：《白鹤梁题刻易学文化考察》，《重庆师范大学学报》（哲学社会科学版），2015年第4期。

[10] 刘兴亮：《国内白鹤梁题刻研究综述》，《长江师范学院学报》，2013年第2期。

[11] 曾超：《三峡国宝研究——白鹤梁题刻汇录与考索》，中国文史出版社，2005年，第376-407页。

[12] 黄海：《白鹤梁题刻辑录》，中国戏剧出版社，2014年，第291-298页。

[13] 胡昌健：《历代学者关于"石鱼"文字的著录与研究》，《恭州集》，重庆出版社，2008年，第375-379页。

[14] 黄秀陵：《涪陵白鹤梁"瑞鳞古迹"题刻》，《四川文物》，1988年第1期。

[15] 黄秀陵：《宋代科学家秦九昭与白鹤梁的水文科学》，王久渊、戴伟、彭寿清等：《乌江经济文化研究（第一辑）》，重庆出版社，2004年。

发文《白鹤梁题刻与中世纪数学无冕之王——秦九昭》[1]也对二者关系进行了解读。胡昌健《涪陵白鹤梁"元符庚辰涪翁来"题刻考》[2]、李金荣《涪陵白鹤梁题刻"元符庚辰涪翁来"考辨》[3]则通过详细考证,对《元符庚辰涪翁来题刻》的真伪提出了怀疑。又如,周晏《白鹤梁蒙文题刻背景追述》[4]一文是对白鹤梁题刻中的蒙文题刻的产生背景所进行的查证。而其《白鹤梁晁公朔(遡)题记中的宋儒形象》一文,则通过《晁公遡题记》分析了宋儒形象,认为题记反映了宋代士人在文化性格方面较之唐人更为自由。此外,曾超、彭丹凤、王明月《白鹤梁题刻〈晁公溯(遡)题记〉价值小议》[5]一文,重点分析了宋代题刻《晁公遡题记》的价值,认为此题刻改变了现有白鹤梁题记数量之陈说,对研究宋代晁氏家族在巴蜀活动及对三峡文化的构建有重要价值,同时还有助于晁公遡个人情况的研究。王晓晖《北宋涪州知州考略》[6]通过利用白鹤梁题刻资料,考校出北宋时期十七位涪州知州的基本情况,并将刻石记载与方志传记材料相结合,对北宋时期涪州地方官对州县的治理、涪州及周边的民族关系,以及川籍士人出知涪州等问题提出了自己

的看法。何凤桐《宋代长江水文题刻实录》[7]一文以丰富翔实的贵州省博物馆藏品(清代拓片资料),对清代金石著作加以勘误,初步研究了涪陵长江枯水题刻群的相关历史问题,为长江水文考古和三峡工程建成后的题刻群保护提供了文物证据。曾超《西南地区白鹤梁题刻唐宋涪州牧考述》[8]及《元明清白鹤梁题刻涪州牧考述》[9]二文,则钩稽了唐宋以来见诸记载,且于白鹤梁题刻留名的涪州牧守。文章重点对这些人的生平,特别是治涪经历进行了考证。周晏《白鹤梁晁公朔(遡)题记中的宋儒形象》[10]一文指出,白鹤梁《晁公朔(遡)题记》是宋代士人晁公朔(遡)对白鹤梁石鱼出水兆丰年民间传说与天旱事实不相吻合现象的思考和推论。题记表现了宋代士人学问研究的一般轨迹和大致轮廓,从中可以帮助我们认识宋儒及宋学。曾超《白鹤梁题刻所见宋代进士略述》[11]一文主要概述了白鹤梁题刻中的宋代进士事迹,认为这种概述对今天了解和研究这些进士的生平、仕宦、游历、交往等史迹将有重要的意义。高远《白鹤梁题刻与宋史研究》[12]一文认为,白鹤梁题刻是研究宋史不可多得的第一手资料,对于考补史实、列名人物、稽核地

[1] 周晏:《白鹤梁题刻与中世纪数学无冕之王——秦九昭》,《涪陵师范学院学报》,2003年第4期。

[2] 胡昌健:《涪陵白鹤梁"元符庚辰涪翁来"题刻考》,《四川文物》,2003年第1期。

[3] 李金荣:《涪陵白鹤梁题刻"元符庚辰涪翁来"考辨》,《重庆社会科学》,2006年第5期。

[4] 周晏:《白鹤梁蒙文题刻背景追述》,《三峡大学学报》(人文社会科学版),2007年第6期。

[5] 曾超、彭丹凤、王明月:《白鹤梁题刻〈晁公溯(遡)题记〉价值小议》,《三峡大学学报》(人文社会科学版),2007年第3期。

[6] 王晓晖:《北宋涪州知州考略》,《长江师范学院学报》,2012年第9期。

[7] 何凤桐:《宋代长江水文题刻实录》,《贵州文史丛刊》,2002年第1期。

[8] 曾超:《西南地区白鹤梁题刻唐宋涪州牧考述》,《长江师范学院学报》,2013年第1期。

[9] 曾超:《元明清白鹤梁题刻涪州牧考述》,《重庆三峡学院学报》,2013年第2期。

[10] 周晏:《白鹤梁晁公朔(遡)题记中的宋儒形象》,《重庆三峡学院学报》,2007年第6期。

[11] 曾超:《白鹤梁题刻所见宋代进士略述》,《三峡论坛》,2013年第4期。

[12] 高远:《白鹤梁题刻与宋史研究》,《四川文物》,2013年第3期。

理、探寻官制、展现民俗、研究文字等无疑是极为重要的参考素材。白鹤梁题刻价值仍尚待挖掘，从而为推动三峡石刻文献的进一步研究提供范例。徐海东《白鹤梁宋代题刻艺术特点及其书法意义》[1]认为，白鹤梁题刻书体多样，篆、隶、楷、行皆备，时间跨度从北宋初年到南宋末年，在一定程度上反映了宋代书坛的多样面貌，可以了解宋代中下级知识分子的书法风格。李胜《〈八琼室金石补正〉石鱼朱子诗辨伪》[2]一文认为，《八琼室金石补正》一书作为宋代涪州石鱼题刻收录的"朱子诗"，虽确为朱熹《观澜》绝句，但既非宋刻抑或朱子真迹，也不在石鱼所在地白鹤梁，而是大约在清代中期才刻于北岩石壁的作品，当地人称作《北岩题壁》。

综上所述，现今学术界对白鹤梁题刻的研究已比较全面。这种成就的取得，有赖于三方面的因素：一是国家三峡文物保护工程的启动，使大批白鹤梁文物得以完整留存；二是在学界与出版界的通力配合下，有关白鹤梁题刻的原始材料得以大量整理和刊布；三是近年来学界更注重多学科研究方法的综合利用。尤其是第三个方面，正是这种方法的调整，使研究者对白鹤梁题刻有了新的认识。因为如果简单从某一学科出发去研究白鹤梁题刻，易陷入结论的偏颇，只有从多学科的视角去考察，才会正确地判断白鹤梁题刻所蕴含的丰富历史信息。当然，尽管白鹤梁题刻研究已经取得了很大的进步，但也存在着一些问题和不足。

首先，白鹤梁题刻的研究全面但不系统，特别是缺乏全局性的史学观照，因而迄今为止，除曾超《三峡国宝研究——白鹤梁题刻汇录与考索》一书对题刻有集中考释、阐述外，尚没有其他以史学视角全面深入研究白鹤梁题刻的专著和论文出现。

其次，白鹤梁题刻研究有一种倾向，重视功用性研究而缺乏以质量为标杆所做的纯学术考察。完全实用主义及应景性的研究风气，虽一定程度上迎合了当下的文化建设热潮，但并不利于将白鹤梁题刻的研究进一步引向深入。

再次，虽然多学科视角的应用已经纳入了白鹤梁题刻的研究之中，但这种研究无论是从数量还是深度而言，都还有明显的不足。

最后，白鹤梁题刻之所以得以留存于涪陵长江段，题刻之所以以宋元时期遗存居多，这种现象的出现，既有外在的社会风气、区域文化等方面的原因，又有题刻文字本身的要求和根据，但目前研究尚缺少这方面认真的思考和分析。因此，以后的研究中，学界同好完全可以在对宋元题刻作出翔实考证的同时，充分发掘其他传世文献材料，将宋元题刻的研究放在宋元时期巴渝地方史、三峡文化史以及宋元史研究的大视野之下，进行宏观考察，相信所获必然会更有学术价值。

总之，白鹤梁题刻仍有较大的研究空间和课题拓展的余地，值得学界同仁展开进一步的研究。

[1] 徐海东：《白鹤梁宋代题刻艺术特点及其书法意义》，《美术观察》，2013 年第 2 期。
[2] 李胜：《〈八琼室金石补正〉石鱼朱子诗辨伪》，《重庆社会科学》，2006 年第 9 期。

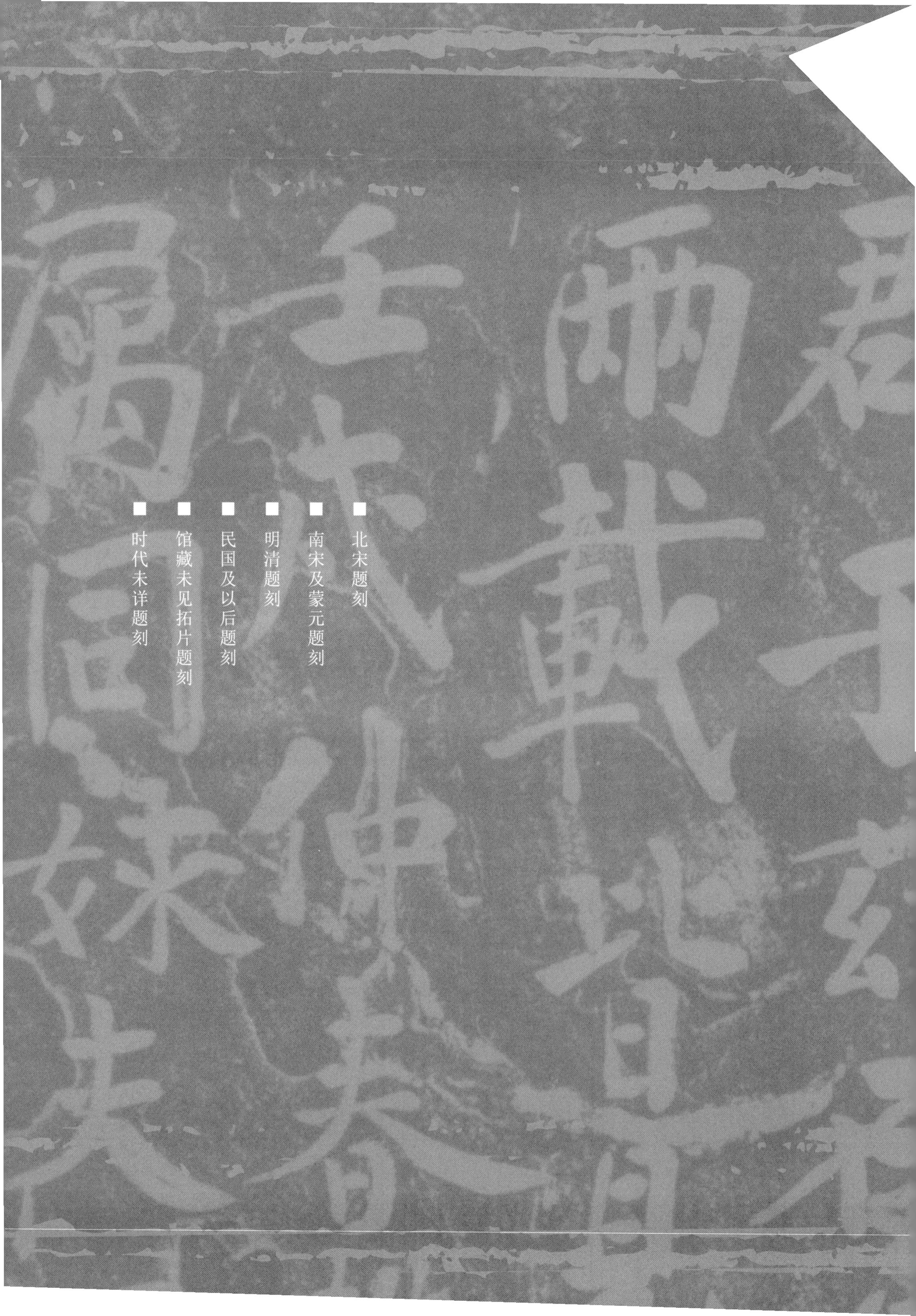

■ 北宋题刻

■ 南宋及蒙元题刻

■ 明清题刻

■ 民国及以后题刻

■ 馆藏未见拓片题刻

■ 时代未详题刻

第二章

重慶中國三峽博物館館藏

拓本文字校釋

众所周知，随着三峡大坝的蓄水，白鹤梁及其上所镌刻的大批题记、石鱼图等已经难以再浮出水面，"石鱼出水"的故事几成绝唱。但是值得庆幸的是，白鹤梁水下博物馆的建成，使得普罗大众仍能赴水下一睹题刻真容。而对于广大研究者而言，则可以通过以往椎取的拓本及其他图像资料对题刻本身作进一步的研究。目前，就已公布的信息来看，存有白鹤梁拓片的收藏机构主要有以下几家：

一是北京大学图书馆藏白鹤梁拓片。原为清末缪荃孙所藏，收入《艺风堂金石文字目》[1]。1923年，缪荃孙艺风堂包括白鹤梁题刻拓片在内的明清旧拓约1.2万种整体售归北大。[2]后经相关专家勘校，剔除部分非白鹤梁拓片后，初步统计该批拓片共81件（目前已公布者76件，部分为副本，今均照录收藏定名，不予删节），主要是《谢昌瑜等状申江中石梁题记》《朱昂五言诗》《刘忠顺等倡和诗》《武陶熙等题名》《刘仲立等题名》《郡从事冯□等题名》《徐庄等题名》《韩震等题记》《黄觉等题记》《熙宁七年水齐至此题记》《郑颛等题名》《杨嘉言题记》《姚珏等题名》《□兆思题名》《涪翁题名》《杨元永等题名》《庞恭孙题记》《王蕃石鱼五言诗》《蒲蒙亨率涪陵令等题名》《蒲蒙亨等题名》《吴革题记》

《毌丘兼孺等题名》《杨太守五言诗》《冯当可等题名》《陈似等题记》《赵子通等题名》《何梦（与）等题名》《王择仁等题记》《刘意等题记》《李宜仲等题名》《张宗宪等题名》《贾公哲等题名》《蔡兴宗等题名》《宋艾等题名》《贾思诚等题名》《贾思诚题记》《宋涣等题名》《己未题记》《晁公武等题名》《张仲通等题名》《潘居实等题名》《周诩等题名》《张仲通等题名》《张宗忞等题名》《张彦中等题名》《李景孚等题名》《杜肇等题名》《张珤题名》《李景孚等题名》《晁公遡题记》《杨谔等题记》《何宪等观石鱼七言诗》《杜舆可等题名》《邓子华等题名》《张维等题名》《张维等重游题名》《高祁张维等题名》《（张）松兑等题记》《黄仲武等题记》《晁公遡题记》《杨谔等题记》《何宪等观石鱼七言诗》《杜与可等题名》《邓子华等题名》《张维等题名》《张维等重游题名》《高祁张维等题名》《张松兑等题记》《黄仲武等题记》《徐嘉言题记》《夏敏等题记》《朱永裔题记》《冯和叔等题记》《刘师文等题记》《史时杰等题名》（即本书《刘公亨等题记》）和《唐代石鱼画像》（《石鱼图》）。[3]

二是傅斯年图书馆藏拓本。傅斯年图书馆为中

---

[1] 《艺风堂金石文字目》18卷续目5卷，为缪荃孙所编个人藏拓目录。

[2] 胡海帆：《古籍部购得艺风堂、柳风堂旧藏拓片》，《北京大学图书馆通讯》，2013年10月（总第79期）。

[3] 该馆所存其他涪州题刻为：《郭公益等题名》、《为彦选等题名》、《朱醇父等题名》、《张告等题名》、《唐言题名》、《刻张待制诗记》、《吴克舒等题名》、《李造道等题名》、《卢能等题名》、《郑圃等题名》、《朱醇父等题名》、《吴克舒题名》、《安公傅等题名》、《康性之等题名》、《赵庚等题诗》、《韩子展等题名》、《袁进叔等题名》、《蔡德方等题名》、《袁进叔等题名》、《李义题名》（绍兴十五年）、《李义题名》、《安公傅等题名》、《蔡德方等题名》、《袁进叔等题名》、《康性之等题名》、《赵庚等题诗》、《韩子展等题名》、《袁进叔等题名》、《赵庚等题名》、《董伯高等题名》、《向公委等题名》、《张时杰题名》。为便于同好检索查阅，题刻名称一依其旧，不作改动，同名题刻不归并，以下所录亦如此。

国台湾研究院史语所图书馆，因纪念傅斯年而得名。该馆所藏石刻拓本约有2.8万余种，4万余幅，包括汉画拓片、佛教造像碑、唐代墓志等，上自先秦下迄民国无一不有。其中馆藏白鹤梁题刻拓片共有70件，文字拓片69件。[1]分别为《唐裳莲双鱼画像》、《宋□州奉节县令权幕等观石鱼题名》、《宋□镐等观石鱼题名》、《宋判官禄几复等同来题名》、《宋别驾潼川塞材望等石鱼七言律诗并题记》、《宋刘意等游北岩及观石鱼题记》、《宋古猭（汴）李景司子（寻）等俱来题名》、《宋周谞等题名》（附玉牒赵时□等题名）、《宋唐安张□等同观瑞鱼题名》、《宋宋亢等继至题名》、《宋张仲通等同观石鱼题名》、《宋张松兑等来观石鱼题名》、《宋徐庄观石鱼题名》、《宋惠阳罗奎石鱼七言律诗》、《宋宪属陈似等道别观石鱼题记》、《宋文悦等题名》、《宋李公玉等观石鱼题名》、《宋李可久等观石鱼题名》、《宋李宣仲等同游题名》、《宋李景司（寻）等石鱼全题名》、《宋杜肇等俱来观石鱼题名》、《宋杨讥（谔）等同观石鱼题名》、《宋权知军州事吴革等观石鱼题记》、《宋水齐至此标志》、《宋水齐题记》（附《元天历元年宣侯等游庆题记》）、《宋汝南张宗忞等来观石鱼题名》、《宋潘居实等游观石鱼题名》、《宋济南张彦中来观石鱼题名》、《宋盛芹等题名》、《宋卢棠拉等读唐石刻验广德水齐题名》（即《卢棠等题名》）、《宋知军州事庞恭孙观石鱼题记》、《宋知军州事杨嘉言等观广德鱼刻并大和

题记题名》、《宋知军州澶渊事贾思诚等来观石鱼题记》、《宋知郡事武陶等游石鱼题名》、《宋石鱼倡和诗》、《宋石鱼倡和七言律诗》、《宋蒲蒙亭等同观石鱼题名》、《宋西陵高应乾题石鱼诗》（实为清代题刻）、《宋贾公哲等观石鱼题名》（附贾复全等题名，正书，开禧四年元宵前）、《宋赵子遹等观石鱼题名》、《宋军事判官昌元何震午等观石鱼并涪翁遗迹题记》、《宋邦人杜与可等同观双鱼题记》、《宋邦人双鱼出渊题记》（即《己未题刻》）、《宋郡假守刘叔子石鱼题记并七言律诗》、《宋郡太守张霁等观石鱼题名》、《宋郡守夏敏彦等观石鱼题名》、《宋郡守姚珏等游览题名》、《宋郡守孙仁宅来观石鱼题记》、《宋郡守庐陵邓刚等同观石鱼题名》、《宋郡守冯和叔等来观石鱼题记》、《宋郡幕高祁等同来题名》、《宋郡文学掾南郡徐嘉言等观石鱼并前贤留刻题记》、《宋都官郎中韩震等观石鱼题名》、《宋邓子华等题名》、《宋金沙河（何）梦与等偕来题名》、《宋陶仲卿等同观石鱼题记》、《宋晁公武等同观石鱼题名》、《宋晁公遡等观石鱼题记》、《宋沂国王蕃石鱼五言绝句诗》、《宋涪州石鱼黄庭坚题字》（存三幅）、《宋涪翁来题名》（附《南宋曹士中观题名》）、《宋涪陵郡守王择仁等登石嗳观瑞鱼题记》（即《王择仁题记》）、《宋濮国黄仲武等同来题名》（附杨元永等来观题记）、《明七叟胜游题名》、《明四川按察司金事□宽等观石鱼题记》、《明石鱼七言律诗》、《明石鱼五言古诗》。

[1]　其中《宋涪州石鱼黄庭坚题字》、《宋涪翁来题名》实际上是同一题刻，其一为复本，又，《宋濮国黄仲武等同来题名（附杨元永等来观题记）》为两块题记。因该馆馆藏涪州、巴县等地其他题刻拓本均记作归安姚氏（觐元）旧藏。光绪三十四年（1908），张之洞曾委托两江总督瑞方买到归安（治今浙江吴兴）姚觐元咫进斋藏书及碑拓，入藏京师图书馆（即后来国立北平图书馆）。而据台湾研究院历史语言研究所档案（杂36-69-10）《本所函北平图书史料整理处》云，"函覆寄来之拓片七十六包，第一批图书一〇四包，及荷兰国际出版品交换所寄赠本所及地质研究所之书籍三十四包，均已照收"。这就是说，北平图书馆大量拓片后来实际是入藏了台湾研究院史语所了，后经战乱，史语所迁台湾地区，故或此批白鹤梁拓片也为姚觐元之物。

三是贵州省博物馆藏白鹤梁拓片。该批拓片20世纪50年代前后入藏，据称椎拓于清末。何凤桐《宋代长江水文题刻实录》一文曾率先公布其中42件拓片的情况，并进行了初步的文字点校，后续其他拓片至今未见公布。[1]

四是中国国家图书馆藏白鹤梁拓片，就其目前所公布图录来看，该批拓片数量应不多，仅3件，分别为《吴革题记》《庞恭孙等题名》《黄庭坚题名》。从拓本泐损情况判断，国图藏拓中《庞恭孙等题名》（《北京图书馆藏中国历代石刻拓本汇编》名之《庞恭孙题记》[2]）拓片，文末"涪陵县尉"四字之上，"侍郎"二字未见石花，第五行"州学教授"后"李贲"二字，以及与之相邻的第六行"涪陵"后"县令"二字，均未见磨泐。而《吴革题记》第二行"久"字清晰完整，周边未见剥落痕迹，拓本中部仅见自左向右轻微划痕，由此推断此二纸藏拓，当是清末拓本。

五是台湾图书馆所藏。该馆所藏题刻仅《黄庭坚题名》（作《黄山谷题名》）一张。此拓片是笔者所寓目白鹤梁题刻《黄庭坚题名》拓片中最为清晰的一张，未见石花及"符""涪"两字左部之泐损，且此拓本与白鹤梁原石在镌刻布局上亦有区别，白鹤梁题刻原石文字布局为首行"元涪庚"，次行"辰符翁"，末行"来"。而台湾图书馆藏品则是首行"元涪"，次行"庚辰符"，末行"翁来"。考虑到该馆

所存拓片均为内战迁台之物，故很可能为民国时期打碑人翻刻原石所取之拓。

六是重庆中国三峡博物馆馆藏白鹤梁拓片。据笔者目前逐一查证，该馆所存白鹤梁题刻共有五套。其一是民国时期成都金石摹拓大家曾佑生所拓。拓本右下方或考据点均钤印"曾佑生所得金石文字""祐生手拓""祐生眼福""文字之福"。曾佑生姓曾名敏，字佑生，一作祐生，四川广汉人。民国时期四川地区碑帖拓片收藏大家，兼善锤拓。据蒋蓝《一个晚清提督的踪迹史》一书记载，曾敏与四川收藏大家，籍贯云南大关的唐鸿昌相熟识，拓取川中金石文字，多受其资助，并多有拓片互赠，而从现存重庆中国三峡博物馆馆藏曾敏拓，唐鸿昌旧藏拓片（钤印：少坡、唐少坡收藏印、唐九、唐少公）的题跋时间来看，基本集中于民国二十五年（1936）至民国三十六年（1947），故有理由相信曾敏所拓白鹤梁题刻也应在此时间范围之内。其二为民国时期著名收藏家徐乃昌藏拓，共31件，除《何震午等题名》仅存上半部43字外，其余基本完好。所存拓本基本为宋代题刻，明刻仅一件，即《罗奎诗并序》。[3]徐乃昌，字积余，号随庵，又号众丝，人称随公。安徽南陵人，清末外交家刘瑞芬的长婿，大出版家刘世珩的姐夫。光绪十九年（1893）中举，官至江南盐法道兼金陵关监督，江苏高等学堂总办。光绪二十九年（1903），率团赴日本考察学务。辛亥革命后居上海，经营工商

---

[1] 何凤桐先生所公布42件拓片中，《齐砺等题记》、《郭德麟、林嶷题记》等题名并非白鹤梁题刻。又据本书所考《李可久等题名》，当为明代题记，非其所谓宋刻。

[2] 国图藏白鹤梁题刻拓本，均见收录于该丛书之第41、42册。

[3] 据载，徐乃昌所藏拓片万余张，后多归现华东师范大学，其有稿本《积学斋金石拓片目录》详述己身拓片收藏，惜至今未见整理公布。西南大学近年新整理出版《徐乃昌日记》，从日记记载来看，其白鹤梁题刻拓片是受缪荃孙影响收集于民国二十年（1931）之前，且馆藏拓本中，有一件夹存"荃孙"印鉴纸，故这批拓片应可定为清末拓本。

业，与旧友缪荃孙、叶昌炽、刘承干等往来密切。拓本均钤印："随公收藏蜀中金石。"据新出版的《徐乃昌日记》及端方所呈《奏江南图书馆购买书价请分别筹给片》档案所载，实际从光绪末期，因经济压力，徐乃昌即开始出售所藏，并几乎不再重新购置图籍，因此这批白鹤梁题刻拓片基本确定为清后期之物，更或本身就是姚觐元当年所拓副本，亦未可知。[1]其三为1962—1963年重庆市博物馆组织专家进行考古调查时所得拓片，这批拓片数量最多，保存也比较完整，唯一遗憾的是与清末拓片相比，部分题刻文字已有明显泐损。其四为该馆自20世纪七八十年代所征集的拓片数种，保存相对较为完好，但数量较少。从文字比对、拓纸所反映石梁表面情况来看，应至晚椎拓于民国时期。其五为20世纪90年代后期，伴随白鹤梁水下题刻博物馆的修建，原中国文物研究所所制拓本。在对这批拓本椎取的同时，文物工作者对题刻区进行了更为深入的测量，并进行一系列加固保护，为今后的学术研究提供了更为翔实的资料。总之，重庆中国三峡博物馆所藏拓片，总数达到三百余幅，副本众多，涉及题刻168块，是笔者已知拓片中数量最多，收藏时间跨度最长的收藏单位。

七是重庆图书馆所藏白鹤梁拓片。该馆所藏拓片共有4幅，约拓于民国时期至中华人民共和国成立初期[2]，分别是《黄庭坚题名》《张师范诗记》《禄几复等题名》《张师范题诗并记》。其中《张师范题诗并记》拓本仅留诗文部分，题刻所镌"大清嘉庆癸

西岁新正四日，偕诸同人往观石鱼，鱼已见水面，喜盈于色，作此志。胜而续风骚，复于白鹤之西，续刻巨鱼，卜众维年丰之兆，且冀雨泽常润我州，遂命勒石焉。州牧张师范题并书"等文字均缺。此外，重庆中国三峡博物馆所藏徐乃昌旧藏拓片，同时钤有"重庆市图书馆收藏印"，据藏品档案记载，这些拓片为20世纪中期自重庆图书馆调拨。至于徐乃昌所藏拓片为何会流入重庆，对此，新近出版的《徐乃昌日记》中，民国二十年至民国二十二年（1931—1933）记事中，有多篇日记有所涉及，感兴趣者自可翻阅猎奇，此处不再涉及。

八是涪陵博物馆藏白鹤梁拓片，该批拓片拓取于1963年2月。据龚廷万先生回忆，1963年其与涪陵县文化馆郭绍岑等人，对白鹤梁进行第二期调查工作，主要任务是继续椎取1962年尚未拓完的题刻拓片，经过一个多月的努力，终于在长江水涨之前，将白鹤梁上168段题刻文字制成两段拓片，其中一套即留涪陵保存。[3]

除以上所列，山东中国文学艺术博物馆亦有收藏，唯不得其详目，考虑到拓本数量的规模及相关资料完整程度，同时为便于考察同时代拓本的整体状况，本书图录部分特选取重庆中国三峡博物馆藏白鹤梁题刻1963年拓片，作为校释的底本，而缺失部分则以清末拓本及北大、涪陵、国图以及其他已公布图录补充。

[1] 据考，徐乃昌藏拓，有近万余张并藏书若干，均于20世纪50年代经其女之手捐于华东师范大学图书馆，故此套白鹤梁拓片中，重庆中国三峡博物馆不存者，或能见于该馆。

[2] 重图所藏4幅拓片中，除《张师范题诗并记》因有残缺，至今未见定名入编外，其余分别名为《黄庭坚石鱼题字》《张师范涪州石鱼题字》《石鱼题字禄冗（几）复等题字》。

[3] 根据此批拓片另编辑成《四川涪陵石鱼铭刻图集》二册，一册由李谦带回涪陵文化馆保存，一册由重庆博物馆资料室收藏。

一、北宋题刻

白鹤梁共有北宋文字题刻24段[1]，镌刻时间从开宝四年（971）至宣和乙巳年（宣和四年，1125），共计154年。题刻内容有诗句，有水位标示，亦有游赏题名。题名人则以川渝官员为主，间或有本地文人士绅。北宋一朝较为有名的黄庭坚、吴缜、孙羲叟、庞恭孙、张永年、王蕃等人均曾在此题名。

如果说将宋代作为白鹤梁题刻繁盛期的话，那么北宋则毫无疑问是题刻勃兴期。很多关于白鹤梁题刻的镌刻内容、思想表现、题刻准则均于此时出现，并对后世题刻产生了很大的影响。

从题刻记载来看，开宝四年，涪州官员谢昌瑜将涪州石鱼奇观上报黔南地方官员，于是黔南（时黔南移涪州为行府）诸官"通判、司徒、巡检、军州官吏"等遂乘舟前往，并在白鹤梁上题字以记其事。可以说，这一题刻是目前白鹤梁现存题刻中有明确年代的最早题刻，也可以说从这时起，涪州石鱼始见于文献记载。

又比如，镌刻于元符三年（1100）的《黄庭坚题记》（又有称《"元符庚辰涪翁来"题刻》），该题刻虽寥寥数字，却是黄庭坚晚年书法的代表作之一。

另外，镌刻于皇祐元年（1049）的《刘忠顺等倡和诗》，是时任涪州知州刘忠顺与知梁山军水丘无逸的七律倡和之作。刘忠顺诗的韵律，以及将石鱼出水与地方官员是否有贤德之政绩结合起来进行思考，对后世诗文题刻影响很大，特别是明清时期，白鹤梁上出现很多针对刘忠顺诗作的和诗，大都严格遵守了刘诗格式。

尤其需要注意的是，镌刻于大观元年（1107）的《庞恭孙题记》，该题记中明确记载"大宋大观元年正月壬辰，水去鱼下七尺"。从这一记载可以推算，大观元年（1107）是仅次于清嘉庆七年（1802）的长江上游第二低水位。而这一题刻连同之前熙宁时期的水位题刻，为后世有关水位的记载提供了很好的范例。

---

[1] 据相关统计，白鹤梁题刻共有包括唐代或唐代前题刻1则、北宋27则、南宋71则、元代5则、明代18则、清代27则、近代13则、现代3则，年代不详者8则，然本书据馆藏拓片，并结合已发表图录统计，各代数量略有出入。

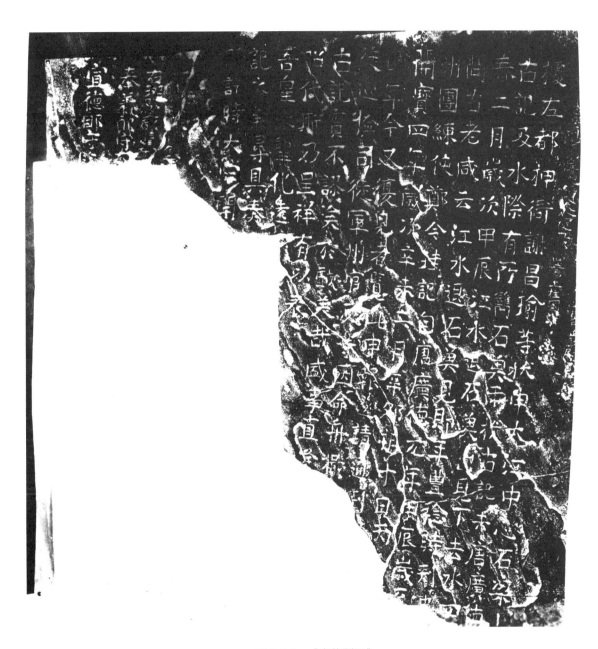

图 2-1-1 《申状题记》

录文：

　　□□□□□□□□□□□大夫、检校太子宾客兼监察御史、武骑尉邓□□，黔南左都□□、银青大夫、检校太子宾客兼监察御史、武骑尉□□，知黔州事、银青光禄大夫、检校工部尚书、上柱国谢□□。据左都押衙谢昌瑜等状申：大江中心石梁上古记及水际，有所镌石鱼两枚。古记云：唐广德元年春二月岁次甲辰，江水退，石鱼出见，下去水四。问古老，咸云：江水退，石鱼见，即年丰稔，时刺史、州团练使郑令珪记。自唐广德元年甲辰岁，至开宝四年岁次辛未二月辛卯朔十日丙□，□□余年，今又复见者。览此申报，遂请通判、司徒、巡检、军州官吏等。因命舟楫，□□□□，古记实不谬矣。于戏，美哉！盛事直逢□□，□□昭代，斯乃呈祥，有以表吾皇之圣化，远□□□□□□记之，兼寻具奏闻迄，时大宋开宝四年□□□□□□右班□直郎□□□□□□□、西□□官、银青□□□□□□□、奉义郎、守□□□□□□□□，宣德郎、守监□□□□□□□□□。

按：馆藏拓本长142厘米，宽90厘米。共20行，正书，字径5厘米。原石有残缺。题刻时间当为开宝四年（971）。从残存文字来看，意为开宝四年，左都押衙谢昌瑜等申状，言涪州江水退，石鱼见，并存古记。览此状，地方官吏遂一同前往查验，终得获见。于是众人亦镌题记，以颂盛世。此题记末尾题名处残损最为严重，人名多不全，官职亦失大半。然就所存官职名及文意推断，绝非谢昌瑜所题，更或谢昌瑜仅居左都押衙之职，只是武职公吏，并无同题之资，故定名《谢昌瑜题记》[1]似有不妥。当以题刻中所存，知黔州事、银青光禄大夫、检校工部尚书、上柱国谢□□之名命名为《谢□□等题记》，或可据题刻事由，命为《申状题记》。黄海《白鹤梁题刻辑录》将"□□□□□□□□□□□大夫、检校太子宾客兼监察御史、武骑尉邓□□、黔南左都□□、银青大夫、检校太子宾客兼监察御史、武骑尉□□、知黔州事、银青光禄大夫、检校工部尚书、上柱国谢□□"等文字，另文收录，认为别是一题，定名为《黔南诸官题记》。

　　题刻所见人名，郑令珪，唐广德时涪州刺史，然遍览唐代史料，仅见陈尚君辑《全唐文补编》存有其名，惜亦据此题刻所录。《隋唐五代墓志汇编·陕西卷》收录有《大唐故朝议大夫试沔州司马荥阳郡郑府君墓志铭并序》，墓志主人名郑溥，卒于大和元年（827）十二月九日。《志》云："（郑溥）曾祖先进，皇涪州刺史。"[2]而题刻镌于广德元年（763），二者相距64年，若以彼时婚育情况为

[1] 曾超、王晓晖等人所著题均为《谢昌瑜题记》。

[2] 王仁波：《隋唐五代墓志汇编·陕西卷》，天津古籍出版社，2009年，第127页。

虑，则足可传四代。故郑溥曾祖郑先进极可能就是题刻中的郑令珪，唯先进为名，令珪或是其字。

又，谢□□，题刻所见官职为知黔州事、银青光禄大夫、检校工部尚书、上柱国。按：宋制，上柱国为"勋级之第十二转，最高一等。正二品"。[1]而检校工部尚书为"北宋前期检校官十九阶之第十四阶。宗室特除诸司使或换授诸司使以上官，加检校工部尚书"。[2]此题刻镌于开宝四年，五代时期涪州受武泰军（驻今彭水，后移驻涪陵）节制，而宋初仍之。《舆地纪胜》卷一七六即言："黔州，唐末升武泰军，移黔南，就涪州为行府，皇朝因之，太宗朝复归黔，置理所。"据此可知，当时黔州（武泰军）官署设于涪州。题名人谢□□，身份是上柱国，此勋级为最高等，然而检校工部尚书却只是检校官十九阶中的第十四阶，并不算高，且黔州于宋代为下等军州，谢□□以上柱国身份知黔州事，只能说明此人恐是后蜀降臣，以上职位尽是为羁縻而设，故可不求合规。今遍考后蜀见知诸官，曾官武泰军且谢姓者，仅谢从志一人。《（万历）重庆府志》载："（后晋）天福六年三月甲戌，以给事中谢从志知武泰军。"[3]天福六年（后蜀广政四年，941），据此题刻所载之开宝四年仅三十年，距宋平后蜀则仅六年，以谢氏之资历，极可能宋廷于乾德三年（963）平定渝、涪、资、昌等州

叛乱后，礼聘其重仕旧地，稳定川东政局。

此外，谢昌瑜，题刻中言其职为左都押衙。宋代左都押衙非为职官，实乃胥吏，其名称却仍沿袭五代武将之旧称。衙与牙通，原为牙前将之意，入宋后，"职次曰客司，优者曰衙职"。据《宋会要辑稿·职官四八》所载："衙前置都知兵马使、左右都押衙、都教练使、左右教练使、教练使、押衙军将，又有中军、子城、鼓角。"宋人云："今天下诸州军因仍五代藩镇之弊，胥徒府吏有子城使、教练使、左右押衙、左右都押衙、左右都教练使……都知兵马使鄙俗。"然虽说是鄙俗，但左右都押衙在习惯上仍被称作"衙前将史"。故谢昌瑜事虽难考，但虑及黔州一地，世代为东谢蛮祖居之地，至宋代谢姓豪酋势力依然强大，人口数量众多，不排除谢昌瑜即是东谢蛮之苗裔。

***

[1] 龚延明：《宋代官制辞典》，中华书局，1997年，第605页。

[2] 龚延明：《宋代官制辞典》，中华书局，1997年，第607页。

[3] 《（万历）重庆府志》卷五七。

图 2-1-2 　《朱昂题诗记》

录文：

涪州江心有巨石，隐于深渊，石旁刻二鱼。古记云：鱼出，岁必大丰。端拱元年十二月十有四日，昂自瞿塘回，遵途于此，知郡琅琊王公□云："石鱼再出水，岁复稔。"昂往而观之，果如所说，因歌圣德，辄成一章。朝请大夫、行尚书库部员外郎、峡路诸州水陆计度转运使、柱国朱昂上。

欲识丰年兆，扬馨势渐浮。只应同在藻，无复畏吞钩。去水非居辙，为祥胜跃舟。须知明圣代，涵泳杳难俦。

按：馆藏拓本长180厘米，宽58厘米。13行，正体，字径8厘米。姚觐元、钱保塘编《涪州石鱼文字所见录》（以下均简称《所见录》）记之曰：拓本，高四尺，宽五尺六寸，记八行，行十字。正书，径三寸，诗凡四行，行十二字。字径三寸五分，衔名一行。所附诗作，另收入清人陆心源《宋诗纪事补遗》卷二，陆氏题为《观石鱼成诗一章因歌圣德》。据现存史料，北宋一朝，职名中有涪陵或涪州二字，且王姓者仅二人：一为王余庆。《续资治通鉴长编》（以下均简称《长编》）载："（庆历元年）癸丑，赠麟州宁远寨主、左侍禁王世豊为右屯卫将军、施州刺史，知丰州、左侍禁王余庆为右屯卫将军、涪州刺史。"[1]一为王文。《长编》云："（庆历二年）癸丑、赠泾原路都部署、殿前都虞候、眉州防御使葛怀敏为镇西军节度使兼太尉，谥忠隐；子宗晟、宗寿、宗礼、宗师皆迁官；妻寿宁郡王氏为河内郡夫人。泾原钤辖、知镇戎军、西京左藏库副使、恩州刺史曹英为华州观察使，泾原都监、供备库使李知和为秦州团练使，泾原都监、阁门通事舍人赵珣为莫州刺史，泾原都监、内殿承制、阁门祇候王保为左卫将军、贺州刺史，泾原都监、内殿崇班、阁门祇候王文为左龙武军将军、涪州刺史。"[2]然二人均出仁宗庆历时，较之此刻所称"琅琊王公"，足晚五十余年，且自太宗朝以后，"节度使、防御使、团练使、刺史等更多成为迁转阶官，无论文武臣僚出任州级长官，率以权知某州军州事为称，简称知州"。[3]故二人恐均非题刻中人。朱昂，字举之，号正裕，先世漾陂[4]。湖南零陵朝阳岩亦有其题刻，正书，保存完好。原题名为送新知永州陈秘丞瞻赴任时所作，下接姓名及官职，"朱昂，翰林学士、知制诰判史官事"，第三行起为诗文"越郡逢秋节，晨征思爽然。过桥犹见月，临水忽闻蝉。野色藏溪树，香风撼渚莲。此行君得意，千里独摇鞭"。陈瞻任职永州是在咸平三年（1000），故白鹤梁上所刻朱昂诗当远早于后者。史书多有记载，拟后文具论。[5]

[1]　《长编》卷一三四。

[2]　《长编》卷一三八。

[3]　漆侠：《辽宋西夏金代通史·典章制度卷》，人民出版社，2010年，第138页。

[4]　黄海《白鹤梁题刻考释》（《重庆书学》，2015年第3期）一文，认为漾陂为今陕西鄠县，当误。一则陕西鄠县亦古地名，即今陕西户县。其二，此所谓漾陂，或并非指陕西漾陂，详细考证见后文。

[5]　清代另有一朱昂，字方来，涪州贡生，其名见《（乾隆）涪州志》卷九。

图 2-1-3　《刘忠顺等倡和诗》

录文：

留题涪州石鱼诗一章

转运使、尚书主客郎中刘忠顺

七十二鳞波底镌，一衔萋草一衔莲。出来非其贪芳饵，奏去因同报稔年。方客远书徒自得，牧人嘉梦合相先。前知上瑞宜频见，帝念民饥刺史贤。

无逸谨次韵和公执转运郎中留题涪江双鱼之什。尚书屯田员外郎、知梁山军水丘无逸。

谁将江石作鱼镌，奋鬐扬鬐似戏莲。今报丰登当此日，昔模形状自何年。雪因呈瑞争高下，星以分宫较后先。八使经财念康阜，寄诗褒激守臣贤。圣宋□□元年正月十二日。□□□□□事邹□□□□□□。□□□□□梦□□□□□□。

按：馆藏拓本长262厘米，宽190厘米。19行，正书，字径9厘米。拓本文字有缺。据清钱保塘《涪州石鱼题名记》（以下均简称《题名记》）及陆增祥《八琼室金石补正》补所缺文字"知涪州军州事邹霖命工刻石。新授安州云梦县令恭土燮书"。又，"一衔萋草一衔莲"一句，曾超《三峡国宝研究——白鹤梁题刻汇录与考索》（以下简称"曾著"）作"一含芝萋一含莲"。"出来非其贪芳饵"一句，作"出来非自贪芳饵"。"昔模形状自何年"一句，作"昔模性状自何季"。

拓本"圣宋"后泐去年号二字，据后拓《蹇材望诗并序》，知为皇祐元年（1049）刘忠顺诗前二联。此外，尚书屯田员外郎、知梁山军水丘无逸《无逸谨次韵和转运郎中留题涪江双鱼之什》一

诗，亦为陆心源《宋诗纪事补遗》（以下简称《补遗》）所引，题为《题涪江双鱼次刘忠顺韵》。

刘忠顺，润州人，北宋前期以明经登科，初授潭州攸县尉，历官蔡、泉、涪等州，累官卫尉少卿。宋郑獬《郧溪集》卷二一载有《刘公墓志铭》，今不录。

邹霖，字仲说，北宋著名学者邹浩祖父，天禧三年（1019）进士，由浙江钱塘迁居常州，后代遂自称为常州人，历任筠州推官、尚书都官、涪州、鼎州知州，至和元年（1054）卒。

又，题刻左下角另有《吴缜题记》，此处不录。题刻六、七行间存四行文字，分别为"王珪直""太原游以忠""元祐五年正月十五日""公执"。姚、钱二氏认为"以上四行，字大小不伦，疑非一时所刻，笔画拙恶亦不类士大夫手迹"。从上石时间来看，上述文字镌刻于元祐五年（1090）与刘忠顺等所题相距较远，故亦不录于《刘忠顺等倡和诗》。

图 2-1-4　《武陶等题名》

录文：

游石鱼题名记。尚书虞曹外郎、知郡事武陶熙古，涪忠州巡检、殿直侍其瓘纯甫，郡从事傅颜希圣。嘉祐二年正月八日谨识。

按：馆藏拓本长155厘米，宽70厘米。共4行，正书，字径9厘米。王晓晖《白鹤梁题刻文献汇集校注》名之为《武陶游石鱼题名记》。今拓本基本完整，部分文字释读存分歧。"傅颜希圣"，《题名记》《所见录》及何凤桐《宋代长江水文题刻实录》等均释作"傅颜希圣"，曾著及陈曦震、陈之涵编《中国长江水下博物馆——白鹤梁题刻》作"傅颜布圣"。虑及姚、钱、何诸人所得拓片最早，故此处从其说，释作"傅颜希圣"。该题刻所涉人物有三。一为知涪州武陶，字熙古。武陶其人，《宋史》无传，事迹不详。欧阳修《欧阳文忠公集》有《条列文武官材能札子》言，"通判中五人可以升陟差使。并州通判、秘书承张日用，通晓民事；岚州通判、殿中丞董沔，清洁，勤于吏事；宁化军通判、大理寺丞武陶，勤干；屯田员外郎、麟州通判孙预，清勤；保德军通判、赞善大夫吴中，廉干"。此文撰于庆历四年（1044），当时欧阳修为河东转运使，"奉敕差往河东，体量得一路官吏才能"。[1]文中所言武陶时为宁化军通判。而题刻镌于嘉祐二年（1057），二者相距十三年。十三年间武陶由宁化军通判转官知涪州，于理可通，题刻所言武陶与欧阳修文中所述者或为同一人。[2]一为侍其瓘，字纯甫，《长编》元丰元年（1078）六月癸卯条，载有"权知邵州侍其瓘"[3]，又《彭城集》有《供备库使侍其瓘可知祁州制》[4]。可知其又曾官邵、祁二州。陆心源曾于《复姚彦侍方伯书》中考其生平言："侍其瓘，苏州长洲人。元丰六年六月知邵州。见《通鉴长编》二百九十。家世以武显，至玮始第，皇祐进士。先世有名桢者，仕南唐，归宋为监门卫大将军。祖宪，官右侍禁，宪子泳，泳子玮，玮晚年以吴中资产推赡同族，徙贯宣城。玮子鉉，字希声，故澹山题名称'宣'城。见葛胜仲《丹阳集》。瓘，当即玮兄弟行也。"[5]侍其瓘题名除白鹤梁外，还见于大中祥符九年（1016）《北岳安天元圣帝碑》之阴。《语石》云："宋人题名中北岳有侍其瓘。元祐庚午。"[6]今见拓本，碑阴全文为："供备库使侍其瓘，移河东副绥，恭谒祠下，时元祐庚午（1090）年夏二十一日，谨书。男傅侍行。"一为傅颜，字希圣。王安石《临川集》载《许懋、傅颜并秘书承制》[7]，此中所言傅颜与题刻所述者几同时，但未知是否即同一人。

---

[1] 《欧阳文忠公文集》卷一一六。

[2] 汉有武陶侯国，属冀州巨鹿郡，此处武陶或仅言籍贯，题名者佚姓，名熙古。

[3] 《长编》卷二九〇。

[4] 《彭城集》卷二一。

[5] 《仪顾堂集》卷四。

[6] 《语石》卷八。

[7] 《临川集》卷五一。

图 2-1-5 《刘仲立等题名》

录文：

民掾刘仲立正臣、宪□刘焕仲章、涪陵宰□□□良辅。嘉祐二年仲春月游此，谨志。教授徐爽□之监镌。

按：馆藏拓本长125厘米，宽78厘米。5行，正体字，径9厘米。此拓右下角有缺，曾著补一"掾"字，即"宪掾刘焕仲章"。文中所载人物共有四人。一为刘仲立，字正臣。其事不详。一为刘焕，字仲章。《绍兴十八年同年小录》载，第五甲登第者，"五十五人刘焕，字章仲，小名嗣明，小字光祖，年四十一。八月初八日生，外氏林永感，下第四。兄弟二人。二举，先娶黄氏，后娶郭氏。曾祖淳，故，不仕。祖做，故，不仕。父宗舜，故，不仕。本贯福州怀安县承平乡孝悌里，父为户"。[1]《（淳熙）三山志》载："刘焕，俣之侄孙，字章仲，终文林郎。"[2] 又，《舆地纪胜》引《刘焕郡守题名记》言梁山县景物"稻田蕃庑，常多丰年"。[3] 未知此处所言刘焕与题刻所记是否为同一人。时又有一刘焕，兴化军莆田县（今福建莆田）人，宣和六年（1124）登进士第，终从政郎，循州龙川县令。[4] 今姑列此以备考。一为□□□，字良辅。据《（万历）四川总志》载，有怀安军金堂县（今四川金堂县）人钱益，字良辅，曾登进士第。然志内无其仕宦履历，未知是否即其人。[5] 一为徐爽，字□之。暂无从考。

[1] 佚名《绍兴十八年同年小录》。

[2] 《（淳熙）三山志》卷二八。

[3] 《舆地纪胜》卷一七九。

[4] 《八闽通志》卷五三。

[5] 《（万历）四川总志》卷七。

图 2-1-6 《冯□等题名》

名》，"涪陵令黄君"诸字前与他书所辨同，其后则作"□□□□□傅耆□□□□□瑾公琰。大宋治平□□□月二十□日同观石鱼于此。瑾志"。[1]从同镌于石梁的《武陶等题名》及《徐嘉言题名》，并结合宋代官制推断，题头所泐文字，或为"郡"字，即"郡从事冯□君锡"。题刻所载人物中，冯□，字君锡，其事迹不详。王震，字伯起。《长编》神宗熙宁六年（1073）十二月辛巳条载有一王震，开封人，曾为中书习学公事、掌刑房。[2]后又任右司员外郎、中书舍人、龙图阁待制知蔡州等。又，《画继》载："王冲隐，名持，字正叔，长安人。长于翎毛，学崔、白。今《颜鲁公鹿脯帖》后有题跋，妙于笔法，盖其人也。尝于邵氏见《竹棘》《雪禽》二轴，极清雅，上题云：'正叔为伯起作，崇宁甲申。伯起名震，其兄也'。"[3]欧阳修《缴进王伯起上书状》[4]另有相州进士王伯起，然未具其名。以上所言与题刻时代大体相近，未知是否为同一人。另据陆心源《仪顾堂集》所考："王震，字子发。见《萍洲可谈》。大名莘人。定国之侄，文正公旦之曾孙。熙宁初，兴平尉。六年，为中书，习学公事。元祐中，累官龙图阁待制、知永兴军。见《长编》二百四十八、四百八。绍圣二年，责知袁州，行至蕲水，疽发背卒，《曾南丰集》前有震《序》。又开封人王震，字东卿。宣和初，为太学官。绍兴初，知元州，移漕湖北而卒。见《陈简斋集》。"[5]

高慨，字秉节，事迹不详。涪陵令黄君，事迹无考。

录文：

　　□从事冯□君锡、监征王震伯起、督邮高慨秉节、涪陵令黄君□□□□□□耆□□□□□□□□□□□□□□□□。

　　按：馆藏拓本长130厘米，宽80厘米。6行，正体字，径10厘米。"黄君"二字后约脱六字。"耆"字后全脱。据姚觐元、钱保塘《所见录》，"耆"后可补入"□□□□□□□瑾公琰。大宋治平丙午正月二十□日，同观石鱼于此。瑾志"。又《八琼室金石补正》名此题刻为《郡从事冯□等题

[1] 陆增祥：《八琼室金石补正》卷八三，《石刻史料新编》，台湾新文丰出版公司，2006年，第5349页。

[2] 《长编》卷二四八。

[3] 《画继》卷四。

[4] 《欧阳文忠公集》卷一〇六。

[5] 《仪顾堂集》卷四。

图 2-1-7 《徐庄等题名》

录文：

大宋熙宁元年正月二十日，军事判官徐庄，同巡检供奉王安民，监税、殿直王克岐，知乐温县钟浚、涪陵县令赵君仪、司理参军李袭观石鱼题名。涪陵尉郑阶平书。二石鱼在江心石梁上，古记云：出水四尺，岁必大稔。袁能刻。

按：馆藏拓本长133厘米，宽129厘米。11行，篆体，径15厘米。拓本字体完整清晰。唯"王克岐"之名，所录存歧见。曾著作"王令岐"，而《所见录》《题名记》《中国西南地区历代石刻汇编》等均作"王克岐"。据《中国篆书大字典》[1]所收诸篆字，此处实应作"王克岐"。另外，《八琼室金石补正》与曾著将"涪陵县令赵君仪、司理参军"诸字以后文字视为另一题刻。《八琼室金石补正》名之为《李袭题名》，曾著定名《李袭观石鱼题名》。该拓所涉人物有五：一为徐庄，其事迹未详。一为王安民。《长编》载元丰六年（1083）二月"兰州主兵官李浩、刘振孙、王安民留不堪披带病卒于极边难得粮草处，李浩坐斥不明，已降官，可从重；振孙、安民各罚铜三十斤"。[2]又，"元祐六年马涓榜"[3]，有登科者王安民，"常州武进县人"[4]。两条史料所载人物均与题刻所见者几同时，但未知是否为同一人。一为钟浚。《长编》熙宁三年（1070）四月丙戌条载："知涪州乐温县钟浚为著作佐郎。以考课院言浚治状入优等故也。"[5]又元祐六年（1091）六月壬辰条，"史虞策言：'臣伏见京西提刑钟浚昨按发许州阳翟县令赵仁恕酷虐贪赃，犯状甚明。仁恕父彦若身居侍从，其子凭藉，恣横犯法，而彦若乃更缘饰奸言，公肆欺罔，却指论钟浚为王安礼报怨，欲以惑听乱法'"。[6]据此认为钟浚于元祐中任京西提刑。另据《补遗》，其于"元丰中秘书丞、权知将作监丞公事。绍圣元年，左朝请郎、知湖州，是年卒于任"。[7]一为赵君仪，一为李袭，事迹均无考。一为郑阶平。《蜀中广记》录有云阳县刻石数种，中有"乐温钟□、涪陵尉郑阶平，治平乙未六月五日同游。住持本院主僧法能刻石"。[8]此处钟□，当即为钟浚。一为袁能，事迹不详。

[1] 陈振濂：《中国篆书大字典》，浙江古籍出版社，2008年，第90页。

[2] 《长编》卷三三四。

[3] 《（咸淳）毗陵志》卷一一。

[4] 《（乾隆）江南通志》卷一一九。

[5] 《长编》卷二一○。

[6] 《长编》卷四五九。

[7] 《宋诗记事补遗》卷二五。

[8] 《蜀中广记》卷二三。

图 2-1-8 《韩震等题名》

录文：

都官郎中韩震静翁、屯田外郎费琦孝琰，侄伯升、景先，进士冯造深道、卢迈彦通。暇日，因陪太守、驾部员外郎姜齐颜亚之，同观石鱼。按旧记：大和洎广德年，鱼去水四尺，是岁稔熟。今又过之，其有秋之祥欤？熙宁七年正月二十四日题。

按：馆藏拓本长103厘米，宽109厘米。9行，正体，径6.5厘米。该题记另收入曾枣庄、刘琳主编《全宋文》，并题《涪州石鱼梁题名》。"侄伯升景先"，曾著作"侄伯叔景先"，《八琼室金石补正》及《所见录》《全宋文》等均作"侄伯升、景先"，今从后说。题刻所涉人物凡七人。一为韩震，字静翁。据《全宋文》编者考证，其为陵州井研（治今四川井研）人。"庆历中进士，历官秘书丞、太常博士、终朝议大夫。"[1] 一为费琦，字孝琰，成都人，皇祐中进士，调兴元府户曹参军，迁合州赤水令，改秘书省著作佐郎，知定州安喜县，历都官员外郎，通判绵州。其事另文具论。一为费琦之侄伯升，一为其侄景先，二人事迹均无考。一为冯造，字深道。《（雍正）四川通志》言"冯造，遂州人"。[2] 一为卢迈。《（同治）重修涪州志》载："卢迈，字彦通，熙宁甲寅进士。"[3] 一为颜亚之，事迹无考。曾著将"驾部员外郎姜齐颜亚之"释为"姓姜，名齐颜，字亚之"，并言生卒、郡望不详，似不妥。姜齐恐为籍贯，颜为姓，亚之为字。

[1] 曾枣庄、刘琳：《全宋文》卷一〇二九，第24册，上海辞书出版社，2006年，第364页。

[2] 《（雍正）四川通志》卷三三。

[3] 《（雍正）四川通志》卷三三。

图 2-1-9　《黄觉等题名》

录文：

夔州奉节县令、权幕通川黄觉莘老，户掾、平原李缓公敏，掌狱、邺都梁钧佐衮臣，熙宁甲寅孟春二十九日，泛轻舟同观石鱼于此。

按：馆藏拓本长85厘米，宽71厘米。7行，正体，径8厘米。所涉人物有三。一为黄觉，字莘老。《（雍正）四川通志》言其为"达州人，治平进士"。[1]又，《涪陵县续修涪州志》云："黄觉，通州人，涪陵七年以奉节县令权管州事。"[2]《（正德）夔州府志》云："达州通川人，治平二年彭汝砺榜进士，著作郎、知巴县。"[3]一为李缓，字公敏。《长编》元丰六年（1083）冬十月庚辰条载有"东上阁门使李缓"[4]，未知是否为同一人。一为梁钧佐，字衮臣，事迹无考。通川，即今达州地。熙宁甲寅为熙宁七年（1074）。

[1]　《（同治）重修涪州志》卷七。

[2]　《涪陵县续修涪州志》卷九。

[3]　《（正德）夔州府志》卷九。

[4]　《长编》卷三四〇。

图 2-1-10　《熙宁七年水位题刻》

录文：

　　熙宁七年水齐至此。

　　按：馆藏拓本长68厘米，宽48厘米。2行，正体，字径13厘米。据2001年建设部综合勘察研究设计院、中国文物研究所承担"白鹤梁题刻留取资料"工程测绘数据统计，此题刻所示水位高程为137.62米。

图 2-1-11 《郑颙等题名》

录文：

知郡事郑颙愿叟游石梁，观故内相朱公石□□□，元丰乙丑正月十三日题。男知□、□□、知常、知荣侍行。

按：馆藏拓本长61厘米，宽45厘米。6行，正体，字径4.5厘米。题刻残损较为严重。据《题名记》，全文为"知郡事郑颙愿叟游石梁，观故内相朱公石鱼诗，元丰乙丑正月十三日题。男知白、知刚、知常、知荣侍行"。而"观故内相朱公石鱼诗"一句，曾著作"观故内相朱公石鱼留题"。另外，"郑颙愿叟"曾著作"郑觊愿叟"。《八琼室金石补正》及《所见录》未收此刻。元丰乙丑，即元丰八年（1085）。

又，内相朱公，指前在白鹤梁留题的朱昂，因其曾为翰林学士，故被尊为内相。知郡事郑颙，字愿叟。《苏魏公集》有《屯田员外郎郑颙可都官员外郎、太常博士陈绂可屯田员外郎、秘书丞彭慥可太常博士》一文，不知此郑颙与题刻所载是否为同一人。郑绂子知白、知刚、知常、知荣四人，仅知刚稍有史料附会，据《（淳熙）三山志》载，建炎二年（1128）戊申特奏名进士，"郑知刚，字季和，永福人，终太府寺丞，知严州"。[1]

---

[1]　《（淳熙）三山志》卷二八。

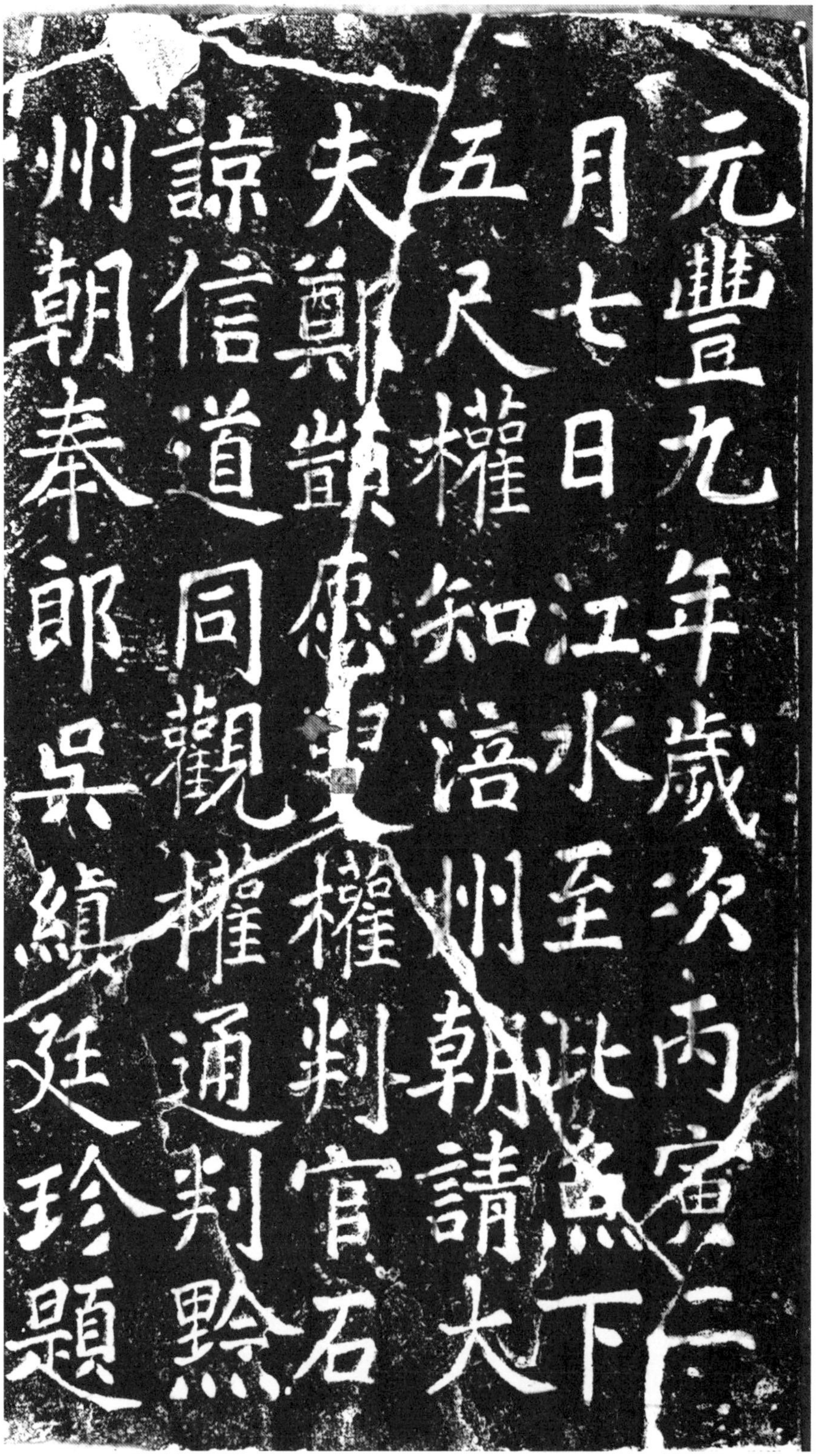

元豐九年歲次丙寅二
月七日江水至此魚下
五尺權江漴州朝請大
夫鄭嶺慶甫知涪州權判官石
諒信道同觀權通判黔
州朝奉郎吳繽廷珍題

图 2-1-12 《吴缤等题名》

录文：

元丰九年岁次丙寅二月七日，江水至此鱼下五尺。权知涪州、朝请大夫郑颛愿叟，权判官石谅信道同观，权通判黔州、朝奉郎吴缜廷珍题。

按：馆藏拓本长90厘米，宽55厘米。6行，正体，字径8厘米。"郑颛愿叟"，曾著作"郑觊愿叟"。石谅，字信道。据黄庭坚《寄苏子由书三首》，"小子相娶石谅之女，蒙齿记，感激，感激"。[1]又，《舆地纪胜》载泸州偶住亭，"在江安县之对。建中初，山谷自僰道还过，邑宰石谅同游此亭，书'琴操'，后改为'渡泸亭'"。[2]《山谷年谱》；"十二月发戎州，过江安，为石信道挽留，遂卒岁于此。信道时为江安令，已见前注。信道，眉州人，家于江津，女嫁山谷之子，是岁十二月成亲"。[3]由以上史料可知，石谅，眉州人，与黄庭坚为儿女亲家，且与苏轼熟识，黄遭贬蜀地时，其正为江安令，家于江津。另据黄庭坚《石信道诸子字训序》，"石信道诸子求余更其名字，余且因且革，名之曰翼、毕、奎、参、亢；又作字训，其名曰翼之字曰气游，毕之字曰尽仁，奎之字曰秉文，

参之字曰孝立，亢之字曰善长"。[4]据此可知石谅有五子，分别为石翼、石毕、石奎、石参、石亢。又，黄庭坚《山谷老人刀笔》载《答南溪宰石信道人三首》[5]，由此推知，石谅还曾官南溪县令。吴缜，字廷珍。《文献通考》载，吴缜"成都人，仕至郡守。数新书初修之时，其失有八类"[6]，撰成《唐书辩证》二十卷，其事亦载《齐东野语》《蜀中广记》等，其事容后文具论。另外，此题刻所镌时间为"元丰九年岁次丙寅二月七日"，考之于史，神宗元丰年号仅止于八年，据《宋大诏令集》所载《改元祐元年御札》，"自正月一日改元丰九年为元祐元年"。[7]故此处元丰九年之题，或是涪州道远，尚未奉改元诏书所致。

[1]　《豫章黄先生文集》卷一九。

[2]　《舆地纪胜》卷一五三。

[3]　《山谷年谱》卷二七。

[4]　《山谷别集》卷三。

[5]　《山谷老人刀笔》卷一二。

[6]　《文献通考》卷二〇〇。

[7]　《宋大诏令集》卷二。

图 2-1-13 　《王珪直等题名》

录文：

王珪直

太原游以忠

元祐五年正月十五日

公执

按：馆藏拓本未单独著录，文字附于《刘忠顺等题名》内。《所见录》名其为《王珪直等题名三段》。《八琼室金石补正》收录该题，但录字不全，并云《□兆思题名》，言"高广不计，二行，字径寸许，正书"。录文："太原□兆，元祐五年正月十五日。"陆增祥曰："右刻在刘忠顺诗刻下方，书、刻率劣。"[1]曾著据《八琼室金石补正》收此题刻作《□兆思题名》，又于其后据《所见录》再收，作《王珪直等题记》[2]。此题刻文字漫漶，大小不一，正如陆增祥所言，自非一时所题，所涉人名不可考。

[1] 《八琼室金石补正》，第 5350 页。

[2] 《涪州石鱼文字所见录》，第 37 页。

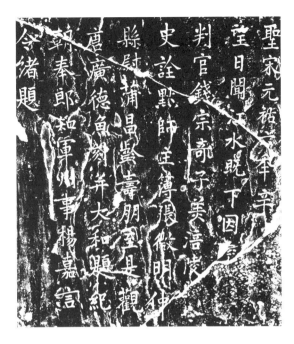

图2-1-14 《杨嘉言等题名》

录文：

　　圣宋元祐六年辛□□□望日，闻江水既下，因□□□判官钱宗奇子美、涪陵县令史诠默师、主簿张微明仲、县尉蒲昌龄寿朋至是观唐广德鱼刻并大和题纪。朝奉郎、知军州事杨嘉言令绪题。

　　按：馆藏拓本长113厘米，宽96厘米。8行，正体，字径8厘米。"主簿张微明仲"，曾著作"主薄张微明仲"。又，"大和题纪"，曾著作"大和题记"。"圣宋元祐六年辛□□□望日"，曾著补作"圣宋元祐六年辛未二月望日"。"因□□□判官钱宗奇子美"一句，《所见录》脱。陈曦震《水下碑林白鹤梁》作"因率判官钱宗奇子美"[1]。曾著补作"因率同僚判官钱宗奇子美"。此题刻所涉人物凡五人。一为钱宗奇，字子美。一为史诠，字默师。二人事迹不详。一为张微，字明仲。葛立方《归愚集》"张微降官"[2]条，有益阳县令张微，不知是否为此人。一为蒲昌龄，字寿朋。《（雍正）四川通志》云："元祐中进士蒲昌龄，顺庆人。"[3]又，《舆地纪胜》顺庆府小方山条，"小方山，距城十二里，有紫府观、老君庙。千峰百岭，周回缭绕，疑若洞天。蒲昌龄有记"。[4]一为杨嘉言，字令绪。《（弘治）八闽通志》言其任漳州知州事。[5]而《大明一统志》载处州府烟雨楼，"在府治，宋崇宁间杨嘉言建，范成大书额"。[6]又，《读史方舆纪要》言处州旧城，"宋崇宁三年杨嘉言为守，削直之"[7]。据此知，其曾为处州知州。

[1] 陈曦震：《水下碑林白鹤梁》，四川人民出版社，1995年，第32页。

[2] 《归愚集》卷一〇。

[3] 《（雍正）四川通志》卷三三。

[4] 《舆地纪胜》卷一五六。

[5] 《（弘治）八闽通志》卷三三。

[6] 《大明一统志》卷四四。

[7] 《读史方舆纪要》卷九四。

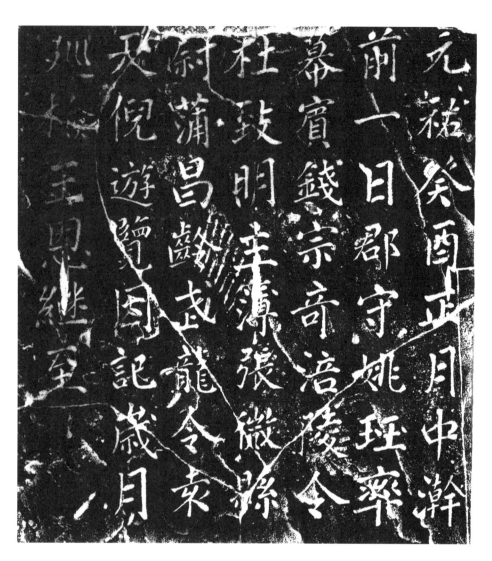

图 2-1-15 《姚珏等题记》

录文：

　　元祐癸酉正月中澣前一日，郡守姚珏率幕宾钱宗奇、涪陵令杜致明、主簿张微、县尉蒲昌龄、武龙令袁天倪游览，因记岁月，巡检王恩继至。

　　按：馆藏拓本长90厘米，宽82厘米。7行，正体，字径7厘米。题名者共七人。其中钱宗奇、张微、蒲昌龄三人均见于《杨嘉言等题名》。另四人，一为姚珏，《（乾隆）福州府志》"乡贤祠"条，有宋训导姚珏，未知是否即是此人。一为杜致明。《（雍正）四川通志》有元丰进士杜致明。[1]一为袁天倪，其事不详。一为王恩，《长编》记事，神、哲二朝名王恩者有二人。其一官西染院使，另一人则曾历官信州团练使、泾原路副总管、环庆路第四副将等。但未知此王恩是否为二人中之一人。

[1] 《（雍正）四川通志》卷三三。

图 2-1-16　　《黄庭坚题名》

录文：

元符庚辰，涪翁来。

按：馆藏拓本长32厘米，宽30厘米。3行，行楷书就，字径9厘米。此题刻真伪仍存争议。《所见录》撰者引《舆地纪胜》："绍圣丁丑，伊川先生来涪，于北岩普静院辟堂传《易》，阅再岁而成，元符庚辰徙夷陵，会太史黄公，自涪移戎，过其堂，因榜曰'钩深'。"据此认为"此题名七字，盖同时所书也"。[1]今人胡昌健认为当刻于蔡京失势，《元祐党籍碑》毁碑之后，最有可能成于"南宋初，晚于

何宪题刻，早于曹士中题刻，即刻于绍兴十八年至嘉定十三年之间"，[2]为后人附名之作。贵州博物馆何凤桐认为此题刻为黄庭坚亲题，但属"即景信手挥作，故稍欠工整"。[3]涪翁为黄庭坚晚年谪居涪州时的号，字鲁直，洪州分宁（治今江西修水县）人。历官叶县尉、北京国子监教授、校书郎、著作佐郎、秘书丞、涪州别驾黔州安置等。黄庭坚为"苏门四学士之一"，是江西诗派的开山祖师，生前与苏轼齐名。世称"苏黄"。中国台湾图书馆见存此翻刻拓本一张，定名《黄山谷题名》，整拓布局为，首行"元符庚"，次行"辰涪翁"，末行为"来"字。

[1]　《涪州石鱼文字所见录》，第1044页。

[2]　胡昌健：《涪陵白鹤梁"元符庚辰涪翁来"题刻考》，《四川文物》，2003年第1期。

[3]　何凤桐：《宋代长江水文题刻实录》，《贵州文史丛刊》，2002年第1期。

图 2-1-17 《符直夫题名》

录文：

崇宁元年正月廿四日，同云安符直夫，临江宇文深之来观故□相朱公留题，裴回久之，四世孙□仲隐季□，孙羲叟敬书。致君、致□侍行。

按：馆藏拓本长75厘米，宽68厘米。7行，正体，字径6厘米。题刻文字多漫漶不清。《所见录》作"崇宁元年正月二十四日，同云安符直夫，临江宇文深之来观故□相朱公留题，裴回久之，四世孙仲隐、李□孙羲叟敬书。致君、致□侍行"。[1]曾著作"崇宁元年正月二十四日，同云安符直夫，临江宇文深之来，观故相朱公留题，裴四□□四世孙，朱仲隐季□、孙羲叟敬书。会稽贺致中侍行"。[2]"故□相朱公留题"当指前刻《朱昂题诗记》，因此，据其文字可补为"故内相朱公留题"。"裴回久之"，其有徘徊、彷徨之意，且此刻字甚明，曾著作"裴四□□"，恐有不妥。题刻人名多不可辨识，惟符直夫、孙羲叟二人字画清晰。惜符直夫、难考其人。孙羲叟，《（雍正）四川通志》载："徽州人，政和初由徽猷阁直学士帅泸州，筑城有功，徽宗赐书奖谕之。"[3]又，《宋十朝纲要》载，"己卯，徙知泸州孙羲叟知成都府，措置县茂州夷事"。[4]据此知其曾官泸州及成都府等地，生平行状，此处不录。

[1] 《涪州石鱼文字所见录》，第1044页。

[2] 《三峡国宝研究——白鹤梁题刻汇录与考索》，第43页。

[3] 《（雍正）四川通志》卷七上。

[4] 《宋十朝纲要》卷一七。

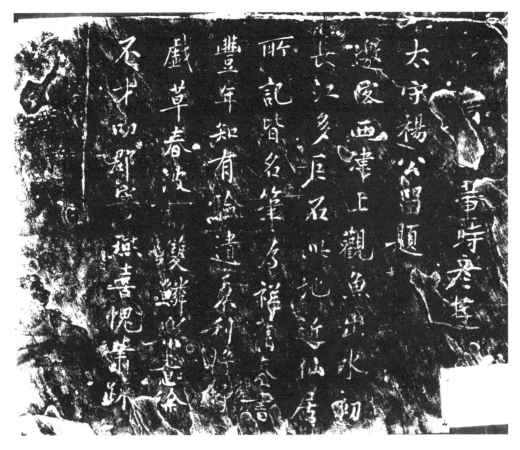

图 2-1-18 《杨公题诗》

录文：

太守杨公留题

邀客西津上，观鱼出水初。长江多巨石，此地近仙居。所记皆名笔，为祥旧奏书。丰年知有验，遗秉利将舒。戏草春波静，双鳞乐意徐。不才叨郡寄，燕喜愧萧疎。

按：馆藏拓本长90厘米，宽85厘米。7行，正体，字径6厘米。"为祥旧奏书"，《所见录》《题名记》《八琼室金石补正》等均作"为祥旧□书"。

曾著作"为祥旧春书"。《补遗》收录该诗，题作《重庆太守留题石鱼》[1]，且"为祥旧奏书"一句有脱文，作"为祥旧书"。从镌刻地，并与《贺致中题记》比较，此处所谓杨公，或为杨元永。杨元永，字刚中，北宋崇宁间为涪州知州。又据《山左金石志》，费县有"右通直郎、知沂州费县事杨元永立石"。[2]又，《齐乘》载："元祐六年，杨元永为邑建新庙（颜鲁公祠）。"[3]据此，杨元永或曾为知费县事，即费县知县。

[1] 《宋诗纪事补遗》卷九八。

[2] 《山左金石志》卷一七。

[3] 《齐乘》卷四。

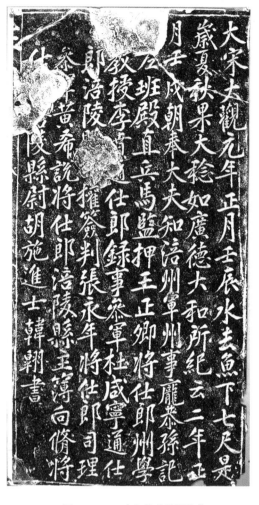

图2-1-19 《庞恭孙等题名》

黄希说，将仕郎、涪陵县主簿向修，将仕郎、涪陵县尉胡施。进士韩翱书。

按：馆藏拓本长112厘米，宽57厘米。8行，正体，字径6厘米。曾著于"兵马监押王正卿"之后有衍文"良弼"二字。又，"涪陵县主簿向修"，其作"涪陵县主薄向修"。题刻所涉人物较多。一为朝奉大夫、知涪州军州事庞恭孙。据《万姓统谱》载"庞恭孙，字德孺，武城人。徽宗时补施州通判，部蛮向文彊叛，恭孙说降而斩之，领州事王蘧上功，进三秩，仕至徽猷阁学士"[1]（其涪州事迹拟另文具考）。一为王正卿。《（宝庆）四明志》有"王正卿，儒林郎。嘉定二年到任，四年致仕"。[2]但从时间及所历官爵来看，恐非同一人。一为李贲。《皇宋通鉴长编纪事本末》有元祐党人单州李贲。[3]一为杜咸宁，其事不详。一为张永年，《建炎以来系年要录》载，绍兴二十五年（1155）十月"丙子，右朝请郎、新知无为军张永年直秘阁。永年，阁之子，与秦桧连婚。至是，献其父文集于朝，故有是命。仍诏阁，身后依条合得恩数，令永年经有司陈乞"。[4]又，《绍兴十八年同年小录》载，"第一百三人张永年，字时发，小名念十一，小字一郎，年二十六，十一月初五日生，……曾祖进，故，不仕，祖渊未仕，父安民未仕。本贯忠州临江县宜君乡太平里"。[5]可见，两宋之交张永年共二人，题刻所述者恐为后者。一为黄希说，一为向修，一为胡施，一为韩翱，均无考。

录文：

大宋大观元年正月壬辰，水去鱼下七尺，是岁夏秋，果大稔，如广德、大和所纪云。二年正月壬戌，朝奉大夫、知涪州军州事庞恭孙记。左班殿直、兵马监押王正卿，将仕郎、州学教授李贲，通仕郎、录事参军杜咸宁，通仕郎、涪陵县令、权签判张永年，将仕郎、司理参军

[1] 《万姓统谱》卷三。

[2] 《（宝庆）四明志》卷二〇。

[3] 《皇宋通鉴长编纪事本末》卷一二二。

[4] 《建炎以来系年要录》卷一六九。

[5] 《绍兴十八年同年小录》。

图 2-1-20　《王蕃诗并序》

录文：

　　□解□□□，道出涪陵，司马机才孺为□陵督邮，实摄郡事。政和壬辰正旦之明日，拉观石鱼，且率赋诗，遂为一篇。沂国王蕃。

　　冬旱江成渚，维鱼记石稜。滋濡春遂足，狼庆岁将□。

　　按：馆藏拓本长112厘米，宽57厘米。8行，正体，字径6厘米。后半段另见收于《补遗》，并题为《政和壬辰留题石鱼》。"司马机才孺为□陵督邮"一句，《所见录》亦作此，而曾著作"司马机才竱为涪陵督邮"，《八琼室金石补正》与之同。[1]从拓片来看，似"竱"字，同孺。《龙龛手鉴·子部》："竱，孺之俗字。"又，"滋濡春遂足，狼庆岁将□"一句，《八琼室金石补正》自"滋濡春遂"后失拓。曾著补作"滋濡春遂足，狼泪岁将盈"。"庆"作"泪"。另据清人陆心源考，"王蕃，字子宣，一字复观，湖州人。王曾之后。宣和中官广西提举常平，临桂伏波岩、龙隐岩，均有'宣和已亥题名'。山谷称其诗虽不工，无秋毫俗气，其人胸中块磊，不随俗低昂，故能若此"。[2]王蕃之事迹见于史书者甚多，待后文详考。另，文中所载司马机，字才孺，生平无考。

[1]　《八琼室金石补正》，第5351页。

[2]　《宋诗纪事补遗》卷三七。

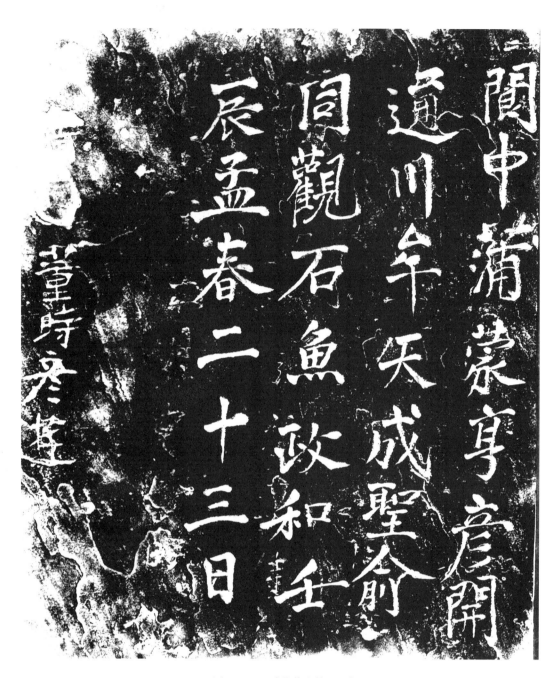

图 2-1-21 《蒲蒙亨等题名》

录文：

阆中蒲蒙亨彦开、通川牟天成圣俞同观石鱼，政和壬辰孟春二十三日。

按：馆藏拓本长73厘米，宽68厘米。4行，正体，字径10厘米。政和壬辰孟春二十三日，《蒲蒙亨等再题》则书作政和二年正月二十三日。政和壬辰年即政和二年（1112），孟春二十三日则正月二十三。故此刻与其后所列题名实出同日。题刻共涉人物凡二：一为蒲蒙亨，字彦开，阆中人，时为司理参军。一为牟天成，字圣俞，通川人，时为涪陵县尉。

图 2-1-22　《蒲蒙亨等再题》

录文：

政和二年正月二十三日，司理蒲蒙亨率涪陵令周禧、尉牟天成同观石鱼。

按：馆藏拓本长77厘米，宽40厘米。4行，正体，字径5厘米。此段题刻与"阆中蒲蒙亨彦开、通川牟天成圣俞同观石鱼，政和壬辰孟春二十三日"等文字，为同时所题。曾著于"阆中蒲蒙亨"后有衍文"彦开"。题刻共有三人，除蒲蒙亨、牟天成外，另有涪陵令周禧。《皇宋中兴两朝圣政》载，绍兴七年"壬辰，周禧入对，论张浚罪，乞更赐贬责"。[1]不知是否为同一人。

[1]　《皇宋中兴两朝圣政》卷二二。

图 2-1-23 《吴革题记》

录文：

　　《易》以包无鱼为远民，民固可近不可远。余牧是邦久矣，今岁鱼石呈祥，得以见丰年，而知民之不可远也。即尘显妙，有开必先，余乐斯二者，遂率宾僚共为之游，时宣和四年十二月十五日。朝散大夫、通判军州事常彦，奉议郎、前通判达州、权司录事李全，修武郎、兵马都监曹绾，宣教郎、权司士曹事王拱，迪功郎、涪陵县尉张时行。朝奉郎、权知军州事吴革题。

　　按：馆藏拓本长113厘米，宽92厘米。11行，正体，字径5厘米。"有开必先"一句，《八琼室金石补正》录作"有开之先"。"时宣和四年十二月十五日"一句，《所见录》及《题名记》均误作"时宣和四年十二月十三日"。"遂率宾僚共为之游"一句，曾著脱"共"字。又，"奉议郎、前通判达州、权司录事李全，修武郎、兵马都监曹绾"，曾著作"奉议郎、前通判达州、权司录事李全修，武郎、兵马都监曹绾"[1]，陈曦震、陈之涵编《中国长江水下博物馆——白鹤梁题刻》[2]，亦作此。"修武郎"为宋代阶官名。宋徽宗政和中，定武臣官阶五十三阶，第四十四阶为修武郎，以代旧官内殿崇班。此题刻共有常彦、李全、曹绾、王拱、张时行、吴革等六人。常彦，《宋会要辑稿》载大观元年十二月二十七日，"吏部言：'勘会涪州通判昨奉御笔，委王蕃奏举清强干敏官，具名闻奏。所准夔州运判王蕃奏举朝奉大夫常彦堪充上件差遣。其常彦于格应入，缘本官见年六十以上，不任选阙。'诏特差"[3]据此可知，常彦任涪州通判实为王蕃举荐，且任该职始于大观元年（1107），据此题刻所镌宣和四年，已十五年矣。李全，北宋名李全者有多人，唯《补注东坡编年诗》中所载李全与题刻人物最为接近。"李全，字德通，善篆字，用笔奇妙而字不可识，云天篆也"。[4]其人曾长期于蜀地为官，并与苏黄等相交。曹绾、张时行二人少见诸史，事迹不详。又，王拱，《陈似等题名》有"王拱应辰"，即或指王拱，字应辰。《（雍正）四川通志》言其为大昌（治今重庆巫山县）人，光宗绍熙进士，曾官摄涪陵郡事。另有《宋十朝纲要》载，宋高宗绍兴六年（1136），韩世忠遣统领韩彦臣率兵破伪齐，擒伪淮阳知军王拱。[5]不知二者是否为同一人。吴革，字义夫，华州华阳人，宋初勋臣吴廷祚七世孙，《宋史》卷四五二有传。

[1] 《三峡国宝研究——白鹤梁题刻汇录与考索》，第56页。

[2] 陈曦震、陈之涵：《中国长江水下博物馆——白鹤梁题刻》，重庆出版社，2003年，第49页。

[3] 《宋会要辑稿·选举二九》。

[4] 《补注东坡编年诗》卷二一。

[5] 《宋十朝纲要》卷二三。

图 2-1-24 《毌丘兼孺等题名》

录文：

　　阆中毌丘兼孺、南荣句惇夫、眉山刘大全、孙伯达，宣和乙巳正月八日同来，毌丘光宗、孙若讷、若拙侍行。

　　按：馆藏拓本长114厘米，宽32厘米。3行，行书，字径5厘米。"毌丘兼孺"，《八琼室金石补正》作"毌邱兼孺"。陈震曦、陈之涵编《中国长江水下博物馆——白鹤梁题刻》作"母丘兼孺"。《题名记》作"母邱兼孺"。"毌丘"，《姓解》云："毌出《姓苑》。毌丘，后汉将作大匠毌丘兴。魏幽州刺史毌丘俭。"[1]《通志》云："毌邱氏，其先食采毌邱，因氏焉。宋朝登科有毌邱会，政和有毌邱俨、毌邱斌并阆州人。母氏、毌邱氏或为毌氏。"[2]近年，彭水县出土《宋免解进士杨秉元墓志》，志文中有"母曰冯氏"三字，书作"毌曰冯氏"，巴渝境内其他宋人题刻文字，"毌""母"二字混运者亦多有之。

　　题刻所存人物凡七人。据《陈似等题名》，眉山刘大全，即刘纯常，字大全。《（雍正）四川通志》载刘纯常，宣和进士。[3]孙伯达，即孙之才，字伯达。《所见录》言其为政和进士。彭百川《太平治迹统类》则云："宣和六年进士。"[4]《（正德）瑞州府志》载，宋有孙伯达者，迪功郎，曾任知高安县事。[5]

[1]　《姓解》卷三。

[2]　《通志》卷二七。

[3]　《（雍正）四川通志》卷三三。

[4]　《太平治迹统类》卷二七。

[5]　《（正德）瑞州府志》卷六。

二、南宋及蒙元题刻

白鹤梁上南宋及蒙元题刻数量最多，镌刻时间从建炎己酉（建炎三年，1129）至天历庚午（天历三年，1330），共计202年。可以说，这一时期题刻，几乎代表了白鹤梁题刻群的最高水平，其史料价值也远较其他时期为高。之所以如此，主要是因为：

首先，南宋及蒙元题刻的题刻种类非常多，其内容涉及诗文、游记、杂谈更或是记事文字等诸多方面，几乎涵盖了白鹤梁题刻的方方面面。

其次，就题刻文字本身而言，这一时期的题刻作品，保存质量相对较高，而且就书体来看，由于题刻者多为科举出身，故所镌文字绝非后世那种涂鸦式字体，有较高的艺术欣赏价值。

此外，众所周知，元人修《宋史》，其详于北宋而略于南宋，同时北宋一朝官方史料敕修活动亦远较南宋为盛。这一现象就客观上造成了南宋人物史传记载相对匮乏的窘境。同样，就蒙元历史来说，由于元代史料传世更少，能入史传者更是为数寥寥。因此，白鹤梁上大量的南宋及蒙元题刻的出现，足以弥补这一时期涪州及其相邻地区官员选任情况的史料缺失。同时，题刻中大量出现的官称以及政区地理划分的记载，也有助于了解夔州路等处的行政架构以及政区地理的演变轨迹。

就单个题刻而言，这一时期题刻中，诸如《晁公遡题记》记述了石鱼出水年份的气候与民间传说的差异，表达了镌刻者对于这种现象所作的独立思考。

又如，《李公玉题记》中出现的南宋数学家秦九韶与其父题刻活动，是研究秦九韶的珍贵实物资料。还有如，出现于元代的《蒙文题刻》，是白鹤梁题刻群中，唯一的一处少数民族文字题刻，它的出现对于研究蒙古镌刻文字的流变以及元政权在涪州的活动情况，定然有所裨益。而此题刻本身也是汉文化与蒙古文化在涪州地区互相影响的直接例证。又，镌刻于元天历二年（1329）和三年的《王正题记》记载，天历二年至天历三年，白鹤梁地区连续两年江水水位都低于石鱼，由于前一年涪州丰收已经应验，故以宣侯爰为首的涪州官员登石梁游览并把酒欢庆。这一题刻是现存白鹤梁题刻中比较少见的连续两年的枯水记录。

这里还需要说明的是，《八琼室金石补正》所收《朱子诗》《刘济川等题名》虽为南宋题刻，但均非白鹤梁刻石，而属涪州北岩题刻，今人所修《涪陵市志》言，"《刘济川等题名》淳祐辛亥（1251）题刻在一石龛西壁，65厘米×100厘米。楷书，4行：'淳祐辛亥三月既望，左绵刘济川、三山林元、成都杜庭燮，三泸何清来游'"。《朱子诗》则"85厘米×142厘米。行楷，4行。正文：'眇然方寸神明舍，天下经纶具此中。每向狂澜观不足，正如有本出无穷。'落款：'晦翁'"。[1]故本节录文，并未将这几段题刻收录在内。

总之，南宋以及蒙元题刻是白鹤梁题刻的主体部分，它们体现的鲜明的个性特征与长远的历史价值，无疑是目前白鹤梁题刻研究的重心所在，也代表着白鹤梁题刻文化真正的精髓。

---

[1]　四川省涪陵市志编纂委员会：《涪陵市志》，四川人民出版社，1995年，第1398页。

图 2-2-1 《陈似等题名》

录文：

　　□炎己酉正月二十一日，宪属陈似袭卿还恭。摄郡事王拱应辰送别江皋，僚友不期而会□。周祉受卿、刘纯常大全、孙之才伯达、林琪子美，因观石鱼，薄暮而归。时鱼去水六尺，袭卿书。

　　按：馆藏拓本长120厘米、宽120厘米。8行，正书，字径15厘米。右端有"铜鍉徐朝卿太原"，下方则横列"李锡古戊廷"诸字。《全宋文》卷三七七七引此题记全文，并加注云："《八琼石（室）金石补正》卷八三。又见民国《云阳县志》卷二二。"[1]然查证该志，其所载并非该题记，实为《陈似诗题刻字》，原文作"峡束渊流测亦深，砥平鳌背介江心。簿书丛里逢休暇，云水光中欣访寻。拂石四题鸡子卜，橛舟三听竹枝音。时和挝鼓同民乐，快喜春阳逐众阴"。此诗后题"嘉阳陈似袭卿司刑胸腮，将受代，携家来游，男槐、柟、桐、梓、檀、梅侍行。宣和丙午岁人日。桐书"。（拓片文字可参《中国西南地区历代石刻汇编·四川重庆卷》）又，据《所见录》及《八琼室金石补正》等所记，"□炎己酉正月二十一日"，当为"建炎己酉正月二十一日"。"僚友不期而会□"，清代诸书均缺，曾著录作"僚友不期而会者"。"宪属陈似袭卿"，作"宪属陈似龚卿"。此题刻所涉共六人。除刘纯常、孙之才外。陈似，陆心源《补遗》误作"陈似袭"，言其为宣和时人。《（正德）夔州府志》仅录诗文，作"峡底渊流泽益深，砥平鳌极介江心。簿书丛里逢休暇，云水光中欣访寻。佛石四题鸡子卜，移舟三听竹枝音。时和挝鼓同民乐，快喜春阳逐众阴"。[2]又，大宁县拂云馆，《（雍正）四川通志》言"在县北，宋时刑曹舍之西，宣和中陈似有记"。[3]《（民国）云阳县志》载，陈似，嘉阳（治今四川乐山）人，曾为云安军司法参军。[4]重庆云阳县至今仍存陈似《桓侯祠碑记》，重庆中国三峡博物馆存有此碑拓本。此外，《宋会要辑稿》载，建炎二年（1128）六月四日"进士陈似与补初品文质"，[5]但不知此陈似是否即为题刻者。周祉，事不详。林琪，《宋会要辑稿》载，绍兴"十七年七月二十五日，宰执进呈，左朝散大夫谢寻拟差权知潮州，左朝奉郎陈惇特差知饶州，右承议郎林琪差权知忠州"。[6]同书又载绍兴十九年（1149）三月二十二日"右承议郎、新知忠州林琪特降一官，依已降指挥放罢"。[7]据此可知林琪曾为右承议郎、知忠州，后因事被免，而此刻作于其任职忠州前数年。

[1] 曾枣庄、刘琳：《全宋文》，第173册，上海辞书出版社，2006年，第144页。
[2] 转引自《宋诗纪事补遗》卷三七。
[3] 《（雍正）四川通志》卷二六。
[4] 《（民国）云阳县志》卷二二。
[5] 《宋会要辑稿·后妃二》。
[6] 《宋会要辑稿·职官四七》。
[7] 《宋会要辑稿·职官七十》。

图 2-2-2　《刘公亨等题名》

录文：

　　□□□建炎□□刘公亨、孙伯达、史时□、周受卿

　　按：馆藏拓本长95厘米，宽35厘米。3行，正书，字径10厘米。题刻文字多损毁。《所见录》及《题名记》均从右至左录作"□□美建炎□刘公亨、孙伯达、史时□、周受卿"。[1]《八琼室金石补正》则从左至右，作"史时杰、周受卿、刘公亨、孙伯达、□子美，建炎□□日□"，[2]并名之为《史时杰等题名》。曾著作"时南宋建炎三年刘公亨、孙伯达、史时□、周受卿"。[3]今据《所见录》之例，定名《刘公亨等题名》。由于文字不全，故镌刻年代无从判别，仅据"建炎"二字，知书于建炎年间。又，题刻所述及孙伯达、周受卿等亦见于《陈似等题名》，故或作于同时，即建炎三年（1129）。如据《八琼室金石补正》题刻中确有"□子美"，则当是《陈似等题名》中所载之林子美，即林琪。除上述诸人，另有刘公亨者，据《文悦等题名》，乃刘蒙，字公亨，其事不详，湖南朝阳岩亦见其题名两处[4]，惜磨泐甚多。

[1]　《涪州石鱼文字所见录》，第1046页。

[2]　《八琼室金石补正》，第5351页。

[3]　《三峡国宝研究——白鹤梁题刻汇录与考索》，第60页。

[4]　详细介绍参见李花蕾：《湖南地方文献与摩崖石刻研究》，华东师范大学出版社，2011年，第153页。

图 2-2-3　《文悦等题名》

录文：

　　成都文悦理之、周祉受卿，唐安周南廷、向文登、刘蒙公亨，眉山刘纯常大全，侄庚明孺，孙之才伯达同□。

按：馆藏拓本长100厘米，宽67厘米。5行，正书，字径10厘米。题刻末泐去一字。《所见录》《题名记》均脱尾字。《八琼室金石补正》脱二字，即至"孙之才伯达"为止。[1]曾超以为，"意多人共同游览白鹤梁"，[2]故补为"孙之才伯达同游"。题刻所见人物凡八人，其中周祉、刘蒙、刘纯常、孙伯达等均见于前刻。据钱保塘考证，宋代名刘蒙者凡四人，"零陵县朝阳岩题名，有元祐七年九月临川刘蒙资明。永州淡山岩题名，有绍圣改元左朝奉大夫、知州事刘蒙，此当是一人。《书录解题》：彭城刘蒙《菊谱》一卷。自序称'崇宁甲申为龙门之游，访刘元孙所居，相与订论为此谱'，此又一人。《建炎以来系年要录》：建炎元年九月壬辰，朝奉郎、江南东路转运副使刘蒙削二官。蒙，滨州人也。三年三月，以两浙转运副使加直秘阁。四年五月，为浙西江东随军转运使，此又一人。与此题名唐安刘蒙，同时同姓名者凡四人，惟宋人好书郡望，撰《菊谱》者，未必即彭城人，或三人中之一人，亦未可知"。[3]其余诸人，一为文悦。据《（雍正）四川通志》，"文悦，字理之，成都府人，宣和进士"。[4]一为周南廷，一为向文登，一为刘纯常侄刘庚，三人行状均不详。

[1]　《八琼室金石补正》，第5351页。

[2]　《三峡国宝研究——白鹤梁题刻汇录与考索》，第63页。

[3]　《涪州石鱼文字所见录》，第1045页。

[4]　《（雍正）四川通志》卷三三。

图 2-2-4　《赵子遹等题名》

录文：

观石鱼题记。赵子逼述道、崔炜叔明、阎璟国华、李去病仲霍、李宗贤师德、陈革子正、王俶德初、虞中立和甫、王骏德先、邓奇颖伯、董天成常道，绍兴壬子正月三日同游。

按：馆藏拓本长130厘米，宽110厘米。8行，横列1行，正书，字径8.5厘米。"观石鱼题记"等5字篆书。《中国西南地区历代石刻汇编》中无收录。《所见录》《题名记》《八琼室金石补正》以及《宋代长江水文题刻实录》均作《赵子逼等题名》。曾著作《赵子逼等观石鱼题名》。李胜《白鹤梁石刻题名人考按一百二十二则》及陈曦震等编《中国长江水下博物馆——白鹤梁题刻》作《观石鱼题名》。《长江三峡工程水文题刻文物图集》作《赵子逼等题记》。题刻所涉人物凡十一人。一为赵子逼，字述道。《宋史·宗室世系表》载，一令高子，训武郎。[1]一令㐤子，忠训郎。[2]又据《所见录》考"燕王德昭五世孙，有忠训郎子逼"。[3]一为阎璟，字国华。《初寮集》：政和间，有昭化军节度使杨应询之婿为承节郎阎璟[4]，未知是否即此人。一为李去病，字仲霍。据李胜考证，其为缗城（治今山东金乡）人，知书才艺，爱主忧民（晁补之《鸡肋集》卷三五《李去

病字仲霍序》、郭印《云溪集》卷六《送李去病赴召》）。崇宁间任成都府路转运判官，给饷有功。张扩《东窗集》卷四《送李去病驾部成都府路转运判官》、强至《祠部集》卷三《送李去病杨元老》。魏齐贤、叶棻《五百家播芳大全文粹》收录有其《贺邓内翰启》（卷一一）、《观音道场设罗汉斋疏》（卷八〇）、《荐母设罗汉斋疏》《追荐考妣道场疏》《追荐冯大学疏》（卷八二）等。一为李宗贤，字师德。《长编》载，哲宗元祐八年（1093）三月二十五日，"户部员外郎胡宗师为成都府路转运副使，国子监丞李师德为梓州路转运判官"。[5]又《杨公笔录》载"李师德朝请作《李氏述先记》，称其先为开封中牟县人，常在万胜镇。开运末，中国失御，寇盗蜂起。一日传贼将至，其曾祖率里中少年，约以金帛赂贼，如其不受则相与决战以死。贼至，感其言，皆曰'此义士也'，乃相戒不相犯，里中赖之获安"。[6]不知此李师德是否即为李宗贤。一为陈革，字子正。《宋会要辑稿》载，崇宁间有"朝请大夫、提点京西南路刑狱陈革"。[7]一为董天成，字常道。《（嘉庆）四川通志》言其为建炎二年（1128）进士，达州人。

---

[1]　《宋史》卷二一七。

[2]　《宋史》卷二二〇。

[3]　《涪州石鱼文字所见录》，第1046页。

[4]　《初寮集》卷八。

[5]　《长编》卷四八二。

[6]　《杨公笔录》。

[7]　《宋会要辑稿·职官六八》。

图 2-2-5 《何梦与等题名》

录文：

金沙何梦与、泉山王德叔，绍兴壬子正月四日偕来。

按：馆藏拓本长63厘米，宽30厘米。3行，正书，字径7厘米。此处所录与《所见录》《题名记》、曾著、黄海《白鹤梁题刻辑录》及《中国长江水下博物馆——白鹤梁题刻》等相同，《宋代长江水文题刻实录》作"正月四日，皆耒王悬升。绍兴壬子，金沙何梦与，泉山"。该书所录，因自左至右，文句不通。所谓"皆耒王悬升"一句，文词释读亦误。而陆增祥《八琼室金石补正》称"王慎升"亦误。此外，题刻所述何梦与、王德叔二人，不见于史传。

图 2-2-6　《王择仁题记》

录文：

　　绍兴壬子开岁十有四日，涪陵郡守、平阳王择仁智甫，招云台奉祠夷门李敏能成之、郡丞开封李真元辅，太平散吏东莱蔡惇元道，过饮公堂，酒罢，再集江□，泛舟中流，登石梁，观瑞鱼。古□，邦人以见鱼为有年之兆。惟□□善政，民已怀之，桑麦之歌，□□载道，是以隐于数年而见，□□□，故惇喜，为之记。

　　按：馆藏拓本长125厘米，宽125厘米。10行，正书，字径8厘米。题刻文字略有缺损。《所见录》《白鹤梁题刻辑录》《长江三峡工程水库水文题刻文物图集》《涪陵历史文化研究》等题为《王择仁题记》。《题名记》及曾著作《蔡惇题记》。《八琼室金石补正》《宋代长江水文题刻实录》定名《王择仁等题名》。《中国西南地区历代石刻汇编》《中国长江水下博物馆——白鹤梁题刻》未收录此题刻。曾著对脱文处有补录，如"古□，邦人以见鱼为有年之兆"一句，其补作"古记：邦人以见鱼为有年之兆"。题刻所涉人物凡四人。一为涪陵郡守王择仁，字智甫，平阳（治今山西临汾）人。建炎二年（1128），为经制司僚属，抗金复永兴军。四年，以御营司参议官权河东制置使，平陈万信余党雷进乱。绍兴二年（1132）为涪州守，择仁亦曾知襄阳府，其事主要见载于《宋史》卷二五及卷二六《高宗本纪》。钱保塘对王择仁事多有考证，其言"《建炎以来系年要录》：建炎三年八

月，先是，河东经制司属官宣议郎王择仁为永兴郭琰所逐，乃将其军万余人自商州奔汉中。琰檄金州闭关拒之，择仁不敢进，屯于襄阳。张浚荐其才，除御营使司参议官，命千秋代将择仁之军。四年三月，张浚以王择仁知襄阳府，屯留均州。八月，择仁为通直郎、直徽猷阁、权发遣河东路制置使司公事节制本路军马。先是，择仁以宣抚处置使张浚之命，节制京西军马在均、襄间，故就命之。仍许择仁带见兵万人以行，俟过大河，许以便宜从事。命下，择仁兵已溃矣。绍兴五年二月丁亥，左朝散郎王择仁知广德军，择仁自蜀还行在，上召对而命之。七年正月，迁左朝奉大夫、淮西宣抚使司主管机宜文字。五月，殿中侍御史石公揆论罢之。择仁，《宋史》无传，据此题记及《系年录》所载数事，可得其大略矣"。[1]另，据《重刊兴化府志》所载林宋卿事，"建炎三年，诏四川监司，举流寓之才能者以闻。涪守王择仁荐宋卿学识纯正，气节刚方，可备中兴任使，遂召赴阙"。[2]一为李敏能，字成之。重庆中国三峡博物馆藏有涪陵出土李敏能墓志，志云："宋故右奉直大夫、知忠州军州事、赐紫金鱼袋李公，讳敏能，字成之，本贯开封府，绍兴丙辰十二月二十一日，因疾殁于忠州公宇正寝。丁巳二月初五日葬于涪陵千福寺东南吉地，埋铭以纪姓氏云。族叔右从政郎士临谨记。"河南新密超化寺，有宋人题名"留守薛公以右丞召还通判张戬、邢㑺，户曹李敏能，刑掾赵子泰送行至超化寺，政和三年闰四月初九日"。[3]又，泰山有"元

[1]　《涪州石鱼文字所见录》，第1046页。

[2]　周瑛、黄仲昭：《重刊兴化府志》，福建人民出版社，2007年，第1024页。

[3]　《金石三跋·三跋》卷二。

符三年九月廿三日，臣李敏能同登泰山题名"。[1]
《宋会要辑稿》载，重和元年（1118）"六月十三
日，诏兵部员外郎李悚送吏部，以言者论其倾邪反
覆也。同日，开封府右司录吕瓘、士曹李敏能并放
罢，以言者论瓘、敏能为燕瑛荐引，专权不法故
也"。[2]上述所引李敏能或与题刻所载非同一人，今
姑列此以备查。一为李寔，字元辅，开封人。《宋
会要辑稿》载，政和八年（1118）十月二十七日
"董诜、王抃、李寔等自知元系欺罔诈冒，虑他司
或朝廷取索元条问难，发摘己罪，乃就关子中，将
元奏得旨全文擅减却'别不冲改见行条法'八字，
意欲官司不知，以遂其诈冒之志"。[3]又，同书载
淳熙八年（1181）七月十七日有诏"知舒州李寔知
兴国军"。[4]政和八年至淳熙八年相隔既久，或分
指二人，唯不知题刻中李寔是否即其中之一。一为
蔡惇，字元道，东莱人。据李胜考证，"蔡惇，又
字符道，山东文忠公、参政蔡齐任孙，翰林学士蔡
延庆之子，任太平散吏、直龙图阁。后渡江卒于涪
陵，尹和靖焞尝题其墓。撰有《祖宗官制旧典》三
卷，大略以为元丰间用官阶寄禄，虽号正名而流品
混淆、爵位轻滥。故以祖宗旧典与新制参稽互考，
而论其得失（马端临《文献通考》卷一百一十、陈
振孙《直斋书录解题》卷六职官类、《山东通志》
卷三四经籍志）"。[5]

[1]　《勤余文牍》卷三。

[2]　《宋会要辑稿·职官六九》。

[3]　《宋会要辑稿·职官一五》。

[4]　《宋会要辑稿·瑞异二》。

[5]　李胜：《白鹤梁石刻题名人考按一百二十二则》，《涪陵历史文化研究》，第162页。

图 2-2-7 　《种慎思题记》

录文：

　　□□刘意彦至、豹林种□□□□，皆以职事趋郡，遇故人□□李尚义宜仲还自固陵，□法平叔来自南宾，相率挐□载酒，游北岩，及观石鱼，竟日忘归，客怀顿释，殊不知薄宦飘零，江山之牢落也。绍兴壬□季春初六日，慎思题。

　　按：馆藏拓本长82厘米，宽71厘米。8行，正书，字径6厘米。《所见录》《八琼室金石补正》题为《刘意等题名》，《题名记》、曾著以及《白鹤梁题刻辑录》《长江三峡工程水库水文题刻文物图集》《涪陵历史文化研究》等均名《种慎思题记》，贵州博物馆所公布题刻拓片中则未见此拓，《中国西南地区历代石刻汇编》亦未收录。个别文字释读，诸家有歧见。"豹林种□□□□"，曾著录作"豹林种佚慎思"。黄海《白鹤梁题刻辑录》作"豹林种佚□，□□"。《八琼室金石补正》作"豹林种□□，□思"。《所见录》作"豹林种□进，慎思"。《题名记》作"豹林种□□慎思"。"遇故人□□李尚义宜仲还自固陵"句，重庆中国三峡博物馆馆藏拓本失拓，据诸家释读文字，应补入"江西"二字。"□法平叔来自南宾"句，当补入"种"字。"相率挐□载酒"句，当补入"舟"字。"绍兴壬□季春初六日"句，当补入"子"

字。另，曾著及黄海《白鹤梁题刻辑录》于"慎思题"后有"记"字，其余诸家所录未见。所涉人物凡四。一为刘意，字彦至。李胜考，"绍兴中，涪陵郡守（《（同治）重修涪州志》卷四《秩官志·历代秩官》）。光宗绍熙间画院待诏钱塘（今浙江杭州）人刘松年有曾孙名意（《式古堂书画汇考》卷四四）。然题记作于六十年前的绍兴二年（1132），当别为一人"。[1]一为李尚义，字宜仲。《建炎以来系年要录》载建炎二年（1128）"右朝请大夫、权荆南制置司参议官卢宗训知德安府，武翼郎、阁门宣赞舍人张应知邓州。修武郎高青知唐州，承节郎舒继明为成忠郎、阁门祗候、知信阳军，左文林郎李尚义为左承事郎、通判襄阳府，右承直郎党尚友为右宣教郎、通判邓州，皆用制置使岳飞奏也"。[2]又，《鄂国金佗稡编》载，建炎间，"张旦守襄阳兼四州安抚使，牛皋为副使，李尚义通判襄阳府事"。[3]《宋会要辑稿》言，绍兴十一年（1141）六月十四日，诏"赵偰沅州通判，李尚义主管台州崇道观"。[4]实未知以上所言李尚义，与题刻所载是否即同一人。一为豹林种□，无考。一为种慎思，见《李宜仲等题名》。

---

[1] 《白鹤梁石刻题名人考按一百二十二则》，第161–162页。

[2] 《建炎以来系年要录》卷八〇。

[3] 《鄂国金佗稡编》卷九。

[4] 《宋会要辑稿·职官七十》。

图 2-2-8 　《李宜仲等题名》

录文：

李宜仲率刘彦至，同种慎思游。

按：馆藏拓本长54厘米，宽40厘米。3行，正书，字径8厘米。题刻文字较清晰，诸家释读无歧见。《所见录》《题名记》加按语云："此与前一条《种慎思题记》皆一时所题。"[1]种慎思，名佚，慎思为其字。《（乾隆）涪州志》载为绍兴壬子州守。白鹤梁题刻题名人顺序一般为籍贯、名、字。由此推知，种慎思，豹林人。陕西终南山南麓

有豹林谷，谷内有东蒙峰，亦名东明峰。向来为隐居之所。杜甫有诗《玄都坛七言六韵寄元逸人》所指即该地。诗曰："故人昔隐东蒙峰，已佩含景苍精龙。故人今居子午谷，独在阴崖结茅屋。屋前太古玄都坛，青石漠漠常风寒。子规夜啼山竹裂，王母昼下云旗翻。知君此计诚长往，芝草琅玕日应长。铁锁高垂不可攀，致身福地何萧爽。"[2]另据司马光《涑水记闻》，真宗朝名士"种放隐于终南山豹林谷，讲诵经籍，门人甚众"。[3]种放自称"豹林"[4]，慎思或为其后。

[1] 《涪州石鱼文字所见录》，第1046页。

[2] 《杜诗阐》卷二。

[3] 《涑水记闻》卷七。

[4] 《自号录》。

图 2-2-9 《张宗宪题记》

录文：

宋绍兴二年十二月初八，汝南张□□□。

按：馆藏拓本长60厘米，宽45厘米。3行，正书，字径10厘米。拓本文字不全，由诸家所录，可于汝南张□□处，补入"宗宪"二字。《所见录》名之为《张忠宪题名》，正文则书张宗宪。又，《所见录》与《题名记》均于"宋绍兴二年十二月初八"后，有衍文"日"字。又，"汝南张宗宪□"一句，《所见录》《题名记》《八琼室金石补正》均作"汝南张宗宪、李□"。贵州博物馆公布题刻拓片中未见此拓，《中国西南地区历代石刻汇编》亦未收录。张宗宪，字、号均不详，仅据题刻推知为汝南（治今河南汝南县）人。其名另见于《贾公哲等题名》《蔡兴宗等题名》。此外，绍兴十年（1140）二月癸丑有题名载"汝南张宗忞"，二人籍贯相同，恐为兄弟行。

图 2-2-10　《贾公哲等题名》

录文：

大宋绍兴二年十二月望，贾公哲、曲安祖、李去病、田孝孙、杜伯恭、蔡兴宗、张稷、张宗宪观石鱼。

按：馆藏拓本长103厘米，宽94厘米。6行，正书，字径10厘米。题刻文字较为清晰，诸家所录几无歧见。唯《八琼室金石补正》于"十二月望"后衍"日"字。又，贵州博物馆所藏未见此拓，《中国西南地区历代石刻汇编》亦未收录。题刻所涉人物凡八。一为贾公哲，据李胜考证，"贾公哲，公杰弟，侍郎炎之子，文元公昌朝诸孙，仕履不

详。魏齐贤、叶棻《五百家播芳大全文粹》卷九六录有其《祭崔正言文》"。[1]又，陆增祥《仪顾堂集》载："贾公哲、贾公杰，东平人。祖昌朝，父炎，《宋史》皆有传。公杰，宣和六年承务郎充陕西铸钱司差遣，见《饶益寺贾炎题名》。"[2]一为曲安祖，其事无考。一为李去病。据《鸡肋集》卷三五，李去病，字仲霍。又《东窗集》载有《送李去病驾部成都府路转运判官》，知其曾为驾部郎中、成都府路转运判官。《五百家播芳大全文粹》收有其文《观音道场设罗汉斋疏》《贺邓内翰启》《荐母设罗汉斋疏》《追荐考妣道场疏》《追荐冯大学疏》。一为田孝孙，李胜考证，"绍兴二十六年（1156）左朝奉大夫、知随州、直秘阁，公廉俭素（李心传《建炎以来系年要录》卷一七五、无名氏《宋史全文》卷二二下）"。[3]一为杜伯恭，事不详。一为蔡兴宗，详见《蔡兴宗等题名》。一为张稷。《（雍正）四川通志》，"建炎二年进士张稷，仁寿人"。[4]一为张宗宪，见前题。

[1]　《白鹤梁石刻题名人考按一百二十二则》，第162页。

[2]　《仪顾堂集》卷四。

[3]　《白鹤梁石刻题名人考按一百二十二则》，第162页。

[4]　《（雍正）四川通志》卷三三。

图 2-2-11　《蔡兴宗等题名》

录文：

　　蔡兴宗、耿宗弼、张宗宪，绍兴乙卯正月
十九日，同观石鱼。

　　按：馆藏拓本长79厘米，宽70厘米。4行，
正书，字径10厘米。《所见录》《题名记》《八
琼室金石补正》等均名之为《蔡兴宗等题名》。
曾著、《白鹤梁题刻辑录》及《长江三峡工程
水库水文题刻图集》等作《蔡兴宗等题记》。
该拓另见存《中国长江水下博物馆——白鹤梁题
刻》。《中国西南地区石刻史料汇编》未收。题
刻所见人物凡三人。一为蔡兴宗，另见于《贾公
哲等题名》。李胜考证，"蔡兴宗，山东东莱
人，右朝奉郎（吕祖谦《东莱集》卷一四《东
莱公家传》）。重编少陵先生集并正异（胡仔
《苕溪渔隐丛话》后集卷八），刊《朱子语
录》（《四库全书考证》卷四三文献通考史
部）。宣和元年（1119）书刻《祭淮渎祠记》
（嵇璜、刘墉等《钦定续通志》卷一七〇金石
略四），今不存"。[1]另据《长编》载，其编有
《官制旧典》[2]，今亦不存。一为耿宗弼，事不
详。一为张宗宪，见于《张宗宪题名》。

---

[1]　《白鹤梁石刻题名人考按一百二十二则》，第162页。

[2]　《长编》卷三二七。

图 2-2-12 《邢纯等题名》

录文：

□艾、邢纯、刘藿、李□□、王冠朝，有宋□兴丙辰正□□□日来。

按：馆藏拓本长104厘米，宽64厘米。4行，正书，字径10厘米。拓本文字清晰。《八琼室金石补正》题为《宋艾等题名》，曾著及李胜《白鹤梁石刻题名人考按一百二十二则》作《宋艾等题记》。

黄海《白鹤梁题刻辑录》作《□艾等题记》。贵州博物馆未见此拓，《中国西南地区历代石刻汇编》未收录。《题名记》录文："□艾、邢纯、刘藿、李□□、王冠朝，有宋□绍兴丙辰正月□五日来"。《八琼室金石补正》作"宋艾、邢纯、刘藿、李□、王冠朝，有宋绍兴丙辰正□五日来"。曾著补作"宋艾、邢纯、刘藿、李□□、王冠朝。大（圣）绍兴丙辰正月十（廿）五日来。"题刻所涉人物凡五。一为宋艾，其事无考。一为邢纯。据李胜考，"邢纯，武信（治今四川遂宁）人，尹焞婿。靖康初，为焞多方求获程颐《易传》全本为生日之礼（尹焞《和靖集》卷三《书易传后序》）。绍兴四年（1134）监涪陵酒税，十年（1140）为浙东抚属（《和靖集》卷八年谱），后任安抚使（嵇曾筠等《浙江通志》卷一一三职官三）"。[15]一为刘藿。《建炎以来系年要录》载，绍兴三十二年（1162）四月"己卯，右朝散郎刘藿提举荆湖北路常平茶盐公事"。[2]又，《文忠集》载有绍兴某年，"临安府修城官第二等通判刘藿转一官"。[3]此外，《（正德）瑞州府志》载："绍兴十七年，有上高县知县刘藿。"[4]一为王冠朝，《八琼室金石补正》云其为"书《伊川祠记》者"。[5]一为李□，其事不详。

[1] 《白鹤梁石刻题名人考按一百二十二则》，第163页。

[2] 《建炎以来系年要录》卷一九九。

[3] 《文忠集》卷九五。

[4] 《（正德）瑞安府志》卷六。

[5] 《八琼室金石补正》卷八三。

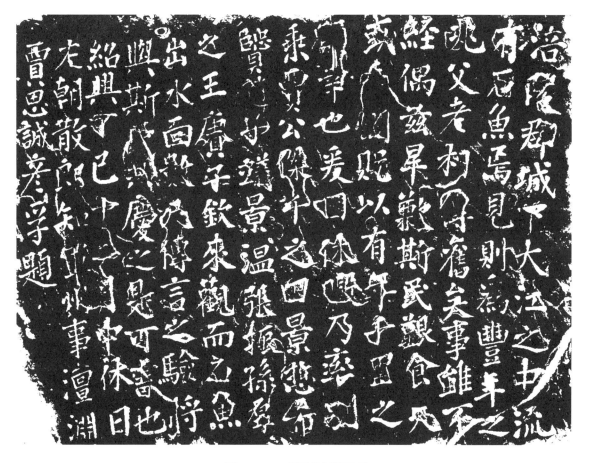

图 2-2-13 《贾思诚等题记》

录文：

涪陵郡城下，大江之中流，有石鱼焉，见则为丰年之兆。父老相传旧矣，事虽不经，偶兹旱欠，斯民艰食，天或垂悯，貺以有年。千里之□幸也。爰□休暇，乃率别乘贾公杰千之、田景怒希贤、赵子谠景温、张振孙厚之，王赓子钦来观，而石鱼出水面数尺，传言之验，将与斯民共庆之，是可书也。绍兴丁巳十二月中休日，左朝散郎、知军州事、澶渊贾思诚彦孚题。

按：馆藏拓本长115厘米，宽85厘米。14行，正书，字径6厘米。文字释读偶存歧见。曾著于"传言之验将与斯民共庆之"一句，脱"共"字。《所见录》《题名记》《长江三峡工程水库水文题刻文物图集》均名之为《贾思诚题记》。《八琼室金石补正》定名《贾思诚等题名》。贵州博物馆未见此拓，《中国西南地区历代石刻汇编》未收录。"千里之□幸也"一句，《所见录》《题名记》所录与本书同。《八琼室金石补正》作"千里之颠幸也"。曾著作"于里之□幸也"。[1] 又，"张振孙

---

[1] 《三峡国宝研究——白鹤梁题刻汇录与考索》，第75页。

厚之"，《八琼室金石补正》作"张振孙原之"。

题刻所涉及人物凡六人。一为赵子䜣。钱保塘于《题名记》中有考，"《宋史·宗室世系表》：秦王德芳五世孙有武节郎子䜣"。一为贾思诚。钱保塘《题名记》转引《建炎以来系年要录》绍兴九年（1139）十一月戊子记事："权吏部尚书吴表臣等举左朝请郎、荆湖北路提举茶盐公事贾思诚诏三省量材任使。十二年六月甲子，左朝散大夫、夔州路转运判官贾思诚都大主管川陕茶马监公事。"贾思诚事多见于南宋官私诸史。一为张振孙，字厚之。《（咸淳）临安志》载："咸淳七年，赐张振孙以下别试所。"[1]涪陵《伊川先生祠堂记》有题"右承直郎、涪州军事判官、洛阳张振孙立石"。[2]又，《方舆考证》云，有"宋末经略张振孙与蒙古将塔出，战于海"。[3]此当别是一人。一为田景惪，字希贤，其事无考。一为贾公杰，开封人，《画继》载"贾公杰，字千之。文元公（贾）昌朝诸孙，侍郎炎之子也"。[4]其父贾炎，字长卿，昌朝从子。以荫更历笼库，迁工部侍郎，徙知延州。与童贯制疆意见不合，又改邓州。入为工部侍郎，病卒，赠银青光禄大夫。一为王赓，字子钦。《长编》载，元丰五年（1082）"司天监历算、天文、三式三科，令、丞、主簿并减罢，以冬官正王赓言，因减罢司天监官监仓草场门，故增

置三令、丞、主簿，于职事无补故也"。[5]元丰至绍兴相隔既久，且此王赓为湖州长兴县人，景祐元年（1034）登进士第，或别是一人。又，孙觌《次韵王子钦立春》《次韵王子钦雨中》《送王子钦归夔子序》[6]等多篇诗文中，均提到王子钦，且从孙觌诗文看出，王子钦本中原人，兄弟三人，原避地襄汉，未几，襄汉大乱，一人南下桂阳（今属湖南），一人西入夔州（今重庆奉节），一人死于途中，入夔州者即其人。孙觌的这些诗文集创作于绍兴前中期，且此时涪州恰为夔州路所辖，故所谓王子钦正是王赓。

---

[1] 《（咸淳）临安志》卷一二。

[2] 《涪陵县续修涪州志》卷二〇。

[3] 许鸣磐：《方舆考证》卷八二。

[4] 邓椿：《画继》卷五。

[5] 《长编》卷三二七。

[6] 孙觌：《鸿庆居士集》卷三一。

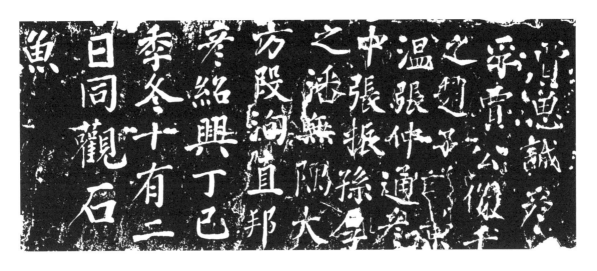

图 2-2-14　《贾思诚等题记》

录文：

　　贾思诚彦孚、贾公□千之、赵子□景温、张仲通彦中、张振孙厚之、潘无隔大方、段洵直邦彦。绍兴丁巳季冬十有二日同观石鱼。

　　按：馆藏拓本长110厘米，宽43厘米。11行，正书，字径6.5厘米。《所见录》《题名记》未定名。《八琼室金石补正》及曾著作《贾思诚等再题》。黄海《白鹤梁题刻辑录》名为《贾思诚等题记》。贵州博物馆未见此拓，《中国西南地区历代石刻汇编》未收录。馆藏拓本椎拓不清。"贾公□千之"，据前题《贾思诚等题记》当为"贾公杰千之"。又，"赵子□景温"，据前一题记及诸家录文，当为"赵子羲景温"。"段洵直邦彦"一句，"段"字，《八琼室金石补正》录作"叚"。此题刻涉及人物凡七人，其中贾思诚、贾公杰、赵子羲、张振孙等均见于《贾思诚等题记》。其余三人：一为张仲通，字彦中。巴中南

龛光福寺，有《张仲通等题记》[1]云："绍兴壬子岁端午后二日，陈撝济川、张仲通彦中、李延嗣修仲、曾敏忠正臣、赵不迨进之、不鲁正言、邓瑛元功、黄洙道源、王拂献可、王世京仲远、冯镕化城，游南龛光福寺，纳凉麓荫亭，会饮云间阁，历览巴江胜集，怀古悼今，薄暮还城，时郑坦履道缘橄璧山不预，化成题。"[2]绍兴壬子，即宋高宗绍兴二年（1132），此题所谓绍兴丁巳，则是绍兴七年（1137），故知镌于巴中南龛题刻之后，张仲通时当为官巴中。《三朝北盟会编》载，绍兴二年"张彦中领兵广东，不禀朝命，宰相吕颐浩命纲图之，纲以书帑诱彦中至，戮而并其兵"。[3]显然，此张彦中，非张仲通。又，《宋会要辑稿·职官三五》绍兴十三年（1143）记事有"客省主管文字张彦中"[4]，未知此张彦中是否为题刻中人。一为潘无隔，白鹤梁另有绍兴庚申（绍兴十年，1140）正月《潘居实等题名》，但未知潘居实与潘无隔是否有关。一为段洵直，其事未见诸史。

[1] 此题刻早期拓本，今见藏重庆中国三峡博物馆。

[2] 程崇勋：《巴中石窟》，文物出版社，2009年，第90页。

[3] 徐梦莘：《三朝北盟会编》卷一九九。

[4] 《宋会要辑稿·职官三五》。

图 2-2-15 《己未题记》

录文：

岁在戊午，□鱼出渊，□□□□，实维丰年。绍兴八年正月初□□□人记。是岁，果大稔，明年再到后昔，时十有三日，□已肥美。己未正月十□日书。

按：馆藏拓本长 76 厘米，宽 70 厘米。8 行，正书，字径 6 厘米。《所见录》《题名记》，曾著及黄海《白鹤梁题刻辑录》名此题刻为《戊午己未题记》。《八琼室金石补正》作《己未题记》，本书定名与《八琼室金石补正》同。[1]题刻泐去文字甚多。《八琼室金石补正》录文："岁□戊午，双鱼出渊，肇自古昔，实维丰年。绍兴八年正月初□日，郊人言之，是岁果大稔，明年再到后，昔时十有三日，水已肥美。己未正月十□日书。"[2]又，曾著作"岁在戊午，双鱼出渊，肇自古昔，实维丰年。绍兴八年正月初□日，邦人记。是岁果大稔，明年再到，后昔时十有三日，水已肥美。己未正月十□日书"。[3]

[1] 《长江三峡工程水库水文题刻文物图集》亦作此名。

[2] 《八琼室金石补正》，第 5353 页。

[3] 《三峡国宝研究——白鹤梁题刻汇录与考索》，第 77 页。

图 2-2-16　《张仲通等题名》

录文：

二月初七日，张仲通、张修、晁公武、赵子羲来观，时宋兴一百八十年。宋亢、高匪懈，姚邦孚继至。

按：馆藏拓本长78厘米，宽36厘米。7行，正书，字径8厘米。《八琼室金石补正》未见收录。贵州博物馆未存此拓，《中国西南地区历代石刻汇编》不录。曾著作《张仲通等题记》，且未录题刻左侧两行文字。《所见录》及《题名记》均于题刻末另行录文"姚邦孚纪至，宋元高匪懈"。《长江三峡工程水库水文题刻文物图集》作"宋亢高匪

懈，姚邦孚继至"。并加小注："该题刻应为从左至右。按：宋太祖建隆元年庚申至宋高宗绍兴九年，计一百八十年。"[1]从重庆中国三峡博物馆所藏拓片文字来看，《所见录》及《题名记》释读恐存纰误。又，《长江三峡工程水库水文题刻文物图集》作"宋亢高匪懈，姚邦孚继至"。然该书考证亦误，从题刻记事及后题推断，应作于绍兴十年（1140）。[2]所见诸人，张仲通、赵子羲已见于《贾思诚等再题》。张修，北宋"嘉祐二年章衡榜"[3]有进士张修，然相隔既久，恐非此人。又，《建炎以来系年要录》载："壬子，敷文阁直学士魏良臣，参知政事、左中大夫、直龙图阁汤鹏举行殿中侍

[1]　水利部长江水利委员会：《长江三峡工程水库水文题刻文物图集》，科学出版社，1996年，第81页。

[2]　王晓晖《白鹤梁题刻文献汇集校注》一书，收录有《□居安题记》，亦云为绍兴十年（1140）所题，但现存题刻区未见此题，过往著作亦未见收录，从文中所记"北岩探春"等语推断，或为北岩题刻之一种。

[3]　《（嘉泰）吴兴志》卷一七。

御史，监察御史张修右正言。"[1]未知此人是否与题刻人相合。另，题刻所见晁公武，据李胜考证，"晁公武，字子止（《南宋馆阁录》卷八），号昭德先生，济州钜野（今属山东）人。冲之子。靖康之乱入蜀。高宗绍兴中进士，调荣州司户（清嘉庆《四川通志》卷一六五）。十七年（1147），辟为四川宣抚司钱粮所主管文字。历知恭州（《建炎以来系年要录》卷一五六）、荣州（《郡斋读书志》附黎安朝跋）、合州（清嘉庆《四川通志》卷五一附晁公武《清华楼记》）。为潼川府路转运判官，二十七年为言官论罢。孝宗隆兴二年（1164），除枢密院检详诸房文字，寻为殿中侍御史（《宋会要辑稿》职官一七之二一、七八之四九）。乾道元年（1165），出知泸州，三年，知兴元府，充利州东路安抚使（同上书选举三四之一五、二〇）。四年，为四川安抚制置使（《宋史》卷三四《孝宗本纪》）。六年，改淮南东路安抚使（《宋会要辑稿》职官四五之二九），七年，知扬州（同上书食货一之四五）。除临安府少尹，旋罢（《咸淳临安志》卷四七）。卒于嘉州。《宋史·艺文志》载其著述甚富，多散佚，唯存《郡斋读书志》四卷（一本作二十卷）及诗十三首"。[2]其余宋亢、高匪懈、姚邦孚等三人，无考。

[1]　《建炎以来系年要录》卷一七〇。

[2]　《白鹤梁石刻题名人考按一百二十二则》，第164页。

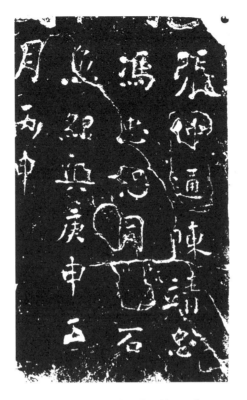

图 2-2-17　《张仲通等再题》

录文：

张仲通、陈靖忠、冯忠恕同□石鱼，绍兴庚申正月丙申。

按：馆藏拓本长56厘米，宽33厘米。4行，正书，字径4厘米。[1]《所见录》《八琼室金石补正》及《题名记》作《张仲通等题名》。曾著作《冯忠恕等题记》。《白鹤梁题刻辑录》及水利部长江委员会编《长江三峡工程水库水文题刻文物图集》作《张仲通等再题》。《中国西南地区历代石刻汇编》一书未收。重庆中国三峡博物馆馆藏拓本"冯忠恕同□石鱼"一句，泐去一字，曾著补作"冯忠恕同观石鱼"。[2]绍兴庚申年即绍兴十年（1140），故此题刻或与前题镌于同一年。

题刻所录人名有三：一为张仲通，已见前题。一为陈靖忠，行事不详。一为冯忠恕，《宋史·艺文志》载，冯忠恕曾作《涪陵记》一卷。[3]《宋元学案》载："冯忠恕，字贯道，汝阳人也。其父东皋处士理，与和靖同学于洛，至必同处。靖康初，和靖被召赴阙，先生从之游。绍兴中，先生为黔州节度判官，和靖寓涪，遂毕所学，后知梁山军。"[4]

[1]　贵州省博所存拓片尺寸作"56厘米×40厘米"，与本馆所存拓尺寸不合。见何凤桐《宋代长江水文题刻实录》。

[2]　《三峡国宝研究——白鹤梁题刻汇录与考索》，第84页。

[3]　《宋史》卷二〇五。

[4]　《宋元学案》卷二七。

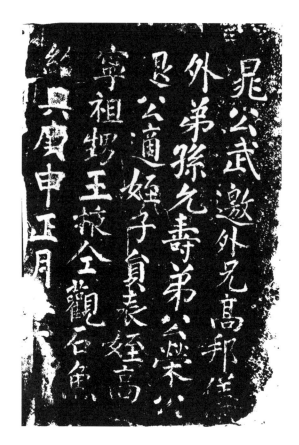

图 2-2-18 　《晁公武等题名》

录文：

晁公武邀外兄高邦仪，外弟孙允寿，弟公荣、公退、公适，侄子员，表侄高宁祖，甥王披同观石鱼。绍兴庚申正月二十日。

按：馆藏拓本长100厘米，宽60厘米。5行，正书，字径8厘米。《所见录》《题名记》及《八琼室金石补正》均作《晁公武等题名》。曾著、《白鹤梁题刻辑录》作《晁公武题记》。"绍兴庚申正月二十日"一句，曾著最末二字未见释读，仅作"绍兴庚申正月□□"。其余相关著述于曾著脱漏处录作"二十日"。另，贵州博物馆见存此拓，然

《中国西南地区历代石刻汇编》未收录。题刻所涉人物共有八人，除晁公武、晁公退可考（分别见《张仲通等题名》《孙仁宅题记》），其余诸人，多不见史传。庚申为绍兴十年（1140）。孙仁宅，时知涪州，据《孙仁宅题记》中所谓"仁宅之子允寿"语，知孙仁宅或即《张待制札子》中所称孙姑丈。另，晁公武题记除白鹤梁外，在今渝中朝天门亦有一处，其云："昭德晁公武休沐日率单文张存诚、璧山冯时行、通泉李尚书、普慈冯樽同观晋唐金石刻。唯唐张孟所称光武时题识不可复见矣，惜哉。"[1]

[1] 　原题未见，此段文字引自刘豫川、黄晓东：《灵石考》，《巴渝文化（第三辑）》，西南师范大学出版社，1994年，第335页。

图 2-2-19 《潘居实等题名》

录文：

潘居实去华、袁颜晞□、王良子善、金汤德源、路谦子益、高永子□、钱之谅益友共游观石鱼。绍兴庚申正月念三日也。

按：馆藏拓本长130厘米，宽50厘米。4行，正书，字径5厘米。《八琼室金石补正》《所见录》《题名记》《长江志》等均作《潘居实等题名》。曾著及黄海《白鹤梁题刻辑录》、李胜《白鹤梁石刻题名人考按一百二十二则》《长江三峡工程水库水文题刻文物图集》等作《潘居实等题记》。《中国西南地区历代石刻汇编》未收录。"袁颜晞□"，曾著作"袁颜睹之"。"高永子□"，相关著述多未释录，唯《八琼室金石补正》作"高永子修"。题刻所涉人物凡七人。一为潘居实，字去华。《金石萃编》所载《公安公构造残碑记》[1]中有题名潘居实者。又，《秣陵集》载《题杏花春燕图寄潘居实兄弟》[2]，未知是否即此人。一为袁颜，字晞□，无考。一为王良，字子善。李胜考证，"绍兴间任江津酒官（冯时行《缙云文集》卷三《送王子善移江津酒官一首》）"。[3]一为金汤，字德源。一为路谦，字子益。一为高永，字子□。一为钱之谅，字益友。

---

[1] 《金石萃编》卷一二二。

[2] 《秣陵集》卷八。

[3] 《白鹤梁石刻题名人考按一百二十二则》，第164页。

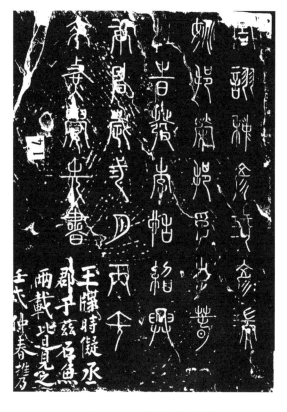

图 2-2-20 《周诩等题名》

录文：

周诩，种彦琦、彦瑞，姚邦荣、邦孚，李春，杜时发，李恬，绍兴庚申岁二月丙午来。夐觉先书。

按：馆藏拓本长130厘米，宽80厘米。5行，篆书，字径12厘米。左下方另有《赵时俣题名》，姑不录。题刻见收于《所见录》《题名记》《八琼室金石补正》三书，均定名《周诩等题名》。曾著及王晓晖《白鹤梁题刻文献汇集校注》并称

《炎觉先题记》。黄海《白鹤梁题刻辑录》作《周诩题记》。又，"夐觉先书"等四字，曾著及黄海《白鹤梁题刻辑录》作"炎觉先书"，清修诸书均作"夐觉先书"。陆增祥于此题记后加按语云："邦旁作手，岁中少作止，夐上作支，皆篆体之缪者。"[1]《中国长江水下博物馆——白鹤梁题刻》作"杀觉先书"。题刻中所见人名凡九：周诩，《（光绪）湖南通志》载，元丰二年（1079）己未时彦榜有"周诩，永明人，湛弟"，曾为"通直郎、通判桂州"[2]，未知是否即此人。种彦琦、种彦瑞，不知与前题中所见种慎思是否为亲族，另据后题《张宗忞等题名》所载：二人为长安人。《通志》载："种氏本仲氏，或仲山甫之后，因避难改为种……望出河南。"[3]又，姚邦荣、姚邦孚，《张宗忞等题名》言二人均为东平人。李恬，《（光绪）湖南通志》所载宋龙山庙碑，碑文有"□□□□监判官李恬篆□□□□□"[4]诸字，然其事不详。李春、杜时发三人生平暂无考。

[1]《八琼室金石补正》，第5353页。

[2]《（光绪）湖南通志》卷一三四。

[3]《通志》卷二八。

[4]《（光绪）湖南通志》卷二八二。

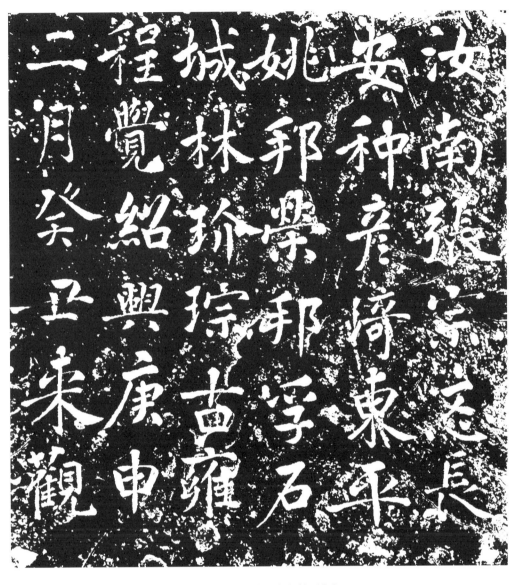

图 2-2-21　《张宗忞等题名》

录文：

　　汝南张宗忞，长安种彦琦，东平姚邦荣、邦孚，石城林玠琮，古雍程觉，绍兴庚申二月癸丑来观。

　　按：馆藏拓本长72厘米，宽67厘米。6行，正书，字径8厘米。《八琼室金石补正》未收录，贵州博物馆所公布题刻拓片中未见此拓，《中国西南地区历代石刻汇编》亦未收。《所见录》《题名记》均作《张宗忞等题名》，曾著及黄海《白鹤梁题刻辑录》作《张宗忞等题记》。题刻文字清晰，录文几无歧见。张宗忞，前题《张宗宪题名》《蔡兴宗等题名》均有汝南人张宗宪，其与此题张宗忞恐是兄弟行。石城林玠琮，前题《陈似等题名》有林琪，字子美，未知是否即此人。程觉，《括异志》卷三载有进士程觉，但虑及该书成书时间较早，或并非题刻中人。

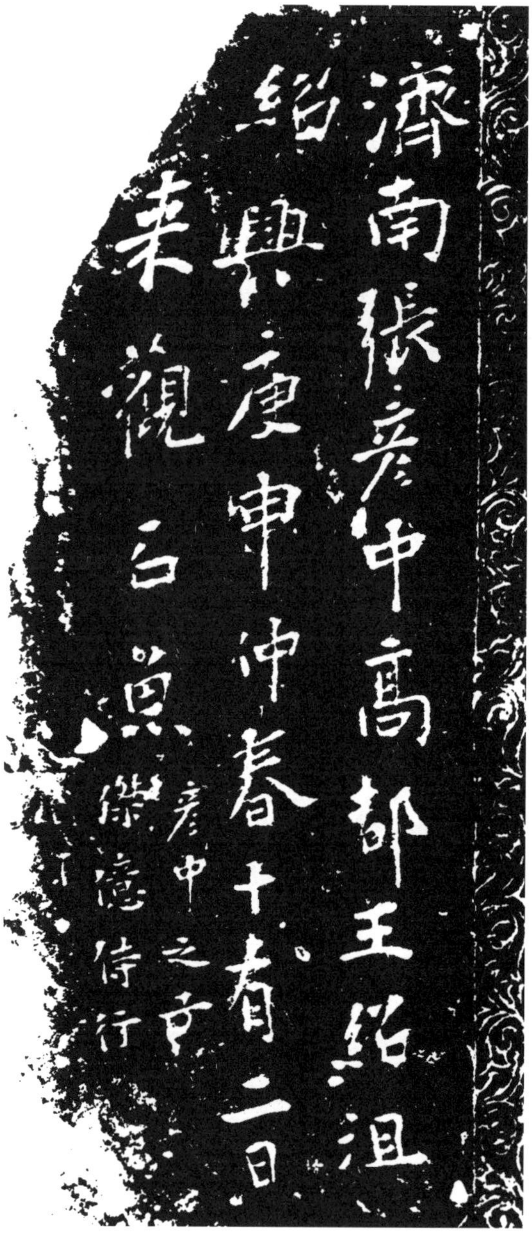

图 2-2-22 《张彦中等题名》

录文：

济南张彦中，高都王绍祖，绍兴庚申仲春十有二日来观石鱼，彦中之子杰、亿侍行。

按：馆藏拓本长75厘米，宽25厘米。3行，小字2行，正书，字径5厘米。《所见录》未见收录。《题名记》《八琼室金石补正》等均作《张彦中等题名》。曾著作《张彦中等题记》。《白鹤梁题刻辑录》作《张彦中题记》。另，叶毓荣《全蜀金石志》有收录。贵州博物馆无此拓，《中国西南地区历代石刻汇编》未收。张彦中即《贾思诚等再题》中所见张仲通，其字彦中，济南人。又，王绍祖，字、号不详，高都（治今山西晋城）人。《（光绪）湖南通志》有《宋董弇澹山岩题名》，云"青社董令升罢官广西，还过零陵，来观澹山，同王绍祖、赵佃夫、宋传道饭岩下"。[1]此处王绍祖不知是否即白鹤梁所镌者。张杰、张亿，为张仲通之子，现存宋代文献此名甚多，然籍贯、生平及时代与题刻中人出入较大，无考。

---

[1] 《（光绪）湖南通志》卷二七三。

图 2-2-23 《李景孚等题名》

录文：

古汴李景孚、邓褒、赵子澄、赵公曚，右四人，绍兴十三除前二日俱来，鱼在水尚一尺。

按：馆藏拓本长90厘米，宽64厘米。7行，正书，字径8厘米。清修诸书均作《李景孚等题名》，曾著作《李景孚等题记》，黄海《白鹤梁题刻辑录》作《李景孚题记》。题刻拓片另见存于贵州博物馆，《中国西南地区历代石刻汇编》及《中国长江水下博物馆——白鹤梁题刻》二书未收录。"赵公曚"，曾著作"赵公蒙"。"鱼在水尚一尺"，《所见录》作"鱼在水一尺"，脱"尚"字。题刻中所见人名凡四人。一为李景孚，古汴（治今河南开封）人。《建炎以来朝野杂记》云："景孚，字绍祖，开封人。遵勖之后，贪酷吏也，终于直秘阁、知夔州。"[1]一为邓褒，其事不详。一为赵子澄，一为赵公曚。《所见录》云："《宋史·宗室世系表》：燕王德昭五世孙，有忠翊郎子澄。魏王廷美子德雍五世孙，有武翼郎公曚"。《说文》：孚，古文'嗣'字。"[2]

---

[1] 《建炎以来朝野杂记·甲集》卷一五。

[2] 《涪州石鱼文字所见录》，第1049页。

图 2-2-24 《杜肇等题名》

录文：

　　杜肇、任师宏、张文遇、张携、庞价孺、杜建、邓褒，甲子正月四日俱来，杜肇之子彦攸侍行。

　　按：馆藏拓本长97厘米，宽73厘米。5行，正书，字径9厘米。"任师宏"，《题名记》及《所见录》均作"亻师宏"。曾著作"任卿宏"。黄海《白鹤梁题刻辑录》未见录出。"张携"，曾著作"张势"。《中国长江水下博物馆——白鹤梁题刻》对此题刻文字多未释读，姑不引录。贵州省博物馆未见藏此拓本，《中国西南地区历代石刻汇编》未见收录。杜肇，《宋史》卷二六，建炎"乙亥，刘光世复楚州，阶州统领杜肇复阶州"，故知其曾为阶州统领。又，徐乾学《续资治通鉴后编》言其于绍兴二十六年（1156）为涪州太守。[1]

---

[1] 《续资治通鉴后编》卷一〇八。

图 2-2-25　《张珸等题名》

录文：

　　唐安张珸、上邽崔庆、固陵冉彬、阳翟蔡适，右四人同观瑞鱼。实绍兴甲子六日，以识其来也，故书。

　　按：馆藏拓本长80厘米，宽55厘米。5行，正书，字径7厘米。《题名记》《所见录》《八琼室金石补正》均作《张珸等题名》。曾著及《长江三峡工程水库水文题刻文物图集》作《张宝（珸）等题记》。黄海《白鹤梁题刻辑录》、李胜《白鹤梁石刻题名人考按一百二十二则》作《张珸等题》。题刻拓片另见存于贵州博物馆，名其为《张瑶等题名》。[1] 今观拓本，所谓"瑶"字实为"珸"之误。《中国西南地区历代石刻汇编》及《中国长江水下博物馆——白鹤梁题刻》二书未收此刻。题刻所载凡四人。一为张珸，唐安（治今四川崇州）人。宋人所记，名张珸者甚多，唯《建炎以来系年要录》所载"都统司将官张珸"[2] 时代与题刻中人较近，未知是否即此人。一为崔庆，上邽（治今甘肃天水）人。《宋史》载绍兴间有"统制王镇，统领崔庆，将官李觊、崔虎、华旺等皆率所部降金"[3]。一为冉彬，固陵（治今河南太康）人。一为蔡适阳翟（治今河南禹州）人。

[1]　何凤桐：《宋代长江水文题刻实录》，《贵州文史丛刊》，2002年第1期，第92页。

[2]　《建炎以来系年要录》卷一九三。

[3]　《宋史》卷三六五。

图 2-2-26 　《李景孚等再题》

录文：

绍兴甲子春正月晦，鱼全出，李景孚、邓褒、赵子澄载来，冉彬与焉。

按：馆藏拓本长69厘米，宽63厘米。5行，正书，字径10厘米。《所见录》《题名记》名之为《李景孚等题名》。《八琼室金石补正》、李胜《白鹤梁题刻辑录》及曾著等定名《李景孚等再题》。《长江三峡工程水库水文题刻文物图集》作《李景□再题记》。题刻拓片另见存于贵州博物馆。《中国长江水下博物馆——白鹤梁题刻》《中国西南地区历代石刻汇编》未收。题刻所见人物分别为李景孚、邓褒、赵子澄、冉彬等四人，均见于前题。

按：馆藏拓本长93厘米，宽34厘米。5行，正书，字径5厘米。《所见录》及《题名记》均定名《杨谔等题名》。《八琼室金石补正》作《扬谔等题名》。黄海《白鹤梁题刻辑录》及曾著则作《杨谔等题记》。"杜峣"，《八琼室金石补正》作"杜娆"。"张□□□"，《八琼室金石补正》录为"张□文安"。绍兴乙丑即绍兴十五年（1145）。杨谔，李胜考证，其为"梓州（治今四川三台）人，天圣中以诗著称，《题骊山》最为警策（《尧山堂外纪》卷四五）。仁宗景祐元年进士（《温公续诗话》），嘉祐间为泸州军事推官（《西溪集》卷一〇《洛苑使英州刺史裴公墓志铭》），未几而卒。有《水陆仪》二卷、《潼川倡和集》一卷，今佚。然题记作于绍兴乙丑，别是一人无疑"。[1]孟宗厚，《两浙金石志》卷八有"宋越显宁庙加封敕牒碑"，按语云："忠厚，字仁仲，隆祐太后兄子。前后凡三判越州，此其初任也。"又，《宋会要辑稿》有载"信安郡王孟宗厚"[2]。张猷，《（雍正）四川通志》有绍兴间进士"张猷，遂宁人"。[3]何玠，《两浙金石志》载，"庆历六年贾黯榜"[4]有进士何玠，然所距既久，当非一人。

图 2-2-27　《杨谔等题名》

录文：

绍兴乙丑仲春上休日，石鱼出水四尺。按故记，大有年矣。使院□□杨谔、杜峣、孟宗厚、王注、康□□、朱继臣、辛永、张猷、张□□□、马颜、何玠□□同观，□□继至。

---

[1]　《白鹤梁石刻题名人考按一百二十二则》，第167页。

[2]　《宋会要辑稿·仪制三》。

[3]　《（雍正）四川通志》卷三五。

[4]　《两浙金石录》卷十。

图 2-2-28 　《何宪等倡和诗并序》

录文：

通□□□□观，因成拙诗一章，缮写拜呈，伏□笑览，知涪州军州事何宪。

何年天匠巧磨□，巨尾横梁了莫穷。不是江鱼时隐见，要知田稼岁凶丰。四灵効瑞非臣力，一水安行属帝功。职课农桑表勤惰，信传三十六鳞中。

岁将大稔，双鱼出见，邦人纵观，以慰维鱼之占也。戊辰正月二十有八日，鱼出水数尺。知府、学士置酒瑞鳞阁，邀宾佐以乐之，又蒙出示佳篇，以纪其实。辛虽非才，辄继严韵，斐然成章，但深惭恧，伏幸采览。

权通判军州事盛辛。

巨浸浮空无路通，双鳞纪瑞杳难穷。昔人刊石留山□，今日呈祥表岁丰。

众喜有年歌□□，独惭无补助□□。□知显晦将千载，往哲标名岁大中 唐玄宗年号也。

□令王之古谨刻，判官庞仔孺书。

按：馆藏拓本长168厘米，宽148厘米。18行，正书，字径5厘米。此题刻似有失拓，且椎取文字多残损。据《题名记》，其首当另有"□□□□□出水三尺余"一行。"巨浸浮空无路通，双鳞纪瑞杳难穷。昔人刊石留山□，今日呈祥表岁丰。众喜有年歌□□，独惭无补助□□。□知显晦将千载，往哲标名岁大中 唐玄宗年号也。□令王之古谨刻，判官庞仔孺书"诸句所脱文句，可补作"巨浸浮空无

路通，双鳞纪瑞杳难穷。昔人刊石留山趾，今日呈祥表岁丰。众喜有年歌善政，独惭无补助成功。须知显晦将千载，往哲标名岁大中 唐玄宗年号也。县令王之古谨刻，判官庞仔孺书"。又，"何年天匠巧磨□"，《题名记》及《所见录》作"何年天匠巧磨砮"，黄海《白鹤梁题刻辑录》及曾著作"何年天匠巧磨龙"。题刻所镌石鱼出水时间为戊辰年，虑及题名人为官时间，此刻当成于绍兴戊辰年，即绍兴十八年（1148）。据李胜考，何宪，字子应。高宗绍兴十八年知涪州军州事。[1]另据《八琼室金石补正》作者考证，其与南宋著名词人王十朋交往颇多。王十鹏《梅溪集》有《次韵何宪子应喜雨》一首，"亢阳谁谓不为灾，饥馑连年甑有埃。旱魃忽随冤狱散，雨师遥逐使车来，平反尽欲归中典，调燮端宣位上台，更喜诗如杜陵老，江流坐稳兴悠哉"。其下加按语云："某至郡而雨，何宪诗云：'人间正作云霓望，天半忽惊霖雨来。'"据考此诗作于隆兴二年（1164）六月，王十朋任饶州知州时期，此时何宪亦或在饶州为官。　说，何宪即何麒，为张商英外孙，其事俱见《宋诗纪事小传补正》。郑刚中《北山集》有《答何宪子应》一文，有"某顿首再拜，提刑直阁，伏被置中"一句，据此推断，其或曾任提点刑狱官。但以上所列，恐均非题刻中人，笔者所考，俱见后章。盛辛，高宗绍兴十八年（1148）权涪州通判，事见《八琼室金石补正》卷八三。王之古、庞仔孺二人生平无考。

[1]　《梅溪后集》卷八。

图 2-2-29　《杜与可等题记》

录文：

戊辰春，五马以双鱼出水，率郡僚同观。邦人杜与可、杨彦广、蒲德载、董梦臣继至，因思王仲淹"时和岁丰，通受其赐"之语，固知燮理阴阳，秉钧当轴者，优为之矣。乃刻石以纪岁月焉。绍兴十有八年中春望日。

按：馆藏拓本长85厘米，宽76厘米。10行，正书，字径6厘米。《所见录》《题名记》《八琼室金石补正》均名之为《杜与可等题名》。《长江三峡工程水库水文题刻文物图集》定名《郡守题记》。"刻石以纪岁月"，曾著作"刻石以记岁月"。据李胜考证，"杨彦广，涪州人，冯时行《缙云文集》卷一有《题涪陵杨彦广薰风亭》五言古诗一首"。[1] 又，"王仲淹，名通，字仲淹，河东龙门人，世称文中子。著有《元经》十五卷、《中说》十篇。隋文帝仁寿三年（603）秋，仲淹诣阙，献《太平十二策》，不用。罢归，遂教授于河汾之间。弟子自远至者甚众，累征不起。杨素甚重之，劝之仕。通曰：'通有先人之敝庐足以庇风雨，薄田足以供饘粥，读书谈道足以自乐，愿明公正身以治天下，使时和年丰，通也受赐多矣。'终不仕"。[2]

[1]　《白鹤梁石刻题名人考按一百二十二则》，第167页。

[2]　《御批历代通鉴辑览》卷四七。

图 2-2-30　《邓子华等题名》

录文：

邓子华、种平叔、赵子经，绍兴戊□中春。

按：馆藏拓本长66厘米，宽45厘米。5行，正书，字径10厘米。馆藏拓本失拓后段。[1]《所见录》《题名记》录为"绍兴戊辰中春十□□来"。《八琼室金石补正》作"绍兴戊辰中春十□木□"。曾著所录至"绍兴戊辰中春"止。贵州省博物馆藏白鹤梁题刻未见该拓。《中国长江水下博物馆——白鹤梁题刻》及《中国西南地区历代石刻汇编》二书未收录。邓子华即《李景寻等题名》中所见之邓褒，子华为其字。种平叔即《种慎思题记》中所称"种法平叔"。赵子经，据《所见录》云："《宋史·宗室世系表》名子经者有三人：一为令续子，官武经大夫；一为令精子；一为令弽子，官秉义郎。皆燕王德昭五世孙，未知此子经为何人也。"[2]

---

[1]　据当年参与白鹤梁题刻调查工作的龚廷万先生回忆，邓子华题刻左右两边均有明显的钻凿痕迹，或清早期为刻石鱼图而人为磨凿所致。

[2]　《涪州石鱼文字所见录》，第1050页。

图 2-2-31　《张维题名》

录文：

　　□□□□亥人日，前涪陵令张维持国挈家观石鱼。弟绾处权谨题。

　　按：馆藏拓本长62厘米，宽35厘米。4行，正书，字径7厘米。馆藏拓本文字不全。据清代诸家所录，其首当为"宋绍兴乙亥人日"。《所见录》《题名记》《八琼室金石补正》均定名《张维题名》。曾著及黄海《白鹤梁题刻辑录》作《张绾题记》。题刻另见收于《中国长江水下博物馆——白鹤梁题刻》《水下碑林白鹤梁》《长江三峡工程水库水文题刻文物图集》。贵州博物馆未存拓本，《中国西南地区历代石刻汇编》一书亦未收。李胜考证，"张维，字持国，绍兴中涪陵令（《涪州石鱼文字所见录·高祁等题名》）。与宋代著名词人张先父亲同名。先父张维，浙江乌程（治今湖州）人。仁宗朝官卫尉寺丞。以子贵，赠尚书刑部侍郎。有《曾乐轩集》，佚。事见《齐东野语》卷一五《张氏十咏图》及清光绪《乌程县志》卷一〇、一三"。[1]另据《（雍正）四川通志》载"张持国言其（刘凤仪）书癖，旷废职事，斥归，后起知均、汉、梁三州"。[2]未知此处张持国是否乃以张维字称。张绾，据《（雍正）四川通志》，有绍兴间乡绅名张绾，铜梁人。[3]未知是否即题刻中人，如是，则张维、张绾兄弟并为铜梁人。

[1]　《白鹤梁石刻题名人考按一百二十二则》，第168页。

[2]　《（雍正）四川通志》卷九上。

[3]　《（雍正）四川通志》卷三六。

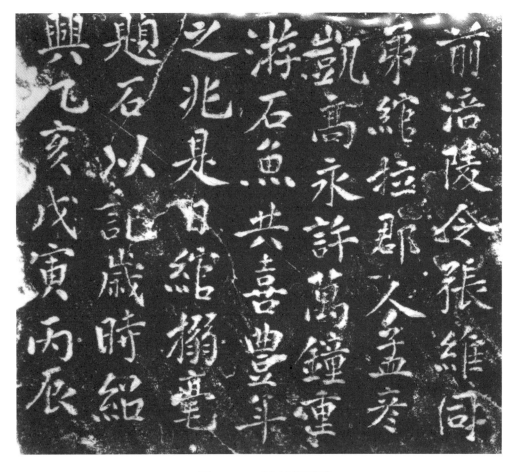

图 2-2-32　《张维等再题》

录文：

前涪陵令张维同弟绾拉郡人孟彦凯、高永、许万钟重游石鱼，共喜丰年之兆。是日，绾搦毫题石以记岁，时绍兴乙亥戊寅丙辰。

按：馆藏拓本长50厘米，宽45厘米。7行，正书，字径5厘米。题刻所镌时间为绍兴乙亥戊寅丙辰，与前题相距仅一日。文字另见《所见录》《题名记》《八琼室金石补正》，黄海《白鹤梁题刻辑录》以及《中国长江水下博物馆——白鹤梁题刻》《水

下碑林白鹤梁》《长江三峡工程水库水文题刻文物图集》。其中，《所见录》《题名记》仍作《张维题名》。《八琼室金石补正》作《张维等再题》。曾著及黄海《白鹤梁题刻辑录》作《张维再题》。题刻中所见人名，张维、张绾已见前题。高永，胡宿《文恭集》有《高永可试助教制》[1]一文，恐即言此人。

[1] 《文恭集》卷一八。

图 2-2-33 《高祁等题名》

录文：

郡幕高祁子敏、令张维持国、簿谭询永叔、尉蒲□□之同来。宋绍兴乙亥□□初五日，张绾处权题。

按：馆藏拓本长50厘米，宽45厘米。7行，正书，字径5厘米。题刻所脱诸字，前人多未释读。唯陆增祥《八琼室金石补正》以为，"以后刻证之，此为正月初五日所题"，并认为"下方有'乙丑辛日周品级、文玉章游此'，十二字横列，似非宋刻，附识之"。[1]如陆增祥判断无误，则"乙亥□□初五日"所缺之字，或为"戊寅"，且题刻时间也应稍早于前此二题，今姑置于《张维题名》《张维等再题》之后。清代诸书多将此题刻名为《高祁等题名》，《长江三峡工程水库水文题刻文物图集》亦同。曾著及黄海《白鹤梁题刻辑录》作《张绾三题》。陈曦震《水下碑林白鹤梁》作《张维等题记》。贵州博物馆所定名《高祁等题名》。《中国西南地区历代石刻汇编》一书未收录。题刻所涉人物凡五人，除张氏兄弟外，一为高祁，字子敏。陆游《入蜀记》载，乾道五年（1169）九月"二十五日，右文林郎、知归州、兴山县高祁来"。[2]此高祁或即为题刻中所镌者。一为县尉蒲□，字□之。前题《杜与可等题记》中有名蒲德载者，二者时代接近，虑及白鹤梁多有重复题名者，未知此处姓蒲者，是否即蒲德载。一为谭询，字永叔。

[1] 《八琼室金石补正》，第5355页。

[2] 《入蜀记》卷五。

图 2-2-34 　《张松兑等题名》

按：馆藏拓本长200厘米，宽138厘米。6行，正书，字径6厘米。题刻文字泐去甚多。《八琼室金石补正》未收此刻。据《所见录》所记，"张松兑"后可增入"率"字。"王定国"后可增"太"字。"濮国"后文字为"□□自北岩泛舟迤逦来观，石鱼去无尺许，已见鳞鬣□□□□"。"濮国"之前，曾著补作"秭归谭向"，然据题刻笔势，此处或为"秭归谭恂"，与前题所谓"簿谭询永叔"恐为兄弟行。题刻另见收于《长江三峡工程水库水文题刻文物图集》《白鹤梁题刻辑录》《水下碑林白鹤梁》。贵州省博物馆将此题刻定名为《张松光题记》。张松兑，《宋会要辑稿》载："绍兴十八年十月十八日，通判黎州张松兑转一官，以任内市马及额故也。"[1]同书又载，乾道三年（1167）四月二日"诏金州守臣带管内安抚，以刑狱公事张松兑言：'金州最为阔远，守臣若不稍假以权，则统兵主将势为独重，州郡施为措置皆有所牵制'"。[2]此外，《文定集》还有"张松兑、喻樗初九日内殿引见"[3]的记载。据上述史料可见，张松兑曾先后出任黎州通判，金州知州、刑狱公事等职。王定国，《（雍正）四川通志》载为四川金堂县人，"绍兴进士"。[4]

录文：

绍兴丙子□□□□□□□张松兑□□□
□□□□□王定国、□□□□□□□□□□
恂、濮国□□□□□岩泛舟迤逦来观，石鱼去无尺许，已见鳞鬣□□□□。

---

[1] 《宋会要辑稿·兵二二》。

[2] 《宋会要辑稿·职官四一》。

[3] 《文定集》卷一一。

[4] 《（雍正）四川通志》卷三三。

图 2-2-35 《盛芹等题名》

录文：

　　盛芹率张适、游蒙、张逊同来，子侄德公、孝胄、兴宗侍，岁丙子上元后二日。

　　按：馆藏拓本长50厘米，宽45厘米。7行，正书，字径5厘米。另见收于《所见录》《题名记》《八琼室金石补正》《长江三峡工程水库水文题刻文物图集》《白鹤梁题刻辑录》《水下碑林白鹤梁》等书。贵州省博物馆所藏拓片未见此拓，《中国西南地区历代石刻汇编》未收录。其中，清代诸家所录，均命名《盛芹等题名》，今人所著则作《盛芹等题

记》。"子侄德公"，《八琼室金石补正》作"子女德公"。"子侄德公、孝胄、兴宗侍，岁丙子上元后二日"一句，曾著作"子口德、公孝、胄兴宗侍，岁丙子上元后二日"，恐不妥。此外，"兴宗"，《八琼室金石补正》作"兴忠"。盛芹，《八琼室金石补正》谓："盛芹，疑即盛景献。芹，其名。景献，其字也。"又，游蒙，该书谓"疑即游正父。蒙以养正，名字相协"。"张适，疑即张景南，取意于南宫氏"。题刻所谓"岁丙子上元后二日"，陆增祥考为"绍兴二十六年"。[1]

---

[1]　《八琼室金石补正》，第5359页。

图 2-2-36　《黄仲武等题名》

录文：

　　濮国黄仲武、梁公寿春明、宋子应，小艇同来。是日，积雨初晴，江天一碧，徘徊终日而归。时绍兴丁丑元宵后五日。

　　按：馆藏拓本长87厘米，宽45厘米。5行，正书，字径6厘米。《所见录》《题名记》《八琼室金石补正》等均作《黄仲武等题名》。曾著及黄海《白鹤梁题刻辑录》作《黄仲武等题记》。拓片另见收于《长江三峡工程水库水文题刻文物图集》《水下碑林白鹤梁》等书。《中国西南地区历代石刻汇编》未收。其中曾著录文次序颠倒，"徘徊终日而归"，其作"终日徘徊而归"。黄仲武，濮国（治今河南濮阳）人。宋李流谦撰《澹斋集》有《送黄仲武尉青城》一文[1]，故知其曾官青城县尉。

---

[1]　《澹斋集》卷三。

图 2-2-37 《绍兴水位题刻》

录文：

　　绍兴仲春日□，石鱼出水季，看□。

　　按：馆藏拓本长35厘米，宽21厘米。3行，正书，字径4厘米。清人所著未收录。陈曦震《水下碑林白鹤梁》及曾著作《绍兴水位题记》。《中国西南地区历代石刻汇编》作《宋绍兴石鱼题记》。黄海《白鹤梁题刻辑录》作《李乂题记》。《中国长江水下博物馆——白鹤梁题刻》仅存拓片，然图版不全。曾著录文"绍兴仲春日□□石鱼出水，□□看记"。黄海《白鹤梁题刻辑录》录文："绍兴仲春日□□石鱼出水，李乂看记"。今拓本文字多泐损，就所存字体风格来看，行文粗陋，且不详记日月，似非士大夫手笔。

图 2-2-38　《向之问等题名》

录文：

乾道三年立春后一日，童子八九人刺船来观，庾光堂弟□□□，向之问书，弟之望、之才、之□、显□，向益捧砚。

按：馆藏拓本长38厘米，宽34厘米。6行，正书，字径3.5厘米。拓本文字多泐损。《题名记》《所见录》名之为《向之问等题名》。曾著及黄海《白鹤梁题刻辑录》则作《向之问题记》。题刻文字《八琼室金石补正》未见收录。拓本另见《长江三峡工程水库水文题刻文物图集》、陈曦震《水下碑林白鹤梁》等书。《中国西南地区历代石刻汇编》一书未收。"庾光堂弟□□□"一句，《题名记》作"庾光堂弟兖、弟莹"。曾著录为"庾光堂弟庾光□"。黄海《白鹤梁题刻辑录》录为"庾元堂弟□□□"。"弟之望、之才、之□、显□"，《题名记》作"弟之望、之才、之天、显□"。题刻所述诸人行状均不见于史传，今无考。

图 2-2-39 　《王宏甫题名》

录文：

　　乾道丁□□□二日，合阳王宏甫来观石鱼，孙男桂老侍行并书。

　　按：馆藏拓本长43厘米，宽30厘米。5行，正书，字径4.5厘米。题刻另见收于《所见录》《题名记》《八琼室金石补正》，曾著及黄海《白鹤梁题刻辑录》《长江三峡工程水库水文题刻文物图集》、陈曦震《水下碑林白鹤梁》等。其中清人所著均作《王宏甫题名》，曾著及黄海《白鹤梁题刻辑录》则作《王桂老题记》，《长江三峡工程水库水文题刻文物图集》作《王宏甫题记》。"合阳王宏甫来观石鱼"一句，曾著所录存衍文，作"合阳王宏甫权通判军州事来观石鱼"。[1]"乾道丁□□□二日"一句，黄海《白鹤梁题刻辑录》作"乾道丁亥二日"，似有脱字。从题刻布局来看，"乾道"之后，"二日"之前应至少有四字，所题当为月份。虑及前题《向之问等题名》镌于乾道三年，即乾道丁亥，是年有石鱼出水，故此刻极或与之同时所题。题刻所涉人名有二。一为王宏甫，合阳（治今重庆合川）人，阳枋《字溪集》卷八《送张都统序》有"合阳字溪阳枋"之称。一为王桂老。二人事迹不详。

[1]　《三峡国宝研究——白鹤梁题刻汇录与考索》，第107页。

图 2-2-40　《贾振文等题名》

录文：

乾道三年人日，贾振文率邓和叔、李从周、孙养正、庚端卿、张□卿来观，侄德象、甥向仲卿侍行。

按：馆藏拓本长80厘米，宽37厘米。4行，正书，字径4厘米。题刻另见收于《所见录》《题名记》及《八琼室金石补正》，黄海《白鹤梁题刻辑录》、《长江三峡工程水库水文题刻文物图集》、陈曦震《水下碑林白鹤梁》等书。其中清人所著名为《贾振文等题名》，曾著及黄海《白鹤梁题刻辑录》作《贾振文题记》、《长江三峡工程水库水文题刻文物图集》作《贾振文等题记》。《中国西南地区历代石刻汇编》一书中未见图版。"张□卿"，诸书多无完整录文，唯《八琼室金石补正》作"张智卿"。李从周，据李胜考证，"字肩吾，又字子我，号螮洲，四川眉州人（按：一说彭山人），魏了翁门客。博见强识，能书，尤精六书之学，有《字通》一卷行世（陈振孙《直斋书录解题》卷三、《宋史》卷二〇二艺文志、倪涛《六艺之一录》卷三四九）。虽'破碎冗杂，殊无端绪……亦可备检阅'（永瑢等《四库全书总目提要》卷四一）。善填词，有赵万里辑《螮洲词》，《全宋词》收其《玲珑四犯》《初拨琵琶》等十首"。[1]向仲卿，事迹不详，不知是否即《向之问等题名》所录向之问之弟向之望。若是，则贾振文与向氏兄弟恐为姻族。

[1]　《白鹤梁石刻题名人考按一百二十二则》，第169页。

图 2-2-41　《赵彦球等题记》

录文：

石鱼不出，十有八年矣。乾道丁亥，玉牒赵彦球摄守是邦，鱼复出，是岁元日大晴，□□□□□□僚属游北岩，越三日，遂观石鱼，□□□□□□然。涪人曰：一旬而三美具，此□□□□□□□□□□□□也。在属吏其敢不书？从游□□□，□□□□、古渝何肃、眉山宋中和、玉□□□、□□□、御前□□□□□□翊王浩。

按：馆藏拓本长125厘米，宽82厘米。9行，正书，字径4厘米。馆藏拓本文字多泐。题刻另见于《所见录》及《题名记》，名之为《赵彦球题记》。《八琼室金石补正》作《赵彦球等题名》。

"是岁元日大晴，□□□□□□"一句，据《所见录》，可补作"是岁元日大晴，率僚属游北岩"。"遂观石鱼，□□□□□□然"一句，可作"遂观石鱼，水痕尤瘦，古刻宛然"。"一旬而三美具，此□□□□□□□□□□□□也"一句，可补作"一旬而三美具，此大有年之兆，而贤太守德化之所感也"。

另，曾著及贵州博物馆所公布拓片均有"合阳王如慈"一句。然，重庆中国三峡博物馆藏拓本未见。"玉□□□、□□□、御前□□□□□□翊王浩"一句，《所见录》作"玉牒赵伯□、□□□、御前□□□□□□翊王浩"。"眉山宋中和"，《长江三峡工程水库水文题刻文物图集》录文作"眉山宗中和"。题刻人物，据《所见录》，赵彦球，"《宋史·宗室世系表》名彦球者有六人。一为公回子，魏王廷美子德恭六世孙。一为公亮子，一为公雹子，一为公尤子，皆廷美子德彝六世孙；一为公立子，一为公倚子，皆廷美子德雍六世孙。未知此彦球为何人也"。又，王浩，其云"《（嘉庆）四川通志》：宋有进士王浩，苍溪人，失其年官监簿"。[1]宋中和，据《（雍正）四川通志》载，"眉山人，举（隆庆）进士，庆元初守荣州，廉勤节俭为西蜀循吏第一"。[2]另，曾著所云王如慈，恐即前题所见之王宏甫。

[1] 《涪州石鱼文字所见录》，第1051页。
[2] 《（雍正）四川通志》卷七上。

图 2-2-42 　《卢棠等题名》

录文：

乾道辛卯元日，摄涪陵古汴卢棠，拉学官、忠南谭深之，录参、温陵曾稷，酒正、汉阳高昱，邑尉、汉嘉邓椿，读唐郑使君石刻，验广德水齐，预为有年喜。

按：馆藏拓本长93厘米，宽65厘米。10行，正书，字径7厘米。此题刻为石鱼下倒刻文字，录文另见于《题名记》《八琼室金石补正》、曾著及黄海《白鹤梁题刻辑录》《长江三峡工程水库水文题刻文物图集》、陈曦震《水下碑林白鹤梁》等书。其中清人所著均为《卢棠等题名》，曾著及黄海《白鹤梁题刻辑录》作《卢棠题记》，《长江三峡工程水库水文题刻文物图集》作《卢棠等题记》。《所见录》《中国西南地区历代石刻汇编》未收。缪荃孙为《所见录》一书所作跋语云："余光绪甲辰临桂，况君夔生自蜀来宁，赠石鱼文字一箧，亟取对校，如见故人，缺三种，多两种，剔出北岩两种。"[1]此刻即或缪氏当时所缺题刻之一。"预为有年喜"，曾著有脱文，作"预有年喜"。[2]题刻所涉人物中，高昱，《宋会要辑稿》载有绍兴间有潼川府司户高昱[3]，未知是否即其人。郑使君，即郑令珪。邓椿，据李胜考，"字公寿，汉嘉（治今四川雅安）人（按：一作双流人），政和中知枢密院

邓洵武之孙，孝宗乾道间进士，官至知州，有《画继》十卷传世。是书以家世闻见缀成，用续唐张彦远《历代名画记》、宋郭若虚《图画见闻志》，故名。书以高雅为宗尚，录熙宁七年至乾道三年九十四年间，上而帝王，下而工技，凡二百十九人，网罗赅备，持论平允（《四库全书总目提要》卷一一二子部二十二、《金石苑》册四）"。[4]另外，位于四川阆中的宋锦屏山大佛寺倡和诗题刻中亦有"邓椿题名"，镌于乾道八年（1172），据此可知白鹤梁留名次年，李椿恐即转官阆中。

[1]　《涪州石鱼文字所见录》，第1056页。

[2]　《三峡国宝研究——白鹤梁题刻汇录与考索》，第112页。

[3]　《宋会要辑稿·选举二〇》。

[4]　《白鹤梁石刻题名人考按一百二十二则》，第170页。

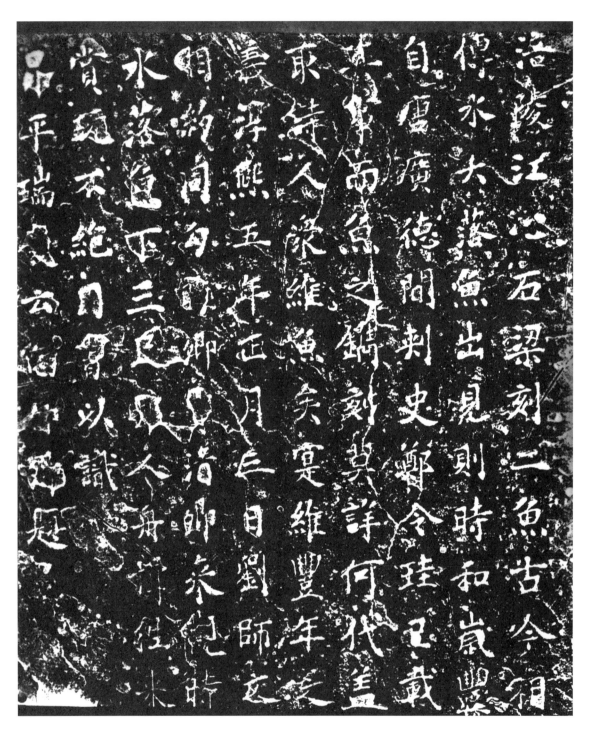

图 2-2-43　《向仲卿题记》

录文：

涪陵江心石梁刻二鱼，古今相传水大落，鱼出见，则时和岁丰。自唐广德间，刺史郑令珪已三载其事，而鱼之镌刻莫详何代，盖取诗人"众维鱼矣，实维丰年"之义。淳熙五年正月三日，刘师文相约同勾晦卿、□清卿来观，时水落鱼下三尺，□人舟楫往来，赏玩不绝，因书以识升平瑞庆云。向仲卿题。

按：馆藏拓本长70厘米，宽60厘米。10行，正书，字径3.5厘米。此题刻，《所见录》《题名记》均名《陶仲卿题记》，黄海《白鹤梁题刻辑录》亦同。《八琼室金石补正》名《刘师文等题名》。曾著作《向仲卿题记》。《长江三峡工程水库水文题刻文物图集》作《刘师文等题记》，然录文不全。题刻拓片另见收于贵州省博物馆。《中国西南地区历代石刻汇编》有收录图版，作《宋刘师文等人石鱼题记》。"鱼之镌刻莫详何代"一句，曾著将"详"字录作"祥"。《所见录》《题名记》所言"陶仲卿"，当误。向仲卿之名，已见前题《贾振文等题名》。"□清卿来观"一句，《八琼室金石补正》录作"贾清卿来观"，其余诸家所录均有脱字。刘师文，即刘甲，师文乃其字，今四川省三台县有刘甲"重修潼川孔庙碑"，云"公名甲，字师文，元祐丞相忠肃公五世孙"。[1]据李

胜考证，"其先永静军东光人，元祐宰相挚之后。父著，为成都漕幕，葬龙游（治今四川乐山），因家焉。孝宗淳熙二年进士。使金还，除知江陵府兼湖北安抚使，移知庐州。迁知兴元府兼利东安抚使，未至镇，金立吴曦为蜀王，上书告变。曦诛，进宝谟阁学士、权四川制置司事。宁宗嘉定七年卒于官，谥清惠，年七十三。甲幼孤多难，母病，刲股以进。生平尝谓：'吾无他长，惟足履实地。'昼所为，夜必书之，名曰'自监'。为文平澹，著有《奏议》十卷、《蜀人物志》《新潼川志》等，多佚。《宋史》卷三九七有传。题记中称'东平刘甲'，乃书其先世所居之地（《涪州石鱼文字所见录·冯和叔等题记》按语）"。[2]晦卿，据《鹤山全集》所载《朝奉大夫知荣州蹇君墓志铭》[3]，其很可能即蹇君章，字晦卿，潼川通泉（治今四川射洪）人，庆元间进士，曾任温江知县、荣州知州、通判南平军、重庆府等。蹇君章与题刻所记晦卿时代相近，且本身曾在涪州所在的夔州路为官，故或为此人。

---

[1] 原碑或已佚，重庆中国三峡博物馆存该碑拓片。另，《宋代石刻文献全编》录有该碑文字。

[2] 《白鹤梁石刻题名人考按一百二十二则》，第170页。

[3] 《鹤山先生大全文集》卷七五。

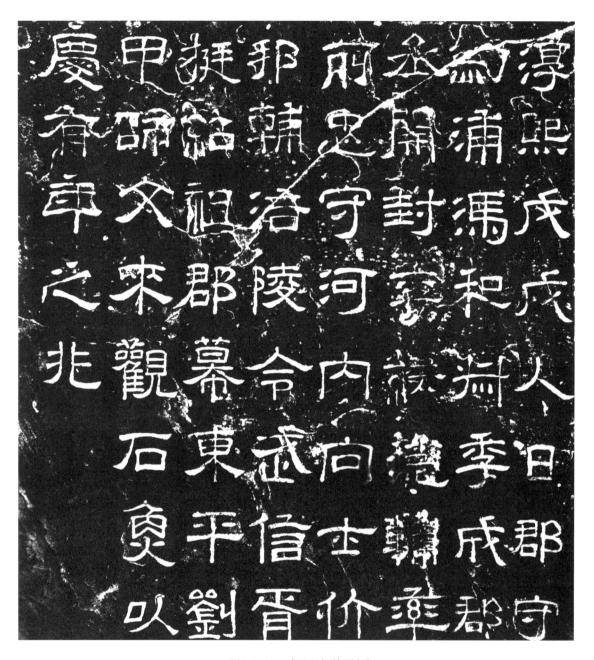

图 2-2-44 《冯和叔等题名》

录文：

淳熙戊戌人日，郡守、剑浦冯和叔季成，郡丞、开封李□德辅，率前忠守、河内向士价邦辅，涪陵令、武信胥挺绍祖，郡幕、东平刘甲师文来观石鱼，以庆有年之兆。

按：馆藏拓本长93厘米，宽83厘米。8行，隶书，字径8厘米。《所见录》及《题名记》定名《冯和叔等题记》，《长江三峡工程水库水文题刻文物图集》、陈曦震《水下碑林白鹤梁》与之同。《八琼室金石补正》作《冯和叔等题名》。曾著及黄海《白鹤梁题刻辑录》作《冯和叔题记》。贵州省博物馆未见拓本收藏。《中国西南地区历代石刻汇编》作《宋淳熙戊戌年冯和叔石鱼题记》。"以庆有年之兆"，《所见录》及《题名记》均作"以志有年之兆"，当为录文之误。"开封李□德辅"一句，二书则作"开封季□德辅"，《八琼室金石补正》录作"开封李栱德辅"[1]，曾著录为"开封李拱德辅"。[2]题刻所涉人名凡五。一为冯和叔，字季成。《（景定）建康志》载："冯和叔，右承事郎，绍兴二十年二月初七日到任（上元县令），至二十三年五月初四日任满。"[3]一为李□，德辅，开封人。一为向士价，字邦辅，河内（治今河南沁阳）人。晁公遡《嵩山集》存有致向邦辅诗文一篇[4]，未知此向邦辅，是否即向士价。一为胥挺，字绍祖。武信即武信军（治今四川遂宁），"淳祐癸卯题名"中另有"武信赵广"。《舆地纪胜》云，徽宗元丰八年封遂宁郡王，故于政和五年（1115）"升为遂宁府"。[5]据《（雍正）四川通志》载，胥挺为遂宁人，乾道五年（1169）进士。[6]一为刘甲，字师文，已见于前题刻。

[1] 《八琼室金石补正》，第5356页。
[2] 《三峡国宝研究——白鹤梁题刻汇录与考索》，第116页。
[3] 《（景定）建康志》卷二七。
[4] 《嵩山集》卷四四。
[5] 《舆地纪胜》卷一五五。
[6] 《（雍正）四川通志》卷三三。

图 2-2-45 《朱永裔题记》

按：馆藏拓本长120厘米，宽78厘米。8行，正书，字径6厘米。《所见录》《题名记》均名为《朱永裔题记》。《八琼室金石补正》名之为《朱永裔等题名》。题刻图录另见于《长江三峡工程水库水文题刻文物图集》《水下碑林白鹤梁》《中国长江水下博物馆——白鹤梁题刻》。贵州省博物馆未见该拓入藏。《中国西南地区历代石刻汇编》定名《宋朱永裔石鱼题记》。"因识其喜云"一句，曾著及黄海《白鹤梁题刻辑录》并《中国长江水下博物馆——白鹤梁题刻》均作"因识其善云"。李胜考，"朱永裔，字光叔，小名信哥，小字冠先，阆州阆中县新安里人（按：《四川通志》卷三三作'南部县人'），故左迪功郎朱骥之子。建炎元年（1127）六月十六日生，绍兴十八年进士，五甲第六十四名（《绍兴十八年同年小录》）。淳熙七年假涪州守"。又，邓子勉编著《宋人行第考录》云，朱永裔被人称作"朱十九"。[1]曾稷、胥挺、刘甲等人均见于前题，其余诸人暂无考。

录文：

诗人以梦鱼为丰年之祥，非比非兴，盖物理有感通者。涪郡石鱼，出而有年，验若符契，比岁频见，年示屡丰。今春出水，几四尺，乃以人日躬率同僚教官、相台李衍、郡幕、七闽曾稷，秋官、武信胥挺，武龙簿、东平刘甲来观，知今岁之复稔也，因识其喜云。是岁淳熙己亥，假守阆中朱永裔书。

[1] 邓子勉：《宋人行第考录》，中华书局，2001年，第61页。

图 2-2-46 《夏敏等题名》

录文：

郡守、眉山夏敏彦博，文学掾、荆州董天常可久，人日水涨民，因观石鱼，庆丰年之祥。淳熙甲辰。

按：馆藏拓本长150厘米，宽85厘米。7行，正书，字径12.5厘米。此拓有泐损。《题名记》《所见录》《八琼室金石补正》均定名《夏敏彦等题名》。曾著及黄海《白鹤梁题刻辑录》则作《夏敏彦等题记》。图录另见《长江三峡工程水库水文题刻文物图集》及陈曦震《水下碑林白鹤梁》等书。贵州省博物馆未见收藏此拓，《中国西南地区历代石刻汇编》《中国长江水下博物馆——白

鹤梁题刻》未收。题刻所见"眉山夏敏彦博"，当是夏敏，字彦博。非为夏敏彦，字博文。实际"文学掾"为宋代官署属员之称，后题《徐嘉言题记》亦有此官称。故此处破句切不可在"文"字之后。据此，本书定名《夏敏等题名》。《八琼室金石补正》认为，此刻并不完整，"后疑失拓"。[1]题刻所记二人，事均无考。淳熙甲辰，即淳熙十一年（1184）。

---

[1] 《八琼室金石补正》，第5356页。

图 2-2-47 《徐嘉言题记》

录文：

　　庆元戊午中和节，属吏从尉史君送别新宪使刘□□建台临按，自小荔园旋观石鱼，历览前贤留刻，盖自唐迄今五百余载。郡人每以鱼之出，兆年之丰事，既有验于古，可以卜今岁之稔，无疑也。涪陵宰、临汝冯伦端和，置酒与僚友更贺，从容半日，尽兴而返。同游者八人：前郡掾、蕲春张庆延元祚，郡从事、颍昌王邦基□坚，州文学掾、龟陵申驹致远，纠曹、汉嘉瞿常明孺，县佐、汶江彭楠国材，征官、上邦左延庆椿老，郡文学掾、南郡徐嘉言公美识。

　　按：馆藏拓本长73厘米，宽59厘米。15行，正书，字径3厘米。《题名记》及《所见录》均定名《徐嘉言题名》。《白鹤梁题刻辑录》则作《徐嘉言题记》。《八琼室金石补正》未载此刻。题刻

图录另见《长江三峡工程水库水文题刻文物图集》《水下碑林白鹤梁》《中国长江水下博物馆——白鹤梁题刻》等书。贵州省博物馆所存名为《徐嘉言等题记》，《中国西南地区历代石刻汇编》未见收录。"王邦基□坚"，《题名记》作"王邦基廷坚"，曾著录文"王邦基违坚"。按古人名、字之通例，字多以释名，录为"王邦基廷坚"或更符题刻原文。"上邦左延庆椿老，郡文学掾、南郡徐嘉言公美识"一句，曾著作"上邦左延庆椿，是郡文学掾、南郡徐嘉言公美识"。又于"前郡掾、蕲春张庆延元祚，郡从事……"一句脱"郡"字。据李胜考证，"冯愉，字端和，临汝人，绍熙五年五月乙未以通判遂宁府权州事（无名氏《两朝纲目备要》卷九），庆元二年涪陵郡守"。[1]其余诸人，行迹姑难考。

---

[1] 《白鹤梁石刻题名人考按一百二十二则》，第171页。

图 2-2-48 《赵时儴题名》

录文：

玉牒时儴丞郡于兹，石鱼两载皆见之。壬戌仲春携属同妹夫王倬游，男若金侍。

按：馆藏拓本长50厘米，宽50厘米。6行，正书，字径8厘米。拓片保存质量较好。《题名记》《所见录》《八琼室金石补正》均定名《赵时儴题名》。曾著及黄海《白鹤梁题刻辑录》则作《赵时儴题记》。题刻图录另见《长江三峡工程水库水文题刻文物图集》及陈曦震《水下碑林白鹤梁》《中国长江水下博物馆——白鹤梁题刻》等书。贵州省博物馆未见收藏此拓，《中国西南地区历代石刻汇编》亦未收录。赵时儴，《宋史》存其名[1]，

姚觐元于《所见录》考证，"《宋史·宗室世系表》：魏王廷美子德彝八世孙时儴，子若金，与宁宗为弟兄行，姑附于嘉泰二年壬戌岁"。[2]又，李胜考，"王倬，四川仁寿县人，宣和进士（《四川通志》卷三三选举），玉牒赵时儴妹夫。著有《班史名物编》十卷（《宋史》卷二〇七艺文志第一百六十）。附按：《碑林》仅据题记'壬戌仲春'数字将其年代断为'南宋嘉泰壬戌年'，疑误。考王倬既为宣和进士，至嘉泰壬戌时已年约八旬，而其内兄赵时儴却尚在职郡丞，有违情理。故，该题记之标年'壬戌'似当为绍兴壬戌，其在《碑林》一书中的编号亦应相应提前"。

[1] 《宋史》卷二三五。

[2] 《涪州石鱼文字所见录》，第1052页。

图 2-2-49 《贾复题记》

按：馆藏拓本长82厘米，宽50厘米。5行，行书，字径5厘米。题刻文字剥落严重。现存拓本多无善拓，重庆中国三峡博物馆馆藏拓本尤其模糊不清。《题名记》名此题刻为《贾涣等题名》。《所见录》则作《贾复等题名》。《八琼室金石补正》作《贾涣题记》。曾著作《贾复题记》。题刻图录另见收《长江三峡工程水库水文题刻文物图集》及陈曦震《水下碑林白鹤梁》等书。其中陈曦震定名《贾渔题记》。《中国西南地区历代石刻汇编》《中国长江水下博物馆——白鹤梁题刻》等均未收录。由于贾氏之名传拓不清，仅据《宋史》所载，乾道六年（1170）有澶渊人贾复，为成都律学进士[1]，恐即此人，故此题刻或当名《贾复题记》。"录"字，《八琼室金石补正》作"寻"。"先人州判留题遗迹"，曾著作"先人州判留题述迹"。王晓晖《白鹤梁题刻文献汇集校注》作"先人所判留题述迹"。"或可意窥"曾著作"或可竞窥"。"时戊辰开禧元宵前"一句，曾著及黄海《白鹤梁题刻辑录》均脱"时"字。且"以江痕尚□故也，时戊辰开禧元宵前"，二书均作"尚□故七时戊辰，开禧元宵前"。上述录文，语义不通，语法混乱，恐误。又，所脱文字，《八琼室金石补正》录作"长"。

录文：

澶渊贾复同侄衍之、徽之，男翼之、侄婿郭知□春聚等来观石鱼。录先人州判留题遗迹，虽未目睹手泽，或可意窥，以江痕尚□故也。时戊辰开禧元宵前。

---

[1] 《宋史》卷八二。

图 2-2-50　《禄几复等题名》

录文：

判官禄几复，兵官王世昌、赵善暇，知录郝烜，县令杨灼，司理孙震之，司户李国纬，主簿何昕，县尉邓琳，岁戊辰上元同来。

按：馆藏拓本长96厘米、宽83厘米。6行，行书，字径10厘米。题刻文字较为清晰。《题名记》《所见录》《八琼室金石补正》均定名《禄几复等题名》。曾著及黄海《白鹤梁题刻辑录》则作《禄几复等游记》。题刻图录另见《长江三峡工程水库水文题刻文物图集》《水下碑林白鹤梁》《中国长江水下博物馆——白鹤梁题刻》等书。贵州省博物馆何凤所著及《中国西南地区历代石刻汇编》未收。题刻所

见人名共九个：一为禄几复，其事不详，唯《陶斋藏石记》云：“四川涪州白鹤梁石鱼有宋判官禄几复题名，并可补姓氏书之缺。”[1]又，钱氏于《所见录》所考，“《魏鹤山集》有知威州禄坚复志略云：开禧改元，潼川禄子固擢进士。禄本于姓，以王父字为氏，唐季曰宗宪，自凤翔徙于郪。本朝曰儒，举贤良方正科，与眉山苏氏厚。善儒生勉，勉生天授，天授生居一，居一生柬之、檐之。檐之子，子固父也。子固名坚复，绍定六年卒。年六十，疑与子复为弟兄行也”。[2]一为王世昌。李胜考证，“王世昌，度宗咸淳三年合州（今重庆合川）监军，与知州张珏、统制史炤等复广安大梁城（《宋史》卷四六本纪第四十六）。后权泸州安抚使，元兵迫城，誓不屈节。及城破，自经死（《宋史》卷四五一列传第二百一十张珏传、《四川通志》卷一二忠义）”。[3]一为赵善暇。《宋史·宗室世系表》载有太宗子元份六世孙有善暇，与孝宗为弟兄行。[4]《涪陵县续修涪州志》云：“赵善暇，熙宁二十一年兵官。”[5]宋神宗熙宁年号，共计使用十年，涪州志所谓熙宁二十一年（1088），当为传抄之误。一为杨灼，《（雍正）四川通志》载有庆元进士杨灼，阆中人。[6]一为李国纬，曾为涪陵县司户参军。《舆地碑记目》《蜀中广记》《全蜀艺文志》《（雍正）四川通志》等均载其曾编《夔州（旧）图经》。其余一为郝烜，一为孙震之，一为邓琳，一为何昕，此四人史传不载，事迹不详。

[1]　《陶斋藏石记》卷一九。

[2]　《涪州石鱼文字所见录》，第1052页。

[3]　《白鹤梁石刻题名人考按一百二十二则》，第171页。

[4]　《宋史》卷二二九。

[5]　《涪陵县续修涪州志》卷九。

[6]　《（雍正）四川通志》卷三三。

图 2-2-51　《曹士中题名》

录文：

嘉定庚辰，江东曹士中观。

按：馆藏拓本长30厘米，宽13厘米。2行，正书，字径5厘米。原刻位于宋《黄庭坚题名》之右，清人著述均作《曹士中题名》。曾著及黄海《白鹤梁题刻辑录》作《曹士中题记》。题刻另见收录于《长江三峡工程水库水文题刻文物图集》及陈曦震《水下碑林白鹤梁》和《中国长江水下博物馆——白鹤梁题刻》等书。贵州省博物馆未见拓本，《中国西南地区历代石刻汇编》未收。题刻所言嘉定庚辰年，即嘉定十三年（1220）。曹士中，《（康熙）江西通志》载，"嘉定四年赵建木榜"[1]进士，曾为泉州金判。

---

[1]　《（康熙）江西通志》卷五〇。

图 2-2-52　《李公玉题记》

录文：

　　宝庆丙戌谷日，涪陵石鱼出水面六尺。郡太守、唐安李公玉喜其□□年之兆。挈男泽□，□□觉民载酒来，□□□□叔咏、眉山□□□□□、白子才、张□□□□□。

　　按：馆藏拓本长30厘米，宽13厘米。7行，正书，字径5厘米。由于题刻左下部整体缺失，自清代以来拓片均不全。《题名记》《所见录》曾著及

黄海《白鹤梁题刻辑录》均作《李公玉题记》。《八琼室金石补正》定名《李公玉等题名》。《长江三峡工程水库水文题刻文物图集》作《李玉新题记》、陈曦震《水下碑林白鹤梁》作《李公玉再题》。贵州省博物馆未见此拓，《中国西南地区历代石刻汇编》名为《宋李瑞石鱼题记》。据文意，"喜其"后，恐是"为丰"二字。"挈男泽□"一句，据后题，其子名泽民，此处或当补入"民"字。

图 2-2-53　《李公玉再题》

录文：

　　郡守、李瑀公玉，新潼川守、秦季樇宏父，郡纠曹掾、何昌宗季文，季樇之子九韶道古，瑀之子泽民志可同来游，石鱼阅八年不出，今方了然，大为丰年之祥，此不可不书。宝庆二年正月十二日涪州太守。

　　按：馆藏拓本长106厘米，宽75厘米。7行，正书，字径7.5厘米。《所见录》《题名记》、黄海《白鹤梁题刻辑录》均名为《李公玉题记》。曾著将"瑞鳞古迹"等题字亦附于此，定名《李公玉"瑞鳞古迹"题记》。《八琼室金石补正》作《李公玉等再题》。《长江三峡工程水库水文题刻文物图集》定作《李玉新题记》。陈曦震《水下碑林白鹤梁》作《李公玉题记》。贵州省博物馆未见此拓，《中国西南地区历代石刻汇编》未收。"宝庆二年正月十二日涪州太守"等字之后，前引诸书均再无录文，唯曾著于其后加一"题"字。据李胜考："秦季樇，字宏父，普州安岳（治今属四川）人，绍熙四年陈亮榜同进士出身，治《春秋》十七年。宝庆元年正月以秘书少监兼实录院检讨、国史院编修官，六月除直显谟阁、知潼川府（《南宋馆阁续录》卷七、卷九）。"又，秦九韶，字道古，普州安岳人（其事详见后章）。"李泽民，字志可，宝庆间涪陵郡守李公玉子，唐安（时称江源，治今四川崇州）人。理宗淳祐初知宁德县事。八年，移长溪令，新庙学，筑东湖（筑堤长百丈，周九百七十五步，邑民便之，号曰'李公堤'），士民德之（郝玉麟、卢焯等《福建通志》卷七水利、卷二六职官七、卷三二名宦四福宁府）。"[1]

[1]　《白鹤梁石刻题名人考按一百二十二则》，第173页。

录文：

宝庆丙戌，水齐□□。

按：馆藏拓本长80厘米，宽19厘米。1行，隶书，字径8厘米。题刻仅存六字。《题名记》《所见录》均定名《宝庆题字》。《八琼室金石补正》作《丙戌残题》。曾著及《白鹤梁题刻辑录》《水下碑林白鹤梁》等作《宝庆丙戌水位题刻》。贵州省博物馆未见此拓。《长江三峡工程水库水文题刻文物图集》及《中国西南地区历代石刻汇编》未收录。题刻录文，曾著最多，作"宝庆丙戌，水齐至此"。《八琼室金石补正》录作"宝庆丙戌，水落□□"，其后陆增祥加按语云："后有元天历年题记五行，宋刻盖为所磨矣。"《题名记》及《所见录》所录均为"宝庆丙戌，水齐□□"。又，宝庆丙戌，即为宝庆元年（1226），故知此题刻与前题《李公玉再题》大体镌于同时。

图 2-2-54　《宝庆丙戌年水位题刻》

图 2-2-55 　《谢兴甫等题名》

录文：

长沙谢兴甫起□□、资中杨坤之夷叔、□人虞会和叔，绍定庚寅上元后一日来观石鱼，子箋侍。

按：馆藏拓本长78厘米，宽68厘米。5行，正书，字径4厘米。曾著未见录文，《中国西南地区历代石刻汇编》亦未收录。《题名记》《所见录》《八琼室金石补正》均定名《谢兴甫等题名》。《白鹤梁题刻辑录》《水下碑林白鹤梁》及贵州省博物馆作《谢兴甫题记》。《长江三峡工程水库水文题刻文物图集》作《谢兴甫等题记》。"子箋侍"三字，《白鹤梁题刻辑录》录为"子钱侍"。此题刻左面另有一行文字，为"双龙鳞甲奇变化待何时围□□□"等字，不知何解。陆增祥《八琼室金石补正》，认为此"十一字疑亦宋人所题"。

绍定，为宋理宗年号，绍定庚寅，即绍定三年（1230）。谢兴甫，字起□，长沙人。文行华美，气质粹和，谨重好修，学术甚正，以殿试第五名及第，授从事郎、全州州学教授。《后乐集》存有《奏举萧遵、施桐、姜注、谢孙复、谢兴甫、郊梦祥乞加录用状》[1]，据明人杨士奇《历代名臣奏议》载，绍定二年（1229）任涪州太守。著有《中庸大学讲义》三卷，《宋史·艺文志》有其文名。《涪陵县续修涪州志》误录其名作"谢兴"。

又，杨坤之，据李胜考，其"字东叔（石刻题记东似为夷字），资中人。魏了翁《鹤山集》卷六一《跋杨参议（兴）家书后》云：'资中杨侯东叔自涪陵罢归，携其先君子参议公手泽以示余，为之忱然。'按：杨兴撰有《龟陵志序》（《四川通志》卷二六）"。[2]其余人无考。

[1] 《后乐集》卷一二。

[2] 《白鹤梁石刻题名人考按一百二十二则》，第173页。

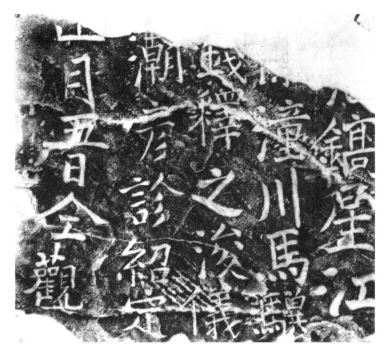

图 2-2-56 《绍定残刻》

录文：

□镐星江□□□，潼川马骥□□□钱释之，浚仪□□潮彦诊，绍定□□正月五日同观。

按：馆藏拓本长78厘米，宽68厘米。5行，正书，字径4厘米。题刻早年即遭磨损，字迹多不全。《所见录》及《题名记》均作《□镐等题名》。《八琼室金石补正》《白鹤梁题刻辑录》《水下碑林白鹤梁》则名《绍定残刻》。曾著作《江□□等题记》。《长江三峡工程水库水文题刻文物图集》作《马骥等题记》。王晓晖《白鹤梁题刻文献汇集校注》作《□镐星江等题记》。《中国西南地区历代石刻汇编》未收录。有关题刻录文，曾著录作，"□镐星江□□，潼川马骥□、钱释之，浚仪□潮彦诊，绍定五日同观"。其中多有脱文。王晓晖《白鹤梁题刻文献汇集校注》，"浚仪□□潮彦诊"一句，录作"浚仪□□潮彦珍"。[1]据《宋史》载，南宋中期有两马骥，一曾官居都统职。[2]一人则与"虞允文、杜莘老等复除为起居郎"。[3]未知此处所指是哪一个，更或二者皆不是。[4]钱释之，据《（嘉靖）嘉兴府图记》载，嘉熙中有钱释之居官嘉兴府。[5]其余诸人，暂无考。

[1] 《白鹤梁题刻文献汇集校注》，第103页。

[2] 《宋史》卷四五一。

[3] 《宋史》卷三八八。

[4] 《（道光）重庆府志》载："宋杜莘老墓。在县南杜村，官殿中侍御史，子美十三世孙，丞相虞永文题七墓曰'刚直御史'。"（《（道光）重庆府志》卷一）虑及马骥与虞永文、杜莘老均官蜀地，因此更可能为按语中所言第二人。

[5] 《（嘉靖）嘉兴府图记》卷一二。

图 2-2-57　《张霁等题记》

录文：

石鱼报稔之瑞，旷岁罕见。淳祐癸卯冬，水落而鱼复出，既又三白呈祥，年丰可占。郡太守、山西张霁明父率同僚来观，通判、开封李拱辰居中，教授、古通王櫄钧卿，判官、古黔邓季寅东叔，录参、长沙赵万春伯寿，司理、凤集孙泽润之，司户□□赵与衲仲器，监酒、潼川李震发子华，□安□应午子酉，监税、资中张应有嗣行，涪陵县令、武信赵广僖公叔，主簿、合阳李因夏卿，尉、合阳冯申龙季英，忠州南宾簿尉、开汉王季和和父，节干、成都周仪可义父，节属、益昌张申之西卿，郡斋、奉节王建极中可与焉。时嘉平既望谨识。

按：馆藏拓本长135厘米，宽100厘米。11行，正书，字径7厘米。此题刻文字较多，《所见录》及《题名记》均作《张霁等题记》。《八琼室金石补正》《长江三峡工程水库水文题刻文物图集》则名《张霁等题记》。《白鹤梁题刻辑录》《水下碑林白鹤梁》及曾著定名《张霁等题记》。《中国西南地区历代石刻汇编》作《宋张霁石鱼题记》。诸家所录文字少有歧见，唯曾著"尉、合阳冯中龙季英"一句有衍文，其作"县尉、合阳冯中龙季英"。从"嘉平既望"一句，以及"淳祐癸卯冬"等语，可知此题刻镌于淳祐癸卯（淳祐三年，1243）腊月十六日。

曾著及王晓晖均据陈曦震主编《水下碑林白鹤梁》一书所载图录及释文，将左半部中间部分题刻文字视作其他题刻，曾著名之为《赵广僖等题记》，而王晓晖《白鹤梁题刻文献汇集校注》另定名《赵光禧等题记》，录文："武信赵广僖公叔，冯申龙季英，忠州节干成都周仪可，邵斋奉节王建极。"

"王榸，字钧卿，古通（治今四川达州）人，淳祐三年涪陵郡教授（《四川通志》卷三三选举）。"《（乾隆）达州志》言其为端平二年（1235）进士。[1]而"张应有，字嗣行，资中人（一说绵州人），绍定进士（《四川通志》），淳祐三年涪陵郡监税"。[2]邓季寅，《涪陵县续修涪州志》载："邓季寅，字东叔，淳祐二年判官。"[3]张霁，《长编》载有右补阙、知江州张霁。[4]然其为太祖时人，故此处张霁当另有其人。而"绵州石堂院题刻"中有一宋人题名云："紫岩张明父领尉未两旬，奉宪檄行四境诸刹，因成访古，观览殆遍。"[5]此张明父或即张霁。李拱辰，据《（雍正）广西通志》，嘉定中，有昭州教授李拱辰。[6]赵与礽，宋代宗室名"与礽"者有二人，一为赵希桌之子，一为赵希潘之子。而涪州另有《宋赵希潘等题记》云，赵希潘，字公发，浚仪人。[7]故此处赵与礽当更可能是赵希潘之子。王季和，朱熹《晦庵集》有《答王季和》[8]二文。又，《宋元学案》载，"景迂先生以大观之庚寅谪居甬上船场，其后七十余年而监官王季和为立祠"，[9]未知是否即此人。此外，张申之，《（雍正）四川通志》载有乾道进士张申之，成都府人，或即此人。[10]

[1]　《（乾隆）达州志》卷三。

[2]　《白鹤梁石刻题名人考按一百二十二则》，第174页。

[3]　《涪陵县续修涪州志》卷九。

[4]　《长编》卷一七。

[5]　原题刻拓本，今存重庆中国三峡博物馆。

[6]　《（雍正）广西通志》卷五一。

[7]　原拓存重庆中国三峡博物馆。

[8]　《晦庵先生朱文公文集》卷五四。

[9]　《宋元学案》卷二二。

[10]　《（雍正）四川通志》卷三三。

图 2-2-58　《王季和等题名》

录文：

山西张侯来镇是邦，癸卯甲辰，鱼出者再，邦人皆谓前所罕见，屡书以识其异。忠南郡幕、开汉王季和偕所亲张文龙，郡斋、益昌张申之，奉节王建极侍太守来观，腊月念肆日也。

按：馆藏拓本长106厘米，宽101厘米。10行，正书，字径9厘米。题刻所谓张侯即前题所见张霁。清人所著，《所见录》及《题名记》均名之为《王季和题记》，陆增祥《八琼室金石补正》则名《王季和等题名》。曾著及黄海《白鹤梁题刻辑录》作《王季和等题记》。题刻拓片另见收录于《水下碑林白鹤梁》《长江三峡工程水库水文题刻文物图集》等书。"奉节王建极侍太守来观"处，曾著存衍文，并作"郡斋奉节王建极侍，太守来观"。[1]张霁，陈曦震《水下碑林白鹤梁》以及黄海《白鹤梁题刻辑录》均言其"少时喜读书，讲气节，善诗书。其字秀丽严谨，颇臻微妙"，但未注明史料来源，姑录此以备考。又，从"腊月念肆日"及"癸卯甲辰"等语可推知，此题刻作于前题之后八日，即淳祐癸卯（淳祐三年，1243）腊月二十四日。

---

[1]　《三峡国宝研究——白鹤梁题刻汇录与考索》，第141页。

图 2-2-59　《邓刚等题名》

录文：

大宋淳祐戊申正月，石鱼□□，郡守、庐陵邓刚季中，率通判、江阳何行可元达同观，望日谨志。

按：馆藏拓本长122厘米，宽50厘米。4行，正书，字径8厘米。题刻言"淳祐戊申正月"，又云"望日谨志"，可知其镌于淳祐戊申（淳祐八年，1248）年正月十五日。清人所著均名《邓刚等题名》。曾著作《邓刚题记》。《白鹤梁题刻辑录》《长江三峡工程水库水文题刻文物图集》《水下碑林白鹤梁》作《邓刚等题记》。贵州省博物馆藏拓及《中国西南地区历代石刻汇编》定名《宋淳祐戊申邓刚石鱼题刻》。馆藏拓本"石鱼"之后二字椎拓不清，据《八琼室金石补正》等所录，可补作"石鱼呈祥"。邓刚，据《（嘉靖）赣州府志》所载，有邓刚于宝庆二年（1226）权会昌县知县事。[1]此书所载之人，与题刻所见者时间相近，且题刻中邓刚即江西庐陵人，故恐同一人。何行可，据题刻所记，字元达，江阳人，时任涪州通判，《涪陵县续修涪州志》则云为"淳祐九年通判"。[2]

[1]　《（嘉靖）赣州府志》卷七。

[2]　《涪陵县续修涪州志》卷九。

图 2-2-60 《赵汝廪观石鱼诗》

录文：

淳祐庚戌正月八日，郡守、开封赵汝凛观石鱼，赋五十六言：

预喜金穰验石鳞，□能免俗且怡神。
晓行鲸背占前梦，瑞纪龟陵知几春。
拂石已无题字处，观鱼皆是愿丰人。
片云不为催诗黑，欲雨知予志在民。

按：馆藏拓本长85厘米，宽84厘米。8行，正书，字径6.5厘米。拓本因原石破裂，纵横颇深，故偶有脱文。《题名记》《所见录》定名《赵以凛题诗》，"以"字，当为"汝"字之误。检涪州方志，各志均有涪州知州赵汝凛，而未见赵以凛之名。陆增祥《八琼室金石补正》作《赵汝凛题诗》。曾著及黄海《白鹤梁题刻辑录》定名《赵汝凛观石鱼诗》。《长江三峡工程水库水文题刻文物图集》作《赵汝凛石鱼诗》。题刻拓片贵州省博物馆有存，命名为《赵汝凛诗》。重庆中国三峡博物馆原藏六十年代龚廷万等调查报告作《郡守开封赵汝凛石鱼诗》。题记诗句部分专收于《补遗》，名为《观石鱼》。《中国西南地区历代石刻汇编》未见收录。"预喜金穰验石鳞"一句，"穰"字，曾著录作"禳"。"□能免俗且怡神"诸家所录均有脱文，唯曾著补入"未"字，作"未能免俗且怡

神"。赵汝凛，《（雍正）四川通志》[1]及《涪陵县续修涪州志》[2]均云其"知涪州，歉岁则贷公庾，丰年则贮义仓，劝农兴学，民立生祠于学宫，以配程、黄、尹、谯四贤"。另据《字溪集》，"宝祐元年癸丑，公（字溪先生）年六十七，与税巽父论启蒙小传，与湖北漕袁君鼎东论进学，与绍庆守赵公汝凛论《易》，赵守延公讲学，公辞"。[3]可见，赵汝凛曾先后任涪州知州及绍庆府知府，且长于论《易》。又，同书载《赞赵广安》一诗，下夹行小注"汝凛，字景贤"。[4]或可知，其字景贤，还曾出为广安守。此外，从《赵使君汝凛刊〈易学启蒙〉于涪属予为跋》一文[5]可知，在涪州任上，赵汝凛还曾刊刻《易学启蒙》一书。《涪陵县续修涪州志》所收阳枋撰《祭赵景贤使君文》，赞其云："公资禀高明，才华卓出，好语开口，妙句落笔，贯百家而剖析，饱信史而涉历。"[6]

[1]　《（雍正）四川通志》卷六。
[2]　《涪陵县续修涪州志》卷九。
[3]　《字溪集》卷一二。
[4]　《字溪集》卷一一。
[5]　《字溪集》卷八。
[6]　《字溪集》卷九。

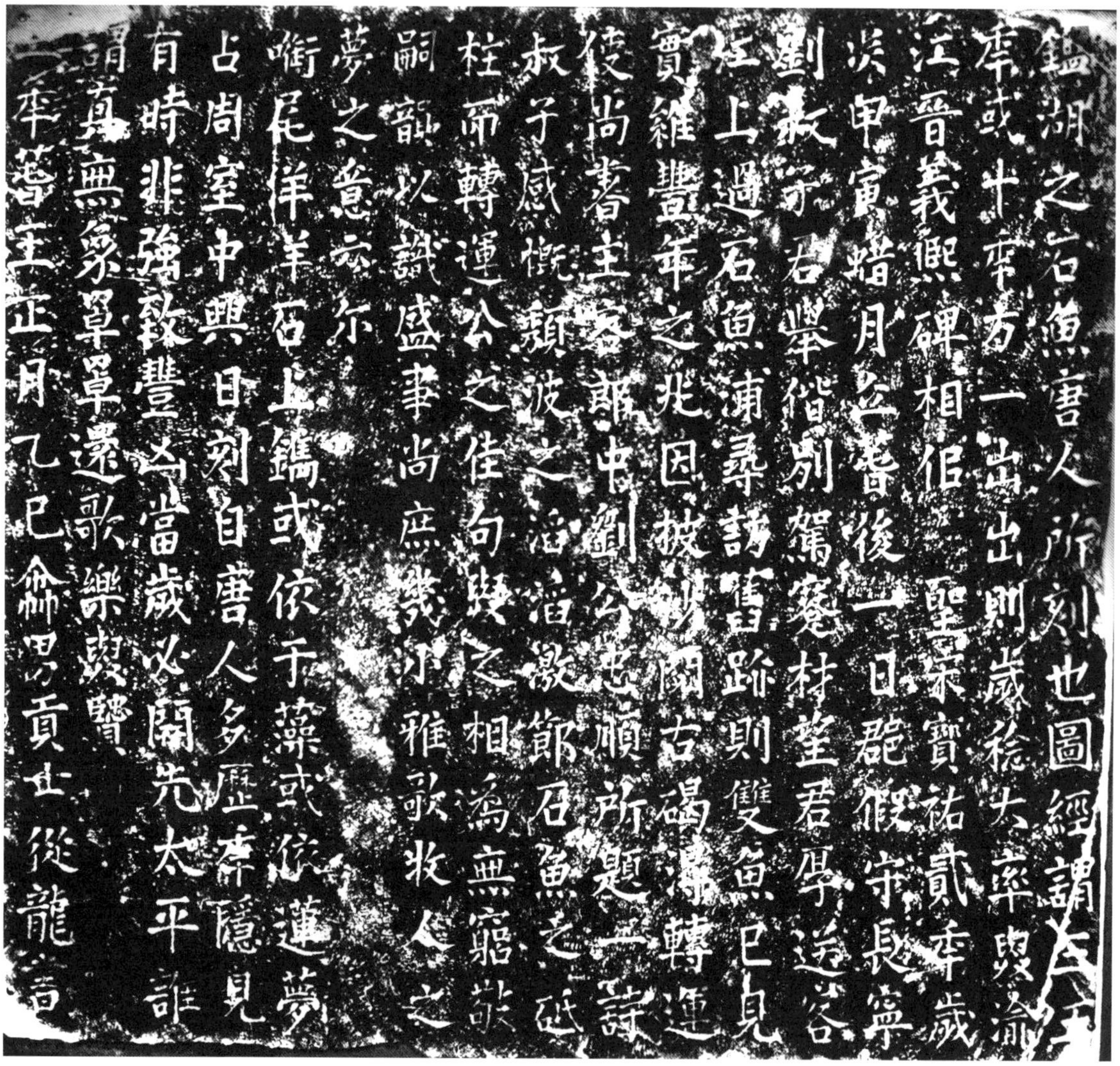

图 2-2-61 　《刘叔子诗并序》

录文：

鉴湖之石鱼，唐人所刻也。《图经》谓三五年或十年方一出，出则岁稔，大率与渝江《晋义熙碑》相似。圣宋宝祐二年岁次甲寅蜡（腊）月立春后一日，郡假守长宁刘叔子君举，偕别驾寒材望君厚送客江上，过石鱼浦，寻访旧迹，则双鱼已见，时维丰年之兆。因披沙阅古碣，得转运使、尚书主客郎中刘公忠顺所题一诗，叔子感慨颓波之滔滔，激节石鱼之砥柱，而转运公之佳句与之相为无穷，敬嗣韵以识盛事，尚庶几小雅，歌牧人之意云尔：

　　啴尾洋洋石上镌，或依于藻或依莲。

　　梦占周室中兴日，刻自唐人多历年。

　　隐见有时非强致，丰凶当岁必开先。

　　太平谁谓真无象，罩罩还歌乐与贤。

　　三年春王正月乙巳，龠男贡士从龙书。

按：馆藏拓本长141厘米，宽125厘米。17行，正书，字径7厘米。题刻文字较多，基本保存完整。《所见录》《题名记》均定名《刘叔子题诗记》。《八琼室金石补正》《白鹤梁题刻辑录》名为《刘叔子诗》。曾著和《长江三峡工程水库水文题刻文物图集》作《刘叔子诗并序》。题刻诗句部分又见收于《补遗》，名为《观石鱼嗣刘忠顺韵》。题刻拓片另见藏于贵州省博物馆，然《中国西南地区历代石刻汇编》未收录。题刻文字诸家所录偶存歧见。"龠男贡士从龙书"一句，《白鹤梁题刻辑录》录作"命男贡士从龙书"。李胜认为此处"龠男"，疑即中男，次子之意。[1]"龠"字，见于宋人薛季宣《书古文训·尧典》，"乃命羲和"之"命"即作此形。"渝江《晋义熙碑》"，据《白华前稿》载，"宝祐甲辰腊，涪守长宁刘叔子君举，追和唐大中六年转运使、尚书主客郎中刘忠顺诗其序曰：石鱼唐人所刻，与渝江晋义熙碑相似，见则岁稔。义熙碑，当即今所称雍熙碑"。[2]据胡昌健考，认为其属东晋义熙三年（407），重庆渝江中一段题刻。[3]刘叔子，字君举，长宁军（治今四川长宁县）人，理宗朝登进士第，此时为涪州知州。据《补遗》作者所考，其于"宝祐二年知重庆府"。[4]又，《后村集》载其曾为将作监丞[5]及太府寺丞[6]。

[1]　李胜：《涪陵历史文化研究》，中央文献出版社，2006年，第200页。

[2]　《白华前稿》卷一八。

[3]　《重庆渝中区文史资料》（第十三辑），第182页。

[4]　《宋诗纪事补遗》卷七一。

[5]　《后村集》卷六六。

[6]　《后村集》卷七〇。

图 2-2-62 《骞材望诗并序》

录文：

　　涪以石鱼之出，占岁事之丰，以岁事之丰，彰太守之贤尚矣。长宁刘公叔子镇是邦又出，夫岂偶然。别驾、潼川骞材望赓皇祐刘转运诗以纪之。宋宝祐二年嘉平下澣书。

　　何代潜鳞翠琰镌，双双依藻更依莲。

　　梦符瑞报屡丰兆，物盛鱼丽美万物盛多宜歌大有年。

　　玉镯调和从可卜，金刀题咏又开先。

　　浑如泼剌波心跃，感召还知太守贤。

　　粤明年人日重游

　　按：馆藏拓本长106厘米，宽71厘米。14行，正书，字径4厘米。题刻为时任涪州别驾骞材望为和北宋皇祐间转运使刘忠顺诗而作。《所见录》及《题名记》均定名《骞材望题诗记》。《八琼室金石补正》

名为《骞材望诗》。《白鹤梁题刻辑录》作《骞材望题记》。曾著作《骞材望和刘叔子诗并序》。《长江三峡工程水库水文题刻文物图集》作《骞材望诗并序》。题刻诗句另见收于《补遗》，名《题石鱼》。拓片另见藏于贵州省博物馆，题为《骞材望诗》，《中国西南地区历代石刻汇编》则录作《宋宝祐二年骞材望石鱼题记》。"别驾、潼川骞材望赓皇祐刘转运诗以纪之"一句，"赓"字即赓和，有倡和、酬谢、赠答之意。故知，此诗实为骞材望和刘忠顺，而非和刘叔子，因此，前人定名《骞材望和刘叔子诗并序》，恐不妥。又，"彰太守之贤尚矣"一句，曾著作"彰太守之贤尚也"。据"宋宝祐二年嘉平下澣书"一句，知此题刻镌于宝祐二年（1254）十二月下旬。骞材望，据《宋诗纪事补遗》考，"字君厚，累官潼川别驾，湖州通判"。[1]余事详见下章。

[1]　《宋诗纪事补遗》卷七二。

图 2-2-63 《何震午等题名》

录文：

宝祐戊午正月戊寅，军事判官、昌元何震午季明，知乐温县、燕国赵与珞思复，纠曹、宕渠袁逢龙清甫，理掾、古渝杜梦午南卿，文安王垓子经，汴阳向大源清夫，观石鱼之兆丰，拂涪翁之遗迹，亦一时胜游也。濡笔以书。

按：馆藏清拓本，仅存上部，共43字。1963年新拓所得拓本长92厘米，宽80厘米。9行，行楷书，字径7厘米。《题名记》定名《何震午等题记》。《所见录》则未见有载。缪荃孙于《所见录》跋语中云："余光绪甲辰临桂况君夔生自蜀来宁，赠石鱼文字一箧，亟取对校，如见故人，缺三种，多两种，剔出北岩两种。"[1]这或即为缪氏所云所缺两种中之一种。《八琼室金石补正》名此题刻为《何震午等题名》。曾著、《长江三峡工程

水库水文题刻文物图集》与《题名记》同，作《何震午等题记》。《白鹤梁题刻辑录》作《何震午题记》。题刻拓片另见藏于贵州省博物馆，定名《何震午等题名》，《中国西南地区历代石刻汇编》作《宋何震午石鱼题记》。"燕国赵与珞思复"一句，曾著录为"燕国赵兴珞思复"。"理掾、古渝杜梦午南卿"一句，曾著有衍文，作"涪州理掾、古渝杜梦午南卿"。"文安王垓子经"一句，何凤桐录为"文安王王垓子经"。"拂涪翁之遗迹，亦一时胜游也"，则作"拂涪陵之遗迹，变一时胜游也"。[2]据钱保塘于《题名记》中所考，"《宋史·宗室世系表》：燕王德昭九世孙，有与珞，此题燕国，殆因燕王封也。《（嘉庆）四川通志》：有进士王垓，苍溪人，失其年，此题文安，或书其先世所居也。文安隶宋河北路，是时久入于元矣"。

[1] 《涪州石鱼文字所见录》，第1056页。

[2] 何凤桐：《宋代长江水文题刻实录》，《贵州文史丛刊》，2002年第1期。

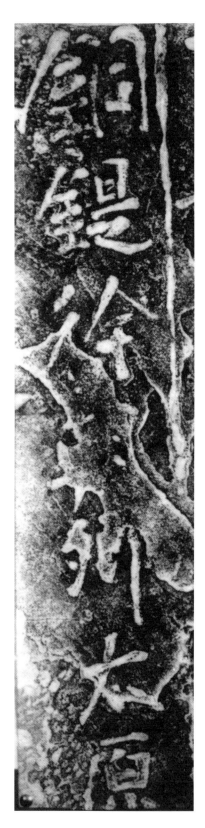

图 2-2-64 《徐朝卿题名》

录文：

铜鞮徐朝卿太原。

按：馆藏拓本长72厘米，宽31厘米。1行，正书，字径10厘米。文字多不能辨识，今所录文字据《所见录》补入。《八琼室金石补正》及《题名记》未见此题刻。汪应辰《文定集》有《赠徐朝卿序》一文，并以石鱼题刻所录，其当为铜鞮（治今山西沁县）人，于建炎间为涪州知州。

汪应辰言其"本业儒，为性静慎，无世俗日者多言夸诩之态，故术之精确，至于如此，而不免于洴澼絖也。虽然由子之术而论之，则既有所系矣"。[1]因题刻无镌刻时间，姑从钱保塘之例，附其于宋末。

[1] 《文定集》卷九。

图 2-2-65　《遂宁傅端卿题名》

录文：

遂宁傅端卿游此。

按：馆藏拓本长130厘米，宽60厘米。1行，正书，字径12厘米。原刻未镌时间，但从位置来看，其处于《张宗宪题记》左下方，且文字风格亦同，故很可能与之镌于同时，即绍兴二年（1132）。《所见录》《题名记》均认为此题名属宋代。《八琼室金石补正》录文："遂宁傅端卿游。"傅端卿其人，史传无载，仅从题刻记载来看，为遂宁人，或当时在涪州为官。今从清人之例，姑附其于宋代题刻末。

图 2-2-66　《王汉老题名》

录文：

无诤居士王汉老来观。

按：馆藏拓本长68厘米，宽10厘米。1行，正书，字径5厘米。题刻收录于《所见录》《题名记》以及《八琼室金石补正》，前二书未单独命名，仅见录文。后书题为《王汉老题名》。曾著及《白鹤梁题刻辑录》作《王汉老题记》。《长江三峡工程水库水文题刻文物图集》《中国西南地区历代石刻汇编》未收录。王汉老，《（咸淳）临安志》载其曾为临安县知县。[1]相同记述另见《（民国）杭州府志》。《（光绪）永嘉县志》载，其曾为"右文殿修撰王益大并妻林宜人"撰《圹志》，[2]后属其职衔为"前承议郎、带□□□文思院、通判庆元军府事王汉老"。[3]另据该书所载，其为"（王）允初孙，明州倅"[4]，即或曾出为明州通判。从此人生平判断，题刻当至早成于宋咸淳间。又据题刻所谓"无诤居士"之号，也可能镌于宋亡之初，当时其或归隐涪州一带。又，金代亦有一号"无诤居士"者，其名刘迎，字无党，东莱（治今山东掖县）人，大定进士，初为豳王府记室，改太子司经，工诗。所作有《淮安行》《河防行》等传世。今姑录此以备识者详考。

[1] 《（咸淳）临安志》卷五一。

[2] 《（光绪）永嘉县志》卷二一。

[3] 《（光绪）永嘉县志》卷二二。

[4] 《（光绪）永嘉县志》卷一二。

图 2-2-67 《贾承福题名》

录文：

□镌石名字。随使孔目官贾承福书。

按：馆藏拓本长36厘米，宽18厘米。2行，正书，字径7.5厘米。《所见录》《题名记》《八琼室金石补正》等均未收录。曾著及黄海《白鹤梁题刻辑录》名之为《贾承福题记》。关于题刻时代，据"随使孔目官"一句，可知镌刻者居孔目之职。因宋以后渐不用此名，后世独翰林属官有孔目，故此题刻恐仍镌于宋代，今姑附于宋末。

图 2-2-68　《都儒县主簿题名》

录文：

　　摄都儒县主簿，兼知令尉公事□□□。

　　按：馆藏拓本长40厘米，宽5厘米。1行，正书，字径2厘米。清人所修诸书无收录。曾著录文"摄都儒县主簿，兼知令尉公事□□□"，脱"兼"字。《白鹤梁题刻辑录》则于此段文字，未能释读者甚多，姑不引录。都儒（濡）县，即今贵州务川。《元和郡县志》卷三〇载，都濡县"以县

西北六十里有都濡水为名"，贞观二十年（646）建。宋仁宗嘉祐八年（1063），废入彭水县。宋徽宗大观元年（1107），原土著首领田佑恭入朝，重和元年（1118），徽宗以田氏故居所在，置务州县，后又入思州。元至元间因婺星陨石降此，改"务"为"婺"，仍属思州。从都濡县沿革来看，此题刻极可能成于都濡废县之前，即宋仁宗嘉祐八年前。今将此题刻暂系于宋代题刻之末。

按：馆藏拓本长74厘米，宽41厘米。8行，正书，字径3.5厘米。下方框外横列"石工刘庄"四字。《题名记》《所见录》《白鹤梁题刻辑录》等均言为《安固题记》。《八琼室金石补正》则未收录。曾著作《聂文焕题记》。另外，题刻还见收于《长江三峡工程水库水文题刻文物图集》《中国长江水下博物馆——白鹤梁题刻》等。有关录文，除曾著外，其余各家均未录入"时马福从行"等五字，从字体来看，该内容很可能与此题刻同为一体。"涪州判官杨辉敬谒"一句，《题名记》及《所见录》均将"敬"字，录作"敏"。

"咬寻进义"，《涪陵县续修涪州志》记作"咬寻通义"。[1]奥鲁，志云，"元奥鲁，至顺三年奉政大夫，夔路万州知州兼管本州军事"，[2]当误。奥鲁在元时，为征戍军人的家属所在，此处实乃言安固职事为"兼管本州诸军奥鲁"，非为人名。

马福，《元文类》载，元初随伯颜攻宋者，有千户马福，未知是否即为题刻中人。[3]其余诸人，事迹不详。"至大辛亥"，即元武宗海山至大四年（1311）。

图 2-2-69　　《安固题记》

录文：

皇元至大辛亥十二月，奉训大夫夔路万州知州兼管本州诸军奥鲁、劝农事安固，奉省檄整治各路水站赋役。事毕，偕忠翊校尉、同知涪州事咬寻进义，副尉、涪州判官杨辉敬谒伊川先生祠，因观石鱼。中旬三日聂文焕谨书，时马福从行。

[1]　《涪陵县续修涪州志》卷九。

[2]　《涪陵县续修涪州志》卷九。

[3]　《元文类》卷四一。

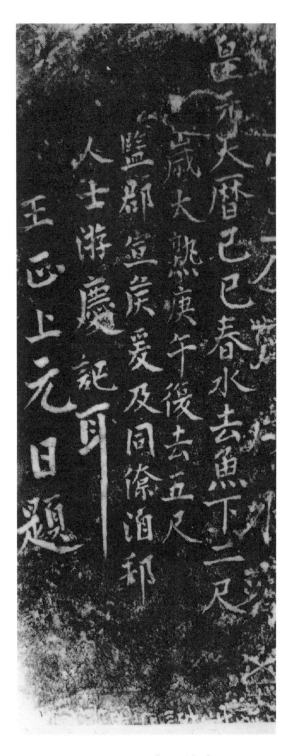

图 2-2-70 《王正题记》

录文：

天历己巳春，水去鱼下二尺，岁大熟。庚午复去五尺，监郡宣候爱，及同僚洎邦人士游庆记耳。王正上元日题。

按：馆藏拓本长75厘米，宽40厘米。5行，正书，字径5.5厘米。馆藏拓本分作二段，其一至"天历己巳春，水去鱼下二尺"处，其余文字尽数椎拓于第二段。《题名记》《所见录》《长江三峡工程水库水文题刻文物图集》均作《宣候题记》。曾著及黄海《白鹤梁题刻辑录》作《王正题记》。《水下碑林白鹤梁》作《宣候爱题记》。今从曾著等，作《王正题记》。天历己巳，即元文宗图帖睦尔天历二年（1329）。陆增祥云："考己巳，明宗即位无年号，庚年五月文宗即位，改元至顺，此题在正月，故仍称天历也。"[1]题刻所见人名，姑难考。

[1] 《八琼室金石偶存》。

图 2-2-71　《溇阳留题》

录文：

　　□元天历庚午石鱼现□□，溇阳留题。

　　按：馆藏拓本长57厘米，宽17厘米。2行，行4至8字不等，楷书写就，大字字径10厘米，小字约2.5厘米。原刻极为模糊，部分文字漫漶难辨，《所见录》及《题名记》均作《溇阳留题》，而曾著作《溧阳留题》。《白鹤梁题刻辑录》《水下碑林白鹤梁》均作《佚名题记》。《长江三峡工程水库水文题刻文物图集》作《溇阳留题记》"□元天历庚午"一句，曾著及钱保塘均作"至元天历庚午"，且曾著录文顺序为"溧阳留题，至元天历庚午石鱼现涪州"。《白鹤梁题刻辑录》作"皇元天历庚午石鱼现□□□"。至于同一题刻出现两个年号，姚觐元认为"元明宗于致和元年戊辰九月袭位，改元天历，踰年乙巳八月殂，怀王图贴睦尔袭位，以明年庚午为至顺元年，以是推之，'午'上当是'庚'字，乃至顺元年也。其犹称天历者，意道远尚未奉改元之诏"。[1]

[1]　《涪州石鱼文字所见录》，第 1055 页。

图 2-2-72 《张八岁木鱼记》

录文：

《涪陵志》：江心石鱼出，则大稔。予守郡次年始获见，率僚友来观，方拂石间，适有木鱼依柳条中流浮至，众惊喜曰：石鱼自古为祥，木鱼尤为异瑞也，请刻之以示将来云。至顺癸酉仲春十有三日奉议大夫、涪守张八歹谨识。蒲坂张琡、吏庞嗣荣从焉。

按：馆藏拓本长141厘米，宽94厘米。7行，正书，字径6厘米。文字见收于《所见录》及《题名记》。《八琼室金石补正》未录。诸家所名多作《张八歹木鱼记》，唯陈曦震《水下碑林白鹤梁》作《张八歹题记》。题刻文字，"江心石鱼出，则大稔"一句，曾著录作"江心石鱼，出则岁稔"。又，"蒲坂张琡、吏庞嗣荣从焉"一句，《所见录》及《题名记》均未见录。另外，此题刻被收入李修生主编《全元文》，名《石鱼石刻》，亦脱末句。《白鹤梁题刻辑录》将此句单独列为一题刻，名为《许家□题记》，录文为："蒲板张琳庚、庞嗣荣从焉。"[1]"至顺癸酉仲春十有三日"，即至顺四年（1333）二月十三。元文宗死于至顺三年（1332）八月，但明宗长子于次年六月方继位改元，故此题刻仍镌至顺年号。蒲板，今山西永济市。题刻所录人名，多不可考，涪州诸志中有关张八歹记载，多据此题刻所记转抄。曾超《元明清白鹤梁题刻涪州牧考述》，引《中国长江三峡大辞典》作者所述："张八歹，又名张琡，生

于1302年，卒于1375年，元代蒲板（治今山西永济）人，进士。至顺癸酉年（1333）为奉议大夫、涪州太守。工书法，动笔如飞，一挥而就。在白鹤梁题刻中，张八歹刻有石鱼一尾，作有题记一则。85字，精隽超群，错落有致，脱于颜、柳，自成一体。《历代名人与涪陵》有《元代涪守张八歹（歹）白鹤梁仿刻木鱼记》。"[2]至于为何认定张八歹与末行题名人张琡即同一人，所用史料源自何处，均未提及。今阅《中国长江三峡大辞典》一书，其所用辞条，又引自《巴蜀文化大典》（简称《大典》）。《大典》称："《木鱼记》题刻书法作品。刻于涪陵市白鹤梁上。张八歹（音"考"）题，楷书撰刻。张八歹（1302—1374）名琡，蒲坂（治今山西永济）人。进士，奉议大夫。涪州（今涪陵）太守。工书法，运笔如飞，一挥而就。元统一年（1333）仲春题'木鱼记'楷书曰：'《涪陵志》江心石鱼出则大稔。予守郡次年始获见。率僚友来观。拂石间，适有木鱼依柳条中流浮至。众惊喜曰："石鱼自古为祥，木鱼尤为异端也，请刻之以示将来云。"至顺癸酉仲春十有三日。奉议大夫涪守张八歹谨识。'85字。精隽超群，错落有致。"[3]今观原拓，并未见"元统一年"四字，而现存涪州诸志亦无直接记载张八歹即张琡。张琡之名见于全拓末行，全句云"蒲坂张琡、吏庞嗣荣从焉"，此处张琡当是从游者之一，而"张八歹"之名见于拓中，故二者应非一人。

[1] 黄海：《白鹤梁题刻辑录》，中国戏剧出版社，2014年，第279页。

[2] 曾超：《元明清白鹤梁题刻涪州牧考述》，《重庆三峡学院学报》，2013年第2期。

[3] 巴蜀文化大典编纂委员会：《巴蜀文化大典》，四川人民出版社，1998年，第1394页。

图 2-2-73 《蒙文题刻》

录文：

生命的意义在于荣誉。[1]

按：馆藏拓本长51厘米，宽11厘米。1行，八思巴文字，字径5厘米。诸家所录均认为此题刻为八思巴文字，大意为"生命的意义在于荣誉"，《白鹤梁题刻文献汇集校注》，音译为"阿弥图土萨塔"。[2]今仍之。黄节厚在《白鹤梁蒙文题刻考略》一文中，依据《元史》《四川通志》《涪州志》等史料考证，该刻可能系元代西川副统军刘思敬所作。刘思敬，又名哈八儿都，济南历城（治今山东济南）人，曾于至元八年（1271）任元代西川副统军，至元十三年（1276）率领元军攻克泸州，攻降重庆及忠州（治今重庆忠县）、涪州（治今重庆涪陵）诸郡。《（同治）重修涪州志》云其"出忠、涪，所向克捷"，故有可能在攻占涪陵后，因白鹤梁石鱼出水而往观留刻。曾著及陈曦震《水下碑林白鹤梁》等亦有考辨。

[1] 有关此题刻文字的考述，可参见周晏：《白鹤梁蒙文题刻背景追述》，《三峡大学学报》（人文社会科学版），2007 年第 6 期。

[2] 《白鹤梁题刻文献汇集校注》，第 127 页。

三、明清题刻

相较于宋代题刻，明清两代的白鹤梁题刻数量较少，特别是明代题刻总数，甚至不及两宋之半。明清题刻中较早的有镌刻于明太祖洪武十七年（1384）的《刘冲霄诗并序》及镌刻于洪武二十一年（1388）的《黄思诚题记》。年代较晚的则有清末光绪时期所镌《濮文升题名》以及刻于宣统元年（1909）的《范锡朋观石鱼记》。总体来看，明清题刻虽然在数量上较宋代题刻略少，但是就题刻内容而言则较前朝有了极大的拓展。明清题刻除过去较为普遍的人物题名、诗词倡和之外，还出现了诸如生活哲理、涪州记事等方面的内容。另，就单题文字数量来看，明清题刻字数也普遍较宋代为多，上百字的题刻已经十分普遍。特别是这一时期还出现了大量以《观石鱼记》为名的散赋作品，这是前代题刻没有出现的新情况。

对于明清题刻，清代学人所辑诸书多未收录，如《所见录》《题名记》所收仅仅及于《蒙文题刻》为止。而若推之纪年题刻，则以至顺四年（1333）二月十三日所题《张八歹木鱼记》为最晚。而陆增祥《八琼室金石补正》卷八三所收，由于题刻拓本来源于姚觐元，与二书差别不大。但值得一提的是，《八琼室金石补正》实际也收录了部分明清时期题刻，如《江应晓诗记》《金国祥诗》《徐上升诗》等。之所以收录这些诗句，主要是由于陆增祥认为"右三诗，皆用刘转运韵，而金、徐二作皆称淳祐，徐诗又称建炎，所未详也，姑附于此"。[1]也就是说，他将上述题刻误作宋代题刻，才收录于卷尾。此外，该书所录《杨名时诗》《雷毂题记》等，也均为宋以后所镌刻。又，今人所撰有关白鹤梁题刻著作中，曾超《白鹤梁题刻辑录》有文无图，《长江三峡工程水库水文题刻文物图集》因非专录白鹤梁，故明清以后题刻，并无细分。白鹤梁题刻中夹杂部分北岩题刻、龙脊石题刻、江津莲花石题刻。而黄海《白鹤梁题刻辑录》录文虽称条分缕析，但于明清题刻多有误录者，如一题而两录，且有名称错乱，题刻归类不当的现象。此外，陈曦震《水下碑林白鹤梁》及《中国长江水下博物馆——白鹤梁题刻》等所列则较为简单，姑不具述。

---

[1]　《八琼室金石补正》，第 5387 页。

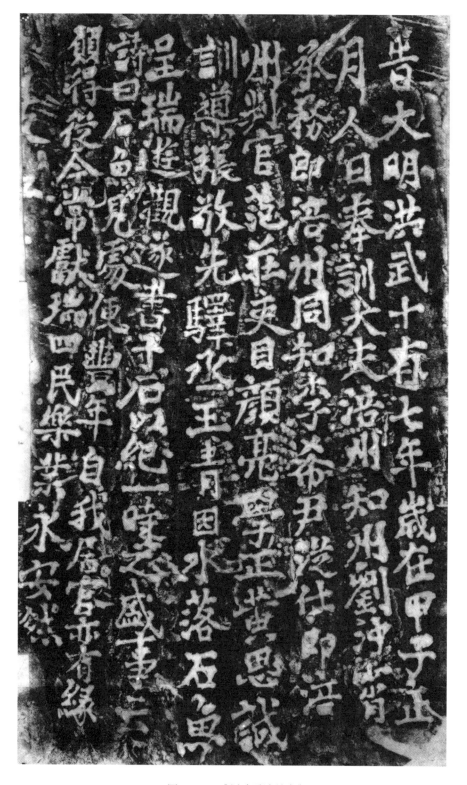

图 2-3-1 《刘冲霄诗并序》

录文：

　　时大明洪武十有七年，岁在甲子正月人日，奉训大夫、涪州知州刘冲霄，承务郎、涪州同知李希尹，从仕郎、涪州判官范庄，吏目颜亮、学正黄思诚、训导张敬先、驿丞王青，因水落石鱼呈瑞，游观，遂书于石，以记一时之盛事云。

诗曰：

　　石鱼见处便丰年，自我居官亦有缘。

　　愿得从今常献瑞，四民乐业永安然。

　　按：馆藏拓本长103厘米，宽64厘米。8行，正书，字径6厘米。镌刻时间为"大明洪武十有七年"，即洪武甲子年（1384）。甲子正月人日，为正月初七日。曾著及黄海《白鹤梁题刻辑录》、陈曦震《水下碑林白鹤梁》均定名《刘冲霄诗并序》。此诗另见于《（同治）重修涪州志》卷二《艺文志》。李胜《涪陵历史文化研究》将"训导"，误为"训尊"。又，"以记一时之盛事云"一句，《（同治）重修涪州志》作"以记一时之盛世云"。据《（雍正）河南通志》卷三十二载，"刘冲霄，四川内江人，举人"，曾历官松溪知县，南阳府同知，奉讯大夫、知涪州等。[1]黄思诚，据李胜考，"徽州休宁人，贡生。历官海盐训导（郝玉麟《福建通志》卷三九）、潮州府通判

（郝玉麟等《广东通志》卷二七）。洪武十七年（1384）涪州学正"。[2]另外，《（万历）温州府志》载，"黄思诚以儒士授略阳县丞"[3]，未知是否为同一人。李希尹，《（至大）金陵新志》载，"李希尹，从仕延祐元年"。[4]又，《（万历）开封府志》载有兰阳县知县李希尹。[5]从时间推断，二书所载恐均非题刻中人。张敬先，《读书敏求记》卷四有"保宁推官张敬先"[6]，然居官时间亦不符。

[1]　《（雍正）河南通志》卷三二。

[2]　《白鹤梁石刻题名人考按一百二十二则》，第175页。

[3]　《（万历）温州府志》卷一〇。

[4]　《（至大）金陵新志》卷六下。

[5]　《（万历）开封府志》卷一二。

[6]　《读书敏求记》卷四。

图 2-3-2 《黄思诚题记》

录文：

　　□公事于涪，学正黄公思诚，□涪州□江有□石，有鱼与□斗，□□□人皆有题记，□之是□□梦□□□□索予记游，成四句而□□日即□□□□黄公，公亦奇之，命□□□□□□。黄公言□□□□维□□乃出之□□□勒铭，民安□□。洪武二十一年正月□□□。□□□出□□□川等□□□□从之□□□。

　　按：馆藏拓本长73厘米，宽68厘米。14行，正书，大字字径9厘米，小字4厘米。题刻泐去文字甚多。今人所著均作《黄思诚题记》，然仅《白鹤梁题刻辑录》录文。今转录如下，以备有识者正之：

　　"□公事涪□黄公思诚□□州□江有□石□□□斗□□□□□题记□□□□□□□成四句而□□日即□□□□黄公公亦……洪武二十一年正……"[1] 黄思诚之名，亦见于前题《刘冲霄诗并序》。

[1] 《白鹤梁题刻辑录》，第 192 页。

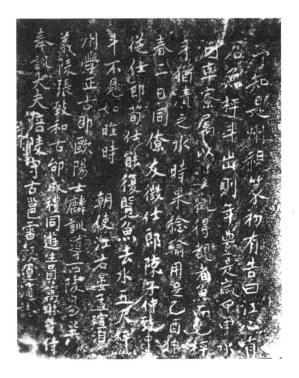

图 2-3-3　《雷榖题记》

录文：

予知是州，视篆初，有告曰：江心有石鱼、秤、斗出则年丰。是岁甲申，水涸，率僚属以游观，得睹者鱼，而双秤斗犹渍之水。时果稔，输用足。乙酉仲春二日，同僚友征仕郎、陈子仲致中，从仕郎、荀仕能复览，鱼去水五尺，秤、斗不见如昨时。朝使、江右晏孟瑄，泊州学正、古邵欧阳士麟，训导、西陵易巽，义陵张致和，古邵成礼同游。生员万琳等侍，奉训大夫、涪陵守古邕雷榖运通志。

按：馆藏拓本长80厘米，宽68厘米。10行，正书，字径4厘米。题刻见收于《八琼室金石补正》，但陆氏将其归入宋人题名。"是岁甲申水涸"一句，《白鹤梁题刻辑录》录作"是岁甲申戊酉"。"得睹者鱼，而双秤斗犹渍之水"一句，其作"得见者鱼而已，秤、斗犹渍之水"。又，"江右晏孟瑄"之"瑄"字，曾著录为"宣"。"泊州学正"，曾著作"涪州学正"。"古邵欧阳士麟"，《八琼室金石补正》作"古邰欧阳士鳞"。"生员万琳等侍"，《白鹤梁题刻辑录》作"生员万琳箐"。"涪陵守古邕雷懿运通志"，曾著有衍文，作"涪陵守古邕雷懿运通诗志"。欧阳士麟，《（光绪）湖南通志》载，"洪武十四年辛酉科"有欧阳士麟，为新宁人。[1]万琳，《（雍正）四川通志》载，其为涪州人，永乐年间举人。[2]又，该书载，张致和，岳池县人，亦永乐年间举人。[3]雷榖，古邕（治今广西南宁）人，《（隆庆）岳州府志》载，洪武庚午年（洪武二十三年，1390），有岳州知州雷榖，未知是否为同一人。万琳，《涪陵县续修涪州志》载，明宣德间有举人万琳，与陈素同榜。[4]

[1]　《（光绪）湖南通志》卷一三八。

[2]　《（雍正）四川通志》卷三五。

[3]　《（雍正）四川通志》卷三五。

[4]　《涪陵县续修涪州志》卷一〇。

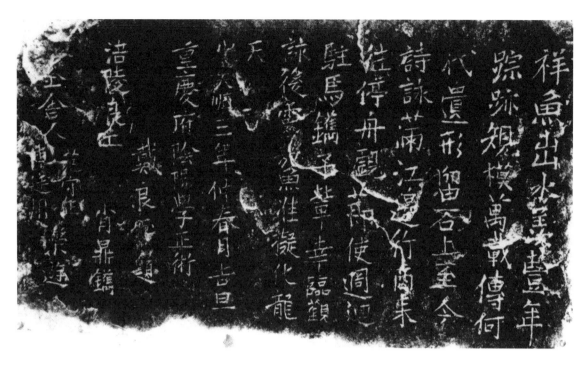

图 2-3-4 　《戴良□题记》

录文：

祥鱼出水美丰年，踪迹规模万载传。

何代遗形留石上，至今诗咏满江边。

行商来往停舟舰，节使周回驻马镌。

予辈幸临观咏后，灵鳌准拟化龙天。

□天顺三年仲春月吉旦，重庆府阴阳学正术戴良□题。涪陵□□肖鼎镌。同舍人范守正、□□川乐游。

按：馆藏拓本长104厘米，宽50厘米。13行，正书，字径5厘米。《白鹤梁题刻辑录》定名《戴良军题记》。曾著则言《戴良臣题诗》。《中国西南地区历代石刻汇编》名为《明戴良石鱼诗》。陈曦震《水下碑林白鹤梁》以及《长江三峡工程水库水文题刻文物图集》作《戴良□诗》。由于戴氏之名无法完全释读，故本书定名《戴良□题记》。"节使周回驻马镌"一句，诸家所录多作"节使周沉驻马镌"，误。此处周回，有徘徊之意，与诗文大意契合。"天顺三年仲春月吉旦"一句，曾著所录脱"月"字。"□□川乐游"，曾著录作"赵廷周乐游"。"涪陵□□肖鼎镌"一句，诸家多作"涪陵良工肖鼎镌"。"天顺三年"，"三年"二字之前，应该还有一字，今无从释读，姑缺。《白鹤梁题刻辑录》则于此处空而不录。范守正，《八千卷楼书目》载："《天官举正》一卷，明范守正撰，明刊本。"[1] 又有史书言其作《皇明肃皇外史》，未知是否为同一人。

[1] 《八千卷楼书目》卷一一。

图 2-3-5　《晏瑛诗并序·一》

录文：

予湖□□□自景泰四年癸酉，来牧是邦，尝闻石鱼、秤、斗在□□□石上，恨未获见。久为相传，出则为稔岁。至天顺三年己卯，奉□□□□遂率诸僚友往观，其鱼果显，鱼在□□□□□□□□，而水见一览，□□□□□□□，是遂作成鄙诗一律，以为□□之迹焉：

前人刻石作鱼镌，沉在中流历几年。

祥表丰岁何时变，化处中天商邀观。

古骚容身，游写赋传，天顺□率僚登览赋诗联。涪州通判晏瑛题，时同女婿□□游。

图 2-3-6 　《晏瑛诗并序·二》

按：馆藏拓本分为两幅：一幅长95厘米，宽54厘米；一幅长90厘米，宽65厘米。13行，正书，字径6厘米。曾著录文顺序颠倒，误将诗拓置前，记拓置后，《白鹤梁题刻辑录》《水下碑林白鹤梁》，则仅记拓，诗拓文字未见录入，图版亦不见。另外，此前诸书录文，"涪州通判晏英题，时同女婿

□□游"等文字均未见录。"久为相传"一句，曾著录作"人为相传"。"化处中天商邀观"作"化处中天商游观"。题刻诗文部分，涪州诸方志未见收录。晏瑛，籍贯、字号均不详，时为涪州通判。据文献记载，湖北应城有明代碑刻《火神庙碑记》云为晏瑛所题。[1]

[1] 《应城文史（第25辑）》，第131页。

图 2-3-7　《成化抄写古文诗记》

录文：

　　成化辛卯二月望日，涪州太守□公遣差吏张本仁、王□抄写古文诗记。

　　按：馆藏拓本长48厘米，宽35厘米。4行，正书，字径5厘米。题刻位于《姚昌遇等题名》左下方。曾著及《白鹤梁题刻辑录》《水下碑林白鹤梁》均定名《抄写古文诗记》。《长江三峡工程水库水文题刻文物图集》作《抄写石鱼文字题记》。

　　"涪州太守□公"，曾著及《白鹤梁题刻辑录》均录为"涪州太守龙公"。张本仁，史传失载。

图 2-3-8 《李宽观石鱼记》

录文：

江心有石焉，层见叠出，矻然于万流之中，而其深不知千万仞，固不可穷也。涪为西蜀岷江之汇，当春夏之交，涨溢其石，湆没而不可见，至秋冬或犹然，间或水落石，其年必丰。昔之好事者，因刻石鱼，题咏于上，以为大有。自唐迄宋迄元以至我□□，□□钜卿骚人墨客，悉皆有诗有记。银钩铁画、瑷章玉句，隐江波之中，历数千载而不磨灭，盖天地间一奇迹也。壬寅仲春既望，予偕叙州府同知陈旦、保宁府同知郭匆、府通判盛应期、德阳县知县吴琏、新繁县知县祁瓛、江安县知县徐崧、皆奉□于涪，簿书狱讼，既倦于勤都不得畅时，州守袁宗夔来观□。曰"江中石鱼，今忽复见，州民皆以为丰年之祥，盍往观之"。予于是遂泛舟逆流而上，众亦相继来观，石鱼果见。自公捶文杰制累累可数，而其隐伏于江波之中而未见不知其几也。呜呼！真天地间一奇迹哉，是不可以不记，□□乎书。正德丙寅仲春既望，四川按察司佥事、怀□李宽记。

按：馆藏拓本长148厘米，宽85厘米。16行，正书，字径2.5厘米。题刻文字另录于《（同治）重修涪州志》卷十四，其名作《石鱼记》。"矻然于万流之中"一句，"矻"字，曾著作"屹"。"而其深不知千万仞"，《（同治）重修涪州志》作"而其深不知几千万仞"。"涨溢其石"一句，其作"江水涨，溢其石"。"潜没而不可见"一句，曾著脱"可"字。"间或水落石，其年必丰"一句，《（同治）重修涪州志》作"或水落石见，其年必丰"。"题咏于上"，作"题于上"。"以为大有"，作"以为大有年之徵"。"以至我□□"一句，作"以至我皇明"。"□□钜卿骚人墨客"，作"名公钜卿骚人墨客"。"瑷章玉句"，作"琼章玉句"。"隐江波之中"，作"隐见江波之中"。"历数千载而不磨灭"一句，作"历数百年而不磨灭"。"壬寅仲春既望"，作"正德丙寅仲春既望"。"府通判盛应期"，曾著作"府通判盛应明"。"皆奉□于涪"，

《（同治）重修涪州志》作"皆奉命于涪"。"州守袁宗夔来观□"作"州守袁宗夔来谓予曰"。"盍往观之"一句，曾著仅及于"盍往"。"予于是遂泛舟逆流而上"，曾著录作"盍往予于是，□遂之舟，逆流而上"。"自公捶文杰制累累可数"一句，作"自公□雅文杰制累累可数"。《（同治）重修涪州志》作"自公卿文士雄文杰制累累可数"。"而其隐伏于江波之中"，作"而隐伏于江波之中"。"而未见不知其几也"，作"而未见者不知其几也"。"怀□李宽记"一句，曾著作"德安李宽记"。

郭匀，据《（嘉靖）广平府志》载，为肥乡人，成化丁酉科进士，仕至保庆府同知。[1]盛应期，据《国朝列卿纪》载："直隶吴江人，弘治癸丑进士，嘉靖六年以右都御史任、八年被劾免。"[2]未知是否即题刻中人。吴璇，"成化末知含山县，廉静简易，专务德化"。[3]祁瓛，《（雍正）四川通志》云，正德中任雅州知州。[4]另据《（雍正）陕西通志》载，其为陕西乾州（治今陕西乾县）人。[5]徐崧，据《（嘉靖）河间府志》载，直隶泰州人，嘉靖间曾任河间府知府。[6]袁宗夔，据李东阳《明故江西布政司左参政赵君孟希墓志铭》所载，其字子襄，曾官□□府同知，为江西布政司左参政赵孟希之婿。[7]《涪陵县续修涪州志》误录其名作"袁宗奎"。[8]

[1]　《（嘉靖）广平府志》卷一〇。
[2]　《国朝列卿记》卷一〇二。
[3]　《大明一统志》卷一七。
[4]　《（正德）四川通志》卷三〇。
[5]　《（雍正）陕西通志》卷三一。
[6]　《（嘉靖）河间府志》卷一七。
[7]　李东阳撰；周寅宾，钱振民校点：《李东阳集》卷二二八，岳麓书社，2008年，第228页。
[8]　《涪陵县续修涪州志》卷九。

图 2-3-9 《黄寿石鱼诗》

录文：

时乎鸥鸦见，石出亦是凶。

丰凶良有自，奚关水石踪。

节用爱人心，胡为有不同。

大明正德庚午，涪守江西。

南城黄寿书

按：馆藏拓本长65厘米，宽42厘米。6行，正书，字径4厘米。曾著定名《黄寿题诗》，黄海《白鹤梁题刻辑录》则名《黄寿题记》。《长江三峡工程水库水文题刻文物图集》作《黄寿石鱼诗》。《中国西南地区历代石刻汇编》作《正德庚午黄寿石鱼题刻》。题刻另见收于《重修涪州志》。黄寿，《（同治）重修涪州志》云："正德间州牧，朝暮焚香危坐，凡百念虑动，处事皆符应世，因号为神官。"[1]（此语又见后题和诗）又，《（康熙）江西通志》云："黄寿，南城人，顺天中，试知州。"[2]后题谓其"名寿，字纯仁，号松崖，江右南城人"（联句和黄寿诗）。正德庚午，即正德五年（1510）。《涪陵县续修涪州志》云："万历中，由黄州以异政擢涪守，尚俭革俗，期年而六事孔修。"[3]从题刻所镌时间推断，方志所载万历间擢涪守事或存讹误。

[1] 《（同治）重修涪州志》卷一五。

[2] 《（康熙）江西通志》卷五三。

[3] 《涪陵县续修涪州志》卷九。

图 2-3-10　《联句和黄寿诗》

录文：

　　鱼出不节用（张瓛），年丰难为丰（刘用良）。

　　鱼没知节用（文行），年凶未必凶（文羽夏）。

　　造化存乎人（蒋建辰），丰凶岂无踪（刘是）。

　　神官俭且廉（吴崇夔），小子心当同（张儒臣）。

　　黄公博学六经，尤精术书。登京榜筮仕判黄州，以异政擢为涪守，尚俭革弊，期年而六事孔修。庚午元日渡江拜伊川先生祠，舟还次江心，观石鱼留题。盖以岁之丰歉不关于石鱼之出没，惟系于国用之俭奢。其辅相天道，收束人心之美意，不其茂哉。时瓛等侍行，庸是续貂，相誓□周众宙，崇黄公之俭德而不敢倡丰亨豫大之说也。公名寿，字纯仁，号松崖，江右南城人。朝暮焚香危坐，凡百念虑，动处应事，□符应世，因号为神官云。

　　按：馆藏拓本长65厘米，宽42厘米。6行，正书，字径4厘米。此和诗方志未见，曾著定名《联句和黄寿诗记》。《白鹤梁题刻辑录》《长江三峡工程水库水文题刻文物图集》则云《联句和黄寿诗》。张瓛，《白鹤梁题刻辑录》录作"张献"。"刘是"作"刘昊"。"盖以岁之丰歉不关□石

鱼之出没，惟系□国用之俭奢"一句，曾著作"盖以岁之丰歉不关术，石鱼之出没惟系术，国用之俭奢"。"相誓□周众宙"一句，《白鹤梁题刻辑录》作"相誓晋周众宙"，曾著作"相誓告周众宙"。

　　据《（雍正）四川通志》，刘用良，涪州人，正德丁卯（正德二年，1507）举人。[1]而《（乾隆）涪州志》言其为"正德甲子科举人"[2]，未知孰是。又，文行，《（同治）重修涪州志》云："通判文行墓，长里花垣坝。"[3]《涪陵县续修涪州志》载，文行，涪州人，岁贡生，后为湖南辰州府通判。[4]"张瓛，四川人，湘乡县教谕（嘉靖时任）。"[5]文羽夏，《（乾隆）涪州志》有载："知州文羽麟墓，在长里朱沙坪"[6]，该志卷九另载有贡生文羽书[7]，未知是否与其为弟兄行。张儒臣，据垫江县文管所藏《明故伯考张公墓志铭》，当为涪州人，曾为陕西平凉府泾州儒学训导。其余诸人，史传无载。

[1]　《（雍正）四川通志》卷三五。

[2]　《（乾隆）涪州志》卷九。

[3]　《（同治）重修涪州志》卷二。

[4]　《涪陵县续修涪州志》卷一五。

[5]　《（光绪）湖南通志》卷一一七。

[6]　《（乾隆）涪州志》卷一，《四川大学图书馆馆藏珍稀四川地方志丛刊》，第129页。

[7]　《（乾隆）涪州志》卷一，《四川大学图书馆馆藏珍稀四川地方志丛刊》，第241页。

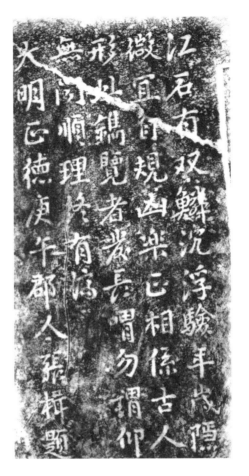

图 2-3-11　《张楫题诗》

录文：

江石有双鳞，沉浮验年岁。

隐微宜自规，凶乐正相系。

古人形此镜，览者发长喟。

勿谓仰无阙，顺理终有济。

大明正德庚午，郡人张楫题

按：馆藏拓本长68厘米，宽34厘米。5行，正书，字径4厘米。曾著并《白鹤梁题刻辑录》及《长江三峡工程水库水文题刻文物图集》均作《张楫题诗》。题刻文字另收入《（同治）重修涪州志》之中，名为《白鹤梁石鱼》。其中，"沉浮验年岁"一句，《志》作"浮沉验年岁"。"隐微宜自规"一句，《志》作"牧长宜自规"。"古人形此镜"一句，《志》作"古人为此镜"。"勿谓仰无阙，顺理终有济"，《志》作"鱼格符易占，中孚自有济"。正德庚午，即正德五年（1510）。《（雍正）四川通志》载，直隶潼川州知州，有名张楫者，举人。[1]另据《（光绪）湖南通志》记载，明正德间有涪州人张辑为临湘县训导[2]，未知是否为同一人。

[1]　《（雍正）四川通志》卷三〇。

[2]　《（光绪）湖南通志》卷一二〇。

图 2-3-12 　《和涪守黄寿诗》

录文：

石鱼随出没，民安即是丰。

一州蒙作福，百姓免遭凶。

张弛谁能测，奸横自敛踪。

天工夺造化，屈指几人同。

大明正德庚午

涪人□□拜和

按：馆藏拓本长50厘米，宽45厘米。8行，正书，字径3厘米。曾著定名《张楫拜和诗》。《白鹤梁题刻辑录》定名《□□题记（和黄寿）》。《长江三峡工程水库水文题刻文物图集》作《和涪守黄寿诗》。陈曦震《水下碑林白鹤梁》作《□□题记》。《白鹤梁诗萃》则曰《张楫》。"天工夺造化"一句，曾著录作"天工奇造化"。"大明正德庚午涪人□□拜和"，曾著作"大明正德庚午涪人张楫拜和"。

图 2-3-13　《涪州同知题记》

录文：

正德□年二月二十九日，李□□□□□□□□，涪州同知记。

按：题刻位于蒙文题刻右方，陈曦震《水下碑林白鹤梁》《长江三峡工程水库水文题刻文物图集》，黄海《白鹤梁题刻辑录》及《中国西南地区历代石刻汇编》等均未收录，涪州诸方志亦未见提及。题刻首端仅存"正德"二字，后失纪年，同时期其他题刻《联句和黄寿诗》《张楫题诗》及《和涪守黄寿诗》等均镌于正德庚午年（正德五年，1510），故知是年为石鱼出水年，据此推知该题刻亦为正德五年所题。正德间任涪州同知者，据载有高邮人陵茂，[1]但未知此处题刻者是否即此人。

[1]　《清朝续文献通考》卷二一四。

图 2-3-14 《罗奎诗并序·一》

图 2-3-15　《罗奎诗并序·二》

录文：

万历己丑上元后一日，予偕江、金二别驾往观石鱼。读宋淳祐中太守同僚廖刘转运诗，因步韵以纪事云。

神鱼翠壁托奇镌，不落池塘岂傍莲。

春雨涨江翻巨浪，晴波浮石兆丰年。

渔人把钓空垂饵，太史占祥庆有先。

惟愿此中相继见，公余同咏附前贤。

惠阳罗奎

按：馆藏拓本分作两拓，其一长138厘米，宽63厘米。13行，正书，字径8厘米。其二长80厘米，宽68厘米。7行，正书，字径8厘米。曾著、黄海《白鹤梁题刻辑录》、陈曦震《水下碑林白鹤梁》均作《罗奎诗并序》。《长江三峡工程水库水文题刻文物图集》作《罗奎诗序》。《中国西南地区历代石刻汇编》作《罗奎石鱼题记》。"予偕江、金二别驾往观石鱼"一句，曾著作"予偕江全永别驾往观石鱼"。题刻诗句另见《（同治）重修涪州志》，名为《罗奎白鹤梁石鱼》。"神鱼翠壁托奇镌，不落池塘岂傍莲"一句，《志》作"神鱼翠壁览奇镌，不向池塘共戏莲"。"渔人把钓空垂饵，太史占祥庆有先"，《志》作"渔人罢钓空船后，太史占祥瑞雪先"。"惟愿此中相继见"，《志》作"惟愿双鳞相继见"，曾著作"惟愿此中常相见"。罗奎，惠阳人。《（崇祯）清江县志》载，嘉靖十九年（1540）庚子，有（清江县）同知罗奎到任，恐即此人。

图2-3-16 《江应晓诗记》

录文：

扁舟江上觅神镌，结社何须访白莲。

水底影浮刚一尺，亩中兆协巳千年。

沉碑我识杜元凯，博物谁同张茂先。

别驾重来赓转运，风流太守是前贤。

新安江应晓

按：馆藏拓本长110厘米，宽88厘米。9行，正书，字径8厘米。曾著及陈曦震《水下碑林白鹤梁》定名《江应晓题诗》。《白鹤梁题刻辑录》作《江应晓诗记》。《长江三峡工程水库水文题刻文物图集》作《江应晓诗》。陆增祥《八琼室金石补正》误将此题刻列入宋代题刻，名为《江应晓诗》。

"扁舟江上觅神镌，结社何须访白莲"一句，曾著录文"扁舟江上觅神镌，灶何须访白莲"。"别驾重来赓转运"一句，曾著作"别驾重来齐转运"。所谓新安江应晓，即前题所言"江、金二别驾"之江姓者。据《（光绪）重修安徽通志》载："江应晓，字觉卿，歙县人。以贡通判涪州，厌苦簿书，归就驻跸山筑室，博览群籍，著有《对问编》《嚣嚣集》，学者称'山城先生'。"[1]杜元凯，即杜预，元凯为其字。曾在襄阳兴水利，百姓称之为"杜父"。元凯作两碑，一碑沉万山山下潭水中；另一沉岘山山下水中，碑文述己之功业。元凯沉碑时说："百年之后，何知不深谷为陵也。"[2]江应晓在此借杜元凯沉碑事，并引申其意，即使百年之后，深谷突起为丘陵，亦是徒然。空有丘陵出，多少英雄豪杰、古圣先贤，不是都凋零作古了吗？张茂先，即张华，字茂先，晋惠帝时为司空。《晋书》言，张茂先雅爱书籍。"身死之后，家无余财，惟有文史，溢于几箧。尝徙居，载书三十乘。秘书挚虞，撰定官书，皆资华本，以取正也。天下奇秘，世所罕有者，悉在华书。博物洽闻，世无比。读书者当观此。"[3]此诗用典，即源于此。

[1] 《（光绪）重修安徽通志》卷二二四。

[2] 《太平御览》卷六二。

[3] 《晋书》卷三六。

图 2-3-17 《金国祥诗记》

录文：

江石之鱼何代镌，江头之石拥青莲。

呈奇偏遇上元节，题句因书淳祐年。

来去岂为蓑笠引，浮沉不作鼋鼍先。

今人漫续古人咏，他日还传此日贤。

新安金国祥

按：馆藏拓本长110厘米，宽80厘米。9行，正书，字径8厘米。曾著及黄海《白鹤梁题刻辑录》、陈曦震《水下碑林白鹤梁》定名《金国祥题诗》。《长江三峡工程水库水文题刻文物图集》作《金国祥诗》。重庆中国三峡博物馆《涪州石鱼文字调查报告》作《金国祥和刘忠顺诗》。《中国西南地区历代石刻汇编》作《金国祥石鱼题诗》。陆增祥《八琼室金石补正》将其列入宋代题刻，名《金国祥诗》。所谓新安金国祥，即前题所言"江、金二别驾"之金姓者。金国祥，新安（治今河南洛阳新安县）人。《（光绪）湖南通志》言其曾为安乡县（治今湖南安乡县）县学训导。《（雍正）河南通志》又载其为信阳州（治今河南信阳）人。

图 2-3-18 《七叟胜游》

录文：

七叟胜游。刘□□、刘道、曾彦甲、刘昌祚、陈文炜、夏可洲、罗瑛，俱郡人，时年近期颐，大明天启七年丁卯上元之吉。

按：馆藏拓本长84厘米，宽36厘米。11行，正书，字径5厘米。曾著及《长江三峡工程水库水文题刻文物图集》定名《七叟胜游》。《白鹤梁题刻辑录》《水下碑林白鹤梁》作《七叟游》。曾著录文："七叟胜游。刘惠□、刘道、曾彦甲、刘昌祚、陈文炜、夏河洲、罗瑛俱郡人，时年近期颐，大明天启七年丁卯上元之吉。"《白鹤梁题刻辑录》录文："七叟游。刘道、曾彦田、刘昌祚、陈文炜、夏河洲、罗瑛俱郡人，时年近期颐，大明天启七年丁卯

上元之吉。"题刻所记七人，均为涪州本地人。其中刘□□，《（乾隆）涪州志》载有明代贡生刘怀德与刘昌祚等同时[1]，曾为无锡县县丞[2]，且题刻泐损文字疑似"怀德"二字，而《（同治）重修涪州志》亦录有此题刻，并释作"刘志德"。又，"陈文炜"，《（同治）重修涪州志》及《涪陵县续修涪州志》均记作"陈文常"。[3]刘昌祚，史言其"号瀛台，美丰仪，精词翰，虽屡试台省，毫无贵介气。神宗朝，以祖忠懋公之荫，屡旨起用，皆高尚不就，时有七叟为侣，共联题咏，今江心石鱼尚存，七叟胜游之刻"。[4]《涪陵县续修涪州志》亦载刘昌祚事，唯文字小异，"刘昌祚，号瀛台，司谏刘之孙，恬雅工辞翰，无贵介气，神宗朝以祖荫召用，弗就，结七叟为友，日事觞咏，白鹤梁刻有'七叟胜游'

---

[1] 《（乾隆）涪州志》卷九。

[2] 《（道光）涪州志》卷九。

[3] 《（同治）重修涪州志》卷一〇、《涪陵县续修涪州志》卷一五。

[4] 《（乾隆）涪州志》卷一〇。

四字"。[1]夏可洲，前人所录均作"夏河洲"，今据《（乾隆）涪州志》所记正之。该志载，"夏可洲，号海鹤，博通词赋，读书大渠灏，架草亭于江岸，日吟咏著述。渝州倪司农遇同颜其居，曰野史堂，因赠一联云：'有才司马因成史，未老虞卿已著书。'始名犹露副榜，则身达城市，人号'野史名儒'"。[2]又，该书卷九载，夏可洲，曾中明嘉靖年"甲午、庚子两闱"。[3]明天启间另有夏可润，《（同治）重修涪州志》言其为涪州训导，或与其为兄弟行。[4]罗瑛、刘道，《（乾隆）涪州志》言二人均为"岁贡生，已仕"。其中罗瑛为涪州训导，《涪陵县续修涪州志》误作"罗英"。[5]刘道为涪州教授。[6]

另，《（同治）重修涪州志》有载："刘志德、刘道、曾彦甲、陈文常、夏可洲、罗瑛，俱年近百岁，名镌白鹤梁。"[7]

[1]　《涪陵县续修涪州志》卷一五。

[2]　《（乾隆）涪州志》卷一〇。

[3]　《（乾隆）涪州志》卷九。

[4]　《（同治）重修涪州志》卷八。

[5]　《涪陵县续修涪州志》卷一五。

[6]　《（乾隆）涪州志》卷九。

[7]　《（同治）重修涪州志》卷一〇。

图 2-3-19 《张栱题记》

录文：

石鲤呈祥出水中，老天有意报时丰。

虽然造化先□息，还自黄侯燮理功。

张栱

官石匠吴仲一

按：馆藏拓本长84厘米，宽36厘米。7行，正书，字径5厘米。曾著定名《张栱题诗》。《白鹤梁题刻辑录》作《张栱题记》。《水下碑林白鹤梁》作《吴仲一题记》。《长江三峡工程水库水文题刻文物图集》作《张栱诗》。题刻文字部分，仅见曾著及《长江三峡工程水库水文题刻文物图集》将"栱"作"栱"。又，曾著并黄海《白鹤梁题刻辑录》，认为"官石匠吴仲一"等字为另一题刻。[1]然据拓本文字分布及字体风格，二者极可能为同一题刻。张栱，据《（嘉靖）彰德府志》载，彰德府有推官，名张栱，内江（治今四川内江）人，"以进士任，善听讼"。[2]又，据垫江县文管所藏《明故伯考张公墓志铭》，有嘉靖间国子监生张栱为志主弟，《联句和黄寿诗》所见张儒臣叔，涪州人，此处所见极或为此人。

[1] 《白鹤梁题刻辑录》，第273页。

[2] 《（嘉靖）彰德府志》卷六四。

图 2-3-20 《王士祯石鱼诗》

录文：

康熙十一年典试四川乡试、户部郎中

王士祯题

涪陵水落见双鱼，

北望乡园万里余。

三十六鳞空自在，

乘潮不寄一封书。

后学陈廷璠书

按：馆藏拓本长84厘米，宽36厘米。11行，正书，字径5厘米。曾著、《白鹤梁题刻辑录》

《水下碑林白鹤梁》均作《陈廷璠书王士祯诗》。《长江三峡工程水库水文题刻文物图集》作《王士祯石鱼诗》。王士祯此诗、清代涪州诸方志及其他文献均有记录。王士祯，《清史稿》有传，"字贻上，号阮亭，又自号渔洋山人，顺治乙未进士，官至刑部尚书，谥文简"。[1]又，陈廷璠，《听雨楼随笔》载："号六斋，涪州人，以孝廉补粤西。藤县素多盗，捕戮殆尽。偶乘舟外出泊荒洲，寝后闻有人，连呼速起，披衣开窗起视无人，旋闻舟前群盗汹涌而来，踰窗登岸，匿林中。贼入，执役问官所在，入见衾枕宛然，疑其尚卧，众刃交下，碎榻而去。后侦知官竟无恙，惊为神佑，尽避去，民为立生祠。"[2]《（乾隆）涪州志》言其"乾隆丁酉中庚子科"。[3]同书卷十一《艺文志》载有其《吊何贞女》文一篇。[4]《涪陵县续修涪州志》言为"乾隆庚子举人，嘉庆辛酉大挑一等，分发广西。历任荔、圃、藤县知县。父于宣，兄弟俱早丧"。[5]而《（道光）涪州志》载："陈廷璠，煦之本生父，封朝议大夫。"[6]又载"（廷璠）性廉正不苟，取治荔浦时，俗好起亲尸骨，人甓停葬为作正葬，严谕止之。藤素多盗，设法弥御。又修培书院课士，文风大振。种种善绩，出自醇儒。子五，皆显宦，迎养署中，最以清廉。尝令分俸以助族戚贫者，里党中无不仰其德范，崇祀乡贤"。此外，该志首卷"坟墓"门另载，"朝议大夫陈廷璠墓，长里宝带溪"。[7]"北望乡园万里余"，《柳亭诗话》作"北望乡关万里余"。[8]

[1] 《清朝续文献通考》卷二二一。

[2] 《听雨楼随笔》卷四。

[3] 《（乾隆）涪州志》卷九。

[4] 《（乾隆）涪州志》卷一一。

[5] 《涪陵县续修涪州志》卷一二。

[6] 《（道光）涪州志》卷九。

[7] 《（道光）涪州志》卷一。

[8] 《柳亭诗话》卷二。

图 2-3-21　《萧星拱观石鱼记》

录文：

涪江之心有石鱼，春初鱼见，可卜丰稔。州之八景云"石鱼兆丰稔"者，即其所也。甲子春正月，忠州守朱世兄自巴渝返。舟过此，其尊人与余谊属师弟，而其叔朱羽公讳麟祯者，初官于涪，士民德之，亦尝来此。余因携觞偕往，以续旧游。见石鱼复出，则是年之稔可知，因举觞相庆曰：国之重在民，民之重在食，而食之足，又在乐岁之有余，则吾侪之此一游也，非但以游观为乐，直乐民之乐也云尔，于是乎记。

大清康熙二十三年甲子春正月二十九日，同游知忠州事、三韩商玉朱之琏、浙江慈溪寅凡周允奇。郡守旴江萧星拱题。

按：馆藏拓本长137厘米，宽128厘米。18行，正书，字径6厘米。此题刻位于明代题刻《李宽观石鱼记》的右上方，二者几成一体。曾著及《白鹤梁题刻辑录》《水下碑林白鹤梁》均作《萧星拱观石鱼记》。《长江三峡工程水库水文题刻文物图集》作《萧星拱石鱼记》。《中国西南地区历代石刻汇编》作《清萧星拱观鱼记》。"见石鱼复出"一句，《白鹤梁题刻辑录》有脱字，作"石鱼复出"。"浙江慈溪寅凡周允奇"一句，曾著录作"浙江慈溪寅凡周御奇"。忠州守朱世兄，即题刻末所署朱之琏，《（雍正）四川通志》载："朱之琏，镶白旗，监生，康熙二十二年任忠州知州。"[1]另据《清朝续文献通考》载："一等侯朱之琏，汉军正白旗人，明太祖第十三子代简王桂后。雍正二年十二月，特旨加恩，封一等侯，奉岁祀。乾隆十四年八月，赠一等延恩侯，世袭。朱震，朱之琏子。雍正九年四月袭。朱绍美，朱震子。乾隆十一年二月袭，十四年八月袭一等延恩侯，缘事革职。朱仪凤，朱绍美侄，乾隆四十年十二月袭。"[2]朱麟祯，《姚端恪公文录》有载："康熙九年五月，内部覆四川涪州知州朱麟祯等戴罪造册，援赦销案一疏，溯查原案，则康熙六年，因清丈地亩，造册迟延一事也。"[3]据此可知，朱麟祯任涪州知州，当在康熙九年（1670）前后。萧星拱，据《（雍正）四川通志》载："涪州治，康熙六年知州朱麟建，二十二年知州萧星拱复修。"[4]据此推知，其于康熙二十二年（1683）前后任涪州知州。又，同书载，萧氏本江西吏员，涪州之前为忠州知州。康熙三十年（1691）调任重庆府知府。[5]另，《涪陵县续修涪州志》云："萧星拱，江西人，康熙十九年知州事，修学宫，补修州署。"[6]

---

[1] 《（雍正）四川通志》卷三一。

[2] 《清朝续文献通考》卷二五四。

[3] 《姚端恪公文录》卷一。

[4] 《（雍正）四川通志》卷二八中。

[5] 《（雍正）四川通志》卷三一。

[6] 《涪陵县续修涪州志》卷九。

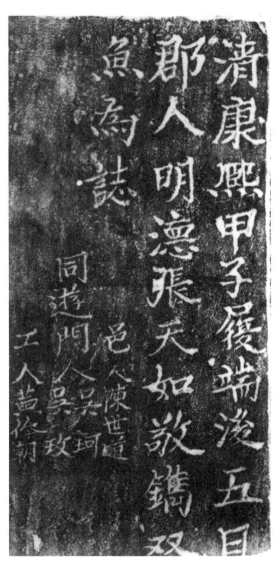

图 2-3-22 　《张天如镌石鱼题记》

录文：

　　清康熙年甲子履端后五日，郡人明德张天如敬镌双鱼为志。

　　　　　　邑人陈世道

　　同游　门人吴珂、吴玫

　　　　　　工人黄倬朝

　　按：馆藏拓本长50厘米，宽25厘米。4行，正书，字径4厘米。《白鹤梁题刻辑录》作《张天如镌石鱼题记》。曾著作《张天如等镌石鱼记》。《长江三峡工程水库水文题刻文物图集》《水下碑林白鹤梁》作《张天如等题》。《中国西南地区历代石刻汇编》定名《清张天如镌石鱼题记》。张天如，明末有张天如，即张溥，然其为江苏太仓人，且康熙甲子（康熙二十三年，1684）年已卒，故此张天如当别是一人。吴玫，据《（康熙）江西通志》，康熙三十八年（1699）己卯乡试，有南城人吴玫，未知是否即此人。[1]

[1]　《（康熙）江西通志》卷五六。

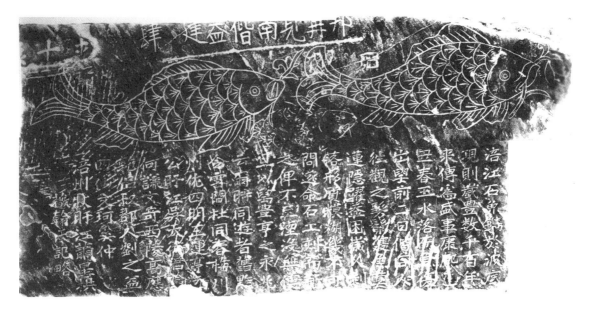

图 2-3-23 《萧星拱重镌双鱼记》

录文：

涪江石鱼，镌于波底，现则岁丰。数千百年来，传为盛事。康熙乙丑春正，水落而鱼复出。望前二日，偕同人往观之，仿佛双鱼蕊莲隐跃。盖因岁久剥落，形质模糊，几不可问。遂命石工刻而新之，俾不至湮没无传，且以望丰亨之永兆云尔。时同游者旧黔令、云间杜同春梅川，州佐、四明王运亨元公，盱江吴天衡高伦，何谦文奇，西陵高应乾侣叔，郡人刘之益四仙，文珂奚仲。涪州牧盱江萧星拱薇翰氏记略。

按：馆藏拓本长220厘米，宽108厘米。20行，正书，字径7厘米。《长江三峡工程水库水文题刻文物图集》《水下碑林白鹤梁》《白鹤梁题刻辑录》《中国西南地区历代石刻汇编》以及曾著均名之为《萧星拱重镌双鱼记》。"时同游者旧黔令、云间杜同春梅川，州佐、四明王运亨元公，盱江吴天衡高伦，何谦文奇，西陵高应乾侣叔，郡人刘之益四仙，文珂奚仲"等文字，黄海《白鹤梁题刻辑录》录作："时同游者旧黔令云间杜同春、梅川州佐四明、王运亨□公、盱江吴天衡、□□何谦文奇，西陵高应乾侣叔，郡人刘之益，四仙文珂奚仲。"杜同春，字悔川，云间（治今上海松江）人，拔贡。康熙五年（1666）任黔江县知县。[1]刘之益，号

---

[1] 《（康熙）四川通志》卷三一。

四仙，涪州人。[1]《（乾隆）涪州志》言其"闻见博洽，康熙癸亥年（康熙二十二年，1683）创修涪志"。[2]《涪陵县续修涪州志》云其"素有文名，明献贼（张献忠）破涪，会永历正号于粤，之益自念家世忠孝，乃间关赴行在，授直州牧，升礼部义制司员外郎，旋升贵州思仁道佥事，监营军"。[3]《重修昭觉寺志》载有刘之益《访丈雪老人》诗一首："六十余年复此游，记今八秩雪盈头。蜀宫帝子知谁去，竺国祇人弗假修。畴昔恨无白足侣，喜兹尽是赤髭俦。徘徊欲宿谈前事，凡骨未仙不敢留。"[4]文珂，字奚仲，涪州人，岁贡生，康熙二十二年（1683）纂修州志。[5]又，《（同治）重修涪州志》云："知县文珂墓，长里花垣坝。"[6]

[1] 以往学人均言四仙为刘之益之字，今据涪州诸志所载，四仙实为其号（见《（乾隆）涪州志》卷一〇、《涪陵县续修涪州志》卷一二）。

[2] 《（乾隆）涪州志》卷一〇。

[3] 《涪陵县续修涪州志》卷一二。

[4] 《重修昭觉寺志》卷六。

[5] 《涪陵县续修涪州志》卷二七。

[6] 《（同治）重修涪州志》。

图 2-3-24　《高应乾题记》

录文：

> 访胜及春游，双鱼古石留。
>
> 能观时显晦，不逐浪沉浮。
>
> 守介难投饵，呈祥类跃舟。
>
> 胥归霖雨望，千载砥中流。
>
> 西陵高应乾侣叔氏题

　　按：馆藏拓本长55厘米，宽50厘米。8行，正书，字径5厘米。曾著及《水下碑林白鹤梁》定名《高应乾题诗》。《白鹤梁题刻辑录》则作《高应乾题记》。《长江三峡工程水库水文题刻文物图集》定名《高应乾诗》。《中国西南地区历代石刻汇编》一书未见收录。另外，《（同治）重修涪州志》卷二有载，卷一五又录该诗，名《西陵人高应乾侣叔白鹤梁观石鱼》。题刻所镌时间，《八琼室金石补正》《涪州志》《全宋诗》《宋代蜀诗辑存》诸书均相沿认为宋代题刻，高应乾乃南宋人。然据李胜考，题刻作于"康熙乙丑"，时与萧（星拱）氏等同游。[1]

---

[1]　《涪陵历史文化研究》，第124页。

图 2-3-25 《徐上升、杨名时诗记》

录文：

预兆年丰

约赋石鱼江上镌，伊人佳句比青莲。

留形远垂建炎代，多志由考淳祐年。

潜见何心关运会，人材有意赞今先。

民依可念愁鲂尾，题石故愿刺史贤。

涪庠士徐上升同兄上□、上朝和

江上鱼兮石上镌，浪生鳞甲拥为莲。

鉴湖不游惊鱼笛，白鹤将鸣和有年。

在藻兴歌时已远，临渊难美钩谁先。

风流刺史悬鱼节，化作游鳞颂今贤。

涪庠士杨名时和

清康熙乙亥人日刻鱼和书

按：馆藏拓本长180厘米，宽114厘米。20行，正书，字径4厘米。《白鹤梁题刻辑录》《水下碑林白鹤梁》均名《徐上升、杨名时诗记》。曾著作《徐上升、杨名时倡和诗》。《长江三峡工程水库水文题刻文物图集》作《杨名时等诗》。"伊人佳句比青莲"，曾著作"伊人佳句此青莲"。"潜见何心关运会"，《白鹤梁题刻辑录》作"潜见何心关远会"。"涪庠士徐上升同兄上□、上朝和"，《白鹤梁题刻辑录》作"涪庠士徐上升同兄上雍、上朝和"。《八琼室金石补正》作"涪庠士徐上升同兄上胤、上朝和"。"涪庠士杨名时和，清康熙乙亥人日刻鱼和书。"曾著作"清康熙乙亥涪庠士杨名时和"。杨名时，据《（康熙朝）东华录》载："丙寅，以杨名时为贵州布政使，由直隶巡道迁。"[1]然此题刻有"涪庠士杨名时"之称，当别是一人。《（乾隆）涪州志》有"教谕杨名时墓，在洗墨溪"。[2]另，该志卷九载其曾为绵竹县训导。[3]又，《（同治）重修涪州志》亦载，杨名时为涪州人，曾为四川绵竹县训导。卒葬涪州洗墨溪[4]，或即此人。徐上升，《（乾隆）涪州志》载其字殿旭。[5]另据《涪州徐氏家谱》载，清代徐氏进士及第共五人，即徐彦章、徐天照、徐上升、徐仕鹏、徐玉书，又言"李渡徐氏一脉显贵为文，五进士多出此房"。[6]

[1]　《（康熙朝）东华录》卷一〇四。

[2]　《（乾隆）涪州志》卷一。

[3]　《（乾隆）涪州志》卷九。

[4]　《（同治）重修涪州志》卷二。

[5]　《（乾隆）涪州志》卷九。

[6]　转引自《甲午抗日名将徐邦道》，重庆市涪陵区政协文史资料委员会（内部编印），2003年，第15页。

图 2-3-26 《董维祺题记》

录文：

溯清流而漱甲，砥洪波以安澜。旋因止水，住为依山。留卜丰年之兆，待作化龙之观。皇清康熙丙戌春正五日，江心石鱼报出，土人云：见则岁稔。余因偕僚友往观，并勒铭以志其兆云。

内阁纂修实录、涪刺史、千山董维祺题

按：馆藏拓本长55厘米，宽50厘米。8行，正书，字径5厘米。曾著及《白鹤梁题刻辑录》《水下碑林白鹤梁》《长江三峡工程水库水文题刻文物图集》均定名《董维祺题记》。"内阁纂修实录、涪刺史、千山董维祺题"，曾著脱"题"字。"皇清康熙丙戌春正五日"，《白鹤梁题刻辑录》作"皇清康熙丙戌春正五日"，"戌"当为"戌"之误。据《（雍正）四川通志》，"董维祺，镶白旗监生，康熙四十三年（涪州知州）"。[1]又，该志载其事迹，"涪州儒学，在州南，明宣德景泰间建，万历中，守宪陈大道增修，广置学田，明末圮。国朝康熙四十六年，知州董维祺重建"。[2]另外，该志《黄志焕传》云："黄志焕，涪州人，事父母以孝称。康熙己丑夏，五城中失火，延烧民居，父适病卒，志焕先扶母置他所，复冒烈焰入，寻父尸以出，州牧董维祺目击之，额其门。"[3]此外，《涪陵县续修涪州志》言："董维祺，奉天人，康熙四十三年知州，留心教养，续修州志。"[4]《（乾隆）涪州志》卷一一《艺文志》载有董维祺《涪陵八景》诗八首。[5]

[1] 《（雍正）四川通志》卷三一。

[2] 《（雍正）四川通志》卷五中。

[3] 《（雍正）四川通志》卷一〇下。

[4] 《涪陵县续修涪州志》卷九。

[5] 《（乾隆）涪州志》卷一一。

图 2-3-27 《罗克昌题记》

录文：

古涪江心卧石梁，梁上凿鱼鱼徜徉。岂是王余留半面，非同沙内曳红裳。三十六鳞形质全，闻说在昔唐人镌。此石成鱼鱼赖水，胡为失水偏有年。呜呼噫嘻知之矣，纪闻纪见俱至理。白鱼入舟周载祥，圣嗣钟灵独梦鲤。讲堂鹳鹤集三鳣，公卿象服说非俚。太人占之曰维丰，此事更与瑞鳞通。独茧苴钩强不起，石文潜现悉天工。我来涪陵鱼常出，岁岁仓箱盈百室。今兹休暇复往观，鱼高水面空匲窟。额手称庆告农夫，及时举籽莫荒芜。圣朝仁爱天心见，人事承麻切自图。主伯亚旅勤胼胝，三时不懈冻馁无。纯孝裂水双鲤跃，类推集祉在中孚。我将去矣无多嘱，愿尔群黎共惇笃。作善降祥鱼效灵，江石千年兆人足。

乾隆十六年岁次辛未二月初四日，前涪州刺史珠湖罗克昌题。命子元定书。

按：馆藏拓本长180厘米，宽114厘米。20行，正书，字径4厘米。曾著定名《罗克昌题诗》。《白鹤梁题刻辑录》《水下碑林白鹤梁》均作《罗克昌题记》。《长江三峡工程水库水文题刻文物图集》作《罗克昌诗》。此题刻诗文另见收录于《（乾隆）涪州志》，以及《（道光）涪州志》。"主伯亚旅勤胼胝"一句，曾著及《白鹤梁题刻辑录》录作"王伯亚旅勤胼胝"。据《（乾隆）江南通志》载，罗克昌，雍正七年（1729）己酉科进士。[1]又，《涪陵县续修涪州志》载："罗克昌，江南高邮进士。""留心教养，建书院，课农桑，实心为政，书'诚'字于钩深书院之讲堂，字体迳丈，以为学者称焉。"[2]《（道光）涪州志》因治迹，称其为"贤大夫"。[3]元定，即罗元定，罗克昌之子，史传无载。

---

[1] 《（乾隆）江南通志》卷一三四。

[2] 《涪陵县续修涪州志》卷九。

[3] 《（道光）涪州志》卷九。

图 2-3-28　《乾隆乙未题记》

录文：

□□□□□□□，判出神汉奏岁丰。

浮见同呈□载镌，藻莲□□□秋获。

鳞□□□分云上，□□三才各□□。

多少哲贤□□□，□□□□不常逢。

乾隆乙未上元□化□白

按：馆藏拓本长56厘米，宽38厘米。10行，正书，字径4厘米。题刻泐损较多，《长江三峡工程水库水文题刻文物图集》以及曾著均名《七律一首》。《白鹤梁题刻辑录》作《乾隆年间题刻》。

图 2-3-29　　《张师范诗记》

录文：

石鲸自有形，

跃入蛟龙宅。

霖雨及时行，

永显濠梁迹。

嘉庆乙亥春分日，州牧张师范识

按：馆藏拓本长60厘米，宽35厘米。4行，正书，字径6厘米。曾著及陈曦震《水下碑林白鹤梁》定名《张师范题诗》。《白鹤梁题刻辑录》作《张师范诗记》。《长江三峡工程水库水文题刻文物图集》作《张师范诗》。张师范、《两浙輶轩录补遗》言，"字司谏，一字嵩村，桐乡岁贡生，著有《嵩村诗抄》"。[1] 又，《（道光）涪州志》载："张师范，江苏阳湖人，由监生捐从九（品），办理军营报销，奏补知县。"[2]《涪陵县续修涪州志》则云："嘉庆十六年任（涪州）。听断明敏，壬申、癸酉、甲戌岁屡旱，悉心赈济，全活甚众。复置济田，重修养济院以惠穷黎，设义学以教贫寒子弟，并修圣庙及尹子祠、三畏斋、程子注易洞。又详请建昭忠祠、厉坛。引疾去，士民为立生祠于北岩祀之。"[3]

[1]　《两浙輶轩录补遗》卷六。

[2]　《（道光）涪州志》卷三。

[3]　《涪陵县续修涪州志》卷九。

图 2-3-30　《张师范题诗并记》

录文：

　　大江日夜流，陵谷巨云间。奇石撼波涛，崩云胜霹雳。北岩水落时，中有白鹤脊。清浅漾双鱼，丰俭以出没。我来已一载，岁歉悯漠脊。晨夕剧忧惶，富庶惭豪述。今作濠梁游，因抚昆明石。芝草与莲花，节出就我侧。好风送斜晖，时密媚空碧。初春风物伴，瑞龙验秋获。共有忠鉴喜，复寻古篆迹。逸响满沧浪，骚雅缅时昔。相与促题诗，俯仰法跼蹐。兹邦无若旱，我欲致河伯。刻化一鲸鱼，飞跃蛟龙宅。来时显作霖，长渥涪陵泽。吞吐叠烟波，江天恣旷道。

　　大清嘉庆癸酉岁新正四日，偕诸同人往观石鱼，鱼已见水面，喜盈于色，作此志。胜而续风骚，复于白鹤梁之西，续刻巨鱼，卜众维年丰之兆，且冀雨泽常润我州，遂命勒石焉。州牧张师范题并书。

　　按：馆藏拓本长263厘米，宽160厘米。18行，行书，字径10厘米。曾著定名《张师范题诗并序》。《白鹤梁题刻辑录》《水下碑林白鹤梁》均作《张师范题诗》。《长江三峡工程水库水文题刻文物图集》作《张师范诗》。"岁歉悯漠脊"一句，《白鹤梁题刻辑录》作"岁朝悯漠脊"。"俯仰法跼蹐"，《白鹤梁题刻辑录》作"俯仰浩跼蹐"。"偕诸同人往观石鱼"，曾著脱"偕"字。张师范之名，见前题刻。《钦定剿平三省邪匪方略》载，嘉庆中，"留川候补知县张师范加恩，以知州升用，先换顶戴"。[1]《伊江笔录》载："四川涪州牧张师范，缺分应得外，丝毫不滥取，勤听讼，严缉匪，附近州县户民往往迁涪居住。张佐杂出身，用人何可拘资格。"[2]

---

[1]　《钦定剿平三省邪匪方略》（续编）卷一八。

[2]　《伊江笔录》下编。

录文：

光绪乙亥冬，鱼出。岁其大稔乎？喜而记之。二品顶带布政使衔、分巡川东兵备道，归安姚觐元。

按：馆藏拓本长90厘米，宽40厘米。4行，篆书，字径6厘米。《白鹤梁题刻辑录》《长江三峡工程水库水文题刻文物图集》《水下碑林白鹤梁》均名《姚觐元题记》。曾著定名《姚觐元题诗》。《中国西南地区历代石刻汇编》作《姚觐元石鱼题刻》。光绪乙亥，即光绪元年（1875）。姚觐元，"字彦侍，归安人，道光癸卯举人，官至广东布政使，著《大壹山房诗存》"。[1]姚觐元在任职川东兵备道时，曾委托缪荃孙椎拓白鹤梁题刻，又与钱保塘校正题刻文字，编《涪州石鱼文字所见录》。

图 2-3-31　《姚觐元题记》

[1]　《两浙輶轩续录》卷三八。

图 2-3-32　《送子观音像》

录文：

　　大清光绪二年，杭州许丽生敬摹

　　按：馆藏拓本长34厘米，宽23厘米，石刻造像一幅。文字1行，正书，字径4厘米。此题刻，曾著定名《许丽生敬摹送子观音像》。《白鹤梁题刻辑录》《水下碑林白鹤梁》均作《送子观音像》。《长江三峡工程水库水文题刻文物图集》作《送子观音》。许丽生，据《（同治）苏州府志》载，"许丽生，监生"。[1] 又，《（民国）杭州府志》言为"杭州钱塘人，官涪州"。[2]

[1] 《（同治）苏州府志》卷八四。

[2] 《（民国）杭州府志》卷一一二。

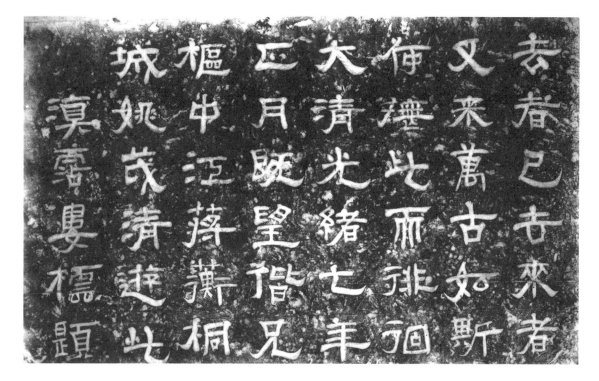

图 2-3-33　《娄樞题记》

录文：

去者已去，来者又来。万古如斯，何抚此而徘徊。大清光绪七年正月既望，偕兄樞、中江蒋蘅、桐城姚茂清游此。滇雪娄樞题。

按：馆藏拓本长135厘米，宽82厘米。8行，隶书，字径11厘米。《白鹤梁题刻辑录》《长江三峡工程水库水文题刻文物图集》，以及曾著均名《娄樞题记》。《中国西南地区历代石刻汇编》称其《清姚茂清等人石鱼题刻》。蒋蘅，中江（治今四川中江县）人。《梦溪山舫诗草》有蒋蘅光绪五年（1879）跋文一篇。[1]娄樞，据《濮文升题记》所载，霑益（治今云南曲靖县）人，史言其"工诗，擅书法"。[2]姚觐元《弓斋日记》载，时为涪州吏目。

[1]　转引自《蜀学（第4辑）》，第254页。

[2]　《（光绪）霑益州志》卷四。

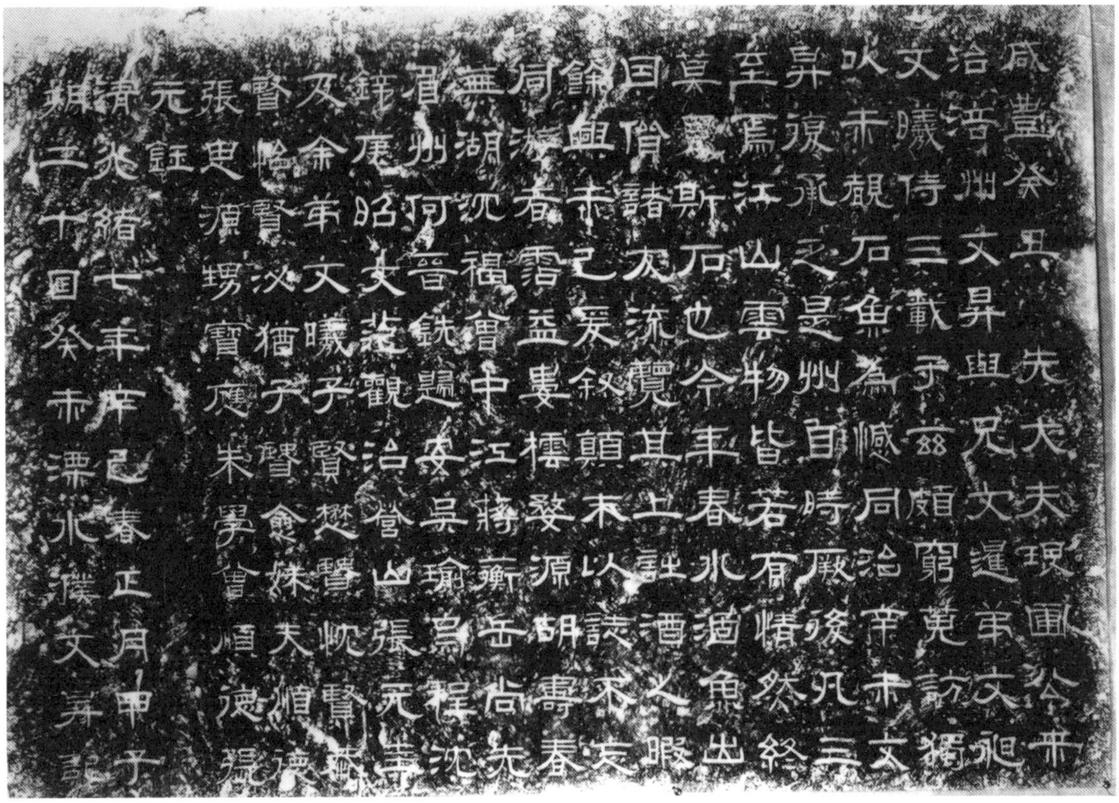

图 2-3-34　《濮文升题记》

录文：

　　咸丰癸丑，先大夫琅圃公来治涪州，文升与兄文遄、弟文昶、文曦侍，三载于兹，颇穷蒐访，独以莫见石鱼为憾。同治辛未，文升复承之是州，自时厥后，凡三至焉。江山云物，皆若有情，然终莫见斯石也。今年春，水涸鱼出，因偕诸友流览其上，讓酒之暇，余兴未已，爰叙颠末，以志不忘。同游者霱益檏，婺源胡寿春，芜湖沈福曾、中江蒋蘅、岳尚先，眉州何晋铣，归安吴瑜，乌程沈铎庚，昭文范观治，营山张元圭，及余弟文曦子贤懋、贤忱、贤恭、贤怡、贤泌，犹子贤愈，妹夫顺德张思源，甥宝应朱学曾，顺德张元钰。清光绪七年辛巳春正月甲子朔二十正癸未溧水濮文升记。

　　按：馆藏拓本长153厘米，宽100厘米。19行，隶书，字径6厘米。《白鹤梁题刻辑录》《长江三峡工程水库水文题刻文物图集》，以及曾著均名《濮文升题记》。"文遄"，曾著录作"父遄"。"中江蒋蘅、岳尚先"，曾著脱"蒋蘅"之名。另，顺德张元钰，曾著作"顺德张元珏"。张元圭，营山（治今四川营山）人，光绪间曾为湖南耒阳县训导。[1]濮文升，字号不详，同治时曾为涪州知州。据《（同治朝）东华续录》载，涪州知州任上，曾赴黔江，处理

法国教士遇害案。《涪陵县续修涪州志》云，"濮文升，瑗次子。同治十年任。初莅，涪人德其父，颇爱之。文升多情任性，重世谊，凡其父之门生，不问贤否，虚心听受，往往淆曲直。于是富人投其所好，重赞拜门下者五六人，在外为威福，始终庇之，一年调任去。十二年，继施牧后回任。十三年，又调任去。光绪三年冬，继吴牧后回任。历练既深，较平正。七年预征，八年捐输，据州人之请，弃复完粮征银旧例，别除征钱浮价之积弊，足以晚盖，惜次年即卒于官"。[2]又，琅圃公，《碑传集补》所载《钦加三品衔河南升用道南阳府知府濮公行状》一文言，"父琅圃公，以进士官四川涪州牧，循声卓著"。[3]另据《涪陵县续修涪州志》载，琅圃公即濮瑗。濮瑗字又蘧，号琅圃，"江苏溧水进士，咸丰三年任，实心为政，不事粉饰，士民畏威怀德，卒于官，州人立祠祀之"。[4]文遄，即濮文遄，《钦加三品衔河南升用道南阳府知府濮公行状》载，"字青士，晚号瘦梅子"，曾官居南阳府知府。濮文曦，《（光绪朝）东华续录》载，四川"候选知县濮文曦，深通化学，谙习开厂办矿事宜，该员现在京候选"。[5]据此知，濮文曦或曾为川内某县候选知县。"犹子"，即"幼子"。曾超有《白鹤梁题刻溧水濮氏家族考察》[6]一文，对濮氏一族生卒、行年、事迹等多有考证。

[1]　《（光绪）湖南通志》卷一四七。

[2]　《（同治朝）东华续录·九八》。

[3]　《碑传集补》卷二五。

[4]　《涪陵县续修涪州志》卷九。

[5]　《（光绪朝）东华续录·八三》。

[6]　曾超：《白鹤梁题刻溧水濮氏家族考察》，《重庆三峡学院学报》，2014年第5期。

图 2-3-35　《白鹤梁铭》

录文：

长江宛宛，来自汶易。毋渝注夔，汇此岩疆。曰惟涪都，蜀之巨镇。镜波冲容，碛石蔽暎。惟鹤之梁，在水中沚。惟鱼之祥，谷我士女。仙人邈矣，缅想云壑。澄潭净渌，珠玉盈碛。我侨此土，驹景鸿泥。陵谷迁变，眎此刻辞。秦州孙海撰并书。历下朱焜、大荔屈秋泰同游，时光绪七年中春上浣也。

按：馆藏拓本长128厘米，宽86厘米。13行，正书，字径6.5厘米。曾著、《白鹤梁题刻辑录》《水下碑林白鹤梁》《长江三峡工程水库水文题刻文物图集》等均定名《白鹤梁铭》。《中国西南地区历代石刻汇编》作《白鹤梁题名》。《白鹤梁题刻辑录》中"来自汶易"一句，"汶"字，作"文"。"汇此岩疆"一句，"岩"字，作"崖"。"蜀之巨镇"一句，"镇"字，作"填"。"碛石蔽暎"一句，"暎"字，作"映"。"朱焜"，此前诸书皆作"朱煜"。孙海，秦州（治今甘肃天水）人。朱焜，历下（治今山东济南）人，《涪陵县续修涪州志》载其名。又据《清朝续文献通考》载，"（光绪）三年，谕御史富稼奏吏部铨政纷歧，恐滋弊窦，并胪陈办理歧异各条，请饬查覆一折。据称前任河南考城县知县郑荣禧，本系例应归选人员，该部准其仍发原省调补。河南商邱县知县朱

焜，前在内乡县任内已有四参起限处分，该部未据实指驳，即准调任江苏海州运判一缺"。[1]此处朱焜先后任内乡、商邱二县知县，与题刻中人大体同时期，恐即其人。屈秋泰，大荔（治今陕西大荔）人，《中国历史第一档案馆藏清代官员履历档案全编》载有其履历一份，"屈秋泰，陕西同州府大荔县进士，年四十岁，由庶吉士散馆引见，以知县用，令藏掣四川茂州、汶川县知县缺，敬缮履历，恭呈御览。谨奏。同治七年十月二十八日"。[2]据此推断，屈秋泰，生于道光八年（1828），曾官茂州、汶川二县知县。另，《翁同龢日记》载，同治四年（1865）"三月朔，晴，风。李所商、赵良秀、石应韶、李德亨、郭登瀛、陕西门人屈秋泰皆来见。访何芝亭，到会馆访伯寅，皆晤。得恭振夔信，定初九日带领引见右赞善一缺"。[3]翁氏此篇正说明，屈秋泰为翁同龢门人，二人相熟识。此外，朱保炯等编《明清进士题名碑录索引》收录同治间登科进士名录，屈秋泰列同治四年（1865）乙丑科。[4]又据《大竹县志》载，其于光绪元年（1875）任大竹知县，二年六月，屈秋泰因故出缺，郑桐署理县政，是年复任。而《清实录·德宗实录》载，光绪十三年（1887）"乐至县知县郑廷卿庸儒无能；垫江县知县肖铭寿心地糊涂；大竹县知县屈秋泰年老就衰，以上各员均开缺"。[5]故知其于光绪元年至光绪十三年前后在大竹任职。

[1]　《清朝续文献通考》卷一一九。

[2]　《中国历史第一档案馆藏清代官员履历档案全编·27》，华东师范大学出版社，1997年，第11页。

[3]　《翁同龢日记·第一卷》，中西书局，2012年。

[4]　朱保炯等：《明清进士题名碑录索引》，文海出版社，1981年，第2823页。

[5]　《清实录·德宗实录》卷二三九。

图 2-3-36 《孙海题白鹤梁》

录文：

　　白鹤梁

　　西州孙海题，时辛巳初春也。

　　按：馆藏拓本长97厘米，宽47厘米。大字1行，小字2行，正书。字径，大字21厘米，小字4厘米。曾著定名《孙海"白鹤梁"铭》。《白鹤梁题刻辑录》则名《孙海题记》。《长江三峡工程水库水文题刻文物图集》《水下碑林白鹤梁》均作《孙海题刻》。西州，即前题记中所载秦州。辛巳初春，即光绪辛巳（光绪七年，1881）。孙海，字吟帆，秦安（治今甘肃天水）人。咸丰辛酉拔贡，官遂宁知县。有《欲未能斋诗存》存世。[1]此题刻当与《白鹤梁铭》镌于同时。

---

[1]　《晚晴簃诗汇》卷一五七。

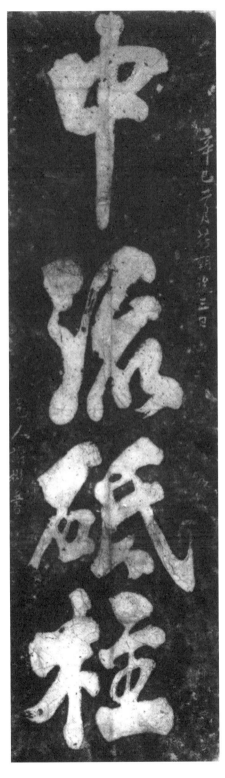

图 2-3-37　《谢彬题记》

录文：

中流砥柱

辛巳二月花朝后三日

邑人谢彬书

按：馆藏拓本长125厘米，宽45厘米。大字1行，小字2行，行书。字径，大字25厘米，小字3厘米。《白鹤梁题刻辑录》《水下碑林白鹤梁》定名《谢彬题记》。曾著作《谢彬"中流砥柱"题记》。《长江三峡工程水库水文题刻文物图集》曰《谢彬题刻》。谢彬，字号不详，涪陵人。《晚晴簃诗汇》云，涪人"谢彬尝摹云友及林天素小像"。[1]辛巳二月花朝后三日，即光绪七年（1881）二月十五日。

---

[1]　《晚晴簃诗汇》卷一八七。

图 2-3-38 　《蒋蘅等题记》

录文：

　　彼尔朱之仙人，尚不可□□，□□速□于斯者，又仍可乎求真。吏蒋蘅题。同游者朱学曾、濮贤泌、张元钰。

　　按：馆藏拓本长33厘米，宽30厘米。共6行，行书。字径3厘米。《白鹤梁题刻辑录》名之为《蒋荐再题》。曾著及《水下碑林白鹤梁》作《蒋荐题记》。《长江三峡工程水库水文题刻文物图集》作《蒋蘅题记》。"尚不可□□，□□速于□斯者，又仍可乎求真"一句，曾著作"尚不可考者，表氾速于斯者，又仍可考求"，《白鹤梁题刻辑录》作"尚不可考者，春□速朝于斯者，又仍

可乎求真"。蒋蘅，据《濮文升题记》，即中江蒋蘅，并非诸书所录之蒋荐。尔朱之仙人，即涪州诸志所载尔朱仙。据《（乾隆）涪州志》载，"尔朱仙。名通微，别号（归）元子。其先出于元魏尔朱族，遇异人得道，唐僖、懿间落魄成都市中，于江滨取白石投水，众莫测，后自省至合，卖丹于市，价十二万，刺史召问其价，更增十倍，以其反覆，盛以钱笼弃诸江。至涪，渔人姓石者得之，授以丹，二俱仙去"。[1]"张元钰"，曾著录作"张元珏"。濮贤泌，即前题《濮文升题记》中，濮文升弟文曦子濮贤泌。张元钰，亦见前题，即顺德张元钰。朱学曾，则为濮文升外甥，宝应（治今江苏宝应县）人。

[1] 　《（乾隆）涪州志》卷一二。

图 2-3-39 《蒋薶再题》

录文：

石梁犹是，白鹤不归。江水滔滔，令我长悲。蒋薶偕朱学曾、濮贤泌到此题。光绪壬午之正月。

按：馆藏拓本长22厘米，宽20厘米。5行，行书，字径2.5厘米。此题与前一题刻镌刻于同时，曾著及《白鹤梁题刻辑录》《水下碑林白鹤梁》均定名《蒋荇等题记》。《长江三峡工程水库水文题刻文物图集》作《蒋薶等再题》。光绪壬午，即光绪八年（1882）。拓本左侧七行文字或为另一题刻："有人来此听春声，洗石而书石不惊。山水偶然留小驻，何须题姓复题名。"佚其名，姑录于此。

图 2-3-40　《范锡朋观石鱼记》

录文：

观石鱼记。涪江心有石梁，梁下有石鱼二，相传为唐人所刻。历代游观，碑石琅列，佥谓出则兆丰。其上者皆赝迹，顾欲求其真，必伺乎水极浅涸。然水又骤涨落，逾时靡定。故有官斯土者终任不及见，即居是邦之父老，有白首亦不及见者。盖出而未往，既往而旋没矣。余督涪榷之明年，适值宣统建元闰二月之十有一日，遽闻鱼出，急擢舟往观，至则鱼仅浮水面，而碑字犹没水中。阅日堂寻没不可复睹。噫！何幸而及此一见也。洪维圣人，御宇古物，效灵□彼，冥顽蒲□之伦，亦将阅恩波而思，呈露昭格所至，祥社萃臻，行看额手而颂太平也。不仅为此邦瑞已，又岂特摩挲古迹，比重汉先云尔哉。维时黎大令尹聪、高莞使应枢、胡二尹毓蓄、吴二尹鸿基、曹府经维翰、西席合州茂才陈君瑞、末席段君维暨长次子家荫、家翼，相与偕观，咸愉愉请词而督榷。观察使者，桂林范锡朋遂援笔为之记并书。

按：馆藏拓本长110厘米，宽40厘米。16行，正书，字径4.5厘米。诸家所录均定名《范锡朋观石鱼记》。唯《长江三峡工程水库水文题刻文物图集》作《观石鱼记》。"亦将阅恩波而思"一句，曾著脱"亦"。"比重汉先云尔哉"一句，"先"，曾著作"洗"。黎尹聪，字班孙，贵州遵义人。黎庶昌之子。性情温良，嗜古学，不喜科举制艺，最好搜藏各式金石书画，举凡汉玉、古印、钟鼎、碑版、字画等，搜罗极富。又，胡毓蕃，据《成都通览》载，其字衍甫，官班法政学堂本科毕业学员衔名，曾官居县丞。[1] 吴鸿基，民国二十六年（1937）曾任仁怀县长。曹维翰，平远人，以贵阳廪生中，曾官大兴知县。[2] 此外，范锡朋，据题刻所记，曾为川东道观察使。另据《清朝续文献通考》载，光绪末，清廷于日本"横滨筑地两口，拟设正领事官一员，业将随带正理事官候选同知范锡朋派充神户、大阪两口"。[3] 段维，据《清实录》载，光绪三十年（1904）六月乙卯，引见新科进士中有名段维者，"着归班铨选"。[4]

[1] 傅崇矩：《成都通览》，巴蜀书社，1987年，第168页。

[2] 大兴县志编纂委员会：《大兴县志》，北京出版社，2002年，第413页。

[3] 《清朝续文献通考》卷三三七。

[4] 陈文新：《〈清实录〉科举史料汇编》，武汉大学出版社，2009年，第1102页。

图 2-3-41 《联句诗》

录文：

  江上石鱼镌（周），

  游戏水中莲（汤）。

  扬须沐□□（□），

  鸣鼓报丰年（杨）。

  广德诗云古（徐），

  清□识已先（张）。

  尧民志帝力（□），

  刑□郡□虞（黄）。

  □琦、汤又仲、□□□

按：馆藏拓本长37厘米，宽22厘米。7行，正书，字径2厘米。此诗平起入韵，韵字与北宋题刻《刘忠顺等倡和诗》相同，为沿袭刘忠顺诗韵所成联句。曾著、《白鹤梁题刻辑录》《长江三峡工程水库水文题刻文物图集》均称之《联名诗》。汤又仲，曾著及王晓晖《白鹤梁题刻文献汇集校注》录作"汤文仲"。《（乾隆）涪州志》载，有清初涪州贡生汤又仲。[1]又，《碑传集补》载朱际昌撰《李鹭洲先生传》，"闻外祖汤又仲公，以公继聘孺人，目具重瞳，聪慧能文，慎于择婿，以公文名大振，始协委禽之愿"。[2]如上述所载汤又仲即题刻所镌之人，则此题刻应成于清代初期，今暂系于明清题刻拓本之末。

[1] 《（乾隆）涪州志》卷九。

[2] 《碑传集补》卷一一。

四、民国及以后题刻

民国以后，知识界对白鹤梁的认知度逐渐提升，特别是20世纪30年代以后，随着国府西迁，旅渝知识分子数量大增，很多人慕名观赏白鹤梁，也有人继续在白鹤梁上留题。纵观这一时期，题刻内容在继承前代的同时，也发生了微妙的变化。

首先，传统诗文类题刻虽然仍有延续，但数量较明清时期急剧减少，而游记类、杂题类文字则开始增加。比如镌刻于民国十二年（1923）的《杨鸿胜题记》以及镌刻于民国二十六年（1937）的《卢学渊题记》等就很具代表性。

其次，题刻所反映的内容虽同前代一样，多以祈福、感怀等为主，但是这一时期的题刻主题也有了新的变化，那就是政治色彩较前代更强。比如，民国时期，佚名所镌诗句，"摧伏倭寇，奠定和平，石鱼出兮"。在这里，石鱼，已经不是传统意义上的涪州丰稔的守护神，而是上升到了保家护国，扬威利战的层面。又比如，镌刻于1963年的《涪陵县文化馆题记》，由于镌刻于特殊的年代，政治色彩尤其鲜明，其文云："红日艳艳映碧空，白鹤翩翩舞东风。鉴湖泛舟歌盛世，石鱼唧花庆年丰。我县人民在共产党和毛主席的英明领导下，在总路线、大跃进、人民公社三面红旗的光辉照耀下，战胜了三年的特大旱灾，使我们的经济情况日益好转，去年比前年好一些，肯定今年必将比去年更好。"

此外，这一时期的题刻中科学理性的色彩也愈发强烈。比如《林樵题诗》，"水枯江心石鱼现，相传鱼现兆丰年。丰稔岂由鱼断定，战胜自然人胜天"。这一题刻反映的正是当时"人定胜天"的思想。又比如，龚堪贵所题"涪陵长江心，白鹤梁驰名；相传石鱼唐人刻，还有佛像神；石鱼兆丰年，游者题诗称，尽管有唯心观点，贵在四代文"。题刻将过去"石鱼兆丰年"的传说，看作唯心主义的思想，认为不足取，只是题刻文字有一定的历史价值。还有如，《卢学渊题记》的出现，则是民生公司所组织渝万河床考察团，对涪陵长江段水文情况进行科学考察时的留题纪念。

当然，我们也应该认识到，民国以后白鹤梁续题活动，已经逐渐走向衰落，这一方面是由于随着近代科技的传入和科学理性思想的普及，人们对白鹤梁题刻所谓"石鱼兆丰"的认识已经发生变化，仅将其作为一处旅游赏玩的景观，而非地域神祇的寄托。另一方面，民国以后，特别是中华人民共和国成立后，题刻活动被认为是封建糟粕，广受诟病，续题几成当时地方政治的禁忌。如中华人民共和国成立后的三段白鹤梁题刻主持人，涪陵县文化馆馆长白仲山，20世纪60年代以后，在白鹤梁上的题刻，就成为他的重大罪行之一。批判的理由就是"在白鹤梁上题刻，是封建社会里达官贵人干的事，你身为共产党人，却和封建主义同流合污"这种思想的影响，客观上为白鹤梁题刻的保护提供了可能。[1]

总之，民国以后的白鹤梁题刻，距今不过百年时间，但其一方面秉承了历代以来白鹤梁题刻活动的传统，丰富了题刻区域的内容。另一方面民国以后题刻又极具开放性与创新性，将时代特征镌刻于题刻之中，让今天的人们通过题刻，仍能感念似曾经历的年代，同样也为研究者了解峡江近现代历史的某些侧面，提供了一个绝佳的视角。

---

[1] 王晓晖《白鹤梁题刻文献汇集校注》一书将 80 年来所立诸文保诸碑亦列入白鹤梁题刻进行统计，认为中华人民共和国成立以来题刻共有五段，分别为《林樵题诗》（1963）、《龚堪贵题诗》（1963）、《涪陵县文化馆题记》（1963）、《四川省重点文物保护单位题刻》（1980）、《全国重点文物保护单位题刻》（1988）。

乙卯正月江水涸石魚出時哀

鴻在野方與官紳籌振恤喜豐

年有兆亟往觀焉魚形古拙鱗

有剝落痕志載其下刻秤斗今

未見也同游者鄒進士增祜劉

孝廉子冶張樹菁顏廣恕雨茂

才曹純熙上舍與其第鏞舊史

氏施紀雲記

图 2-4-1 《施纪云题记》

录文：

乙卯正月，江水涸，石鱼出。时哀鸿在野，方与官绅筹振恤，喜丰年有兆，亟往观焉，鱼形古拙，鳞有剥落痕。志载其下刻秤、斗，今未见也。同游者邹进士增祜，刘孝廉子冶，张树菁、颜广恕两茂才，曹纯熙上舍与其弟镛，旧史氏施纪云记。

按：馆藏拓本长100厘米，宽85厘米。8行，正书，字径6厘米。《白鹤梁题刻辑录》《长江三峡工程水库水文题刻文物图集》《水下碑林白鹤梁》以及曾著均定名《施纪云题记》。"邹进士增祜"，《白鹤梁题刻辑录》作"邹进士增右"。"刘孝廉子冶"其作"刘孝廉子治"。"曹纯熙上舍与其弟镛，旧史氏施纪云记"一句，诸家所释均有异词，曾著作"曹纯熙上舍与其弟镛蒨，史氏施纪云记"。《白鹤梁题刻辑录》作"曹纯熙上舍与其弟镛旧，史氏。施纪云记"。实际上，旧史氏为施纪云之自称。因其曾为前代国史馆总纂，故有此称。施纪云，"原名缙云"[1]，光绪九年（1883）进士，曾官施南府知府、湖北提法使、翰林院编修、国史馆总纂等。据《涪陵县续修涪州志》载，其曾祖施晟，祖父施朝栋，父施久膏，叔施邦麟，兄施承勋、施崇勋、施炳勋，皆以纪云故赠官受封。[2]邹增祜，字受丞，一字吉甫，光绪十五年（1889）前后为廪生，曾校《五经小学述》，光绪辛卯（1891）举人，光绪乙未（1895）科第八十四名进士，曾官新兴县知县、广东嘉应直隶知州、加知府衔，两次奉保循良，传旨嘉奖。平生精研汉学，贯通经史，词章典雅，做诗作文皆有法度，不同凡响。晚年尤长于医学，遂成名医，闻名川东，其曾作《天风海水楼诗文集》《薏言》《医学丛钞》，皆不存。另有《闻合议订约感赋三首》，并曾主修《新兴县乡土志》，其事俱见《涪陵县续修涪州志》[3]。又，刘子冶，涪陵举人，清末"署广东普宁县知县"[4]，民国十年（1921）二月署大竹县知事。[5]曾出资修缮涪陵安澜桥，并撰《补茸安澜桥记》一文，树碑于桥西黄桷树下。[6]

[1]　《涪陵县续修涪州志》卷一〇。

[2]　《涪陵县续修涪州志》卷一五。

[3]　《涪陵县续修涪州志》卷九。

[4]　《涪陵县续修涪州志》卷一四。

[5]　陈步武、江三乘：《大竹县志》，成文出版社，1976年，第568页。

[6]　涪陵市地方志编纂委员会：《涪陵市志》，四川人民出版社，1995年，第1387页。

图 2-4-2   《王叔度等题记》

录文：

民国十二年二月十二即壬戌十二月廿六日
也，余与安平王叔度、隆昌张宪星、贵阳李任民
□□□□□□义周陆□□□□□□□□□□石
鱼□□□□□□□□□□□□□□□□□□□
□□□□□□□□□□□□□□□□□□□□□
□□□□□□□□□□□□毋丘□□□□□□□
□□□□□□□□□□□□□□□□□□□□□
□□□□□□□□□□□□□□天水四□□春暖
□□□□□□□□□□□□□□□□□□□□□

□□□□□□□□□□□□□。杨鸿胜镌。

按：馆藏拓本长120厘米，宽94厘米。18行，行
书，字径5厘米。题刻文字泐损严重，几不可识。
《白鹤梁题刻辑录》定名《扬鸿胜题记》。曾著作
《杨鸿胜题记》。《长江三峡工程水库水文题刻文物
图集》作《王叔度等题记》。《水下碑林白鹤梁》作
《杨鸿□题记》。"杨鸿胜"，《白鹤梁题刻辑录》
作"扬鸿胜"。王叔度，贵州平坝人，老同盟会委
员，曾任孙中山秘书团副。李任民，贵州人，曾创办
贵阳导文小学。[1]

[1] 贵阳市教育年鉴编辑委员会：《贵阳教育纪事 1949—1989》，贵州人民出版社，1991 年，第 127 页。

图 2-4-3 《颜爱博等题记》

录文：

　　神仙福慧，山水因缘。

　　民国辛未春，曲阜颜爱博、江津成肇庆、崇庆杨茂苍、合川蒋汉霄、周极甫偕游斯梁，历观往迹，憩而乐之，镌此纪念。

　　按：馆藏拓本长67厘米，宽62厘米。7行，正书。大字，字径11厘米。小字，字径5厘米。曾著及陈曦震《水下碑林白鹤梁》定名《颜爱博等题记》，

《白鹤梁题刻辑录》则名之为《颜爱博题记》。《长江三峡工程水库水文题刻文物图集》作《成肇庆等题记》。"杨茂苍"，《白鹤梁题刻辑录》录作"扬茂苍"。民国辛未，即民国二十年（1931）。颜爱博（1884—1957），名苍霖，贵州正安县人，祖籍山东曲阜。参加辛亥革命，任清镇县县长。中华人民共和国成立后被聘为贵州省文史馆馆员。成肇庆，清末有金陵书局校勘成肇庆，未知是否为其人。[1]周极甫，号维干，民国时为川军八六四团团长，驻涪陵。

---

[1] 刘尚恒：《金陵书局小考》，《图书馆杂志》，1987年第5期，第55页。

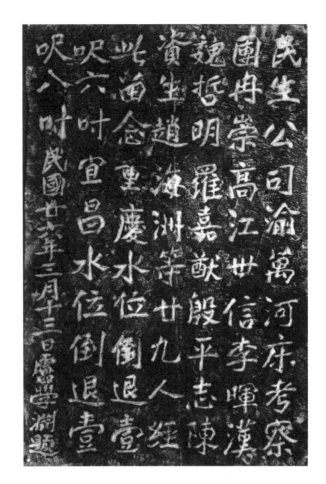

图 2-4-4 　《民生公司卢学渊等题记》

录文：

民生公司渝万河床考察团冉崇高、江世信、李晖汉、魏哲明、罗嘉猷、殷平志、陈资生、赵海洲等廿九人经此留念。重庆水位倒退一尺六寸，宜昌水位倒退一尺八寸。民国廿六年三月十三日，卢学渊题。

按：馆藏拓本长70厘米，宽45厘米。7行，正书，字径5厘米。曾著、《白鹤梁题刻辑录》均作《卢学渊题记》。《水下碑林白鹤梁》以及《长江三峡工程水库水文题刻文物图集》定名《民生公司渝万河床考察团题记》。"民国廿六年三月十三日"，曾著作"民国二六年三月十三日"。卢学渊，即卢作孚。今重庆合川人，著名爱国实业家、教育家、社会活动家。早年加入同盟会，投身保路运动，并参加少年中国学会，寻找救国道路。后在渝组建民生实业股份有限公司，发展中国民族航运业，抗战时期为内迁重庆人员运输物资做出过巨大贡献。关于此次题刻活动，《新世界》杂志1937年第5期，曾发文《渝万河床考察团在白鹤梁题字》，"十四日午，渝万河床考察团陈资生，李晖汉等二十余人，乘民用到涪，在白鹤梁鉴别水位，并将渝、宜倒退水位，请卢学渊经理书写，雇工刊于该梁，共七十七字，以留纪念"。

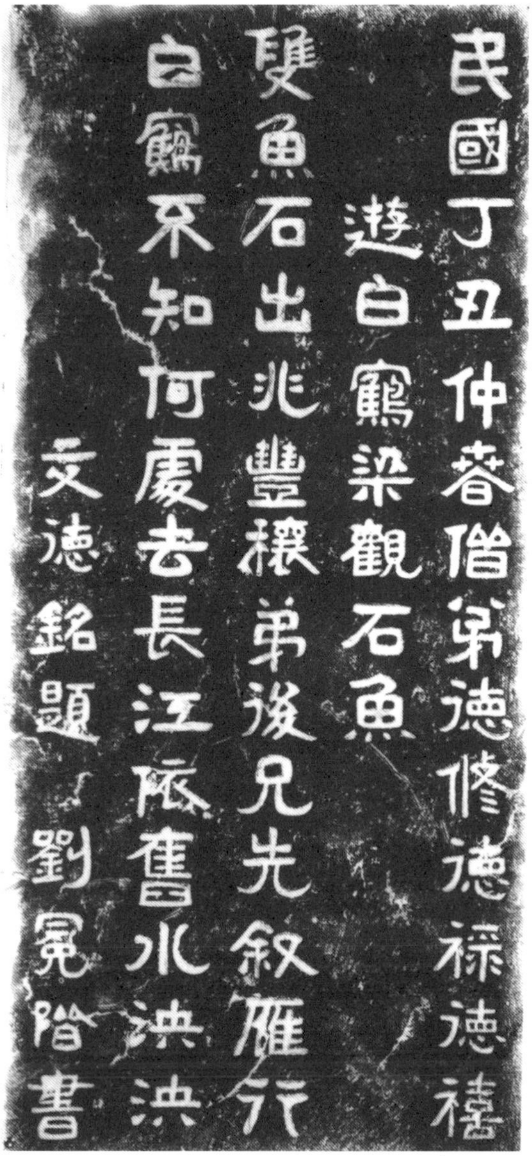

图 2-4-5　《文德铭等题记》

录文：

民国丁丑仲春，偕弟德修、德禄、德禧。

游白鹤梁观石鱼。双鱼石出兆丰穰，弟后兄先叙雁行。白鹤不知何处去，长江依旧水泱泱。文德铭题、刘冕阶书。

按：馆藏拓本长110厘米，宽50厘米。5行，隶书，字径6厘米。《白鹤梁题刻辑录》《水下碑林白鹤梁》均作《文德铭、刘冕阶诗记》。曾著定名《文德铭题诗记》。《长江三峡工程水库水文题刻文物图集》作《文德铭题诗》。"双鱼石出兆丰穰"一句，"穰"字，曾著作"襄"。民国丁丑，即民国二十六年（1937）。文德铭，涪陵人，其诗曾获郭沫若、老舍褒奖，曾任涪陵《江洋通讯社》名誉主编。中华人民共和国成立后，为涪陵市地方史志学会会员、涪陵市文史研究委员会《涪陵文史资料选辑》副主编。有《民国间涪陵行使货币的变迁》一文发表于《涪陵文史资料选辑》。[1]又，刘冕阶，字明锐，别号天台山人，一生勤学，绝意仕途，立志振兴国学。民国年间，先后任教于涪陵县各校，并与友人创办国学专修馆。工书善画，融会郑板桥、张船山、恽南田、陈洪绶、唐伯虎诸家神韵。所画花鸟人物，形象逼真，潇洒豪放，几到"鸟欲飞，花如笑，树木风姿招展，人物呼之欲出"的境界。

---

[1]　《涪陵市志》，第 1344 页。

图 2-4-6 《刘镜源题记》

录文：

丁丑孟春，江水涸，石鱼出。余与陈翼汝表弟、德藩宗兄及石应绩、潘俊高、张肇之、郭载之诸兄，冕阶、泽全两弟，载酒来观，酒后率书以纪胜游云。

白鹤绕梁留胜迹

石鱼出水兆丰年

大悔刘镜源题

按：馆藏拓本长110厘米，宽50厘米。5行，行书，字径6厘米。《白鹤梁题刻辑录》以及曾著、《水下碑林白鹤梁》《长江三峡工程水库水文题刻文物图集》等均定名《刘镜源题记》。从时间上来看，此题刻与前题《文德铭等题记》镌于同年。陈翼汝，涪陵人，民国二十一年（1932），曾与人发起组织涪陵国医支馆。[1]刘镜源，字大悔，重庆涪陵人，少时聪颖好学，酷爱书画。书宗郑板桥，画宗唐伯虎，在川东书画界享有盛誉。

[1] 《涪陵市志》，第1046页。

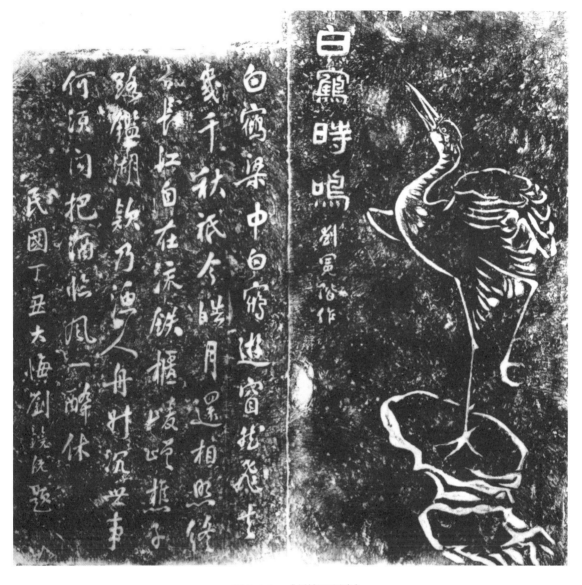

图 2-4-7 　《刘镜源题诗》

录文：

白鹤时鸣

刘冕阶作

白鹤梁中白鹤游，窗听飞花几千秋。只今皓月还相照，终古长江自在流。铁柜崚嶒樵子路，鉴湖欸乃渔人舟。升沉世事何须问，把酒临风一醉休。民国丁丑大悔刘镜源题。

按：馆藏拓本长100厘米，宽95厘米。6行，行书，字径5厘米。《白鹤梁题刻辑录》以及曾著均名《刘镜源题诗》。《水下碑林白鹤梁》则云《刘镜源诗记》。《长江三峡工程水库水文题刻文物图集》定名《刘镜源诗》。此题刻与前题《刘镜源题记》当作于同日。

图 2-4-8 　《刘镕经游白鹤梁诗》

录文：

　　游白鹤梁。江水西来去自东，浪淘淘尽几英雄。两三鸣鹤摩天渐，卅六鳞鱼兆岁丰。皇祐序诗刘转运，元符纪事黄涪翁。遍舟载得潞州酒，醉听渔人唱晚风。民国丁丑仲春，至山老人刘镕经题，年七十六岁矣。邑人刘树培涂鸦，同游文君明盛、王君伯勋。

　　按：馆藏拓本长124厘米，宽67厘米。8行，行书，字径7.5厘米。曾著定名《刘镕经"游白鹤梁"题诗》。《白鹤梁题刻辑录》《长江三峡工程水库水文题刻文物图集》《水下碑林白鹤梁》名之为《游白鹤梁》。刘镕经，自号至山老人，涪陵人，长于医术。《涪陵县续修涪州志》[1]载，民国初曾为兴文县教谕，四川彭水县、井研县训导等，曾自编《眼科仙方》，并石印出版涪陵本《伤寒杂病论》。刘树培（1876—1942），名干，字维基，涪陵人。毕业于成都警校。工书，学柳赵，笔势雄健，章法奔放无拘，为当地著名书法家。[2]王伯勋，民国间有王伯勋，贵州安龙人。早年毕业于贵州讲武学校，参加过北伐战争，又到日本留学，学习军事。抗日战争时期，转战在抗日战场。历任国民党中央军中下级军官。1941年冬至1943年夏，在重庆陆军大学将官班学习。但不知此人是否即题刻中所言王伯勋。

[1] 　《涪陵县续修涪州志》卷九。

[2] 　乔晓军：《中国美术家人名辞典·补遗一编》，三秦出版社，2007年，第457页。

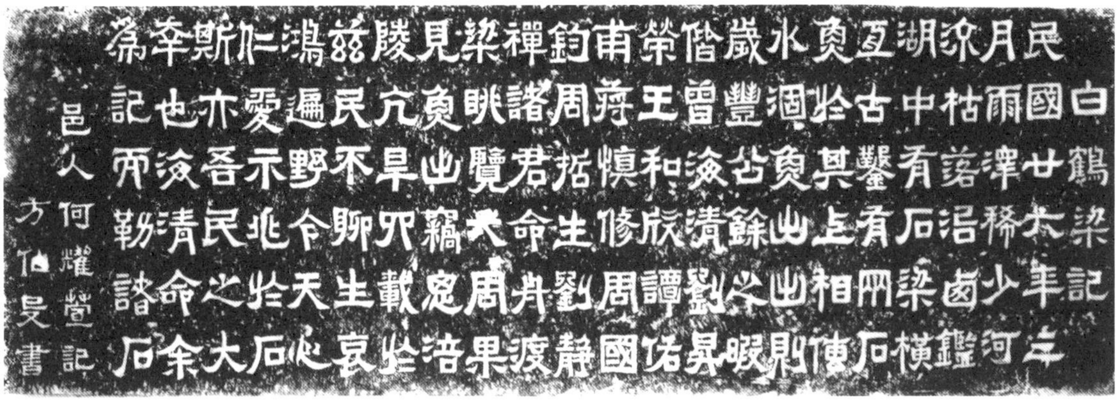

图 2-4-9 《何耀萱白鹤梁记》

录文：

白鹤梁题记。民国廿六年三月，雨泽稀少，河流枯落。沿西鉴湖中有石梁横亘，古凿有两石鱼于其上，相传水涸鱼出，出则岁丰。公余之暇，偕曾海清、刘升荣、王和欣、谭佑甫、蒋慎修、周国钧、周哲生、刘静禅诸君命舟渡梁，眺览大周，果见鱼出。窃思涪陵亢旱六载于兹，民不聊生，哀鸿遍野。今天心仁爱，示兆于石，斯亦吾民之大幸也。海清命余为记，并勒诸石。邑人何耀萱记。方伯旻书。

按：馆藏拓本长161厘米，宽54厘米。24行，隶书，字径6厘米。曾著、《白鹤梁题刻辑录》《水下碑林白鹤梁》均名《何耀萱题记》。《长江三峡工程水库水文题刻文物图集》则作《白鹤梁记》。曾海清，据《涪陵市志》记载，于民国二十三年（1934）任涪陵兴记电灯股份有限公司副经理。[1]民国二十四年（1935），"按国民政府实业部《工商同业公会章程准则》的规定于12月8日改组成立涪陵县榨菜业同业公会，主席曾海清，设常务理事四人"。[2]周哲生，涪陵人，曾任职涪陵县商会，从事白银鉴定工作，方文博《建国前涪陵的货币情况》[3]一文，曾对其有采访。

[1] 《涪陵市志》，第32页。

[2] 《涪陵市志》，第739页。

[3] 方文博：《建国前涪陵的货币情况》，《涪陵文史资料选辑》，1989年第1辑。

图 2-4-10　《"世道澄清"题刻》

录文：

世道澄清

民卅春，军次涪陵，□郭氏冠三，携涵、洵二兄买舟登点易洞，眡经白鹤梁，视石鱼有感。富春李园。

按：馆藏拓本长84厘米，宽50厘米。5行，行书，字径13厘米。曾著定名《李图"世道澄清"题刻》。《水下碑林白鹤梁》《白鹤梁题刻辑录》均作《世道澄清》。《长江三峡工程水库水文题刻文物图集》作《李□题记》。"富春李园"，《白鹤梁题刻辑录》作"富春李图"。"民卅春，军次、涪陵，□郭氏冠三"一句，曾著作"涪州春，军□涪陵县郭氏冠三"，《白鹤梁题刻辑录》作"民卅春，军□涪陵使郭氏冠三"。"携涵、洵二兄买舟登点易洞"一句，曾著认为此处所谓"涵、洵二兄"，为郭冠三兄弟，分别名郭涵、郭洵。恐误。兄为敬称，非姓郭者，此处所言当另有其人。此外，李园，史载，时为重庆第二警备司令部副司令，驻防涪陵。"民卅年"，即民国三十年（1941）。

图 2-4-11　《抗战佚名题记》

录文：

摧伏倭寇，奠定和平，石鱼出兮。

按：馆藏拓本长100厘米，宽33厘米。2行，隶书，字径8厘米。曾著定名《佚名石鱼诗》。《白鹤梁题刻辑录》《水下碑林白鹤梁》则名之为《佚名诗》。《长江三峡工程水库水文题刻文物图集》作《无名氏题刻》。

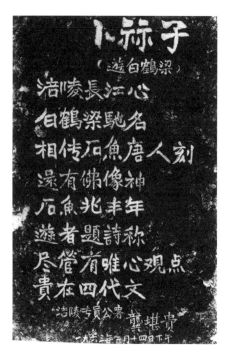

图 2-4-12　龚堪贵　《卜算子·游白鹤梁》

录文：

卜算子（游白鹤梁）。涪陵长江心，白鹤梁驰名；相传石鱼唐人刻，还有佛像神；石鱼兆丰年，游者题诗称，尽管有唯心观点，贵在四代文。

涪陵专员公署　龚堪贵

一九六三年二月十四日下午

按：馆藏拓本长70厘米，宽40厘米。13行，正书，字径4厘米。曾著名之为《龚堪贵题诗》。《白鹤梁题刻辑录》《水下碑林白鹤梁》则定名《卜算子（游白鹤梁）》。《长江三峡工程水库水文题刻文物图集》作《游白鹤梁》。龚堪贵，原四川省达县（治今四川达州）人。1933年参加革命，1937年加入中国共产党。土地革命战争时期，曾任红四方面军战士、连部文书、营部书记、太行山第十八集团军第八路军一二九师三八五旅营部书记、团部书记、团政治处组织股长，旅政治部组织干事、旅供应处政治委员。解放战争时期，历任太行三分区赴东北干部团政治处主任、吉辽军区炮兵团政治委员、吉林军区警卫团政治委员、保卫部科长、副部长、联络部副部长。中华人民共和国成立后，先后任长春市公安局副局长兼公安总队政治委员、抚顺市公安局副局长兼抚顺市人民检察署检察长、中共抚顺市委政法部部长、四川省涪陵专署副专员、党组书记、中共涪陵地委委员。1974年离职休养。[1]

---

[1]　据龚廷万先生回忆，1963年春长江水位枯下，龚堪贵、林樵各题诗一首，由涪陵文化馆郭昭岑请涪陵百货公司的美工陈南屏将诗稿誊录，再由当地石工镌刻上石，终成白鹤梁最后一批题刻文字。

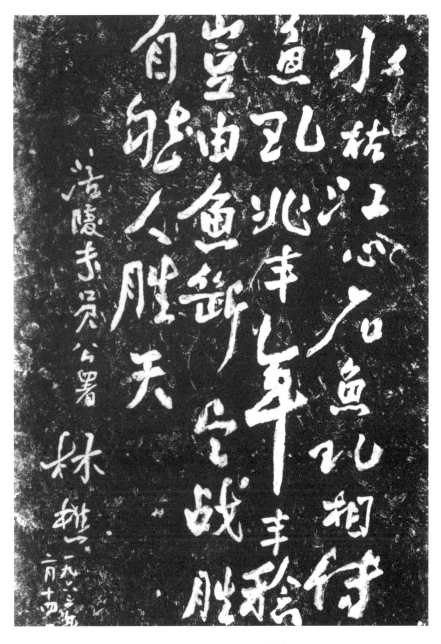

图 2-4-13 　《林樵题诗》

录文：

水枯江心石鱼现，相传鱼现兆丰年。丰稔岂由鱼断定，战胜自然人胜天。

涪陵专员公署　林樵

一九六三年二月十四日

按：馆藏拓本长69厘米，宽47厘米。5行，行书，字径6厘米。曾著及《白鹤梁题刻辑录》《水下碑林白鹤梁》《长江三峡工程水库水文题刻文物图集》均名《林樵题诗》。林樵，曾任涪陵专员公署副专员，并为西南服务团涪陵团史研究会顾问。

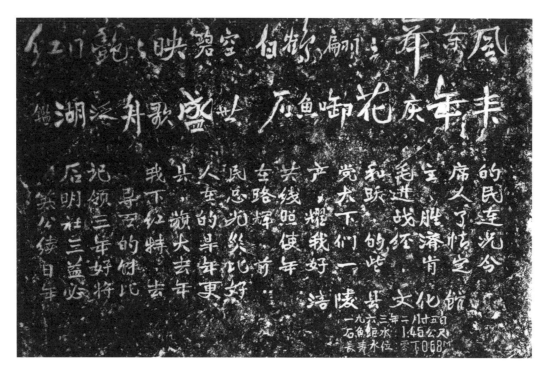

图 2-4-14 《涪陵县文化馆题记》

录文：

红日艳艳映碧空，白鹤翩翩舞东风。

鉴湖泛舟歌盛世，石鱼唼花庆年丰。

我县人民在共产党和毛主席的英明领导下，在总路线、大跃进、人民公社三面红旗的光辉照耀下，战胜了连续三年的特大旱灾，使我们的经济情况日益好转，去年比前年好一些，肯定今年必将比去年更好。

涪陵县文化馆

一九六三年二月十五日

石鱼距水：1.45 公尺

长寿水位：零下 0.68M

按：馆藏拓本长190厘米，宽136厘米。9行，正书。大字，字径18厘米。小字，字径6厘米。诸书均作《涪陵县文化馆题记》。此题刻为时任涪陵县文化馆馆长白仲山组织镌刻。白仲山，原名白诗申，重庆石柱县人。民国十九年（1930）考入重庆江北中学读初中。民国二十八年（1939）七月，被选为中共石柱县委委员，负责青年工作。民国三十六年（1947）五月，白仲山随中共"五一"工作组，转移至丰都县蒲家场（现属忠县）。十二月，党组织派他重返临溪，协助领导石利万边区开展武装斗争。1949年12月3日，丰都县解放后，白仲山任丰都县接管办公室主任。12月调回石柱，任县人民政府秘书科长。1952年调任涪陵专署工商科副科长，后任统计科长，1958年调涪陵大学任政治系主任，1962年调涪陵县文化馆工作，1980年病逝。[1]

---

[1] 引自石柱县志编纂委员会：《石柱县志》，四川辞书出版社，1994年，第603页。

五、馆藏未见拓片题刻

重庆中国三峡博物馆藏拓片中，至今未见《秦司正题记》《陈鹏翼等题名》《辛亥残题》《通州观石鱼》等拓片，而《孙仁宅题记》《晁公遡题记》所藏不精，今据相关单位所藏拓片补充收录。而对于陆增祥《八琼室金石补正》所录之《盛景献等题记》，拓文云："襄阳盛景献绍兴岁乙亥正月七日率河南张景南、河内游正父、游希尹、雷泽、孟虞卿泛舟江南，折梅赋诗，复开帆至石瓮下，步磐石席坐，纵饮既醉，日且莫遡江而归。"此拓曾著、《白鹤梁题刻文献汇集校注》[1]及《涪州石鱼题名记》亦有收录，《涪州石鱼文字所见录》未见。据缪荃孙跋语，"余光绪甲辰临桂况君夔生自蜀来宁，赠石鱼文字一箧，亟取对校，如见故人，缺三种、多两种，剔出北岩两种"[2]，故此题刻或即缪荃孙所认为的北岩题刻。由于陆增祥、钱保塘二人所据题刻拓片，均出于缪荃孙之手，缪荃孙之说当不误。今姑剔除在外，不作收录。又比如，所谓《齐砺等题记》，曾著录文："郡太守齐砺拉别驾龚儒崇、山阳倚赵伸夫、本路帅属章斯才游第一山。酌渡□□，北望怅然，饮不能醉。绍定已□四月七日"。[3]王晓晖录作："郡太守齐砺拉别驾龚儒崇山、阳倚、赵伸夫，本

路帅属章斯才游第一山。酌渡□□，北望怅然，饮不能醉。绍定已丑四月七日。"[4]此题刻少见于其他著述，唯何凤桐《宋代长江水文题刻实录》[5]有录文，但未作辨明。清代学者杨钟义所著《雪桥诗话》有这样一段话，"甘泉吴旧浦精枢素治宿疾有奇效，汪孟慈幼时，痘后虚热不解，旧浦以钱仲阳六味汤治之，一日顿愈。以丁卯举人官合州校官。《第一山怀古云》，'南来迓客何多遍，北望乡怀得几人'，谓南宋题名中，惟张宗益凭高远望为之慨然，齐砺北望怅然，饮不能醉"。[6]此即是说齐砺题名在第一山。又，清人所著《赵绍祖金石学三种》言，"宋齐砺等题名，在盱眙"，其下另行书，"郡太守齐砺等题名，行书，嘉定二年四月，在盱眙"。[7]同书又云，宋第一山，在盱眙。故此题名恐是其他题名混入白鹤梁者，今亦不作收录。此外，曾著并《白鹤梁题刻文献汇集校注》二书中所谓《赵广僖等题记》，前文已作考证，实为《张霁等题记》之局部，特掇之。

[1] 《白鹤梁题刻文献汇集校注》一书所收此段题刻文字，有缺漏，仅录有"泛舟江南，折梅赋诗，复开至石瓮下，步磐石席坐"等字，且文字稍有不同。

[2] 《涪州石鱼文字所见录》，第 1056 页。

[3] 王晓晖：《白鹤梁题刻文献汇集校注》，天津古籍出版社，2015 年，第 261 页。

[4] 王晓晖：《白鹤梁题刻文献汇集校注》，天津古籍出版社，2015 年，第 104 页。

[5] 何凤桐：《宋代长江水文题刻实录》，《贵州文史丛刊》，2002 年第 1 期。

[6] 《雪桥诗话三集》卷六。

[7] 赵绍祖：《赵绍祖金石学三种》，黄山书社，2011 年，第 274 页。

图 2-5-1 　《孙仁宅题记》

录文：

涪陵江心石上，昔人刻鱼四尾，旁有唐识云：水涸至其下，岁则大稔，隐见不常，盖有官此至终更而不得睹者。绍兴庚申首春乙未，忽报其出，闻之欣然，庶几有年矣。邀倅林琪来观，从游者八人：张仲通、高邦仪、晁公武、姚邦孚、仁宅之子允寿、公武之弟公退、公适，邦仪之子宁祖。郡守孙仁宅题。

按：拓片图版引自黄海《白鹤梁题刻辑录》。据该书载，拓本长228厘米，宽153厘米。《题名记》著此拓尺寸及特征为，"正书，径四寸五分，八行，行十三字"。《八琼室金石补正》名之为《孙仁宅等题名》，并于文末加按语云："诸刻并言二鱼，此独称四尾，何也。"[1]所存人名多已于前文见考。唯晁公退，《（道光）遵义府志》载有《李延昌等题名》，中有云"昭德晁公退子愈"[2]，故知昭德晁公退，字子愈。又，《宋史全文》载，"己卯，诏知汉州王沂，主管崇道观晁公退各降一官"[3]，据此知，其或曾主管汉州崇道观。晁公适，为晁公武弟，其事迹无考。

---

[1] 《八琼室金石补正》，第5353页。

[2] 《（道光）遵义府志》卷一一。

[3] 《宋史全文》卷二六上。

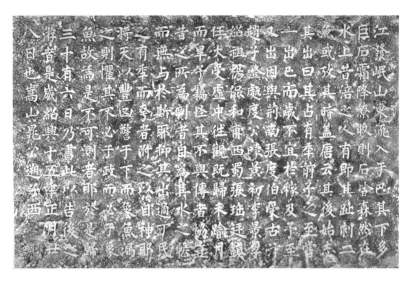

图 2-5-2　《晁公遡题记》[1]

录文：

江发岷山，东流入于巴。其下多巨石，霜降潦收，则石皆森然在水上。昔涪之人有即其趾刻二鱼，或考其时，盖唐云，其后始志其出，曰：其占有年。前予之至，尝一出，已而岁不宜于稼。及予至，又出，因与荆南张度伯受、古汴赵子澄处度、公曒景初、李景寻绍祖、杨侃和甫、西蜀张珤廷镇、任大受虚中往观。既归，未踰月而旱。予窃怪其不与传者协，岂昔之所为刻者，自为其水之□而无与于斯耶。抑其出，适丁民之有年而夸者附之以自神耶。将天以丰凶警于下而象鱼漏之，则惧其不必于政，而必于象鱼，故为是不可测者耶。于是归三十有六日，乃书此，以告后之游者。是岁绍兴十五年正月廿八日也，嵩山晁公遡子西。

按：《所见录》《题名记》《八琼室金石补正》有收该题刻。曾著亦有补收。"则石皆森然在水上"一句，"皆"字，曾著作"尽"。"前予之至"一句，曾著作"可予之至"。"既归，未踰月而旱"，曾著作"既归来，踰月而旱"。"岂昔之所为刻者"一句，"岂"字，其作"亘"。"抑其出"一句，有衍文"或"，作"抑或其出"。"适丁民之有年而夸者附之以自神耶"，作"适丁民之有季而夸者附之而自神耶"。晁公遡，字子西，钜野人。晁公武之弟，约宋高宗绍兴中前后在世。举进士第。尝为左迪功郎、知梁山军梁山县尉、涪州军事判官、施州通判、眉州刺史。公遡工文，以雄深雅健著称，有《抱经堂稿》，以甲、乙分第，今已不传。今有《嵩山居士集》五十四卷。任大受，字虚中。《（雍正）四川通志》载，其为"隆兴进士"。[2]其余诸人，已见于同时期其他题刻，事迹姑不另列。

---

[1]　所附照片为缪荃孙艺风堂藏白鹤梁题刻拓片，现藏北京大学图书馆。

[2]　《（雍正）四川通志》卷三三。

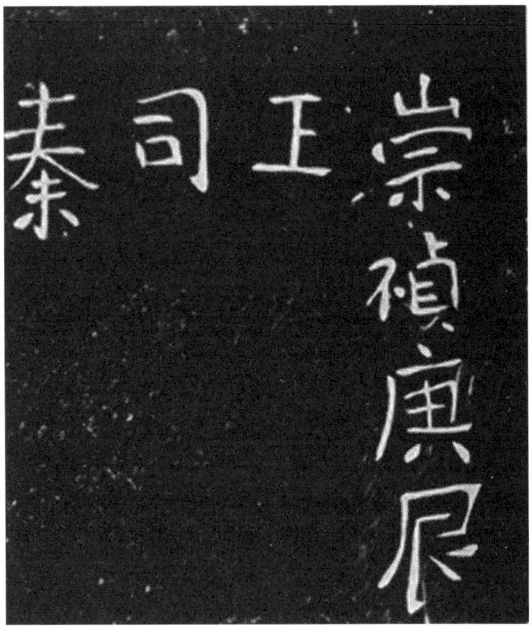

图 2-5-3　《秦司正题记》

图 2-5-4　《陈鹏翼等题名》

录文：

秦司正，崇祯庚辰。

按：曾著及陈曦震《白鹤梁题刻辑录》《长江三峡工程水库水文题刻文物图集》等均未见。《白鹤梁题刻辑录》有收，拓本图版亦据该书补。崇祯庚辰，即崇祯十三年（1640）。秦司正，姓秦，其名佚，或曾任涪州司正。

录文：

嘉庆元年三月十八日，水退至此，犹下八尺多。陈鹏翼、侯显廷同书。

按：图录仅见《白鹤梁题刻辑录》，今据该书补。拓片长77厘米，宽47厘米。陈鹏翼，据《（雍正）广西通志》载，其为雍正四年（1726）丙午科进士，全州人，曾为定远知县。[1]又，《（道光）涪州志》载有陈鹏飞，与陈鹏翼同时，曾为山东莱芜县知县[2]，未知是否弟兄行。侯显廷，《（同治）重修涪州志》云其曾受赠"武德骑尉"，其妻"廖氏，赠宜人"。[3]

[1]　《（雍正）广西通志》卷七五。

[2]　《（道光）涪州志》卷一〇。

[3]　《（同治）重修涪州志》卷八。

图 2-5-5 《辛亥残题》

图 2-5-6 《通州观石鱼》

录文：

辛亥秋

按：题刻仅存三字，现存诸书多未收录，唯黄海《白鹤梁题刻辑录》有载，今据该书补。时代及镌刻者均不详。

录文：

通州观石鱼

按：诸书多未载。《白鹤梁题刻辑录》有载，今据该书补。时代及镌刻者均不详。

六、未详题刻时代

由于镌刻时间跨度较久，石梁上部分题刻或因自然因素或因人为破坏，已不完整。以往统计，正是因为对这一部分题刻认识不一，结果造成白鹤梁题刻总数及各代题刻数量统计多存歧见。今将这批题刻单列于下，并略加按语，以备有识者详考。

图 2-6-1 《周品级题名》

图 2-6-2 《宋"双龙鳞甲"题记》

录文：

乙丑辛日，周品级、文玉章游此。

按：馆藏拓本长40厘米，宽20厘米。正书，字径9厘米。题刻位于《高祁等题名》下方，文字横列。《长江志》认为其镌于南宋末。《所见录》定名《周品级等题名》，亦将其列入南宋。《水下碑林白鹤梁》作《周品级游记》。今观此刻，文辞甚陋，题刻所录二人，亦不见于史传，恐非士大夫手笔。

录文：

双龙鳞甲奇，变化待何时。

按：题刻位于《谢兴甫等题名》左方，竖题一行。题刻文字《所见录》《题名记》《八琼室金石补正》等均有收录，然只是将其附于《谢兴甫等题名》内，并未单独录出。从文字布局来看，此题刻大体与谢氏所题镌于同时，但并非《谢兴甫等题名》。题刻文字，曾著录作"□龙鳞甲奇变化待何时困"。

图 2-6-3　《姚昌遇等题名》

录文：

吴兴姚昌遇、彭城钱好问偕侍亲观故迹。

按：馆藏拓本长92厘米，宽80厘米。9行，正书，字径7厘米。《所见录》《题名记》以及《八琼室金石补正》均名《姚昌遇等题名》。曾著、《水下碑林白鹤梁》和《白鹤梁题刻辑录》均作《姚昌遇等题记》。题刻左下方另有明代成化间题名一处。

图 2-6-4 　《李可久等题名》

录文：

　　李可久偕弟光锡、光福，蒋伯禹，古廷辅来观。戊戌中春七日，廷辅之子镒侍。

　　按：馆藏拓本长52厘米，宽48厘米。5行，正书，字径7厘米。《所见录》《题名记》以及《八琼室金石补正》均名《李可久等题名》。曾著定名《李可久等题记》。李可久，南宋道士，嘉兴人，曾刻印《元始说先天道德经注解》一卷。虑及石鱼出水数年才可一见，加之《冯和叔等题记》亦为戊戌中春所镌。此题或亦镌于此年，即淳熙戊戌中春，也就是淳熙五年（1178）。又有李可久，字易斋，下庄人。明嘉靖壬戌（1562）进士，曾为四川川南道按察司金事，今录于此，以备稽核。

图 2-6-5 《李从义题记》

录文：

涪陵驿丞李从义

按：馆藏拓本长70厘米，宽12厘米。1行，正书，字径5厘米。此题刻，清代诸书未见，曾著等均作《李从义题记》。李从义，涪陵驿丞。明清之制，各州县设有驿站之地，均设驿丞。涪陵，古为涪州，据此推断，或镌于明清时期。

图 2-6-6　《南阳公题记·一》

图 2-6-7 《南阳公题记·二》

录文:

阳公司徒□庆前有□□□知□□□

徒□巡检南阳公□中流石梁上古记□观焉,见古记石鱼□□来呈于丰岁,锦□□□□□□。

按:馆藏拓本长130厘米,宽80厘米。7行,正书,字径8厘米。拓本实分两部分,文字泐损颇多。曾著定名《南阳公题刻》。《长江三峡工程水库水文题刻文物图集》名为《残刻》。《蜀典》载,"宋有四川漕使开度,按晁公武《(郡斋)读书志·序》言得南阳公书五十箧。陈振孙曰:'南阳公,未知何人,或云开度宪孟也。是开度,字宪孟矣'。[1]今据陈振孙所言,另就题刻所见官称推断,此刻当成于宋代。

[1] 《蜀典》卷一一上。

图 2-6-8 《文仪等题记》

录文：

是江于春涨□□应□天意□吾民□□□见鱼鳞，文仪□说年丰岁景□□□□石□□□会□□□□□□□□□□□日□游□□□□□□□□□□□□□□□□□□有。

按：馆藏拓本长112厘米，宽65厘米。7行，正书，字径4厘米。曾著定名《联句诗》，录文"□明□载蠲息年其□日偕游者□石□会□出见鱼鳞□□传说年丰岁景□□是江干春涨。□□□应知天意佑吾民"。《白鹤梁题刻辑录》则定名《文仪题记》。

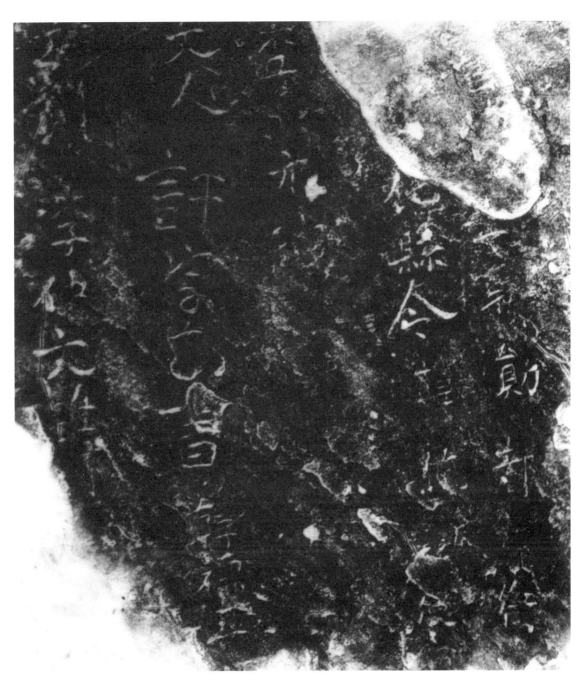

图 2-6-9　《李□元题记》

录文：

　　□□□□□勋都□□□□□□□化县令□□□□□□□□□□□□□李元□□□□□□□□□文人许家□书□□□□□李□元镌。

按：馆藏拓本长60厘米，宽55厘米。5行，正书，字径7厘米。题刻泐损严重，曾著定名《李元□题刻》。《白鹤梁题刻辑录》作《许家□题记》。《长江三峡工程水库水文题刻文物图集》仅题《残刻》。

图 2-6-10 《傅春题记》

录文：

乙卯人日，傅春游此。

按：馆藏拓本长46厘米，宽20厘米。2行，正书，横行4字，竖行5字，字径6.5厘米。曾著定名《傅春游记》。《白鹤梁题刻辑录》《水下碑林白鹤梁》均作《傅春题记》。《长江三峡工程水库水文题刻文物图集》仅题《傅春出游记》。白鹤梁诸题刻中，乙卯所镌者有《蔡兴宗等题名》，为绍兴乙卯（1135）正月十九日，未知此题是否亦镌于此年。

图 2-6-11　《古泉诗》

录文：

多少前人佳句□，无非雅颂石鱼踪。何知瑞在藻莲□，犹按纹鳞六□同。□□古泉

按：馆藏拓本长68厘米，宽38厘米。5行，正书，字径4厘米。曾著定名《古泉□诗》。《白鹤梁题刻辑录》作《古泉题诗》。《长江三峡工程水库水文题刻文物图集》名《古泉诗》。

图 2-6-12 　《彭松年题记》

录文：

惟得永年。乙卯涪陵□彭松年。

按：馆藏拓本长98厘米，宽63厘米。3行，行书。大字，字径16厘米。小字，字径3厘米。《白鹤梁题刻辑录》命名为《舒长松题记》，然录文作"舒长松"。曾著及王晓晖《白鹤梁题刻文献汇集校注》均作《舒彭松"恒收永年"题刻》。《水下碑林白鹤梁》题为《恒收永年》。《长江三峡工程水库水文题刻文物图集》作《舒长松题刻》。因文辞潦草，加之题刻面剥落严重，极难辨识。《（同治）重修涪州志》卷八《人物志》云，彭松年，涪陵人，道光、咸丰两朝曾先任纳溪县训导，浙江余姚知县等。[1]又，咸丰四年（1879），为乙卯年，此时彭松年因所守县城失守，被革职，严审确情后强令归乡。综合上述史实，极似彭松年所题。

---

[1] 《（同治）重修涪州志》卷八。

图 2-6-13　《高联题记》

录文：

谁把游龙江上镌，为霖为雨兆丰年。总看何日金晴点，胜踏云霓润大千。涪高联题，大父高懋桂。

按：馆藏拓本长38厘米，宽33厘米。7行，正书，字径8厘米。《白鹤梁题刻辑录》作《高联题记》，曾著则云《高联石鱼诗》。"胜踏云霓润大千"一句，曾著录为"胜踏云霓阅大千"。康熙间有进士名高联，顺天府大兴县人，曾于云贵、巴蜀等地为官，[1]未知是否即为此人。若是，则此题刻则镌于清初。

---

[1]　《词林典故》卷八。

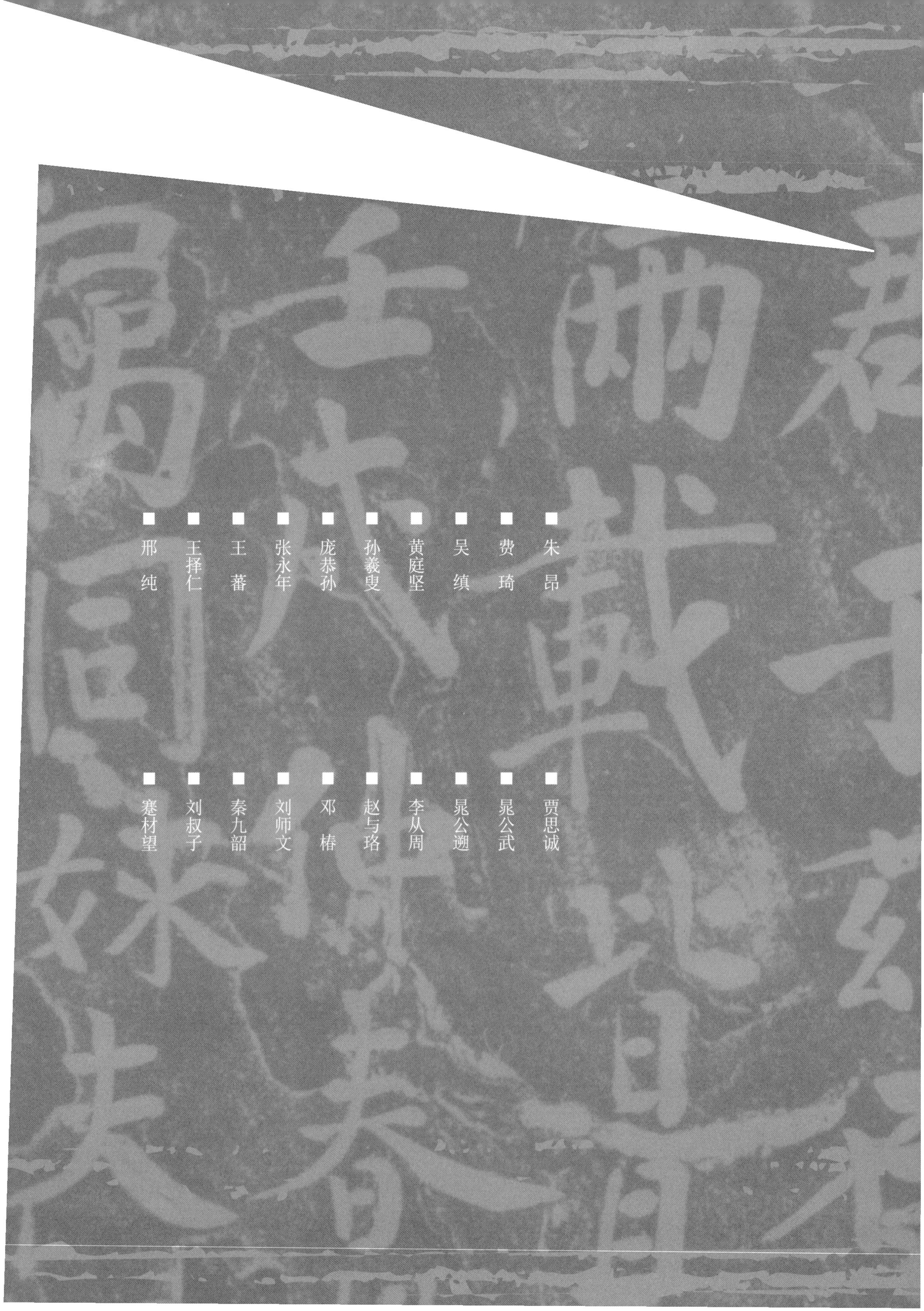

■ 朱昂
■ 费琦
■ 吴缜
■ 黄庭坚
■ 孙羲叟
■ 庞恭孙
■ 张永年
■ 王蕃
■ 王择仁
■ 邢纯

■ 贾思诚
■ 晁公武
■ 晁公遡
■ 李从周
■ 赵与珞
■ 邓椿
■ 刘师文
■ 秦九韶
■ 刘叔子
■ 蹇材望

第三章

白鶴梁題刻所鐫宋人行實考

现存白鹤梁题刻从北宋开宝四年（971）的《申状题记》，到中华人民共和国成立后五六十年代涪陵文化馆等所镌题名，时间前后跨度近千年。这期间在石梁上镌刻题名者达到六百余人。然而囿于传世史料记述的缺失，这些题名者中绝大多数人，字号、籍贯、事迹等均已不可考，特别是几乎占据题刻区半壁江山的宋代题刻，题名人中能有事迹可寻者更是为数寥寥。本书于前篇题刻拓片考证过程中，已经尽可能利用各方面史料，对历代题名人情况进行了初步的整理与汇总，但是限于篇幅，对其中一些史料记载相对丰富的人物，并未深入展开。因此，本章拟选费琦、黄庭坚等二十人情况，综合前人研究成果，略加稽考。

一、朱昂

朱昂，《宋史》有传，字举之，《宋史》言"其先京兆人，世家漢陂"。[1]《楚纪》则言为"江陵人，《仪真志》作'衡山人'"。[2]《重修安徽通志》亦作"衡山人"。又，《长编》载，"昂，长沙人也"。[3]关于此段记载之分歧，《宋史》所言为其祖居之地，亦即籍贯。而"江陵之说"恐是如《舆地纪胜》所载，"朱昂、朱协兄弟致仕。咸平初，昂请老，赐城东一坊为宅，陈尧咨为尹，题坊曰'悬车坊'，昂于居建'万卷阁'，又云：昂归江陵，赐宴玉津园，诏各赋诗，朝士荣之，与弟协同隐，号'渚宫二疎'"。[4]江陵为朱昂兄弟二人归老之地，《楚纪》所载，或是因此而误。又，衡山之说，据《宋史》载，朱氏家族于"天复末，徙家南阳。梁祖篡唐，父葆光与唐旧臣颜荛、李涛数辈挈家南渡，寓潭州。每正旦夕至，必序立南岳祠前，北望号恸，殆二十年。后涛北归，葆光乐衡山之胜，遂往家焉"。[5]据此，衡山为朱昂父朱葆光最后徙家之所，亦或为朱昂之出生地。至于"长沙"之说，宋时长沙为潭州治所，前此有言，朱昂"父葆光与唐旧臣颜荛、李涛数辈挈家南渡，寓潭州"。《长编》以长沙人称之，或即本于此。

史载，朱昂少与熊若谷、邓洵美等同学，尤好读书。据《仕学规范》载，"朱昂侍郎甫弱冠，辞亲游学，其父给钱二千以为行资，径入衡山书院，服勤学问，孜孜不怠，夜则拾桐油，子然以诵书"。[6]时人朱遵度好读书，人号之为"朱万卷"，而目朱昂所藏为"小万卷"。另据《舆地纪胜》载，"万卷阁，朱昂于所居建立，藏其手抄古今书帙万卷，整比雠勘，踰于秘府"。[7]清代诗人袁枚曾就朱昂"小万卷阁"

---

[1] 《宋史》卷四三九。

[2] 《楚纪》卷一五。

[3] 《续资治通鉴长编》卷一四。

[4] 《舆地纪胜》卷六五。

[5] 《宋史》卷四三九。

[6] 《仕学规范》卷一。

[7] 《舆地纪胜》卷六四。

作诗《十一月初三日小万卷楼成》，诗云："朱昂小万卷，我老岂其人。万卷天收去，幸犹留老身。"[1]

《宋史》言，"昂尝间行经庐陵，道遇异人，谓之曰：'中原不久当有真主平一天下，子仕至四品，安用南为？'遂北游江、淮。时周世宗南征，韩令坤统兵至扬州，昂谒见，陈治乱方略，令坤奇之，署权知扬州扬子县。适兵革之际，逃亡过半，昂便宜绥辑，复逋亡者七千余家，令坤即表授本县令"。[2]周宋易代之后，朱昂被征为衡州录事参军。史载"李昉知州事，暇日多召语，且以文为贽，昉深所嗟赏。历宜城令"。

宋太祖开宝中，"拜太子洗马、知蓬州，徙广安军"。[3]另据《续资治通鉴》所载，"己卯，以太子洗马、权知蓬州朱昂，权知广安军"。李焘《长编》记载与此同，唯"蓬州"作"逢州"，应是传抄之误。[4]所谓"己卯"，实为宋太祖开宝五年（972）正月己卯。而《宋史》所载"知蓬州"当或是"权知蓬州"之误。又，朱昂"徙广安军"后所居官职则为"权知广安军"。

在此期间，朱昂"尝聚淮水流尸三千，冢为瘗之。有戍卒谋乱，昂诛其首恶，凡支党之诖误者悉贷之。就迁监察御史、江南转运副使"。[5]

太平兴国二年（977），朱昂"知鄂州，加殿中侍御史，为峡路转运副使，就改库部员外郎，迁转运使。端拱二年，以本官直秘阁，赐金紫"。[6]白鹤梁题刻有载，"端拱元年十二月十有四日，昂自瞿塘回，遵途于此"。故可知朱昂在川峡一带为官主要是从太平兴国二年（977）至端拱二年（989），前后共约12年。而涪州之行恐是其入京领授新职后的辞任之旅。在此之前，朱昂权知广安军时，即与涪州颇有渊源，开宝六年（973），"会渠州妖贼李仙众万人劫掠军界，昂设策禽之。自余果、合、渝、涪四州民连结为妖者，置不问，蜀民遂安"。[7]可见，正是朱昂渠州平叛的成功，客观上造成涪州等地政情粗安的局面。

出蜀后，朱昂又"出知复州，表求谢事，不许。迁水部郎中，复请老，召还，再直秘阁，寻兼越王府记室参军"。[8]真宗即位后，迁秩司封郎中，不久又任知制诰，判史馆，受诏编次三馆、秘阁书籍，既毕，加吏部。

咸平二年（999），召入翰林为学士。"逾年，拜章乞骸骨，召对敦谕，请弥确，乃拜工部侍郎致仕。翌日，遣使就第赐器币，给全奉，诏本府岁时存问，章奏听附驿以闻。命其子正辞知公安县，以便侍养，许归江陵。旧制，致仕官止谢殿门外，昂特延见命坐，恩礼甚厚。令俟秋凉上道，遣中使赐宴于玉津园，两制、三馆皆预，仍诏赋诗饯行，缙绅荣之。"[9]

---

[1] 《童山集》卷上。

[2] 《宋史》卷四三九。

[3] 《宋史》卷四三九。

[4] 《续资治通鉴长编》卷一四。

[5] 《宋史》卷四三九。

[6] 《宋史》卷四三九。

[7] 《续资治通鉴长编》卷一四。

[8] 《宋史》卷四三九。

[9] 《宋史》卷四三九。

另据韩淲《涧泉日记》载，朱昂归江陵闲居，"弟协为翊善，以书招之，亦告老而归，时以比二疏，后知府陈尧叟署其所居曰'东西致政坊'，昂又于所居建二亭曰'知止'、'幽栖'，其归之，时乃咸平四年五月也"。[1]

朱昂一生所蓄，多以购书，以讽诵为乐，及是闲居，自称"退叟"，著《资理论》三卷。又，《崇文总目》言，朱昂有文集三十卷，惜后世散佚无存。[2]另据洪迈《容斋随笔》，昂致仕后，曾与李昉、张好问、李运、宋琪等号为"至道九老"，欲继白乐天事"为宴集，会蜀寇起而罢"。[3]

史言朱昂"晚岁自为墓志。景德四年（1007）卒，年八十三，门人谥曰'正裕先生'。诏加赗赠，录其孙适出身"。[4]

《宋史》撰者于其传后论曰："昂好学，纯厚有清节，澹于荣利，为洗马十五年，不以屑意。居内署，非公事不至两府。在王邸时，真宗居储宫，知其素守，故每加褒进，然昂未尝有所私请，进退存礼，士类多之。"[5]太宗认为朱昂"端介厚重，不妄举人"。[6]而真宗对其评价，"昂在内署，未尝以私意干朕，清素自守，年踰七十始终无玷"。此外，曾巩于《隆平集》中认为，"昂方正恬淡，十五年为洗马不迁，非公事不至两府"。[7]可见，其一生还是颇为士论所称道的。

一、费琦

费琦，《宋史》无传，据《宋史翼》载，"字孝琰，成都人，乡进士在第一，遂中科，仕兴元府户曹参军"。后又因功迁合州赤水县令。不久，因有人举荐出为秘书省著作佐郎，改知定州安喜县。在安喜任上，有民妇自杀，其父母认为乃夫家所为，费琦前往验视认为并无异常，然覆视者则另有主张，致使女家讼辩不已。州府希望尽早解决此事，于是附会传说，连逮数十人，但由于拿不出确凿证据，稽留累月而不能定夺，最终只能通过费琦的调停得以化解。又比如，某年苗麦将熟，但寇盗严重，官府误将在田边休息的百姓以盗窃罪拘捕，上官欲严加惩治，费琦得知后，即命释放，认为此并非真盗。果然不久后，盗贼在异地被捕，众人得知后，无不服其贤明。

因治县得法，部使刘庠、吕大防、张问等皆荐费琦之才，请求将其转官无极县令，朝廷很快批准了这一请求。当时，无极县接契丹之境，政局极为不稳。一日，有民谣传有契丹兵将要入侵，于是当地百姓闻讯皆"闭户自匿，市井不相通"，唯费琦不为所动，且派人慰谕百姓，三日后县内复业如故，契丹兵果不至。又有《净德集》卷二四《朝散郎费君墓志铭》记载，"保州民集众数百，挝登闻鼓，诉屯田水利事。事久不决，郡邑患之，安抚使委（费）琦按视，即条

---

[1] 《涧泉日记》卷上。

[2] 《崇文总目》卷一一。

[3] 《容斋随笔·容斋四笔》卷一二。

[4] 《宋史》卷四三九。

[5] 《宋史》卷四三九。

[6] 《玉壶清话》卷九。

[7] 《隆平集》卷一三。

利害以图上其说，行公私以为宜"，[1]此事最终得以圆满解决。

熙宁中，费琦得差通判蜀州（治今四川崇州），不久遭父丧丁忧，服除后通判绵州。元丰二年（1079），泸州夷扰边，宋廷出师讨罪，调民夫数万馈挽以进，转运使辟费琦都大提举。"夫粮数入瘴乡，因感疾，将归合州之寓居，至渝南不起"。[2]费琦自著作佐郎五迁至都官员外郎，赐五品服，元丰官制改革后，又易朝散郎。其有妻袁氏封永寿县君，有子一人，名伯高。女四人"长适周鼎，次适袁钧，次适袁锡，皆举进士，次尚幼"。

《朝散郎费君墓志铭》又言，费琦生性孝友，"从学力养，起家享禄，凡晨昏伏腊之费，诸兄皆仰给焉，以至办其嫁娶，睸其死丧，收恤其孤惸，如此者三十年未尝一日间薄"。而至其身死后，"则敛无新衣，祭无丰俎，自合（州）距成都才六百里，旅殡佛寺，久之不能归，归则无族属可依，无田可耕，无室可处，其谋葬于合（州）者，死生之际，宜其慊也"。

对于其在蜀地之治迹。墓志亦追述云，"泸南之役，斯民盖不幸矣。君之提举夫粮，区处以宜，知会以信，其聚不急，其散不缓，然而死于病者十犹二三。明年再用兵，夫粮之任非其人，颠暗乖紊，无复统纪。先期不戒以集，讫事不释以归，万众暴露，瘴疠大起，相枕藉而死者十凡八九；或强而归则疫及其家，血属皆亡，又不知几千人耳。至今东蜀父老语

及是事，则必惜君之没云"。[3]

另据史载，费琦治学，于理学一门颇多建树，与周敦颐友善。周敦颐入蜀为官，出任川东军事要地合州（治今重庆合川）的签书军事判官厅公事。此时的周敦颐虽然尚无南宋以来的理学光芒，主要是以廉能之士的形象为人所重，但他还是与一批蜀地学者建立了联系，相互间进行学术的切磋砥砺和传承授受。其中就包括费琦，而他当时正是周敦颐的属僚。

费琦小周敦颐十岁，时任合州赤水县令，与吕陶同为成都人，又为同年进士。"家甚贫，能力学，为辞章，声名闻闾里，举乡进士在第一"，这表明费琦有一定的学术水平。他与周敦颐曾一起游龙多山，有倡和诗篇八首。其中《喜同费君长官游》两篇倡和诗意在抒发各自的志趣爱好。周氏云：

寻山寻水侣尤难，爱利爱名心少闲。此亦有君吾甚乐，不辞高远共跻攀。

费琦和诗云：

平生癖爱林泉趣，名利萦人未许闲。不是儒流霁风采，登山游骑恐难攀。

这两篇倡和诗反映出费琦具有淡泊名利、喜爱山水的志趣。他一生主要都任官州县，沉沦下僚，似乎与此不无关系。故其墓志铭曰："厚于其兄，以悦其亲。兄衣未完，子裘不温。兄食未充，子炊不晨。救恤死丧，毕其婚姻。艰勤一世，竟卒于贫。客殡无归，葬为旅人。士之行已，盖后其身。君乎何憾，于以宁神。"[4]此一评价可谓入木三分。

---

[1] 《净德集》卷二四。

[2] 《净德集》卷二四。

[3] 《净德集》卷二四。

[4] 《净德集》卷二四。

三、吴缜

吴缜以所撰《新唐书纠谬》和《五代史记纂误》二书见称于世。但他的事迹却很少为人所知，间或有轶事流传，但又不免失之谬误，前辈学者陈光崇曾辑其事略云：

吴缜之父吴师孟。陈振孙《直斋书录解题》说，"其（吴缜）父师孟显于熙丰"，可见吴师孟还是个有点名气的人。《成都县志》卷三《人物志》载《吴师孟传》，其言"庆历中进士及第，博学善书，修文名著，官至通议大夫。子缜，初登第即求与修《唐书》，欧阳永叔以其年少，拒之。及书成，缜乃作《唐书纠谬》"。这个记载很简单。陆心源《宋史翼》卷一记载较详，"吴师孟，字醇翁，成都人。第进士，累官凤州别驾。王安石当国，与师孟同年生也，擢为梓州路提举常平。师孟疏言新法不便，宁罢师孟故官。后知蜀州，又论茶法害民，遂谢事去。苏轼云：'吴师孟乞免提举，如逃垢秽。'《送周朝议》诗所谓'矫矫六君子'者，师孟其一也"。

关于吴师孟中进士的时间，两处记载都不明确。根据《宋史翼》提供的吴师孟与王安石为同年生（即同年及第）的线索，查王安石为宋仁宗庆历二年（1042）进士，那么吴师孟当然也是庆历二年进士无疑。吴师孟在政治上的重要表现有两点：一点是疏言熙宁新法不便，一点是论奏蜀中茶法害民。都不惜以去就相争，可见他的刚直敢言。熙宁十年（1077），侍御史周尹论蜀中榷茶为民害时，特别提到"有知彭州吕陶、知蜀州吴师孟等论奏，可以参验"[1]。无怪

苏轼在《送周朝议守汉州》诗中说："茶为西南病，氓俗记二李[2]。何人折其锋，矫矫六君子。"[3]对吴师孟的为人一再表示赞赏。

吴师孟还善于书法。厉鹗《宋诗纪事》卷二五引《成都记》云："吴师孟、张商英、张唐英善书。天觉（商英字）喜草而不工，东坡戏之，所谓脱帽风流余长史也。"可见师孟书法与当时名士张商英、唐英弟兄齐名。吴师孟的著作，有诗三首收入《宋诗纪事》，其一为《和王公规赏海云山茶合江梅花》，"何处珍丛最早开，海云山茗合江梅。忽传诗帅邀肤使，不用歌姬侍宴杯。晓艳鲜明同绮靡，晚妆清淡奉徘徊。此时文酒风流事，岂似临江放荡来"。剩余两首均名《成都运司园亭诗和章质夫》，一云翠锦亭，"东阁治台政，西堂备燕饮。介于二堂闲，华构饶花品。红紫镇长春，四时如活锦。公暇一绳床，上有通中枕"。一言茅庵，"结茅为圜屋，环堵不可庸。斋居如雁堂，广长才六肘。深藏子猷竹，不植陶潜柳。勿起灭定心，宴坐空诸有"。[4]

吴缜的事迹，据马端临《文献通考》说："缜，字廷珍，成都人，仕至郡守。"[5]《四库全书总目提要·新唐书纠谬》又云："缜，历典数郡，皆有惠政。"他究竟做过哪些地方的郡守？据吴缜《进新唐书纠谬表》自署"左朝请郎、前知蜀州军州事"。又据高似孙《史略》卷二《唐书考》称，吴缜于"元祐间知万州"。可见他做过蜀州（治今四川崇州）和万州（治今重庆万州）的知州。他在《新唐书纠谬序》

---

[1]　《续资治通鉴》卷七二。

[2]　按：谓李杞、李稷，二人曾榷川茶。

[3]　原注云："周思道与侄正孺、张永徽、吴醇翁、吕元钧、宋文辅。"

[4]　《宋诗纪事》卷二五。

[5]　《文献通考》卷〇〇。

中说，撰写该书时，"方从宦巴峡"。巴峡，宋属归州巴东县。吴缜当时究竟是做巴东知县，还是做归州知州？由于记载不详，今已无从论定了。

陈光崇认为，吴缜一生的成就主要是在史学方面。《成都县志》记载了他请修《唐书》为欧阳修所拒的故事。这个故事最早见于南宋王明清《挥麈后录》卷二，原文如下：

"嘉祐中，诏宋景文、欧阳文忠诸公重修《唐书》，时有蜀人吴缜者，初登第，因范景仁而请于文忠，愿预官属之末。上书文忠，言甚恳切，文忠以其年少轻佻拒之，缜鞅鞅而去。逮夫《新书》之成，乃从其间指摘瑕疵，为《纠谬》一书。至元祐中，缜游宦蹉跎，老为郡守，与《五代史纂误》，俱刊行之。绍兴中，福唐吴仲实元美为湖州教授，复刻于郡庠，且作《后序》，以谓铖膏盲，起废疾，杜预实为左氏之忠臣，然不知缜著书者之本意也。"

马端临《文献通考》卷二〇〇《经籍考·唐书辩证》条引用了这条记载，后世无不信以为真。清代史家章学诚为此写了一篇洋洋洒洒的人才论——《唐书纠谬书后》，为吴缜不见用而抱不平。直到当代，还有人认为欧阳修这次在人才的使用上犯了一个错误。[1] 对此，陈光崇认为，仔细考察疏理，王明清的这个记载并不符合事实。今引述其观点如下：

王明清说吴缜请求修史是在初登第的时候，那么弄清吴缜登第的时间，就可以弄清他和欧阳修的关系。

据《成都县志》卷二《选举志》载，吴缜是"治平中进士"，年份无考。检《文献通考》卷三二《选举考》，宋英宗治平凡四年，举行了两次科考。一次在治平二年（1065），一次在治平四年（1067），吴缜及第年份虽难确指，但不出治平二年或四年，则是无疑的。欧阳修编纂《新唐书》是在宋仁宗至和元年（1054）到嘉祐五年（1060）的七年间，吴缜中进士即使在治平二年，那时《新唐书》也已修成了五年之久，他为什么还要去请求修《唐书》呢？吴缜既不可能请求修《唐书》，欧阳修又何从以其"年少轻佻而拒之"呢？由此可见，王明清的这个记载显然与史实不符。

不过，除了王明清所传吴缜请修《唐书》的说法之外，陈振孙还有另一种说法，他在《直斋书录解题》中说："《唐书纠谬》二十卷，朝请大夫知蜀州成都吴缜廷珍撰。其父师孟显于熙、丰。序言修书之时，其失有八，而纠摘其谬误为二十门。侍读胡宗愈言于朝，绍圣元年上之。世传缜父以不得预修书，故为此。"陈振孙在这里提出请修《唐书》的不是吴缜，而是吴缜的父亲吴师孟。若从时代上看，吴师孟与欧阳修同时而稍后，他与史官范镇（字景仁）又是同乡，请求预修《唐书》倒是很有可能的。但陈振孙对此事的细节没有任何说明，只是用"世传"字样附带一提，似乎他自己也不大相信。马端临在《文献通考》中引用陈氏此文，干脆就删去了这条记载。因此这种说法不大流行，也不大可靠。不过吴缜对《新唐书》的缺点错误，既在《纠谬序》中表示"感愤叹息"，又在《进书表》中表示"常切私愤"，措词激

---

[1]　刘汉屏：《重视培养和使用年轻专家》，载《光明日报》，1980 年 6 月 23 日。

烈，有异常情。所以《四库全书总目提要》说："今观其书，实不免有意掊击。"[1]这倒不能不使人怀疑欧阳修也许真的得罪过吴师孟，因而引起吴缜著书的"私愤"。不过由于文献不足，我们也就没有必要作更多的揣测了。

欧阳修十分爱才。他举苏洵、刘羲叟于布衣之中，拔苏轼、苏辙于制科之上，经他奖掖提携的学者，包括曾巩、王安石在内，为数甚多。笔记小说，得之传闻，往往不可靠。欧阳修拒用吴缜修《唐书》之说应不成立。

众所周知，吴缜的著作，首先要数《新唐书纠谬》。据《自序》云，此书是他"从宦巴峡"时撰写。《自序》作于宋哲宗元祐四年八月，此时他自巴峡"解秩还朝"，在归舟中，将书稿整理成编，而序文则作于夷陵（治今湖北宜昌）至喜亭。夷陵是欧阳修曾经谪居过的地方，《欧阳文忠公文集》卷三九有《峡州至喜亭记》，称皇祐中，知州朱某作至喜亭于江津，以为舟者舶留之所。吴缜于此撰文，或是为步欧阳修之后尘。

《新唐书纠谬》专门驳正《新唐书》的错误，凡二十门。辖《书事失实》《载述脱误》《纪志表传不相符合》等目，每一目为一卷，共二十卷，四百余事。绍圣元年（1094），因侍读胡宗愈推荐，表进于朝。历来学者对这书的看法很不一样，晁公武《读书志》曰"缜不能属文，多误有诋诃"。钱大昕因就其书，逐加驳正。而章学诚云：吴氏《新唐书》纠谬，为治唐史者之准绳。二人均未免抑扬过当。《四库全书总目提要·新唐书》条说："书甫颁行，吴缜《纠谬》即踵之而出。其所攻驳，亦未尝不切中其失。然一代史书，网罗浩博，门分类别，端绪纷挐，出一手则精力难周，出众手则体裁互异。爰从三史，以逮八书，抵牾参差，均所不免，不独此书为然……吴缜所纠，存备考证则可，因是以病《新书》，则一隅之见矣。"

陈光崇认为，四库馆臣的这种持平之论还是比较可取的。吴缜对欧阳修的《五代史记》也作了考订，写成《五代史记纂误》五卷。书已久佚，今本系从《永乐大典》辑出。据晁公武《读书志》称，原书所载二百余事，今仅一百十二事，约存十分之六七，犹可见其大概。《四库全书总目提要》卷四六说此书攻驳《五代史记》之处，"引绳批根，动中要害，虽吹求或过，要不得谓之尽无当也"。可见此书对五代史的研究也具一定的参考价值。[2]

四、黄庭坚

黄庭坚，字鲁直，号山谷道人，晚号涪翁，洪州分宁（治今江西修水县）人。为宋代江西诗派祖师。书法亦能树格，为宋四家之一。英宗治平四年（1067）进士。历官叶县尉、北京国子监教授、校书郎、著作佐郎、秘书丞、涪州别驾、黔州安置等。有关黄庭坚事迹史传多有，唯其于涪州一地之事，有关历史文献、年谱及地方文献或记载模糊，语焉不详，或人云亦云，以讹传讹，始终没有一个明晰的印象。故此处仅在前人研究基础上，对其涪州经历略加辑述。

史载，绍圣二年（1095）正月，黄庭坚由长兄黄

[1] 《四库全书总目提要》卷四六。

[2] 上述考证均引自陈光崇：《吴缜事迹考辨》，《中华文史论丛（1983年）》，上海古籍出版社，1983年，第175-179页。

大临陪同，由陈留出尉氏、许昌，由汉沔趋江陵，上
夔峡，次下牢关，寻三游洞，然后过巫山（治今重
庆巫山县），经施州（治今湖北恩施），于是年四月
二十三日到达黔州贬所。

宋任渊《山谷内集诗注》所附《年谱》元符元
年（1098）条下云："按《实录》，绍圣四年三月，
知宗正丞张向提举夔州路常平。十二月壬寅，诏涪州
别驾黔州安置黄庭坚移戎州安置，以避使者亲嫌故
也。"又云："山谷三月间离黔，六月抵戎州。"并
注引山谷《与杨明叔大字跋尾》云绍圣五年三月：
"涪翁将迁于夔道，治舟开元寺江曲之间。夔道即
戎州。"[1]也就是说，黄庭坚离开黔州在绍圣五年
（1098）三月初三。

又《山谷年谱》卷二七元符元年条有云："先
生有《答黎晦叔暹书》云：'承寄惠长韵诗。去年三
月中到涪陵，乃得之。'又，先生有《与韦子骏提刑
主客三月二十三日书》云：'庭坚居黔中，衣食之须
粗给。既又放徙，一动百动，所以少淹留此。月半乃
得至涪陵，又当为家弟少留。'云云。又四月书云：
'区区西来，以多病所至就医药，又为涪陵家弟少
留，是以行李稽迟。'"[2]可见，黄庭坚此次离黔，
远赴戎州贬所，是沿乌江而下，并于当年三月中到达
涪陵。这是黄庭坚第一次路过涪陵，而且因为其堂弟
黄嗣直当时正为"涪陵尉"，所以黄庭坚在涪陵有短
暂停留，一则身体不适，需要看病休养，二则是想与
兄弟家人共叙离别之情。[3]

李金荣认为黄庭坚此次"少留"涪陵，有三件
事特别值得一提。

一是作《赠嗣直弟颂十首（并序）》。《山谷
内集》卷十五有《赠嗣直弟颂十首》，诗前有《序》
云："涪陵与弟嗣直夜语，颇能明古人意，因戏咏
云：'人皆有兄弟，谁共得神仙。'故作十颂以记
之。"可以说《赠嗣直弟颂十首》正是黄庭坚人生感
悟的诗性表达，今引录诸诗如下：

饥渴随时用，悲欢触事真。十方无壁落，
中有昔怨人。（其一）

去日撒手去，来时无与偕。若将来去看，
还似不曾斋。（其二）

正观心地时，丝发亦无有。却来观世间，
冬后数九九。（其三）

涪陵萨埵子，直道也旁行。亦嚼横陈蜡，
不爱孔方兄。（其四）

江南鸿雁行，人言好兄弟。无端风忽起，
纵横不成字。（其五）

万里唯将我，回观更有谁。初无卓锥地，
今日更无锥。（其六）

江南十兄弟，长被时一共。梦时各自境，
独与君同梦。（其七）

虽受然灯记，不从然灯得。若会翻身句，
弥勒真弥勒。（其八）

向上关捩子，未曾说似人。因来一觉睡，
妙绝更通神。（其九）

[1]　《山谷内集诗注》卷九。

[2]　《山谷年谱》卷二七。

[3]　李金荣：《涪陵白鹤梁题刻"元符庚辰涪翁来"考辨》，《重庆社会科学》，2006年第5期。

往日非今日，今年似去年。九关多虎豹，聊作地行仙。（其十）

这些禅宗偈颂大多运用佛典来写自己的悟道心得体会，表现的正是诗人在获得生死解脱之后所体悟到的人生哲理，所有诗句无不指向不受世俗浸染的淡泊自持。这里再也没有"长恨此生非我有"的遗憾，取而代之的是"平常心是道"的审美愉悦。此外本组部分禅诗也抒发了对同族辈兄弟因突遭变故而漂泊天涯、无缘相见的憾恨，和他与嗣直堂弟之间心灵的契合及感情的笃厚。

二是为涪陵本地士人蔺大节作《朋乐堂记》。蔺大节的生平事迹和朋乐堂的具体位置，史籍不载。不过，今乌江重庆段古有黔江之称。如《山谷别集》卷十《书〈博弈论〉后》："涪翁放逐黔中，既无所用心，颇喜弈棋。绍圣四年八月丁未，偶开韦昭《博弈论》，读之喟然。因自誓不复弈棋。自今日以后，不信斯言，有如黔江云。"[1] 又范成大《吴船录》卷下，"辛亥，发恭州。至涪州排亭之前，波涛大汹，濆淖如屋，不可梢船。过州，入黔江泊，此江自黔州来合大江。大江怒涨，水色黄浊。黔江乃清泠如玻璃，其下悉是石底"。[2] 此"黔江"即今人所谓乌江。则据此推知蔺大节所建之朋乐堂位于现在的涪陵乌江以东无疑。

三是游涪陵北岩寺，过伊川先生堂并榜其堂曰"钩深堂"。"绍圣五年四月乙未"即绍圣四年（1097）四月十七日，黄庭坚再抵涪陵，有关山谷此次"少留"涪陵期间游北岩寺，过伊川先生（程颐）堂，并榜其堂曰"钩深"一事，此前研究多无详考。此诗具体写作时间不详，不过从内容上看，此诗大约写于秋冬时节。《方舆胜览》一书曾提及程颐"绍圣谪居，寓于北岩"一事，并有云："（钩深堂）在北岩，绍圣丁丑，伊川谪居于涪，即普静院辟堂传《易》，阅再岁而成，元符庚辰徙夷陵，会太史黄公自涪移戎，过其堂，因榜曰'钩深堂'。"[3] 类似记载还见于王象之《舆地纪胜》一书，该书云："伊川先生来涪，元符庚辰徙夷陵，会太史黄公自涪移戎，过其堂，因榜曰'钩深'。"[4] 以上二书皆提及黄庭坚谪居黔、戎期间，曾过伊川先生堂并榜其堂曰"钩深堂"一事。但因现存黄庭坚诸文集及程颐等人著作中均不载此事，加之北宋历史上除了有所谓的新旧党争外，旧党内部，诸如程颐、苏轼等人亦纷争不断，于是有学者据此怀疑此事的真实性。那么，作为"苏门四学士"之一的黄山谷到底有没有可能过伊川先生堂并榜其堂曰"钩深堂"呢？

有学者认为，"山谷确曾过伊川先生堂并榜其堂曰'钩深堂'"。[5] 那么，山谷过伊川先生堂并榜其堂曰"钩深"的具体时间又当在何时呢？前引王象之、祝穆二书所载为元符庚辰年。但通过纵向比较，王象之、祝穆等记载恐误。如前所述，山谷"自涪移戎"的时间在绍圣五年三、四月间，是年乃绍圣戊寅而非元符庚辰。元符庚辰年伊川先生徙夷陵时山谷尚在戎州，且山谷在当年根本不曾来过涪陵。山谷蒙恩

---

[1]《山谷别集》卷一〇。

[2]《吴船录》卷下。

[3]《方舆胜览》卷六一。

[4]《舆地纪胜》卷一七四。

[5] 李金荣：《涪陵北岩寺"钩深堂"考》，《涪陵师范学院学报》，2006年第4期。

东归，再次经停涪陵的时间，在建中靖国元年而非元符庚辰年。因此，李金荣先生认为，"山谷过伊川先生堂并榜其堂曰'钩深'最有可能的时间当在绍圣五年（1098）山谷'自涪移戎'时，而不大可能在建中靖国元年（1101），更不可能在元符庚辰年"。[1]

元符三年庚辰（1100）正月十二宋哲宗卒，正月十三宋徽宗即位，元祐旧臣官复原职。五月，黄庭坚被"复宣义郎，除鄂州在城盐税，并还所夺勋赐"。[2]《山谷年谱》元符三年条下注云："山谷既得放还，以江涨未能下峡，七月自戎舟行省其姑于青神。十月改奉议郎、签书宁国军节度判官，十一月自青神复还戎。"[3]又《山谷别集》云："山谷之姑，张祉介卿之母。介卿时为眉州青神尉，以七月二十一日解舟，八月十一日抵青神。"[4]李金荣分析认为，"山谷此次青神之行，除了探亲，还与当地士子文人多有交往。除了同他们一同游览名胜、凭吊遗踪、煮酒品茗、诗酒倡和之外，还经常应邀为人题字、作文、取名和撰写墓志铭等，以至'青衣城中昼日尽为宾客所夺'。其中最值得一提的是九月曾书杜甫巴蜀诗并作《大雅堂记》，属丹棱人杨素翁刻之于石，山谷在该文中提出了'子美诗妙处乃在无意于文'一说，由此可见山谷对杜甫的尊崇和山谷此时文学思想的些许转变"。[5]另据，《山谷年谱》载，黄庭坚

"十二月发戎州，过江安，为石信道挽留，遂作岁于此"。又云："石谅，信道，本眉人。家于江津，女嫁山谷之子相，是岁十二月成亲。"山谷有《泸州中坝葛氏竹林留题》云："江南黄某自夔道蒙恩放还，元符三年十二月道出江安，江安宰石谅信道以亲亲见留作岁。建中靖国元年正月丙寅，置酒中坝葛氏之竹林。"[6]可见，是年山谷东归又曾过江安。建中靖国元年（1101）正月，山谷离开江安继续东下。据有关资料记载，他先后经停泸州，系舟王市，游合江安乐山，泊舟汉东市，然后到达涪陵，是为山谷第二次经停涪州，但不久即再启程东去。

五、孙羲叟

孙羲叟，《宋史》无传。据《（光绪）重修安徽通志》载，其为徽州人。[7]政和三年（1113）出知夔州，《忠惠集》有《刑部员外郎孙羲叟除直秘阁知夔州制》载："朕底绥九服，弗勤远略，蠢兹诸蛮，式我王命。咨尔旧治，往咸乃众。若古士制五，刑典兹远，人之弗率。朕惟戎兵曰大刑，其施惟一。尔昔佐士师，唯明克充，庀职东观，光于申命，其尚训兵讲武，绥靖疆场。"[8]另据李之亮《宋川陕大郡守臣易替考》，其在夔州之任，大体为"政和三年至六

---

[1] 李金荣：《涪陵白鹤梁题刻"元符庚辰涪翁来"考辨》，《重庆社会科学》，2006 年第 5 期。

[2] 《豫章黄先生文集》卷二〇。

[3] 《山谷年谱》卷二七。

[4] 《山谷别集》卷下。

[5] 李金荣：《黄庭坚谪居戎州行迹生活考述》，《宜宾学院学报》，2009 年第 2 期。

[6] 《蜀中广记》卷一六。

[7] 《（光绪）重修安徽通志》卷一八二。

[8] 《忠惠集》卷二。

年"。[1]又，《宋会要辑稿·选举三三》载："（政和六年正月）二十八日，朝散大夫、直龙图阁、成都府路转运副使孙羲叟为右文殿修撰、知泸州。"[2]而《宋史》记载，政和六年（1116），泸南安抚使孙羲叟奏："边民冒法买夷人田，依法尽拘入官，招置土丁子弟。见招到二千四百余人，欲令番上。从之。"[3]据此可见，政和六年，孙羲叟由知夔州转任右文殿修撰、知泸州。在泸州孙羲叟曾主持修建泸州城，并作《修城记》曰："泸控西南诸夷，远逮夔蛮，最为边隅重地，元丰以来用武臣，其后始更置儒守。"[4]政和七年（1117）己卯，孙羲叟出知成都府，《宋十朝纲要》即载："己卯，徙知泸州孙羲叟知成都府，措置县茂州夷事。"[5]《宋史·蛮夷一》又载："开辟荒芜，草创城邑，张皇事势，侥幸赏恩。入版图者存虚名，充府库者无实利。不毛之地，既不可耕；狼子野心，顽冥莫革。建筑之后，西南夷獠交寇，而溪峒子蛮亦复跳梁。士卒死于干戈，官吏没于王事，肝脑涂地，往往有之。"[6]《宋史·蛮夷四》亦云："政和七年，涂、静、时、飞等州蛮复反茂州，杀掠千余人。知成都周焘遣兵马提辖张永骈等击之，畏懦不敢进，皆坐黜。以孙羲叟节制绵茂军，于是中军将种友直等破其都禄板、舍原诸族，蛮败散。其酋旺烈等诣茂州请降。"[7]又，《续资治通鉴》载："赵遹奏：'晏州夷贼渝盟作过，出没剽掠，若置而不问，恐养成奸恶，别生大患，不可不早为之计。但事力未胜，不敢轻举深入。乞就秦凤、泾原、环庆路共调兵三万，前来攻讨。'诏永兴路选兵二千人赴之。辛巳，又诏泾原发兵三千，环庆二千，押赴泸南听用。仍以赵遹为泸南招讨统制使，王育、马觉为同统制，雷迪、丁升卿军前承受，孙羲叟、王良弼应副钱粮，并听遹节制。"[8]由此推之，政和七年孙羲叟在知成都府任上，再受命节制绵茂军，曾应副诸军钱粮，并攻破禄板、舍原诸族。《跨鳌集》对此役记载尤详，政和七年"命孙羲叟节制绵茂军，种友直将中军，以施黔义军为先锋。首破赤土山，深入板舍源部族，凡射伤贼，贼视其疮沸，谓箭有神，如耿恭时。夷人奔遁，搜山抉谷至湿山背，去茂无两舍。静、涂诸羌，吻草牵牛，抱茂州将贾宗范足，投哀丐命，愿平夷碉囤，远徙幽阴，以田授宋，世世不敢犯边。会孙羲叟传令，抽大军回，是时军若达茂，则诸羌束手就死矣。贾宗范即受旺烈等降，反慰安之。奏诸朝，赐守领官月给茶彩"[9]此战之后，孙羲叟通过实地考察，认为要防守边地蛮夷，需要将石泉故城由邑改为军。《蜀中广记》载此事云："政和七年，静州夷寇边，攻茂州，窒陇东道以孤石泉。成都守孙羲叟上言：石泉为邑，介绵、茂之间，道里阔

[1]　《宋川陕大郡守臣易替考》，第208页。

[2]　《宋会要辑稿·选举三三》。

[3]　《宋史》卷一九一。

[4]　《蜀水经》卷五。

[5]　《宋十朝纲要》卷一七。

[6]　《宋史》卷四九三。

[7]　《宋史》卷四九六。

[8]　《续资治通鉴》卷九二。

[9]　《跨鳌集》卷一六。

远，缓急不相应，非有兵扼其冲要，不足以捍外患。于是诏改石泉为军，宝祐后徙废。"[1]

重和元年（1118），孙羲叟再命将攻西南诸夷，并大获全胜，《宋十朝纲要》载："是月（二月）孙羲叟遣种友直等分兵三路深入讨夷贼，连破诸族，直抵时州马蹄溪，杀戮甚众。"[2]宣和元年（1119），孙羲叟因事遭贬。据《宋会要辑稿》载："宣和元年正月二十三日，诏'龙图阁学士、知成都府孙羲叟远守西蜀，明见用红伞迎神，不行焚毁，落职，降五官，与宫观'。"此事件两年后，其方受诏起任。《江西通志》载："孙羲叟，由大中大夫任（知隆兴府）。"据笔者考证，此事当可系于宣和三年（1121），至宣和五年（1123）离任。也就是说，宣和三年至五年，孙羲叟曾出知隆兴府。[3]而此后其所历官职及卒年则不见于史传。

六、庞恭孙

庞恭孙，《宋史》有传，北宋名臣庞籍之孙，父名元英，朝散人夫，单州成武（治今山东成武县）人。恭孙字德孺，以恩荫补任施州通判。另据《万姓统谱》言："宋庞恭孙，字德孺，武城人，徽宗时补施州通判。"[4]言庞恭孙籍贯武城（山东武城县）者，仅见该书。又，据《宋史·庞籍传》记载，"庞籍，字醇之，单州成武人"。[5]庞籍为庞恭孙之祖父，据此认为《万姓统谱》所谓"武城人"，或为文字传抄之误。

崇宁年间，部蛮向文疆反叛，徽宗诏命转运使王蓬领州事前去讨伐，恭孙说服文疆投降，并将他斩首。因此事，王蓬上奏他的功劳，进位三级，知涪州。此后，庞恭孙即以开边辟土为己任。劝诱珍州骆文贵、承州骆世华献纳土地，所费不可计数。后转运判官朱师古举发庞恭孙生事，但朝廷不为所动，下诏贬黜师古官，而令庞恭孙代其任。于是，溱、播、溪、思、费等州相继归降。《宋会要辑稿》载："政和三年三月七日，夔州路转运判官庞恭孙奏建置珍州，岁贡细茶芽十斤，黄蜡二十斤，候本州起税了当，每遇天宁节及大礼，依例进奉银绢。"[6]可见，约于政和三年（1113）前后，庞恭孙已居夔州路转运判官一职。

由于徽宗一力主张恢复汉唐旧疆，故对开疆之士多能厚赏。因此，庞恭孙每开辟一城，就能嘉奖升迁，后竟官至夔州路转运副使，《宋会要辑稿》言："大观二年十二月三日，朝议大夫、直秘阁、夔州路转运副使庞恭孙，直龙图阁。"[7]五年中，官至徽猷阁待制、威州郡守，请求开通保、霸二州。于是再进庞恭孙直学士、知成都府，委任他进行招纳。时人翟汝文《忠惠集》存有庞恭孙转官成都府的制文，其云：

---

[1] 《蜀中广记》卷一一。

[2] 《宋十朝纲要》卷一八。

[3] 《江西通志》卷四二。

[4] 《万姓统谱》卷三。

[5] 《宋史》卷三一一。

[6] 《宋会要辑稿·食货四一》。

[7] 《宋会要辑稿·选举三三》。

"春秋王者无外，以四裔为守；治世为国不师，以公侯干城。蠢尔戎羌，藉其疆境，使为外守，以扞固吾圉，必有干城而制其腹心。载稽显庸，可无异数？具官某历试于外，实劳厥初。往城蛮方，以宣王略，不有御侮，孰威不庭！岂惟暴露经营之勤，实赖抚绥安集之力。锡尔延阁，殿于坤维，尚繁壮猷，以靖疆场。"[1]可见，庞恭孙受命出任成都府，主要目的是为了平复西南诸夷。庞恭孙到任后强令保、霸首领董舜咨、董彦博献纳土地。朝廷下诏派二人入朝，拜承宣使，在京师赐予府第，改保州为祺州、霸州为亨州，再派庞恭孙前去修筑。对于此事缘由，《宋史》另有记载，"威州保、霸蛮者，唐保、霸二州也。天宝中所置，后陷没。酉董氏世有其地，与威州相错，因羁縻焉。保州有董仲元，霸州有董永锡者，嘉祐及熙宁中皆尝请命于朝。政和三年，知成都庞恭孙始建言开拓置官吏，于是以董舜咨保州地为祺州，董彦博霸州地为亨州，授舜咨刺史，彦博团练使，舜咨寻迁观察使，彦博留后，遂为节度使，诏成都给居第田十二顷，二州经费岁用钱一万二千一百缗，米麦一万四千七百石，绢二千八百五十匹，绸、布、绫、绵、茶、盐、银等不预焉，后皆为砦"[2]但对于此事，议事者奏论庞恭孙贪婪放纵，朝廷查究审理，结果如章所奏，于是庞恭孙被贬谪为保静军节度副使。《宋会要辑稿》与《宋史》就此事所记稍有不同，该书言，政和二年（1112）"五月二十六日，徽猷阁直学士、提举西京嵩山崇福宫庞恭孙落职，坐前知成都府贪墨营私故也"[3]但才过了一个

月，就又起官知陈州，恢复待制，任泸州帅。又因修筑思州，进位学士。在泸州任上，庞恭孙很注意对当地土官的奖掖，以及对番民的优待，以达收拢边地民心之效。《宋会要辑稿》记载，政和八年（1118）七月二日，庞恭孙上书，"泸南溪洞转运副使卢知原措置逐城寨所管田土，以厚薄分为两等，据见管胜兵拣选到强壮堪任战守一千四百九十一人，并寄招到二百三十五人，收买耕牛、农具，起盖茅舍安泊，及借贷官钱、粮、米，使得专一开垦。今年夏来成熟，并皆安居有业，分番赴军城寨堡守御，随逐禁军教阅，显见职事优异。欲望特将卢知原优与推恩外，有军城寨堡官亦乞一例量与减年，或免短使"宋廷最终采纳其建议，诏"卢知原特与转一官，其军城寨堡官各减三年磨勘"[4]此后泸州一带番民果然日渐有向宋之心，不复有策反之虞。

传统史家多认为，庞恭孙在西南前后二十年，所得州县，大多张列名册，实际是荒瘠不毛的盐碱地，修治转运粮饷，蜀地百姓为之困苦不堪，于是不多时大都废去。对于出现这种状况的原因，《宋史》撰者曾于《王祖道传》中有所分析，"（王祖道）所创名州县不旋踵皆罢，是后，庞恭孙、张庄、赵遹、程邻，皆以拓地受上赏，大抵皆规模祖道，祖道起冗散，骤取美官，而朝廷受其敝云"[5]认为庞恭孙等人此举，不过是骗取朝廷爵禄罢了。对于庞恭孙的生卒年月，史传无载，仅据《宋史》所载推断，约于宣和中病卒。

---

[1] 《忠惠集》卷二。

[2] 《宋史》卷四九六。

[3] 《宋会要辑稿·职官六八》。

[4] 《宋会要辑稿·方域一九》。

[5] 《宋史》卷三四八。

七、张永年

《绍兴十八年同年小录》有载："第一百三人张永年，字时发。小名念十一，小字一郎，年二十六。十一月初五日生，外氏周重庆，下第一。兄弟终鲜。一举，娶扶氏。曾祖进，故，不仕。祖渊，未仕。父安民，未仕。本贯忠州临江县宜君乡太平里，祖为户。"此段史料虽仅短短八十余字，但是所记却非常详实，从中可以看出，张永年，字时发，忠州临江县宜君乡太平里（治今重庆忠县）人，绍兴十八年（1148）进士第一百零三人。从中举时"年二十六"一句推断，其或生于宋徽宗宣和五年（1123）。祖父名张渊，父名张安民，均未曾出仕为官。又，《摘文堂集》有《内殿崇班张永年可特授内殿承制制》，"敕具官某，尔杀获凶丑，劳效可称，宜锡恩章，以示嘉奖，进官一等，往其钦承。可"。[1]据此推断，其曾历官内殿崇班、内殿承制等。《夷坚丁志》卷六"张琴童条"载有张永年之轶事，"张永年居京师时，值暮冬大雪，家人宴赏，遣小苍头曰琴童者，持糖蟹海错，饷三里间亲戚家，小儿轻捷不惮劳，雪中往复三四，反双足受冻，色紫黑。其母居门首，见而念之，呼入与汤使淋洗，冻已极不知痛，少顷八指悉堕盆中，母视之皮内血皆成冰，为汤所沃，故相激而断"。[2]另据《建炎以来系年要录》载，绍兴二十五年（1155）"丙子，右朝请郎、新知无为军张永年直秘阁。永年，

阁之子，与秦桧连婚。至是献其父文集于朝，故有是命。仍诏阁身后依条合得恩数，令永年经有司陈乞"。[3]此处所言张永年与秦桧连婚，且其父名张阁，或别是一人，当与白鹤梁题刻所见张永年无关。

八、王蕃

王蕃，亦有书作"王番"。《宋史》无传，生卒年无考。据《佩文斋书画谱》载，其字观复。黄庭坚《山谷集》论其书风，"书虽未及工，要是无秋毫俗气，盖其人胸中块磊，不随俗低昂，故能若是"。[4]又，《苏门六君子文粹》言："王蕃观复居今而好古，抱质而学文，可望以立不易方。人不知而不愠者也。"[5]同书另载王蕃诗文一篇，"维亨嘉之会，草木亦乐其生，天地否塞，君子有失其所，故《易》曰：天地变化，草木蕃，天地闭，贤人隐，君子所以处穷通如寒暑者，何哉？方万物芸芸之时，已观其复矣"。[6]

王蕃早年曾官国史院为史官。《洺水集》载，"国史王蕃建言，都司于省事无所不预，今宰相入省，诸房填委，径禀请笔，但以草检赍赴郎官，寄日押字而已。请依元丰、崇宁旧法，诸房各具签贴，先都事，次检点，次郎官，押讫，然后请笔以行"。[7]

又据《任全一墓志铭》，"襄阳王蕃主夔州选

---

[1] 《摘文堂集》卷五。

[2] 《夷坚丁志》卷六。

[3] 《建炎以来系年要录》卷一六九。

[4] 《佩文斋书画谱》卷三三。

[5] 《苏门六君子文粹》卷四一。

[6] 《苏门六君子文粹》卷三八。

[7] 《洺水集》卷七。

事，以文学老故，自当接，公颇简倨，时开江奏已前上，公奋袖去，不就。蕃悔，即书走置谢，固愿还，仍属道前郡劝止，不答。久之，敕下，竟不赴，其介特如此"。[1]知王蕃或为襄阳人，又曾官夔州，选僚属以长于"文学"者为优。而《山谷年谱》另载，"王蕃，字观复，沂公之裔，官阆中时多以书尺至戎州，从山谷问学。至是自京师改官复入蜀，会山谷于荆州时，山谷病痛初愈，《答观复简》云：卧病二十余日，几死者数矣。忽奉手诲，欢喜如从天上落也"。[2]

而据《宋会要辑稿》所载，王蕃在夔州日，为夔州路转运判官，曾受命举荐涪州通判。"大观二年三月十九日，诏'陕西、河东、河北路应合枢密院铨量奏举窠阙，未曾参部、未经短使人，并特许奏辟。余依见行条格施行'。十二月二十七日，吏部言：'勘会涪州通判昨奉御笔，委王蕃奏举清强干敏官，具名闻奏，所准夔州运判王蕃奏举朝奉大夫常彦堪充上件差遣，其常彦于格应入，缘本官见年六十以上，不任选阙。'诏特差。"[3]

另据《山谷老人刀笔》，"舍弟到家亦多病，未能作状也。阆中进士鲜澄源自阆中来，相过留此两月许，其人知书，有以自守。某之友王蕃观复，今为阆州节推，亦称其家居择交，不妄与人游也。

远来困于旅琐，欲谒薪水之资于泸州，不知士人中有哀王孙者乎"。[4]可见，王蕃为北宋初期名臣王曾之后，曾官四川阆中节推，也就是节度推官，从黄庭坚问学，与其交好。

再则，《蜀中广记》卷二三"达州"条言："州以元微之左迁司马著名，《方舆胜览》有胜江亭在州西三里，乃郡守王蕃，读白乐天《寄微之》诗云：'达州犹似胜江州'，因以名亭也。"[5]而《（乾隆）达州志·秩官》云："王番（蕃），政和中任。"[6]或可从中推断，王蕃亦曾任达州知州。又，同书载，"《褒善录》一卷。晁氏曰：'王蕃撰，嘉祐中巴县簿黄靖国死而复苏，道其冥中所见廖生尝传之，而蕃删取其要为此书'"。[7]据此知王蕃于蜀地时，曾撰成《褒善录》一书，共一卷。

宣和六年（1124）前后，王蕃官都大管干成都府等路茶事。《宋会要辑稿》载，"（宣和）六年八月十九日，都大管干成都府等路茶事王蕃状：伏见前提举官何渐昨具奏，'为阙官逐急择人权摄，欲乞将本司熙丰以来不拘常制许辟员阙，依元丰旧法，不得并差川人。及依近降指挥，不得奏差知州外，余并许臣踏逐，选择公廉练达之人，不拘常制，指名奏差'。奉御笔依所奏，许辟一次，后来何渐除奏外，见余未曾奏辟去处，欲乞依己降御笔

[1] 《缙云文集》卷四。

[2] 《山谷年谱》卷二八。

[3] 《宋会要辑稿·选举二九》。

[4] 《山谷老人刀笔》卷一一。

[5] 《蜀中广记》卷二三。

[6] 《（乾隆）达州志》卷三。

[7] 《蜀中广记》卷九五。

指挥，许蕃依何渐申请，不拘常制"。[1]

据李胜《白鹤梁石刻题名人考按一百二十二则》一文所作考证，"王蕃，字观复（《眉山唐先生集》卷二七《送王观复序》），一字子宣（《宋诗纪事补遗》卷三七），益都（今山东青州）人。徽宗政和八年（1118），任广西转运副使（《宋会要辑稿》蕃夷四之四一）"。[2]此文所言"一字子宣"，后"任广西转运副使"，实际是延续《补遗》的说法，即所谓"王蕃字子宣，一字复观，湖州人，王曾之后。宣和中官广西提举常平，临桂伏波岩、龙隐岩均有宣和己亥题名，山谷称其诗虽不工，无秋毫俗气，其人胸中块磊，不随俗低昂，故能若此"。[3]然据清人陆心源考，上述"字子宣"者实际并非此王蕃，而是另有其人。其云："王蕃字观复，青州益都人，沂国之裔，官阆中时多以书尺至戎州，从山谷问学。建中靖国元年，自京师改官复入蜀，会山谷于荆州。见山谷《题底柱铭后》及《蜀本诗集注》，山谷称其文笔不凡，乐府清丽，书无俗气，穷而不违仁，达而不病义，读书学文必以古人为师，造次颠沛必求知义者为友，见《山谷集》三十，《外集》九。宣和壬辰，（白鹤梁题刻）必蕃再至蜀时所题也。又，吴兴人王蕃，字子宣，宣和中官广西提举常平，临桂伏波岩龙隐洞均有题名，恐非一人。"[4]

九、王择仁

王择仁，《宋史》无传。字号、籍贯等均未见于史。据题刻所记，"涪陵郡守平阳王择仁智甫"一句可推知，其字智甫，平阳（治今山西临汾）人。

据宗泽《上李丞相书》所言："前过京师，有河东数百姓来日诉，乞收复河东州县，有数太学生，并太学正王择仁来相见，言收河东事。于今月二十九日，有王择仁附书，并谐目来与某顾。"[5]因此可以看出，在靖康前后，王择仁曾为太学正，并会晤宗泽，请求收复河东州县。

《建炎以来系年要录》载，绍兴二年（1132）六月，"谢亮归，夏人随之，以兵掩取定边军。明年，亮乃还行在，初王燮之溃也，其属官王择仁以众二万入长安，复为经略使郭琰所逐。祠部员外郎、四川抚谕喻汝砺尝言：'今朝廷已专命王庶经制中夏，窃闻五路全不禀庶节制，望择久历藩方，晓畅军事，近上两制，节制五路，招集溃兵，劳徕流徙，式遏寇盗，仍以臣所刷金帛八百余万缗为军粮犒设之费，庶可以系二京、两河、山东、陕西五路父老之心。若谓四川钱物不当应副陕西，臣谓使此钱自三峡、湖、湘平底建康，固为甚善，万一中途为奸人所窥，适足资寇。臣又闻王择仁所统皆三晋劲勇之余，今关辅榛莽，军无见粮，故其人专以剽掠为事。若得上件财帛养之，则秦、晋之民，皆为吾用

---

[1]　《宋会要辑稿·职官四三》。

[5]　《白鹤梁石刻题名人考按一百二十二则》，第159页。

[3]　《宋诗纪事补遗》卷三七。

[4]　《仪顾堂集》卷四。

[5]　《宗忠简集》卷四。

矣。'时庶已擢待制，而汝砺停官，然皆未受命也"。[1]据此段史料可知，王择仁曾为河东经制司王燮属官，率兵二万攻长安，但遭郭琰所逐而败北。据同书所载："先是，河东经制司属官、宣议郎王择仁，为永兴郭琰所逐，事见二年六月十三。"[2]择仁攻长安，收复永兴军之事的来龙去脉，《三朝北盟会编》有着较为详细的记载，该书云，"十三日甲午，金人陷长安，知军府事郭琰弃城走。先是，金人陷长安，已退去也。王择仁入长安称抚，定永兴师。既而郭琰以朝廷之命来帅长安，择仁退去。琰以择仁有兵，欲得之，遂劾择仁扰乡村作过等事。又移文金州兵会合掩杀之，择仁欲往金州，为金人所拒，无所归。闻河东山寨有未顺金人者，乃经画河东山寨"。[3]

据《建炎以来系年要录》载："建炎四年乙酉，皇叔持服，前检校少保光山军节度使、知大宗正事士儇特起复，宣议郎、御营使司参议官王择仁为通直郎、直徽猷阁、权发遣河东路制置使司公事，节制本路应干军马。时京西与河东北接境，而忠义之人犹有聚兵保守山寨者。河南镇抚使翟兴遣亲信持蜡书，取间道以结约之，如向密、王简、王英等数十寨皆愿听节制，兴言于朝。上大喜，遂命兴与择仁同领其事。先是，择仁以宣抚处置使张浚之命节制京西军马，在均襄间，事见今年三月己酉，故就命之，及是择仁言山寨首领韦忠佺、宋用

臣、冯赛皆乞兵渡河，尅期相应。"[4]据此可见，建炎四年（1130）王择仁由宣议郎、御营使司参议官受擢通直郎、直徽猷阁、权发遣河东路制置使司公事，节制本路应干军马。

该书卷二九又载，建炎"四年六月九日，知襄阳府王择仁状准宣抚使司札子勘会，程千秋、李允文不务协和，襄阳府、郢州并各失守，已落职罢本任，王择仁差知襄阳府"。据此，王择仁在建炎四年六月九日再出知襄阳府。

同书又载："时（张）浚率步骑数万人入卫，至房州，遇德音，知敌骑退，乃还。以本司参议官、直秘阁王以宁代程千秋，为京西制置使，使图桑仲，假以便宜。又以宣议郎、御营使司参议官王择仁知襄阳府，节制京西军马。择仁初为浚所按，与前知永兴军郭琰俱系狱，既而释之。以宁，开封人。政和中，自小校换授。建炎初，以枢密院编修官出知鼎州，为浚所辟。以宁至襄阳，见仲方彊乃卑辞假道而去，引其兵屯潭州。择仁孤军不敢进，亦屯留均州，由是仲益无所惮。"[5]可见，在受命知襄阳前，王择仁曾为张浚所按而系狱，后出狱复官位得以率兵屯守均州。

又，绍兴二年（1132），"张浚奏以通直郎王择仁知涪州，择仁初除河东制置使，会都统制韦忠佺不能守，以山寨降敌，统制官宋用臣、冯赛以余众赴宣抚司，择仁因改命"。[6]可见，约在绍兴二年中，张浚因"都统制韦忠佺不能守，以山寨降敌"，特举荐

---

[1] 《建炎以来系年要录》卷一六。

[2] 《建炎以来系年要录》卷二七。

[3] 《三朝北盟会编》卷一一八。

[4] 《建炎以来系年要录》卷三六。

[5] 《建炎以来系年要录》卷三二。

[6] 《建炎以来系年要录》卷五三。

王择仁出为涪州知州，白鹤梁题刻中所存《王择仁题记》正是在这一背景之下才得以镌刻的。

另外从绍兴五年（1135）"左朝散郎王择仁知广德军，择仁自蜀还行在，上召对而命之"[1]一句可以推断，王择仁在涪州为官是在绍兴二年至绍兴五年，此后则受命召对，并被委任知广德军。

绍兴七年（1137）"三月庚辰，左朝奉大夫、淮西宣抚使司主管机宜文字王择仁，右承务郎张体纯等六人，以从军之劳各进一官"。[2]从此段史料可以看出，绍兴七年王择仁已经是左朝奉大夫、淮西宣抚使司主管机宜文字，并以"从军之劳"得进一官。

然好景不长，两个月之后，王择仁就遭罢黜。仍据《建炎以来系年要录》，绍兴七年五月，"殿中侍御史石公揆论左朝散大夫、新知广德军王择仁，左朝奉大夫、新知永州熊彦诗，右朝请大夫、新知江州赵伯璙等八人皆罢。公揆言：择仁顷在河东之幕，欲夺官长之权，自拥溃卒，残金破商，劫盗居民，无所不至。彦诗乃王时雍爱婿，今自京官二年而为正郎，以至典司祠曹，机宜都督府，极其要选，不知朝廷何以爱其材，独不念围城之事乎？伯璙素无才行，昨奉苗、刘，荐为郎官，众所鄙弃，故并罢"。[3]石公揆，字道任，新昌人，政和进士。此时官拜侍御史，由于公揆能言直谏著称，更曾"疏论秦桧之奸"[4]，颇有政声。石公揆所论王择仁的罪行主要是"在河东之幕，欲夺官长之权，自拥溃卒，残金破商，劫盗居民，无所不至"。这在当时赵构政权尚未完全稳固的情况下，真可谓政坛大忌，无论王择仁主观上是否有此动机，但终究自难逃遭贬之厄运。

自此年之后，王择仁事迹渐少，卒年亦不见载于史。

十、邢纯

邢纯，《宋史》无传，《宋元学案》言其字叔端，"和靖婿也，为浙东安抚官时，和靖依之，因卒于会稽"。[5]和靖，即尹和靖，名焞，字彦明，洛人，宋大儒。少事程颐，终身不就举。靖康初，赐号"和靖"，绍兴五年（1135），以秘书郎召。绍兴八年（1138），除秘书少监、兼崇政殿说书，累除礼部侍郎兼侍讲。因极论和议之非，又以书切责秦桧，寻乞致仕。现存文献中，少有专言邢纯之事者，但从其岳丈尹焞事迹中，可推知邢纯行实之大观。

据《和靖集》载："焞至阆中，求《易传》，得'上十卦'于吕稽中，实余门生也。后至武信，婿邢纯多方求获全本。以所收纸借笔吏成其书，为生日之礼。殆与世俗相视者异矣。敬而受之，乃言曰：'誓毕此生，当竭吾才，不负吾夫子传道之意。'壬子七月二十五日，门人尹焞书。"[6]此处壬子七月二十五

---

[1] 《建炎以来系年要录》卷八五。

[2] 《建炎以来系年要录》卷一〇八。

[3] 《建炎以来系年要录》卷一一一。

[4] 《大清一统志》卷二九五。

[5] 《宋元学案》卷二七。

[6] 《和靖集》卷三。

日，即绍兴二年（1132）七月二十五。此时，邢纯见居武信，另据它书载，邢纯本为武信（治今四川遂宁）人，故此时其或在遂宁附近为官。而据《和靖集》卷八所载，"先生随杨彦中入蜀，至阆州时，张公浚宣抚川陕，门人吕稽中为计议官，延请馆先生于阆中，遂至遂宁，复往泸南子婿邢纯官所。又过戎、淑，七月二十五日，有题《伊川易传》后语"。[1]当可推知，邢纯实官于泸南。同样的记载还见于《弘简录》，然较此稍详，该书云："焞不从，遂自商州奔蜀，得颐《易传》十卦于其门人吕稽中。又得全本于其婿邢纯，拜而受之，遂止于涪。涪，颐读易地也。绍兴五年（1135），侍读范冲举以自代，授左宣教郎，充崇政殿说书，以疾辞，遣漕臣至涪亲遣。六年始就道祭颐，而后行至九江。"[2]又据《和靖集》载："四年甲寅七月二十三日，邢纯监涪陵酒税，复迎侍先生以往，先生寓馆于涪州千福院。"可见，至迟于绍兴四年（1134）七月二十三日，邢纯被擢监涪陵酒税，并奉养尹焞于涪州千福院。白鹤梁题刻中所存《邢纯等题名》镌刻于绍兴六年正月左右，故可推断，绍兴四年至绍兴六年，邢纯均在涪州为官，居监涪陵酒税一职。

仍据《和靖集》："绍兴十年庚申，先生年七十。正月十七日，有题《兰亭碑》轴后语，先生曰：吾无功而为从臣，吾去而不能复辞，七十而老尚矣，遂上章乞致仕。二十二日，得旨迁一官，依所乞

致仕。时先生子婿程昉为桐庐令，九月十五日，先生自平江往桐庐，馆于县斋。二十五日，有题桐庐县斋诗。十月初十日有题杂后语。十二月，子婿邢纯为浙东抚属，遂迎侍先生往会稽，时门人吕稽中坚中、虞仲琳祁宽从行。"[3]据此知，绍兴十年（1140），邢纯已官浙东抚属。

另外《（雍正）浙江通志》有载，邢纯于高宗时任浙东安抚使。然具体任官时间则语焉不详。《和靖集》记述有邢纯与尹焞间故事一则。原文云："邢叔端一日归，谓先生曰：'府中诸公谓先生官已四品，虽小衫，自当用红鞓带。'先生笑曰：'某已致仕，自是无官，何用此为。皂带不足，又要红鞓，红鞓不足，又要兼金。孟子曰：'人少则慕父母，知好色则慕少艾，有妻子则慕妻子，仕则慕君，不得于君则热中。'心一而已，移来移去，至于热中，则无不为矣。"[4]从已"致仕"等语判断，此事当在邢纯任官浙东之时，亦即绍兴十年（1140）之后。《宋元学案》亦有二人交往故事，"有新第人来见先生，退，先生为时敏讲《论语》第七篇，吕宪又送改官文字邢叔端，举家甚喜，先生曰：'人心固不足，秀才望得解，得解望及第，绿衫望绯衫，绯衫望紫衫，何时是已，此所谓'小人长戚戚'"。[5]以上二则故事，足见尹焞、邢纯翁婿间关系之亲密。

《两浙金石志》载有《宋烟霞洞题名》一则，"洛阳尹彦明、赵伯奕、邢叔端、朱晞真致一，时

---

[1] 《和靖集》卷八。

[2] 《弘简录》卷一七六。

[3] 《和靖集》卷八。

[4] 《和靖集》卷七。

[5] 《宋元学案》卷二七。

可子寅宁、极维方，绍兴戊午十月六日同来"。[1]绍兴戊午，即绍兴八年（1138），此题记镌于浙江烟霞洞，篆书，五行，字径一寸。《西湖志》谓此篆即朱敦儒所书。《（万历）嘉兴府志》云，朱敦儒，字希真，汴（治今河南开封）人。天性旷达，以词章擅名，南渡寓郡城，有读书堂在天庆观右。据此题刻或可推断，邢纯至晚在绍兴八年就已经转官浙东。

十一、贾思诚

贾思诚，《宋史》无传，据白鹤梁题刻所镌，其字彦孚，澶渊（治今河南濮阳）人。

《建炎以来系年要录》载，绍兴九年（1139），命"朝请郎、荆湖北路提举茶盐公事贾思诚左朝散郎、新知临江军"。[2]又，《宋会要辑稿》载，绍兴十二年（1142）"五月八日，刑部言：'湖北提举茶盐贾思诚札子：检准绍兴十年六月十九日敕节文，刑部看详茶园户有违犯条禁依法合追赏者，如系二罪已上俱发，只从重赏追理。本司看详，犯茶人情犯不一，假令初一日甲使乙担私茶二十斤往州西贩卖，初二日甲又使丙担私茶五十斤往州东贩卖。未卖过间，初三日，州西者为弓手捉获，州东者为土军捉获，同日到官，即是二罪俱发。州东者为重罪，若只据五十斤追赏，未审弓手合与不合与土军均给赏钱，亦未审客人二罪俱发，合与不合从重追赏。'下大理寺看详。据

本寺众官参酌前项事理，缘依律，二罪以上俱发，以重者论；既断罪从重，其赏亦合从所得重罪追理。若逐项告获同到官，难以止给告获重罪之人，即欲乞比附'应赏而系二人以上者分受，功力不等者量轻重给之'"。[3]据此可知，贾思诚于绍兴九年（1139）至绍兴十二年（1142）在荆湖北路为官，居荆湖北路提举茶盐公事一职，后又知临江军。

《四川盐法志》载，"贾思诚，绍兴十二年除夔路，五月改官"[4]，所任官职名为夔峡（州）路转运判官。张扩《东窗集》载有是年贾思诚等转官制文，即《王绾除湖南路提点刑狱、贾思诚夔州路转运判官、施舜显江西提举茶盐制》："敕具官某等；朕分道而择能臣，临轩而授使者。朝廷德音，欲速于下究；民间疾苦，忌壅于上闻。苟非其人，孰任此寄？以尔绾儒学决事，见于屡试；以尔思诚，以尔舜显才术盖众，沛然有余，其分节于远方，益尽心于乃职。夫刑平则狱市弗扰，财裕则民力自宽。三尺具存，奚俟多训。"[5]

此次转官不久，贾思诚再次获得擢升，绍兴十二年（1142）底，高宗下诏"左朝散大夫、夔州路转运判官贾思诚，都大主管川陕茶马监牧公事"。[6]张扩所作制文《贾思诚除都大主管川陕茶马制》言："敕具官某：朕惟川陕互市之法，实祖宗之宏规，外通有无，内蓄牧圉，往将使指，必务得人。以尔心术疏明，吏能彊济，持节于外，治最有闻。必能为朕讲贯

---

[1]《两浙金石志》卷八。

[2]《建炎以来系年要录》卷一三三。

[3]《宋会要辑稿·食货三一》。

[4]《四川盐法志》卷二八。

[5]《东窗集》卷一三。

[6]《建炎以来系年要录》卷一四五。

利源，辑和种落，博收驵骏，以助吾富国强兵之术。只服朕训，益尽心焉。"[1]

贾思诚居官茶马司，多次主张"议增茗课"，但均与同掌茶马司的虞允文所论不合，后虞允文"力谏不从，谒告引去"[2]，贾思诚才于绍兴十三年（1143）上书朝廷，请求增额。据《建炎以来系年要录》载："时物价腾涌，茶商取息颇厚，自得旨取拨之明年，主管官左朝请大夫贾思诚又增为十二引三百文，于是诸场类皆益额，而买马之数复不加多，人但知茶马司之富甲天下，其实所收引钱，视建炎增倍，后虽破败，不可复减矣。"[3]同年六月二十八日，已是都大主管成都府利州熙河兰巩秦凤等路茶事，兼提举陕西等路买马监牧公事的贾思诚，请求"契勘成都府里外两马务监官，依元祐六年敕令，从本司辟差小使臣充"，并希望"自建炎三年，宣司改差文臣主管，今乞将上件员阙，依法专差能干事小使臣，仍从本司选择奏辟。所有其他州府马务监官，亦乞依此"。[4]

十月三日，他再请求改革所涉茶事诸官选任，认为"茶马司措置船运茶货博买西马，所有茶事通判、县令、合同场监官及买马都监，全藉有材干官，究心职事，乃能办集。自军兴后，其转运司多不照应条法，却将本司合专辟并同共奏差窠阙，更不选择人才，止以名次高下，一例出阙注拟，多致非材，旷废职事，乞下逐路转运司，遵依敕条施行，吏部勘当欲

将洋州西乡知县、兴州通判、长举顺政知县、阶州都监、兴元府监税兼合同场官，并令本司依敕条，辟差施行"。这一方案很快得到朝廷认同，并在川陕一带颁布实施，但是以上诸政策的实施，效果却并不能尽如人意，导致民怨沸腾，最终草草收场。

有关贾思诚的卒年，无史料详述，但《夷坚志》有《贾思诚马梦》一条，言"贾思诚，字彦孚，绍兴十七年为夔州帅，梦受命责官，厩卒挟马来迎，临欲揽辔，细视马有十三足，叹异而觉，明日背疽发，十三日死。贾生于庚午近马祸云"。[5]笔者据此段看似荒诞的记载推断：第一，贾思诚在川蜀地区所进行的茶马改革或许并不能为人所认同，故才有此段梦马故事讥讽其所做所为。第二，贾思诚当卒于绍兴十七年（1147）左右，而死亡原因则是背疽溃发。

十一、晁公武

晁公武，生于徽宗建中靖国元年（1101），汴梁（治今河南开封）人。《（同治）清丰县志》卷七《乡贤》记载："字子止，冲之之子也，世号昭德先生。宋宣和丙子之变，衣冠尽南渡，公挈家西入蜀。"[6]靖康之乱前夕，晁公武随家人因避难迁往嘉州（治今四川乐山）。高宗绍兴二年（1132）晁公武登进士第。《（同治）清丰县志》卷四《进士》即载："晁公武，绍兴二年张九成榜进士，官至

---

[1] 《东窗集》卷一三。

[2] 《诚斋集》卷一二〇。

[3] 《建炎以来系年要录》卷一四八。

[4] 《宋会要辑稿·兵二一》。

[5] 《夷坚志·甲志》卷一五。

[6] 《（同治）清丰县志》卷七。

敷文阁学士，历四川制置使。"[1]闰六月，南阳开度始任四川转运副使。晁公武曾任其属官。《建炎以来系年要录》卷一七八有载：绍兴二十七年十月"戊申，殿中侍御史王珪言，潼川府路转运判官晁公武，倾险出其天性，初为开度属官"。[2]

绍兴十五年（1145）十月二十八日，再任四川宣抚司总领钱粮官。十一月十九日，赵不弃由右中奉大夫、江南东路转运判官转任太府少卿，充四川宣抚司总领官。赵不弃至蜀，辟晁公武为总领四川宣抚司钱粮所主管文字。

绍兴十七年（1147）七月十三日，改知恭州。据《建炎以来系年要录》，该书卷一五六云："左朝奉郎、新通判潼川府晁公武知恭州，赵不弃荐之也。"[3]

绍兴二十年（1150）晁公武再知荣州。其《郡斋读书志》自序题作绍兴二十一年元日，时已知荣州，则其始知荣州至迟在绍兴二十年。又，《（民国）荣县志》卷十《秩官》载："公武绍兴中举进士，二十一年，以侍郎改刺荣州，撰《郡斋读书志》。"[4]绍兴二十五年（1155），晁公武改知合州。至绍兴二十六年（1156）仍在合州任，《（民国）新修合川县志》卷三七《晁公武传》云："绍兴二十六年来知合州，实继冯搏之后。"[5]

绍兴二十七年（1157）十二月十六日，因殿中侍御史王珪的弹劾，晁公武罢潼川府路转运判官之任。仍据前引《建炎以来系年要录》卷一七八："殿中侍御史王珪言：潼川府路转运判官晁公武，倾险出其天性，初为开度属官，专事掊剋聚敛，以济其私，及度之罢，求为郑刚中幕客，不从，遂以刚中之事告于赵不弃。至兴大狱。摄逮纷然，连及平人，死非其罪。不弃倚为心腹，荐之故相秦桧，自属官更历数郡，所至贪暴，人不聊生……此二人者，蜀人常被其害，今岂可令遗患于一方，乃并罢之。"[6]需要指出的是，晁公武之罢官当与党派斗争有关，王珪此处指责未必可信。

绍兴二十八年（1158），晁公武以合州知州景簄之请，为撰《清华楼记》。景簄，普慈人，绍兴二十七年知合州。《（民国）新修合川县志》卷三七载有此文，略云："……景公簄实继之，尤爱其趣，乃增大规模，愈益宏丽，贻书求名与记，予谢不能，而坚请不置，因取古人秀句，以清华名之……传曰：登高望远，使人心悴然。是以王仲宣顾瞻荆山而怀土，不以穷达异其情；范文正公临瞰洞庭而忧事，不以进退易其志。虽若不同，其有慨于中，则一也。何当与公仗履絮壶觞，共饮其上，耳目感触，亦心有慨于中。……然公久以治最闻于时，将大据其蕴以致君利民。而予斥废以来，无田庐可归，旅思弥恶，文正公之，志公盖有焉，仲宣之情，予则未能忘也。"[7]

---

[1] 《（同治）清丰县志》卷四。

[2] 《建炎以来系年要录》卷一七八。

[3] 《建炎以来系年要录》卷一五六。

[4] 《（民国）荣县志》卷一〇。

[5] 《（民国）新修合川县志》卷三七。

[6] 《建炎以来系年要录》卷一七八。

[7] 《（民国）新修合川县志》卷三七。

绍兴三十一年（1161），晁公武复职，知泸州。其弟晁公遡有《寄泸南子止兄》诗，云："受诏予印绶，复作江阳行。"[1]《直隶泸州志》卷八《古迹志》也载："南定楼。《广舆记》云，在州治内，宋郡守晁公武建。"[2]

宋孝宗隆兴元年（1163），晁公武入朝为吏部郎中，继而又任监察御史。《宋会要辑稿·职官一七》载："孝宗隆兴二年三月十三日，诏晁公武除枢密院检详诸房文字。先是，公武由吏部郎中除监察御史。"[3]

隆兴二年（1164）二月，晁公武再以吏部员外郎兼国史院编修官。三月十三日，诏晁公武除枢密院检详诸房文字，仍兼国史院编修官。《南宋馆阁录》卷八"国史编修官"条下收录隆兴以后二人：胡铨、晁公武。晁公武名下注曰："二年二月，以吏部员外郎兼。三月，以枢密院检详诸房文字兼。"[4]

隆兴二年七月，晁公武再迁右正言，十三日，请除糯米之禁。《宋会要辑稿·食货二一》载："正言晁公武言：'私酒及私麹之禁，盖有成法，未闻有糯米之禁，其罚至于毁拆舍屋者，皆因王会知湖州日创行之，至今州县以为例。欲望行下诸路监司，严加禁戢，若州县敢有禁籴糯米，及毁拆犯

人舍屋，必罚无赦。'从之。"[5]二十四日，晁公武奏四川铨试舞弊事。《宋会要辑稿》载："正言晁公武言：'今岁四川铨试，就潼川府锁院，怀安军教授马知退监试，潼川府铜山县主簿乐纯考试，潼川府司户高昱临门。知退私其乡人，乐纯私其同官之子，皆中高选。高昱则传送假笔程文，又以所转程文交互贩卖。事状显露，凡十余人，人用赇三百缗，皆监试官、监门分取之。及揭榜，众论沸腾，各付于理，然犹未竟。望以见事各免所居官，趣结案以闻。'从之。"[6]另据《宋会要辑稿·职官六》载，是月，晁公武再被"除殿中侍御史兼侍讲"。[7]同书又云："十一月十日，诏尚书左仆射同中书门下平章事兼枢密使汤思退放罢，特授观文殿大学士、提举江州太平兴国宫。晁公武与右谏议大夫尹穑联名，又奏劾之。"[8]晁公武旋迁户部侍郎。

孝宗乾道元年（1165）正月九日，晁公武由户部侍郎除集英殿修撰，知泸州。仍据《宋会要辑稿》："（乾道元年）正月九日，诏尚书户部侍郎晁公武除集英殿修撰、知泸州。"[9]

乾道三年（1167）任都大提举成都府、利州等路茶事。六月七日，除敷天阁待制，知兴元府、充利州东路安抚使。《宋会要辑稿·选举三四》载："（乾

[1] 《嵩山居士集》卷六。

[2] 《直隶泸州志》卷八。

[3] 《宋会要辑稿·职官一七》。

[4] 《南宋馆阁录》卷八。

[5] 《宋会要辑稿·食货二一》。

[6] 《宋会要辑稿·选举一〇》。

[7] 《宋会要辑稿·职官六》。

[8] 《宋会要辑稿·职官六》。

[9] 《宋会要辑稿·选举三四》。

道三年）六月七日，诏集英殿修撰、都大提举成都府、利州等路茶事晁公武除敷文阁待制、知兴元府、充利州东路安抚使。"[1]是月，知枢密院事虞允文宣抚四川，晁公武与其共事。乾道四年（1168）正月二十七日，虞允文上奏晁公武收编兴、洋一带义士之功。三月八日，除敷文阁待制、四川安抚制置使。《宋史·孝宗纪》载，乾道四年春"三月庚午，以敷文阁待制晁公武为四川安抚制置使"。[2]

乾道五年（1169）三月二十七日，虞允文再奏公武措置营田之功。十月，晁公武任成都、潼川府、夔州、利州路安抚制置使兼知成都府。十一月二十一日，除敷文阁直学士，依前差遣如故。《宋会要辑稿》载：十一月二十一日，"诏敷文阁待制、成都、潼川府、夔州、利州路安抚使兼知成都府晁公武，敷文阁待制、知泉州王十朋、并除敷文阁直学士"。[3]晁公武曾上疏辞免，优诏不允。宋汪应辰《文定集》卷八有《新除敷文阁直学士、依前成都潼川府夔州利州路安抚制置使、兼知成都府晁公武辞免恩命不允诏》[4]，可证。十二月，晁公武上疏请于成都重建广惠仓，专充赈粜，以备久远。孝宗令学士院降诏奖谕公武。《宋会要辑稿·食货六八》载："十二月二十四日，成都府、潼川府、夔州、利州路安抚制置使兼知成都军府晁公武言……晁公武令学士院降

诏奖谕。"[5]是年，同僚刘光祖作《沁园春·寿晁帅七十》词，为晁公武祝寿。

乾道六年（1170）三月，晁公武罢四川安抚制置司，并归宣抚司。据《宋史》卷三四《孝宗纪》载，乾道六年三月乙丑，"以晁公武、王炎不协，罢四川制置司归宣抚司"。[6]八月，晁公武除知扬州，恳辞不允。周必大《文忠集》卷一〇四载有《赐敷文阁直学士降授左朝请大夫晁公武辞免知扬州恩命乞除在外宫观不许诏》。十月二十八日，晁公武奏请编组扬州民，施以教阅，成为义勇。十二月十一日，朝廷从公武之请，诏"淮南东西路等监司帅守察本部沿边县令职事修举者，保明闻奏"。[7]

乾道七年（1171）二月四日，公武奉诏劝农种二麦。四月二十五日，公武请求劝谕归正不请农务之人充安抚司郊用使唤。四月十三日，辞免知潭州，有诏不允。周必大《文忠集》卷一〇四即有《敷文阁直学士降授朝请大夫晁公武辞免知潭州》[8]一文。十五日，乞除在外宫观，亦诏不允。

次月，晁公武擢吏部侍郎。《（同治）清丰县志》卷七《乡贤》条载："初，光宗尹临安，公以侍郎为少尹。"[9]是晁公武于任临安少尹之前，曾任吏部侍郎。五月，晁公武任临安少尹。《宋会要辑稿》载，乾道七年"四月二十七日，诏皇太子光宗领临安

---

[1] 《宋会要辑稿·选举三四》。

[2] 《宋史》卷八。

[3] 《宋会要辑稿·选举三四》。

[4] 《文定集》卷八。

[5] 《宋会要辑稿·食货六八》。

[6] 《宋史》卷三四。

[7] 《文忠集》卷一〇四。

[8] 《文忠集》卷一〇四。

[9] 《（同治）清丰县志》卷七。

府尹……五月十二日，诏晁公武除临安府少尹，李彦颖、刘焯兼临安府判官，陆之望、马希言、钱佃并除临安府推官"。[1]

七月初三日，公武罢临安少尹。《（咸淳）临安志》卷四八《秩官六》载，晁公武于五月十五日，以敷文阁直学士、左朝议大夫除少尹。七月初三日罢。

淳熙元年（1174），晁公武卒，葬于嘉州符文乡（治今四川乐山），享寿七十有四。[2]

十三、晁公遡

晁公遡，又有作"晁公溯"，字子西，济州巨野（治今山东济宁）人，一作汴梁（治今河南开封）人。晁公武弟。高宗绍兴八年（1138）进士。《宋史》既无传，其他史籍亦鲜有载其事迹者。而其文集《嵩山居士集》虽有传世，然选收诗文至乾道四年（1168）止，乾道四年以后事迹，无典籍可征，故并其卒年亦无可考。辛更儒曾对此专有考证，"今查其兄晁公武于乾道七年罢临安少尹，遂归蜀，后卒于嘉州乐山县。参见上海古籍出版社《郡斋读书志校证》所附孙猛《晁公武传略》。查范成大《石湖诗集》卷一七有《晁子西寄诗谢酒自言其家数有逝者词意悲甚次韵解之且以建茶同往》诗，有云：'我读晁子诗，十语九慨伤。长川日夜逝，鬓发空苍浪。君家出世学，无生亦无亡。乡谓法幢立，何乃槁木僵？起灭不满笑，古来共楸行。

岂其捏目华，解翳海印光。我酒愧薄薄，未能暖愁肠。申以春风芽，一瀹万虑忘。慧刀倘未割，会且掀禅床。锦里有逢迎，谨避舍盖堂。居然足音跫，好在故意长。啁耳念一洗，迟君凤鸣冈。'此诗为范成大淳熙三年（1176）帅蜀时所作，时晁公遡尚无恙。盖家居于涪州。此为《嵩山居士集》外最可信之行踪，可知其卒年必在淳熙三年以后"。[3]

晁公遡长期于蜀境为官，以下专就其这一时期事迹予以考述。

对于晁公遡入蜀时间，传统典籍多言在靖康间。实际，其更可能是在绍兴中西奔巴蜀，寓居于涪州。《嵩山居士集》云："某生十一年而孤，为孙姑丈所教育。已恨不及其存时报之。今孙氏惟有一孙文昌，见任南平军司理参军，辄不自量，欲其改中都官，使少慰其下泉念。"[4]该书又有《自过犍为山水益佳》诗云："客游三十年，不出楚与巴。……儿女长峡中，老妻发已华。"[5]此诗为乾道二年（1166）赴成都路提刑任至嘉州治所时所作。上推三十年，应为绍兴六年（1136）。白鹤梁题刻中有《孙仁宅题记》："涪陵江心石上，昔人刻鱼四尾，旁有唐识云：水涸至其下，岁则大稔。隐见不常，盖有官至此，终更而不得睹者。绍兴庚申首春乙未，忽报其出，闻之欣然，庶几有年矣。邀林琪来观，从游者八人：张仲通、高邦仪、晁公武、姚邦孚、仁宅之子允寿、公武之弟公退、公适，邦仪之子宁祖，郡守孙仁宅题。"庚申为绍兴十年（1140）。孙仁宅，时知涪州，据晁

---

[1] 《宋会要辑稿·职官三七》。

[2] 以上参见郝润华、武秀成：《晁公武陈振孙评传》，南京大学出版社，2006年，第219-224页。

[3] 《宋才子传笺证》，第236页。

[4] 《嵩山居士集》卷三四。

[5] 《嵩山居士集》卷二。

公武同年春另一题名"外弟孙允寿"语，知孙仁宅应即《张待制札子》中之孙姑丈。盖晁氏兄弟入蜀，即依其姑丈而居，故晁公遡居于涪州，而其兄公武后家于嘉州。

绍兴八年（1138）晁公遡登进士第，绍兴十年（1140）任梁山军梁山县尉。《嵩山居士集》又载："予己未十月二十有二日去涪上，起明年八月二十有八日，有事再来，观山川之胜，无异于昔。"云云。该书卷四八言，《梁山县令题名记》："去岁之冬，自涪陵来尉慈邑。"[1]而卷五〇云："己未岁初，视卢君于涪上……是冬，予有纶溪之行。"[2]芝溪，在梁山县东南。《上周通判书》则云："正月日，门生左迪功郎、梁山军梁山县尉晁某，谨斋沐裁书献于某官。"[3]又有《与李仁甫结交书》云："来梁山，与其令洛阳王子载游，论近世人物，某因言兵不释黩于今十五年。"[4]自靖康元年（1126）下推十五年，应为绍兴十年（1140），应即晁公遡任梁山县尉之时。而己未为绍兴九年（1139），是年十月离涪州赴任。

涪州之后，晁公遡又任职云安县。据白鹤梁上《晁公遡题记》所载，"江发岷山，东流入于巴。其下多巨石，霜降潦收，则石皆森然在水上。昔涪之人有即其趾刻二鱼，或考其时，盖唐云，其后始志其出，曰：其占有年。前予之至，尝一出，已而岁不宜于稼。及予至，又出，因与荆南张度伯受、古汴赵子澄处度、公曚景初、李景曋绍祖、杨侃和甫、西蜀

张珧廷镇、任大受虚中往观。既归，未踰月而旱。予窃怪其不与传者协，岂昔之所为刻者，自为其水之□而无与于斯耶。抑其出，适丁民之有年而夸者附之以自神耶。将天以丰凶警于下而象鱼漏之，则惧其不必于政，而必于象鱼，故为是不可测者耶。于是归三十有六日，乃书此，以告后之游者。是岁绍兴十五年正月廿八日也，嵩山晁公遡子西"。可知，绍兴十五年（1145），晁公遡梁山县尉已任满，故可于江旱之际往观涪州石鱼。又，《（嘉靖）云阳县志》载："晁公遡任是邑，著《德辉堂记》，见《方舆胜览》。"[5]云阳即南宋云安军云安县，至于晁公遡当时任何官，今无可考。

绍兴二十五年（1155）。再应王珏之请，出为夔州路转运司属官。据《王少卿墓志铭》一文云："公讳珏，字德全，姓王氏。绍兴二十五年为夔州路转运判官，始见某，相语：'勿去，幸佐我。'某为之留三年。日日语不厌，大略本于不伤财，不害民，如司马文正公言。"[6]王珏乃王安石曾孙，其任夔州路转运判官，至绍兴二十七年（1157）十一月罢。所谓佐官，盖指转运司主管文字之类。

此后，晁公遡再任涪州判官，知金水县。其《程氏经史阁记》一文载："予昔尝为涪州军事判官，事太守程公。……程公敦临，官至左奉直大夫，守四州，所至良二千石云。"[7]程敦临，《建炎以来系年要录》载："绍兴十七年十月癸巳，左朝奉大夫、通

[1]《嵩山居士集》卷四八。
[2]《嵩山居士集》卷五〇。
[3]《嵩山居士集》卷四五。
[4]《嵩山居士集》卷四五。
[5]《（嘉靖）云阳县志》卷下。
[6]《嵩山居士集》卷五四。
[7]《嵩山居士集》卷四九。

判泸州程敦临为利州路转运判官。敦临，眉山人，与秦桧有太学之旧，故躐用之。"[1]程敦临守涪州年月不可考，以晁公遡事历推之，当在绍兴二十七年（1157），此必晁公遡为涪州判官之时。又，晁公遡《登楼赋》云："己卯之冬，归自益州，始及西山之下而休焉。"[2]己卯，即绍兴二十九年（1159）。其《答苏小溪》一文云："金水之别，不觉便许久。某继此之官梁山。"[3]金水县，即成都府路之怀安军治所，晁氏恐于绍兴二十九年知金水县。

绍兴三十一年（1161），晁公遡知梁山军，上书言边事。《建炎以来系年要录》载："绍兴三十一年五月乙未，左承议郎知梁山军晁公遡始至官，以书遗大臣曰：'公遡在蜀久，于其山川险阻，亦粗识之。尝料吴兴州足以蔽遮梁、益，以当一面，而其力不能以及夔。……是襄阳独三千人御大敌，守则不足以固，战则难以取胜，徒夺吴兴州手足之捍，而荆州不得襄阳以为蔽。公遡未暇忧此，而先为蜀危之也。'时师颜又调属部禁军以补夔州之阙，公遡言夔之兴宁乡，万之渔阳乡，其人皆勇壮伉健，有过于正兵。如有愿自效于戎行者，役钱之外，一无所征，大不过捐千户之赋耳。有搜兵之实，而无饷馈之费，师颜不能用。公遡，任城人也。"[4]绍兴三十一年夏，金主完颜亮南侵在即，南宋朝野皆议论抗金，故晁公遡甫任

郡守，即上书执政大臣，言及夔路防御事宜。又，据《建炎以来朝野杂记》载："夔路义军者，绍兴末边事也。有帅守李师颜，于夔州三县保甲中选置，立赏罚之格，分上下军名色，团结上军，包家业二百缗，下军半之。始议摘诸州禁军，时晁子西守梁山，为言夔有万山，其乡之民勇壮伉健，过于正军。"[5]

隆兴二年（1164），晁公遡再知眉州。《宋会要辑稿》载："隆兴二年，是岁四川类试，诏权潼川府路转运副使何逢原监试，直敷文阁、知遂宁府马骐、权知汉州张行成别试所监试，权知眉州晁公遡别试所考试。"[6]

乾道二年（1166），公遡除成都路提点刑狱。其曾作《去通义按刑汉嘉至中岩》诗一首，通义即眉州郡名，而汉嘉为嘉州，乃成都路提刑司治所。其《答史梁山启》一文称："猥从支郡，遽按祥刑。"[7]而《集》首师璇《序》亦称其为部使者。又，《尽心堂记》云："通义师公，绍兴八年提点成都府路刑狱。……后二十有八年，其婿晁某，继领是任，乃推广公之意，而为之记。乾道二年十月六日也。"[8]乾道四年，晁公遡被召入京，任兵部员外郎，乾道五年以后事迹诸书无载，暂难考，只恐再无入蜀事。

[1] 《建炎以来系年要录》卷一五六。

[2] 《嵩山居士集》卷一。

[3] 《嵩山居士集》卷三三。

[4] 《建炎以来系年要录》卷一九〇。

[5] 《建炎以来朝野杂记·甲集》卷一八。

[6] 《宋会要辑稿·选举二〇》。

[7] 《嵩山居士集》卷二三。

[8] 《嵩山居士集》卷四八。

十四、李从周

李从周，《宋史》无传，仅于卷二〇三言其著有"《字通》一卷"。[1]又，《直斋书录解题》云："《字通》一卷，彭山李从周肩吾撰。"[2]据此可知，李从周为彭山（治今四川彭山）人，字肩吾。另据《佩文斋书画谱》所载："李从周，字肩吾，《书史会要》作李肩吾，字子我，号蠙州，彭山人，博见彊识，书名之学世亦鲜及之，渠阳山中为余从子令宪书《乡党篇》，余获与观焉。《鹤山集》，李肩吾，魏文靖公门人，能书，取隶楷之合于六书者，作《字通》行于世。"[3]足见，从周另有字作子我，号蠙州，长于书名之学。

《宋元学案》云："李从周，字肩吾，临邛人也。不详其生平，鹤山讲学之友，三礼多质之中父，六书多质之先生，尝同在渠阳山中，称其强志精识，所著《字通》，能追原篆隶以来流别，而惜乎今之不可得见也。鹤山门人税与权作《雅言》，颇引先生之说，皆考证经史语，其谓'古无四声，只其有九韵，力纠吴才老之非'云。《宋（史）·艺文志》有其书。"[4]此处云李从周为四川临邛人。临邛，古地名，即今四川雅安一带，与前说所谓彭山人相左，未知孰是。李从周善于六书，亦精于字学，与南宋理学大家魏了翁为至交，有师友之道。元代虞集《道园集古录》卷四〇有《题李肩吾字通序》。

另就李从周所作《字通》一书，《善本书室藏书志》卷五云："《字通》一卷，精写本，《重远楼藏书》，前有彭山李从周自序云：'字而有隶，盖已降矣。每降而辄下，不可不推本之也。此编依世俗笔势，质之以《说文解字》，作楷隶者于此而推之，思过半矣。名之曰《字通》。'又有嘉定十三年（1220）六月，魏了翁序。宝祐甲寅秋，虞兟题识。是书仅著于《书录解题》、张世南《游宦纪闻》，载李君为魏鹤山辨《论协协》二文，称其留心字学，今其书序正鹤山作，唯所称肩吾，实从周之字也。乾隆戊申，当涂黄钺充四库馆，写书官得见毛氏影宋本，录其副后，以赠鲍廷博，尝刻入《知不足斋丛书》中。黄跋谓所引《说文》有与今本小异者，如'兹从艹，兹省声'，今《说文》乃作丝省声，未必不有功于小学也。而吴骞《拜经楼藏书题跋》云：按今《说文解字》作艹，丝省声。此云从艹，兹省声，与《五经韵谱》同，岂《字通》所云，《说文》仍《韵谱》，俟再证之。有重远书楼印。重远楼，为山阴杨鼎藏书之所，鼎字禹铭，号守白，其检藏书有感诗云：'辛勤十七载，书卷四万余。积之颇不易，爱惜逾璠璵。'今读其遗诗，尚可想其风趣。"[5]另外，《字通》一书还见收于清人所著《四库全书》，四库馆臣评价云："宋李从周撰。从周始末未详。据嘉定十三年魏了翁《序》，但称为彭山人，字曰肩吾。末有宝祐甲

---

[1] 《宋史》卷二〇二。

[2] 《直斋书录解题》卷四。

[3] 《佩文斋书画谱》卷三五。

[4] 《宋元学案》卷八〇。

[5] 《善本书室藏书志》卷五。

寅虞烷刻书《跋》，亦但称得本于了翁。均不及从周之仕履，莫能考也。是书以《说文》校隶书之偏旁，凡分八十九部，为字六百有一。其分部不用《说文》门类，而分以隶书之点画，既乖古法；又既据隶书分部，乃仍以篆文大书，隶书夹注，于体例亦颇不协。且如水字、火字既入上两点类，而下三点内又出水字、火字，旁三点示字类又再出水字，下四点内又出火字、水字。如此之类，凡一百二十三字。破碎冗杂，殊无端绪。"[1] 馆臣此说，未可尽信，且言其书"破碎冗杂，殊无端绪"则似太过。鲍廷博收其书入《知不足斋丛书》时，曾对其称道有加，认为李从周所著还是颇具见识的，足可称为字学扛鼎之作。

十五、赵与珞

赵与珞，《宋史》无传，然其事迹宋人诸书多有记载，清人陆心源所作《宋史翼》，合宋人所录，省定其传。"赵与珞，咸淳初为琼管安抚使。至帝昺祥兴元年秋，元将阿里海涯略地海外，遣宣慰旧帅马旺招降，不听，率义勇谢明、谢富、冉安国、黄之杰等兵御白沙口，极力死战，舟师不得登岸久之，元将患焉。冬十一月壬辰，因购内应，执与珞等以降，谩骂不屈，元将怒，皆裂杀之。（赵）与珞素有胆略，海外诸蛮小国皆倚为重。既死，由是四州县，及外

蛮皆附于元。"[2] 此处所云黄之杰，又有书作黄之记，当误。祥兴元年冬十一月壬辰，即1278年，亦即宋亡前一年。冬十一月壬辰，《厓山志》作"癸巳"。又，"因购内应，执与珞等以降"，《厓山志》作"州民作乱，执与珞"。另有书云，"民不堪，遂有叛志"。诸书记载，虽多抵牾，但是无论如何仍足以对赵与珞生平有所窥测。

赵与珞，字思复，开封人，恐是宋室宗亲，曾出知乐温县。咸淳初，为琼管安抚使，后于宋末组织兵员抗击元军，但终因不敌而受捕，并最终被杀，卒于祥兴元年（1278）。

对于赵与珞死事，《（正德）琼台志》"志论"条云："与珞死后仅三阅月，而宋亡矣。自阿里海涯戍鄂以来，数年之间，荆南、江广望风迎降，间有如高世杰、李芾、马塈之苦节拒敌，亦不过斩首自尽而已，岂有若此裂杀之惨哉。且当是时，西来迎刃之大军隔海矣，同心之应科已死矣，宋之土宇垂尽矣，岂不知大势之去，螳臂之不可御？然所以必谩骂以泄其愤，坚守以固其节者，心焉而已。宋室守臣死节虽多，岂有后于与珞者哉？然以远土孤臣，史氏不为立传，续纲目者不为大书，可惜也夫。虽然此，犹食禄也，若谢明、谢富、冉安国、黄之杰辈，郡士尔，服死已难，而又甘招陪磔，何烈也。然或知义也，至于琼民，当海中之再称制，则首起以应之，厓波忠魂，不知几许。钦、廉、高、化粮积，既为史格所运，独尽室

[1] 《四库全书总目提要》卷四一。

[2] 《宋史翼》卷三二。

倾困以济，冒浩漾而不辞。马旺既主其郡，犹笃一心，日致数惊，樯旗报仆。帝尸久浮，黄威速等尚未甘心，诏置极而不悔，卒之海陵溃散。臣卒数千，皆不他适，特向念而远依焉，其精诚意气之感召，又何如哉。噫！琼去中原万里，朝廷政泽之沾独迟，及国之亡也，人心结固，独后于天下，岂三百年惠养之所致欤？抑张、赵二使君当日之义气所激欤？或人情土俗之美而自不能已欤？故论宋三百年之天下，其先人心之归也，始于陈桥，其后人心之不忘也，终于琼海，所谓后死之睢将，不帝秦之齐士，闭城之鲁民，皆兼而有之矣。孰谓南荒之外而有此地也。"[1]修志者将赵与珞之死事与宋三百年养士之风联系起来，认为赵与珞忠于宋室，其抵抗元军正是当时琼海一地遗民心态与行为的真实写照。又，《广东新语》卷九"事语"条有言"琼人无仕元者"，认为"宋末琼州人谢明、谢富、冉安国、黄之杰，从安抚赵与珞拒元兵于白沙口，皆被执，不屈以死，于是终元之世郡中无登进士者。明兴，才贤大起。文庄、忠介，于奇甸有光。天之所以报忠义也，忠义之钟于人，于海外一洲、一岛，殆有甚焉。天不得其子孙而报之，报之于其地，天之穷也"。[2]从此段记载，足见赵与珞抗元事影响之大。故至明代嘉靖年间，有琼山人唐胄，奏请明廷"为宋死节赵与珞追谥立祠"。[3]

十六、邓椿

邓椿，《宋史》无传，《补遗》言其"字公寿，双流人，祖洵武，父雍，以侍从终。椿，乾道中官郡守，撰《画继》十卷。椿念再世名位在宣政童、蔡间，率太息。一日，得洵武《谏伐燕疏》，亟乞蜀守汪应辰跋之，椿哭墓下以告，蜀人以为贤孙"。[4]

关于邓椿先世与生平，《四库全书总目提要·古今姓氏书辩证提要》云："宋邓名世撰，而其子椿裒次之。名世字元亚，临川人。祖孝甫，见《宋史·隐逸传》，即原序称文昌先生者也。椿有《画继》已著录。"[5]然《四库全书·画继提要》又云："椿，双流人。祖为邓洵武，政和中知枢密院事。"[6]可见两处自相矛盾。阅《宋史》，知邓名世之子实为邓椿年。又，王应麟《玉海》卷五〇亦曾有载，"名世字椿年，裒集次序之"。[7]由此或可证，上述两处所记，并非同一人。其一是临川人，其一则为双流人。一人名邓椿，一人名邓椿年。一人祖邓孝甫，一人祖邓洵武。

然上述错误造成后世之典籍陈陈因之。例如商务印书馆所编《中国人名大辞典》"邓椿条"有"作者事略"，即云："邓椿，宋代邓名世子，官至郡守。祖洵武，尝知枢密院。"又云："名世所著《古今姓氏书辩证》，椿裒次之，父子相继，用力尤多，故较

---

[1] 《（正德）琼台志》卷三三。

[2] 《广东新语》卷九。

[3] 《明史》卷二九二。

[4] 《宋诗纪事补遗》卷五二。

[5] 《四库全书总目提要》，第3449页。

[6] 《四库全书总目提要》，第3582页。

[7] 《玉海》卷五〇。

他姓氏特精核。"[1]此书与《四库全书总目提要》唯一不同在于称邓椿"祖洵武",而非"孝甫",似是把前所言《古今姓氏书辨证提要》与《画继提要》综合摘录,但仍有错误。其后于安澜辑《画史丛书》将此条悉数收入。而俞剑华所辑《中国画论类编·画继杂说》亦从之说,该书言:"邓椿,宋名世(字公寿,双流人)子。"其误更甚,直所谓以讹传讹。知名文献专家胡玉缙先生曾指出了这一错误,后来谢巍先生据《宋史》卷三二九《邓绾传》,对邓椿先世及生平进行了考证,基本廓清了前人之误。

而据《(民国)双流县志》《(雍正)四川通志》及《宋史》《邓氏家谱》,足可梳理出邓氏一族之概貌。

《宋史》载,邓氏祖先曾居梓州中江(治今四川中江县)。北宋初期,其祖邓琛徙居成都双流(治今四川双流县),《新修潼川府志校注》言:"以经学诱进后生,群聚至数百人,翕然知学。"[2]而据《家谱》记载,琛有子至,至有子绾、填,绾有子洵仁、洵武,自绾以后先后多人举进士。洵武有子雍。雍有子椿、杞。有学者统计,"宋代双流代人中,为官者多,有至枢密院、尚书右丞者;有进士6人、翰林学士1人,亦双流名家望族之一"。[3]

从相关文献来推断,邓至为邓椿高祖父,"宋仁宗时人,'通六经','号二江先生',范镇'为之友',范百禄'从之游',以子贵'赠太师'"。[4]范氏家族在宋时亦是巴蜀文章世家,如范镇,字景仁,自仁宗宝元元年(1038)中进士,累官至翰林学士、史馆修撰、右谏议大夫。英宗时,因"濮议"忤英宗意,以翰林学士出知陈州。神宗即位,于熙宁三年(1070)四月复为翰林学士兼侍读、知通进银台司。又,范百禄,字子功,他是范镇之兄范锴之子,生于天圣八年(1030)。年幼时,因父为卫尉寺丞,携之入京师,嘉祐二年(1057)中进士,又举才识兼茂科。其自中进士至逝世共37年,历仁、英、神、哲宗四朝。"在宋代成都范氏中,范百禄的官职最高,累官至宰执,具有突出的为官才能。英宗时,范百禄'考官第策入三等,英宗亲览嘉叹,欲不次用之'。这是宋代著名的高水平策对之一,'国朝制策三等惟吴育、苏轼及公(范百禄),凡三人焉'。有文集五十卷,已佚。事见《范太史集》卷四《范公墓志铭》,《宋史》卷三三七有传。邓至能与这样一些大儒相往来,自然也胸有不凡,其著述有:《易义》、《群书故事》15卷、《故事类要》30卷、《往事龟鉴》50卷、《通书》10卷、《二江集》3卷,均佚,存文1卷。"[5]由于年代久远,目前虽然邓至之文多散佚无存,但从以上记载中可以看出邓至的修养与学术水平之不凡,真可谓为邓氏家族世以文章起家

---

[1] 方宾观:《中国人名大辞典》,商务印书馆,1921年,第1049页。

[2] 《新修潼川府志校注》卷二五。

[3] 胡昭曦:《巴蜀文脉之传承发展——宋代双流蜀学名人概略》,《中华文化论坛》,2009年增刊第2期。

[4] 《成都通史》,第355页。

[5] 《胡昭曦宋史论集》,第291页。

奠定了基础。

邓至子邓绾，为王安石当政时期的高官。据《宋史》卷三二九本传记载，邓绾字文约。举进士为礼部第一。熙宁三年（1070）通判宁州。时王安石当政，邓绾上书陈时政数十事，得王安石首肯。安石向神宗推荐邓绾，得召见，除集贤校理，累迁御史中丞，进龙图阁直学士。元祐元年（1086）卒于邓州知府任上，年五十九。子洵仁、洵武。

邓绾次子邓洵武，即邓椿的祖父，字子常。第进士，为汝阳簿。绍圣中哲宗召对，为秘书省正字、校书郎、国史院编修官，撰神宗史，迁起居舍人。徽宗初，改秘书少监，迁起居郎。力请以蔡京为相。京既相，进洵武中书舍人，数迁至知枢密院，位特进，拜少保，封莘国公。宣和元年（1119）卒，年六十五。赠太傅，谥文简。《宋史》卷三二九有传。

邓洵武子邓雍，即邓椿的父亲，生平事迹不详。据《南朱制抚年表》，知其建炎元年（1127）为荆南江陵知府。又据《画继》卷十，知其曾任侍郎及提举官，以侍从终。

邓氏家族作为蜀中大族，与当地士子、官宦交游非常广泛。据刘世军、黄三艳考证，与邓椿有所来往的有赵氏宗室赵士俾、赵伯兼、洛人王国宝、贾公杰（其名亦见于白鹤梁题刻）、程纯老、汝州令狐中奉之子陈古、河南邵泽民侍郎、邵博太史、成都双流张庭坚、河南王沂、中山刘宝贤（官提点

刑狱公事）、河阳李邦献、中原王冠朝、遂宁王灼、遂宁张衍、合阳陈古、绵州李廉夫、开封府尹盛章、宣献公宋绶之孙宋艾、太常少卿何麟、中原卫昂、成都王稑、广都宇文时中、成都郭勉中、汉州何耕、范荣公、孙范淑、双流赵延、双流宇文子震、达州守时道宏、成都吕给事陶、燕穆之曾孙燕兴祖、蜀僧智永、广安黎希声、广安姚宾、孙李皓、兰陵胡世将、吉州团练使杨可弼良卿、利倅李骥元骏、犍为王瑾等。[1]

以上所列举交游对象，均为一时之名士、名宦，足见邓氏交游之广。另从上述诸人为官情况来看，上至开封府尹、太常少卿、侍郎、龙图阁直学士，下至知县、主簿等无不有之。又，从交往类别来看，有赵室宗室、各级官员、贵胄子弟，亦有僧人画家。

总的来说，邓氏交游以士人为主。就以何耕为例，何耕字道夫，号怡庵，世居汉州绵竹，后徙德阳（治今四川德阳）。"高宗绍兴十七年（1147）四川类试奏名第一，赐进士出身，充彭州教授，迁成都教授。孝宗初通判成都府。乾道初，知雅州。八年，知嘉州，除潼川府路提点刑狱。淳熙五年（1178）召为仓部员外郎。六年，改户部郎中兼国史编修官。"[2]未几，再"迁国子司业，就升祭酒。八年，出知潼川府"。[3]十年卒，年五十七。其著作仅《两宋名贤小集》所存《蕙庵诗稿》一卷。

刘世军认为，与邓氏交游比较密切的还是四川名门望族，其中就有当时四川名宦之家范氏家族与四川

---

[1] 刘世军、黄三艳：《邓椿家世、生平与交游考》，《中国美术研究（第3辑）》，东南大学出版社，2012年，第55页。

[2] 《南宋馆阁续录》卷九。

[3] 《南宋馆阁续录》卷七。

宇文家族之后代。范氏是成都最有名望的家族之一，范祖禹在《资政殿学士范公墓志铭》中追述："唯我范氏，陶唐之裔，自蜀成都，世显以儒。"[1]"世显以儒"基本能概括范氏之族风。范氏之范镇、范百禄就是宋代名臣，曾与邓椿先祖邓至交往甚欢，其孙范淑乃与邓椿相交，品画为乐。邓椿就在其家欣赏了黄筌的《竹雀图》、赵昌的《折枝桃图》、王维的《雪图》、马贲的《雁图》，皆为绝品。宇文氏族本河南望族，后家于蜀，子孙分为六院，分别为成都、双流、广都等。《画继》中所提到的宇文子震为双流宇文氏，而宇文时中为广都宇文氏，其家均以文章名世，其中尤以宇文虚中、宇文绍节、宇文绍奕最为知名。宇文时中乃宇文虚中弟，亦官至龙图阁直学士，并"以直龙图阁知潼川"，邓椿与其相交亦非同一般，卷四"江参条"、卷五"智永条"、卷八、卷九"李营丘条"等均提到宇文时中。邓椿与其一道品鉴过宋徽宗的《水墨花禽图》、王维的《雪山图》、杜措的《佛图》、董奴子的《鸡冠花图》、李伯时的《高僧图》等。[2]

以上所列即是与邓椿交游之人，以及一些交游事迹，应当说与上述诸人交往必然使邓椿受到启发。故邓椿最终能广泛搜集材料，著称传世名著《画继》或亦与其善于交游有关。

十七、刘师文

刘师文，即刘甲，师文为其字。《宋史》有传，《蜀中广记》亦载其事。据《两浙名贤录》载，刘甲，龙游人，淳熙进士[3]，累官度支郎兼国史院编修使。"金至燕山伴宴完颜者，犯仁庙嫌讳，甲力请完颜更名修，还除宝谟阁待制、知江陵府。"[4]而《宋史》言"其先永静军东光人"，刘甲本人为"元祐宰相挚之后"。[5]又，"父（刘）著，为成都漕幕，葬龙游，因家焉"。[6]故才有其为龙游人之说。对于刘甲为官履历及伴宴之事，《宋史》记载稍详，其云："累官至度支郎中，迁枢密院检详兼国史院编修官，实录院检讨官。使金至燕山'伴宴完颜者'名犯仁庙嫌讳，甲力辞，完颜更名修，自绍兴后，凡出疆遇忌，俱辞设宴，皆不得免，秦桧所定也。九月三日，金宴甲，以宣仁圣烈后忌辞，还除司农少卿，进太常，擢权工部侍郎，升同修撰，除宝谟阁待制、知江陵府、湖北安抚使。"[7]在荆州日，刘甲提出荆州是吴、蜀的脊梁，高保融分截长江水流，蓄积成为北海，太祖曾命令挖开它，是为了保住江陵的要害。于是他就依遗留的旧址浚通修筑，绵延四十里。由于此事之功，不久他被朝廷移知泸州。

又据《宋史》，"程松为四川宣抚使，吴曦副之，以甲知兴元府、利东安抚使。时蜀口出师败衄，金陷西和、成州，曦焚河池县。先是，曦已遣姚淮源

---

[1] 《范太史集》卷四四。

[2] 刘世军、黄三艳：《邓椿家世、生平与交游考》，《中国美术研究（第3辑）》，东南大学出版社，2012年，第55—56页。

[3] 《宋史》言其为淳熙二年进士。

[4] 《两浙明贤录》卷七。

[5] 《宋史》卷三九七。

[6] 《宋史》卷三九七。

[7] 《宋史》卷三九七。

献四州于金，金铸印立曦为蜀王"。[1]此时刘甲还在汉嘉，没有到任。金人破大散关，兴元都统制毋思率重兵守关，而吴曦却暗中撤去戍卒，使金人自板岔谷绕出关城，冲关成功，使蜀内形势大急。"甲告急于朝，乞下两宣抚司协力扞御。松谋遁，甲固留不可，遽以便宜檄甲兼沿边制置。曦遣后军统制王钺、准将赵观以书致甲，甲援大义拒之，因卧疾。曦又遣其弟旼邀甲相见，甲叱而去之。乃援颜真卿河北故事，欲自拔归朝，先募二兵持帛书遣参知政事李壁告变，且曰：'若遣吴总以右职入川，即日可瓦解矣。'"[2]吴曦僭蜀王位后，刘甲遂去官。朝廷很久后才听说吴曦反状，宰相韩侂胄犹不信，直到刘甲奏报到后，举朝震骇。史称："壁袖帛书进，上览之，称'忠臣'者再。召甲赴行在，命吴总以杂学士知鄂州，多赐告身、金钱，使招谕诸军为入蜀计。"此时，刘甲欲致仕，高宗专以帛书谓刘甲说："所乞致仕，实难允从，已降指挥，召赴行在。今朝廷已遣使与金通和，襄、汉近日大捷，北兵悉已渡江而去。恐蜀远未知，更在审度事宜，从长区处。"最终刘甲得以转官重庆。

史载，"甲舟行至重庆，闻安丙等诛曦，复还汉中，上奏待罪。诏趣还任。甲奏叛臣子孙族属及附伪罪状，公论快之。会宣抚副使安丙以杨巨源自负倡义之功，阴欲除之，语在《巨源传》。巨源既死，军情叵测，除甲宣抚使。杨辅亦以为请，当国者疑辅避事，李壁曰：'昔吴璘属疾，孝宗尝密诏汪应辰权宣抚司事，既而璘果死，应辰即日领印，军情遂安，此

的例也。'乃以密札命甲，甲镝藏之。未几，金自鹘岭关札金崖，进屯八里山，甲分兵进守诸关，截潼川戍兵驻饶风以待之。金人知有备，引去"。[3]吴曦之叛平复后，刘甲被擢四川宣抚使，并分兵主导四川防务，使金人无隙可乘。

韩侂胄被杀后，朝廷以刘甲精忠，除拜宝谟阁学士，赐衣带、鞍马。不久，在史弥远等人的主导下，宋金和议达成，"朝廷闻彭辂与丙不协，以书问甲，又俾谕丙，减汰诸军勿过甚，及访蜀人才之可用者。盖自杨辅召归，西边诸事，朝论多于甲取决，人无知者"。此时，刘甲在川蜀地区的权势可谓达于顶峰。

刘甲虽在蜀日久，然为官清廉，史称"大臣抚蜀者，诸将事之，有所谓互送礼，实贿赂也，甲下令首罢之"。

刘甲为政很注重抚民安本，主政时"凡（安）丙所立茶盐柴邸悉废之，又乞以皁郊博易铺场还隶沔戎司，复通吴氏庄，岁收租四万斛有奇，钱十三万，以裨总计"。此外，安丙所增多田税，"甲命属吏讨论，从一府言之，岁减凡百六十万缗、米麦万七千石"[4]，上述做法，大快民心，边民感泣，川蜀官员亦多有赞同其法者。可以说，刘甲在蜀日，因适逢吴曦叛乱，其平叛后所作所为为安定川蜀社会发挥了重要的作用。

嘉定七年（1214），刘甲卒于官，终年七十三岁，《宋史》言其"为文平澹"，并有奏议十卷传世。宋理宗特赐谥号曰"清惠"，以彰其行。

[1]《宋史》卷三九七。

[2]《宋史》卷三九七。

[3]《宋史》卷三九七。

[4]《宋史》卷三九七。

十八、秦九韶

秦九韶，《宋史》无传，然宋人著《癸辛杂识》存其事。其字道古，生活在南宋晚期，生卒年代不详，今据有关学者考证，约在嘉泰二年（1202）至景定二年（1261）。[1]

秦九韶出生于官宦世家，父秦季槱，字宏父，史言其为"普州安岳（治今四川安岳县）人"，绍熙四年（1193）为进士，嘉定十二年（1219）任巴州（治今四川巴中）守，同年因为兴元（治今陕西汉中）兵变，弃城去职。后至临安（治今浙江杭州）任工部郎中，嘉定十七年（1224）升任秘书少监。十个月后，迁知潼川，后返回四川。宝庆年间，秦季槱知潼川时，到涪州（治今重庆涪陵），在涪州知州李琪陪同下，观看"石鱼"后刻石题名，故白鹤梁上至今有"郡守、李琪公玉，新潼川守、秦季槱宏父，郡纠曹掾、何昌宗季文，季槱之子九韶道古，琪之子泽民志可同来游，石鱼阁八年不出，今方了然，大为丰年之祥，此不可不书。宝庆二年正月十二日涪州太守"等语。

有关秦九韶的籍贯问题，史传记载颇多异辞。秦九韶在他的《教书九章》一书"自序"中称自己是鲁郡人，言"鲁郡秦九韶"，然同书亦多次自称蜀人。《四库金书总目提要》认为，秦九韶序中所写是秦氏先世所居而非其籍贯。周密在《癸辛杂识·续集》则言："秦九韶字道古，秦凤间人。"这"秦凤间人"四个字也曾引起很大争议，众说纷纭，莫衷一是。"钱宝琮先生将标点放在'秦'字

后，一个解释是说秦九韶是秦凤间的人，但是又难于找到'凤间'这个地方。又有赖伯勒将'秦'、'凤'两字合为一个地方名，说秦九韶是秦凤人，但按宋置，秦凤路在今陕西省，又有秦州，宋代州治在成纪（治今甘肃天水），又有凤州（治今陕西凤县）。钱宝琮先生所说大概是指秦九韶是秦州与凤州之间的人。"[2]钱宝琮还指出周密的错误，说秦九韶生在陕西是不对的，"其实他本人生于四川"。又，李迪于所著《秦九韶传略》中也认为秦九韶"实际生于四川"。[3]

据现存史料分析，本书认为比较接近实际的看法应该是秦九韶祖籍鲁郡，后迁到秦凤一带，再后又南下普州，定居于安岳。

史载，南宋理宗绍定四年（1231），秦九韶中进士，先后曾担任县尉、通判、参议官、州守等职。《癸辛杂识》载："时吴履斋在鄞，（秦九韶）亟往投之，吴时将入相，使之先行，曰当思所处。秦复追随之，吴旋得谪，贾当国，徐摭奏事窜之梅州。在梅治政不辍，竟殂于梅。"[4]足见其热衷于仕途，追逐功名利禄之心甚浓。综合各书所载可知，秦九韶早先攀附权贵贾似道，后又追随贾似道的政敌吴潜，但由于此后贾似道专权，排斥异己，吴潜失势，秦九韶受到牵连，被贬梅州（治今广东梅州）知州，并最终死于贬所。

另外，从各种史料记载看，秦九韶私生活多不检点，为人轻浮贪残。《癸辛杂识·续集》载："父

---

[1] 相关考论见张秀琴：《秦九韶评传》，《山西大学学报》，1988年第2期。

[2] 同上。

[3] 李迪：《秦九韶传略》，《秦九韶与〈数学九章〉》，北京师范大学出版社，1987年。

[4] 《癸辛杂识·续集》卷下。

方宴客，忽有弹丸出父后，众宾骇愕，莫知其由。顷加物色，乃九韶与一妓狎时亦抵筵，此弹之所以来也。"[1]该书又云："兄之子与其所生亲子妾通，事泄，即幽其妾，绝其饮食而死。又使一隶偕此子以行，授以毒药及一剑，曰：'导之无人之境，先使仰药；不可，则令自裁；又不可，则挤之于水中。'其隶伪许而送之所生兄之寓鄂渚者，归告事毕。已而寝闻其实，隶惧而逃，秦并购之。于是罄其所蓄自行，且求其子及隶，将甘心焉。语人曰：'我且赍十万钱如扬，维秋壑所以处我。'既至，遍谒台幕，洪恕斋勋为宪，起而贺曰：'比传令嗣不得其死，今君访求之，是传者妄也。可不贺乎？'秦不为答。久之，贾为宛转得琼州，行未至，怒迓者之不如期，取驭卒戮之。至郡数月罢归，所携甚富。"[2]其贪残如此，无丝毫怜悯之心，与后世称颂之数学名家简直判若两人。

今据相关史料制秦九韶简谱如其下：

（一）嘉泰二年（1202），生于蜀境。

（二）嘉定十二年（1219），"年十八在乡里为义兵首"。[3]

（三）嘉定十七年（1224），随父至临安"侍亲中都"，"得访习于太史"，又"尝从隐君子受数学"。[4]

（四）宝庆元年（1225）至宝庆三年（1227），随父归蜀，期间于宝庆二年（1226）到涪州观"石鱼"，并刻石题名。

（五）绍定六年（1233），任县尉。

（六）端平三年（1236），蒙古攻蜀地，秦氏从军抗敌。其于《九章算术》自序中说："际时狄患历岁遥塞，不自忌全于矢石间。尝险罹忧，荏苒十禩，心槁气落，信知夫物莫不有数也，乃肆意其间，旁诹方能，探索杳渺，粗若有得焉。"又云："窃尝设为问答，以拟于用。"[5]

（七）嘉熙元年（1237），迫于兵祸，弃家避难。离川东下，任蕲州（今朝北崭春）通判及和州（治今安徽和县）守。

（八）淳祐四年（1244）8月，以通直郎为建康府（治今江苏南京）通判。

（九）淳祐四年（1244）11月，解职为母奔丧守孝，回湖州家居。

（十）淳祐七年（1247）9月，《数书九章》完稿，并作序。

（十一）宝祐二年（1254），再赴建康，任沿江制置司参议，不久，又去职家居。

（十二）宝祐六年（1258），谒贾似道于扬州幕府，得任琼州守，数月后又被撤职。

（十三）开庆元年（1259），追随吴潜于鄞（治今浙江宁波）沿海制置司幕，得任司农寺丞职。

[1] 《癸辛杂识·续集》卷下。

[2] 《癸辛杂识·续集》卷下。

[3] 《数书九章》卷一八。

[4] 《爱日精庐藏书志》卷二三。

[5] 《皕宋楼藏书志》卷四〇。

（十四）景定元年（1260）4月，吴潜罢相。"贾当国，徐摛秦事，窜之梅州。"[1]

（十五）景定二年（1261）年，"在梅治政不辍，竟殂于梅"。[2]

十九、刘叔子

刘叔子，《宋史》无传，《宋诗纪事补遗》言其"字君举，长宁人，宝祐二年知重庆府"，并录白鹤梁题诗《观石鱼嗣刘忠顺韵》一首，"唧尾洋洋石上镌，或依于藻或依莲。梦占周室中兴日，刻自唐人多历年。隐见有时非强致，丰凶当岁必开先。太平谁谓真无象，罩罩还歌乐与贤"。[3]

淳祐间任将作监丞。刘克庄《后村集》载《刘叔子将作监丞》一文，"本朝之制，史无专官，自修撰、检讨，至校勘、检阅，率以他官兼之。不稍迁擢则滞矣。尔仕已至牧守，朕以其老于文学，使与闻汗青之事，久在馆下用未尽才，于是晋丞大匠，夫舍麟笔而掌雄工，虽不如汗简之清，然犹可执艺而谏"。[4]不久，理宗以刘叔子资历深厚，才华超然，再迁太府寺丞。制文云："尔丞匠监未久，朕以其才业优而资历深，又进之外府焉。夫丞一也，然寺则高于监矣，继是又有高于外府者以待汝。"[5]据《宋才子传笺证·刘克庄年谱》，

刘克庄"淳祐六年（1246）四月，令赴行在奏事。八月十五日至京。二十三日，入对三札。既对，退出，即赐同进士出身，除秘书少监。与尤焴同任史事。次日，兼国史院编修官、实录院检讨官。又三日，除御史兼崇政殿说书。十月五日，除权中书舍人。在职七十余日。草外制七十道，传诵一时。二十七日，讲《礼记》，理宗锡宴赐诗。翌日，和御制诗一首。又别作一诗献上。十二月二十四日，侍御史章琰奏其贪荣去亲，卖直欺君，罢归"。[6]从刘克庄资叙来看，刘克庄任职权中书舍人，负责起草外制，是在淳祐六年（1246），故刘叔子任此二职，亦应在此年。

宝祐二年（1254）调任权涪州知州事。白鹤梁题刻有"圣宋宝祐二年岁次甲寅蜡（腊）月立春后一日，郡假守长宁刘叔子君举"。所谓郡假守，当为权涪州知州事之称。又，《白华前稿》载："宝祐甲辰腊，涪守长宁刘叔子君举，追和唐大中六年转运使、尚书主客郎中刘忠顺诗其序曰：石鱼，唐人所刻，与渝江晋义熙碑相似，见则岁稔。义熙碑，当即今所称雍熙碑。"[7]此处"宝祐甲辰"，为宝祐甲寅之误，宝祐甲寅即为宝祐二年。再从《宋诗纪事补遗》所谓"宝祐二年知重庆府"的记载来看，是年刘叔子或又调知重庆。

在涪州日，刘叔子与著名学者阳枋多有来往。

[1] 《数书九章》卷一八。

[2] 《数书九章》卷一八。

[3] 《宋诗纪事补遗》卷七一。

[4] 《后村集》卷六六。

[5] 《后村集》卷七〇。

[6] 傅璇琮：《宋才自传笺证》，辽海出版社，2011年，第427页。

[7] 《白华前稿》卷一八。

阳枋，字正父，原名昌朝，字宗骥，合州巴川（治今重庆铜梁）人。居字溪小龙潭之上，因号字溪。早从朱熹门人度正、暖渊游，学者称大阳先生。淳祐元年（1241），以蜀难，免入对，赐同进士出身。淳祐四年（1244），得阃帅征辟，历监昌州酒税，大宁理掾。五年，改大宁监司法参军。八年，为绍庆府学官。晚以子炎卯贵，加朝奉大夫。有诗词、讲义等十二卷，已佚。清四库馆臣据《永乐大典》辑为《字溪集》十二卷。今本《字溪集》即收录有《谢涪陵刘君举使君见委北岩堂长诗》一首，据此认为，刘叔子在涪州为官时期，曾委任阳枋处理北岩堂事务。其诗云：“雪片冬深玩易编，正公和气理尤浑。八分写就龙蛇走，岩藤涧树常蜓蜿。莲荡飘裾紫阳学，归来拂拭莓苔痕。岩前世事几兴废，道无今古终长存。新来五马栽桃李，生平伊洛期穷源。下车一笑抚江阁，片心飞度苍崖根。生香动荡满幽谷，秋丛濯雨抽兰荪。露华滴晴舞夜鹤，云叶卷霄吟朝猿。衰翁白首野人服，不爱市井怜山村。太守招来说好语，翠萝有路犹堪扪。听终不敢谢疲茶，瘦筇强拄岩檐门。遗书欲傍梅花读，祗恐使人昭昭已昏昏。”[1]

景定间，任肇庆府知府。据《（道光）肇庆府志》卷十六《李春叟传》载：“李春叟，字子先，东莞人。宝祐丙辰省试中选，以误书谨对黜，廷绅交荐，乃授惠州司户，有贤能声。景定间，广东提刑杨

允恭状奏，除肇庆府司理，常办冤狱，当路不从，即投告身于库，请归，事竟得白。郡守刘叔子叹服，寻除德庆教授，秩满而归，绝意仕进，乃著《论语传说补》。”[2]此文所谓郡守刘叔子，正说明刘叔子于景定间为肇庆知府。又，《（道光）广东通志》载：“李纯臣、刘叔子，以上俱知肇庆府事。”[3]该条史料亦可从旁印证此事。

咸淳九年（1273）前后，刘叔子任朝议大夫、军器监兼左曹郎中。据《洞霄宫庄田记》记载：“咸淳九年六月吉日，朝奉大夫、直宝谟阁、知镇江军府、兼管内劝农营田事、节制军马家铉翁记，朝议大夫、军器监兼左曹郎中刘叔子书。”[4]

咸淳间，刘叔子再任广东提刑。仍据《（道光）广东通志》卷二七〇《李用传》有云：“度宗咸淳中，广东提刑刘叔子命祠于邑学，有子三人各通一经，能世其业，长春叟最知名，次得朋官至法曹，季松叟有文声，早卒。”[5]

此外，《两宋名贤小集》中有《次刘叔子总干夜坐感秋韵》一首，“秋风远客叹飘零，满镜吴霜故故明。酒盏论心踈旧约，诗筒到眼快新评。短檠伴我夜深静，长笛何人月下横。步绕空庭吟未竟，隔邻鸂鵊又传更”。[6]该书称刘叔子为总干。宋制，总干为总领所干办公事，故刘叔子抑或于某时在某处总领所任职。

[1]　《字溪集》卷一〇。

[2]　《（道光）肇庆府志》卷一六。

[3]　《（道光）广东通志》卷二七〇。

[4]　《洞霄图志》卷六。

[5]　《（道光）广东通志》卷二七〇。

[6]　《两宋明贤小集》卷三七〇。

二十、蹇材望

蹇材望，《宋史》无传。

《宋诗纪事补遗》言："蹇材望，字君厚。"该书另录白鹤梁题诗，名之为《题石鱼》，"何代潜鳞翠琰镌，双双依藻更依莲。梦符瑞报屡丰兆，物盛宜歌大有年。玉烛调和从可卜，金刀题咏又开先。浑如泼剌波心跃，感召还知太守贤"。[1]

又，《后村集》卷八一有《缴赵汝挛通判淮安州奏状》一文，其云："准中书门下省送到录黄一道，为朝奉赵汝挛差通判淮安州，替蹇材望改差阙，令臣书行须至奏闻者。"[2]据前考，刘克庄居中书舍人一职是在淳祐六年（1246），故是年蹇材望或正在安州一带任职。

又据《宋史》载，度宗咸淳九年（1273），"左藏东库蹇材望上书言，边事大可忧者七，急当为者五，不报"。[3]宋制，左藏东库、左藏西库合称左藏二库，隶太府寺。南宋淳熙间曾归尚书省左右司提领。主事者称监左藏东（西）库，左藏二库用于支给诸屯驻大军及宫中、百司俸禄、赏赐，开支浩繁。据此知，咸淳九年蹇材望曾监左藏东库。

白鹤梁题刻中有《蹇材望题记》诗序云："涪以石鱼之出，占岁事之丰，以岁事之丰，彰太守之贤尚矣。长宁刘公叔子镇是邦又出，夫岂偶然。别驾、潼川蹇材望赓皇祐刘转运诗以纪之。宋宝祐二年嘉平下澣书。"故可推知，蹇材望与权涪州知州

事刘叔子相熟识，并于宝祐二年（1254）出任涪州别驾。

现存史料中，有关蹇材望的记载最为完整的当属《癸辛杂识》。该书所记诸事，又被清代学者彭遵泗所编《蜀故》转引。"蹇材望，蜀人，为湖州倅。北兵之将至也，蹇毅然自誓必死，乃作大锡牌，镌其上曰：'大宋忠臣蹇材望。'且以银二笏凿窍，并书其上曰：'有人获吾尸者，望为埋葬，仍见祀，题云：大宋忠臣蹇材望。此银所以为埋瘗之费也。'日系牌与银于腰间，只伺北军临城，则自投水中，且遍祝乡人及常所往来者。人皆怜之。丙子正月旦日，北军入城，蹇已莫知所之，人皆谓之溺死。既而北装乘骑而归，则知先一日出城迎拜矣，遂得本州同知。乡曲人皆能言之。"[4]从这条记载可以看出，蹇材望为蜀人，结合白鹤梁题刻所称"潼川蹇材望"，进一步推知其为潼川府（治今四川三台）人。《补遗》言蹇材望，"累官潼川别驾"，恐误。正如前文所考，据白鹤梁题刻所记，当是涪州别驾，潼川为其乡贯。

另据《癸辛杂识》所载，蹇材望曾任湖州倅，即湖州通判。然贪生怕死、见利忘义，又极善伪装。蒙古攻宋，乘机出逃，并率先降蒙。入元后，出任湖州同知。至于蹇材望入元后行事，史传多缺，不得其详，蹇材望降蒙事，在后世士大夫中影响很大，清人蒋士铨曾将此事编入其所作戏曲剧本

---

[1] 《宋诗纪事补遗》卷七二。

[2] 《后村集》卷八一。

[3] 《宋史》卷四六。

[4] 《癸辛杂识·续集》卷上、《蜀故》卷九。

《冬青树》第七出"纳款"：

"（丑冠带上）……下官湖州太守蹇材望，四川人也，起家黄甲，性爱青蚨。闻得北兵将到，不免打起精神，做一个正人君子……（杂）老爷难道真个要做忠臣么？（丑）狗才，元兵一到，我就投水而死。（杂）报报报，元兵已打破南门，进到骆驼桥下了……（丑）如今没法了，只好拿了官衔手本，迎接去罢。（杂）爷才说要投水做忠臣，怎变了卦？（丑）狗才，不过说说罢了。投在水里，可不灌杀了。况且六君子中，黄镛、曾唯都降了，陈宜中做宰相也逃了，靠我个不通进士摆个甚的架子！快去跪道伺候，若得一官半职，岂不依旧兴头起来。

（唱）"［正宫过曲·四边静］官场花面便宜最，趋吉凶当避。笑骂任他人，吾身且荣贵。"[1]

在这里，蹇材望成了南宋灭亡前官宦们心态变异的一个典型，蒋士铨正是通过蹇材望这个无气节者的衬托，来凸显文天祥等人那种"岁寒，然后知松柏之后凋"的超常的民族气节的。

---

[1] 龚国光：《江西戏曲文化史》，江西人民出版社，2003 年，第 260 页。

第四章

白鶴梁題刻六論

白鹤梁题刻时间跨度长，内容庞杂，至繁至密，因此可以从历史及其他各个学科的角度进行不同层次的讨论，对于这一点，本书首章已经有较为详细的梳理，这里不再赘述。本章所列的六篇论文均从题刻材料入手，有对题名人的考证；有对知州群体特征的论述；有对地方治理问题的探查；有对题刻史学价值的讨论；有从文学角度对题刻内涵的发掘，还有对题刻文字与涪州方志关系的辩证。诸篇论文就行文风格而言，有些偏重于宏观视角的分析，有些则是从微观入手所做的琐碎考证。诸文风格虽异，但均力求在题刻研究的议题方面有所拓展，在学术观点上，以期能够在前人基础上有所推进，使题刻研究进一步深入下去。

一、白鹤梁题刻所镌历代涪州知州述论

有关历代涪州知州的情况，传统史书多缺漏，现存清人所修涪州方志更多漏载。然遍观白鹤梁题刻，即可粗线条勾勒出涪州宋元以来职官转任概况，特别是作为主政一方的涪州知州[1]迁转活动。题刻所载虽仍存缺漏，但大体上接续清晰，为相关学术考察提供了宝贵的资料。然而，目前学界对于利用白鹤梁题刻资料贯通考察涪州知州的成果尚不多见，仅

有王晓晖《南宋涪州知州考略》《北宋涪州知州考略》，曾超、张正武《西南地区白鹤梁题刻唐宋涪州牧考述》对宋代知州情况有所研究，且王氏二文落脚点仅在宋代知州的执掌与权责之上，而曾氏之文则只是对题刻中所见知州生平情况的梳理，并未在议题上作进一步申发。另外，以上成果虽名为对涪州知州的考察，但在人物统计上仍存脱漏，比如在所统计知州中，间有混入涪州通判、涪陵县令等职官信息。有些题刻中未明言为知州者，本可据传世文献予以考证查实，惜未加留意，漏而不载。因此，笔者以为对这一论题实有进一步研究之必要。当然，为能从长时段历史脉络中梳理出涪州知州的某些共性特点与时代变化，笔者将研究的视角略行周延，对唐宋以来题刻所镌知州尽数囊括，以期能有新的斩获。

（一）题刻所见历代涪州知州再统计

此前论述中已经提到，对于涪州知州的统计，前人已有成果问世，虽说均集中于赵宋一朝，但因对于白鹤梁题刻本身而言，宋人题刻占绝大多数，因此，即或笔者统计加入元、明、清三朝，仍不能否认，前人所作研究对本次统计的启迪与借鉴意义。故也可以说，此次统计，更多是在完善、修正过往统计结果的基础上再加补充，基于此，才有必要以"再统计"名之。

---

[1] 为便于考察，本文将题刻中所见知州、州牧、郡守、太守等官称统一书之为知州。

目前，白鹤梁题刻中镌成最早的是镌于开宝四年的《申状题记》，该题刻中所说的唐代题刻今均已无存。然据此仍可推断，唐代题名人中，有广德元年涪州刺史郑令珪。故郑令珪可算作是最早在白鹤梁题刻的涪州地方官。自郑令珪之后，题刻史料中再未见唐人身影。惟北宋以来，涪州一地从政官员题名者渐多，且其中不乏州牧之名。比如，《朱昂题诗记》载，"涪州江心有巨石，隐于深渊，石旁刻二鱼。古记云：鱼出，岁必大丰。端拱元年十二月十有四日，昂自瞿塘回，遵途于此，知郡琅琊王公□云：'石鱼再出水，岁复稔。'昂往而观之，果如所说，因歌圣德，辄成一章。朝请大夫、行尚书库部员外郎、峡路诸州水陆计度转运使、柱国朱昂上。欲识丰年兆，扬鬐势渐浮。只应同在藻，无复畏吞钩。去水非居辙，为祥胜跃舟。须知明圣代，涵泳杳难俦"。据此，知端拱元年（988）前后，有涪州知州名"王□"者，曾与朱昂共论石鱼出水事。又比如《武陶等题名》全刻云："游石鱼题名记。尚书虞曹外郎、知郡事武陶熙古，涪忠州巡检、殿直侍其瓘纯甫，郡从事傅颜希圣。嘉祐二年正月八日谨识。"从中可知，嘉祐二年涪州知州为名武陶，字熙古者。为便于后文分析涪州知州情况，今仅据白鹤梁题刻所见，将唐宋以来涪州知州姓氏、任官时间等情况分别统计，并列表如下。

表一　白鹤梁题刻所见历代涪州知州统计表

朝代名	姓名	题刻所见官称	任官时间	所见题刻名
唐代	郑令珪	刺史	广德元年	《申状题记》
北宋	王公□	知郡	端拱元年	《朱昂题诗记》
	武陶	知郡事	嘉祐二年	《武陶等题名》
	颜亚之	（涪州）太守	熙宁七年	《韩震等题名》
	邹霖	知州事	皇祐元年	《刘忠顺等倡和诗》
	郑颛	权知涪州	元丰八年	《吴缜等题名》
	杨嘉言	知军州事	元祐六年	《杨嘉言等题名》
	姚珏	郡守	元祐八年	《姚珏等题记》
	杨元永	太守	约崇宁间	《杨公题诗》
	庞恭孙	知涪州军州事	大观元年	《庞恭孙等题名》
	司马机	涪陵督邮、实摄郡事	政和二年	《王蕃诗并序》
南宋	王拱	摄郡事	建炎三年	《陈似等题名》
	王择仁	涪陵郡守	绍兴二年	《王择仁题记》
	贾思诚	知军州事	绍兴七年	《贾思诚等题记》
	何宪	知涪州军州事	绍兴十八年	《何宪等倡和诗并序》
	赵彦球	摄守是邦	乾道三年	《赵彦球等题记》
	卢棠	摄涪陵	乾道七年	《卢棠等题名》
	冯和叔	郡守	淳熙五年	《冯和叔等题名》
	朱永裔	假守	淳熙六年	《朱永裔题记》
	夏敏	郡守	淳熙十一年	《夏敏等题名》
	李瑀	郡太守	宝庆元年	《李公玉题记》
	张霁	郡太守	淳祐三年	《张霁等题记》
	邓刚	郡守	淳祐八年	《邓刚等题名》
	赵汝廪	郡守	淳祐十年	《赵汝廪观石鱼诗》
	刘叔子	郡假守	宝祐二年	《刘叔子诗并序》
元代	咬寻进义	同知涪州事	至大四年	《安固题记》
	宣侯爱	监郡	天历二年	《王正题记》
	张八歹	涪守	至顺四年	《张八歹木鱼记》
明代	刘冲霄	涪州知州	洪武十七年	《刘冲霄诗并序》
	雷榖	涪陵守	洪武二十三年	《雷榖题记》
	□公	涪州太守	成化七年	《成化抄写古文诗记》
	袁宗夔	州守	正德元年	《李宽观石鱼记》
	黄寿	涪守	正德庚午	《黄寿石鱼诗》
清代	萧星拱	郡守、涪州牧	康熙二十三年	《萧星拱观石鱼记》《萧星拱重镌双鱼记》
	董维祺	涪刺史	康熙四十五年	《董维祺题记》
	罗克昌	涪州刺史	乾隆十六年	《罗克昌题记》
	张师范	州牧	嘉庆二十年	《张师范诗记》
	濮世濂	无	咸丰三年	《濮文升题记》
	濮文升	无	同治十年	《濮文升题记》

把梳现有史料，上述诸人事迹虽不能详考，但其中一些人的生卒、行年、籍贯、履历等仍可据以窥测。前章已有考证，为便于分疏，今并列于下：

郑令珪，原文题刻仅已不存，其名少见于史籍，今无考。

王公□，其名已磨泐，今据《宋史》《宋会要辑稿》《长编》等文献，端拱元年（988）前后任职涪州的王姓官员未见有载。另据龚延明、祖慧等编纂《宋登科记考》及其他科举文献所列、太祖、太宗朝登第者中，王姓者仅有二人，且均未载有涪州历官之事，虑及宋初出于治蜀的需要，蜀地官员多以行伍出身，故此王公□恐非科举登第者。

武陶，字熙古。《宋史》无传，事迹不详。欧阳修《欧阳文忠公集》有《条列文武官材能札子》言，"通判中五人可以升陟差使。并州通判、秘书丞张日用，通晓民事；岚州通判、殿中丞董沔，清洁，勤于吏事；宁化军通判、大理寺丞武陶，勤干；屯田员外郎、麟州通判孙预，清勤；保德军通判、赞善大夫吴中，廉干"。此文撰于庆历四年（1044），时欧阳修为河东转运使，"奉敕差往河东体量得一路官吏才能"。[1]文中所言武陶当时为宁化军通判。而题刻镌于嘉祐二年（1057），二者相距13年。13年间武陶由宁化军通判转官知涪州，于理可通，题刻所言武陶与欧阳修文中所述者当为一人。

颜亚之，事迹无考。有学者将"驾部员外郎姜齐颜亚之"释为"姓姜、名齐颜，字亚之。生卒、郡望不详"。[2]亦有人释作"姜齐颜"[3]，并云熙宁七年（1074）在任。上述见解似有不妥，姜齐当为其籍贯，颜为其姓，亚之为其字。

邹霖，字仲说，北宋著名学者邹浩祖父，天禧三年（1019）进士，由浙江钱塘迁居常州，历任筠州推官、尚书都官、涪州、鼎州知州，至和元年（1054）卒。

郑颉，字愿叟。《苏魏公集》有敕文《屯田员外郎郑颉可都官员外郎、太常博士陈纮可屯田员外郎、秘书丞彭恺可太常博士》。郑颉子知白、知刚、知常、知荣四人，仅知刚稍有史料可附会。据《（淳熙）三山志》载，建炎二年（1128）戊申特奏名进士，"郑知刚，字季和，永福（治今广西桂林一带）人，终太府寺丞，知严州"。[4]

杨嘉言，字令绪。《（弘治）八闽通志》言其任漳州知州事。[5]《大明一统志》载处州府烟雨楼，"在府治，宋崇宁间杨嘉言建，范成大书额"。[6]又，《读史方舆纪要》言处州旧城，"宋崇宁三年杨嘉言为守，削直之"[7]。据此知，其又曾任处州知州。

姚珏，《（乾隆）福州府志》云，乡贤祠有宋训导姚珏即此人。

杨元永，字刚中，北宋崇宁间涪州知州。另据

---

[1] 《欧阳文忠公文集》卷一一六。

[2] 曾超：《三峡国宝研究——白鹤梁题刻汇录与考索》，中国文史出版社，2005年。

[3] 王晓晖：《北宋涪州知州考略》，《长江师范学院学报》，2012年第9期。

[4] 《（淳熙）三山志》卷二八。

[5] 《（弘治）八闽通志》卷三三。

[6] 《大明一统志》卷四四。

[7] 《读史方舆纪要》卷九四。

《山左金石志》，费县有"右通直郎、知沂州费县事杨元永立石"。[1]又，《齐乘》载："元祐六年，杨元永为邑建新庙（颜鲁公祠）。"[2]据此，杨元永或曾为知费县事，即费县知县。

庞恭孙，据《万姓统谱》载："庞恭孙，字德孺，武城（治今山东武城县）人。徽宗时补施州通判，部蛮向文彊叛，恭孙说降而斩之，领州事王蓬上功进三秩，仕至徽猷阁学士。"[3]

司马机，字才孺，生平事迹无考。

王拱，字应辰。《（雍正）四川通志》言为大昌（治今重庆巫山县）人，光宗绍熙进士，曾官摄涪陵郡事。另有《宋十朝纲要》载，宋高宗绍兴六年（1136），韩世忠遣统领韩彦臣率兵破伪齐，曾擒伪淮阳知军王拱。[4]

王择仁，字智甫，平阳（治今山西临汾）人。建炎二年（1128）为经制司僚属，抗金复永兴军。绍兴二年（1132）为涪州守，择仁亦曾知襄阳府。《宋史》无传，其事主要见载于《宋史》卷二五及卷二六《高宗本纪》。

贾思诚，《宋史》无传，据题刻所镌，字彦孚，澶渊（治今河南濮阳）人。北宋末登进士第，曾历朝请郎、荆湖北路提举茶盐公事、左朝散郎、知临江军，湖北提举茶盐公事，夔峡（州）路转运判官，都

大主管川陕茶马监牧公事、知涪州军州事等官职。绍兴十七年（1147）前后卒。

何宪，一说字子应（详见前文），长安（治今陕西西安）人。高宗绍兴十八年（1148）知涪州军州事。《八琼室金石补正》作者认为，其与南宋著名词人王十朋交往颇多。

赵彦球，宋宗室子。据《宋史·宗室世系表》载，名彦球者有六人，一为公回子，魏王廷美子德恭六世孙。一为公亮子，一为公㮚子，一为公尤子，皆廷美子德彝六世孙。一为公立子，一为公倚子，皆廷美子德雍六世孙。独不知此题刻所谓赵彦球是否即此中一人。

卢棠，事迹无考。

冯和叔，字季成，剑浦（治今福建南平）人。《（景定）建康志》载："冯和叔，右承事郎，绍兴二十年二月初七日到任（上元县令），至二十三年五月初四日任满。"[5]

朱永裔，字季成，阆州阆中县新安里（治今四川阆中）人，绍兴十八年（1148）进士。《（景定）建康志》载："冯和叔，右承事郎，绍兴二十年二月初七日到任（上元县令），至二十三年五月初四日任满。"[6]

夏敏，字彦博，事迹无考。

李瑀，字公玉，事迹无考。

[1] 《山左金石志》卷一七。

[2] 《齐乘》卷四。

[3] 《万姓统谱》卷三。

[4] 《宋十朝纲要》卷二三。

[5] 《（景定）建康志》卷二七。

[6] 《（景定）建康志》卷二七。

张霁，《长编》载有右补阙、知江州张霁。[1]

邓刚，嘉定十六年（1223）进士，据《（嘉靖）赣州府志》所载，有邓刚于宝庆二年（1226）权会昌县知县事。[2]此书所载之人，与题刻所见者时间相近，且题刻中邓刚即江西庐陵人，故二人即或是同一人。

赵汝凛，绍兴元年（1131）进士，《（雍正）四川通志》云，其"知涪州，歉岁则贷公庾，丰年则贮义仓，劝农兴学，民立生祠于学宫，以配程、黄、尹、谯四贤"。[3]另据《字溪集》，"宝祐元年癸丑，公（字溪先生）年六十七，与税巽父论启蒙小传，与湖北漕袁君鼎东论进学，与绍庆守赵公汝凛论《易》，赵守延公讲学，公辞"。[4]可见，赵汝凛曾先后任涪州知州及绍庆府知府，且长于论《易》。又，同书载《赞赵广安》一诗，下夹行小注"汝凛，字景贤"。[5]此外，从《赵使君汝凛刊〈易学启蒙〉于涪属予为跋》[6]一文可知，在涪州任上，赵汝凛还曾刊刻《易学启蒙》一书。阳枋曾撰《祭赵景贤使君文》，赞其云："公资禀高明，才华卓出，好语开口，妙句落笔，贯百家，而剖析饱信

史，而涉历。"[7]

刘叔子，字君举，长宁（治今四川长宁县）人，时为涪州知州。据《宋诗纪事补遗》所考，其于"宝祐二年知重庆府"。[8]又，《后村集》载其曾为将作监丞[9]，及太府寺丞[10]。

咬寻进义，事迹不详。

宣候爰，事迹不详。

张八歹，事迹不详。

刘冲霄，举人，据《（雍正）河南通志》卷三十二载，"刘冲霄，四川内江人，举人"，曾历官松溪知县、南阳府同知、奉讯大夫、知涪州等。[11]

雷榖，进士，古邕（治今广西南宁）人，字运通。《（隆庆）岳州府志》有洪武庚午年（洪武二十三年，1390），有岳州知州雷榖。

□公，其姓名已磨泐不存，事迹无考。

袁宗夔，湖北石首人，成化癸卯年（成化十九年，1483）举人。据李东阳《明故江西布政司左参政赵君孟希墓志铭》所载，字子襄，曾官□□府同知，为江西布政司左参政赵孟希之婿。[12]

---

[1]　《续资治通鉴长编》卷一七。

[2]　《（嘉靖）赣州府志》卷七。

[3]　《（雍正）四川通志》卷六。

[4]　《字溪集》卷一二。

[5]　《字溪集》卷一一。

[6]　《字溪集》卷八。

[7]　《字溪集》卷九。

[8]　《宋诗纪事补遗》卷七一。

[9]　《后村集》卷六六。

[10]　《后村集》卷七〇。

[11]　《（雍正）河南通志》卷三二。

[12]　李东阳撰；周寅宾、钱振民校点：《李东阳集》卷二二八，岳麓书社，2008年，第228页。

黄寿，明弘治二年（1489）进士。《（同治）重修涪州志》云："正德间州牧，朝暮焚香危坐，凡百念虑动，处事皆符应世，因号为神官。"[1]又，《（康熙）江西通志》，"黄寿，南城人，顺天中，式知州"。[2]后题谓其"名寿，字纯仁，号松崖，江右南城人"。

萧星拱，康熙间进士，据《（雍正）四川通志》载："涪州治，康熙六年知州朱麟建，二十二年知州萧星拱复修。"[3]据此推知，其于康熙二十二年（1683）前后任涪州知州。又，同书载，其本江西吏员，涪州之任前为忠州知州。康熙三十年（1691）调任重庆府知府。[4]

董维祺，辽宁鞍山人，据《（雍正）四川通志》，"董维祺，镶白旗监生，康熙四十三年（涪州知州）。"[5]又，同书载其事迹，"涪州儒学，在州南，明宣德景泰间建，万历中守宪陈大道增修，广置学田，明末圮。国朝康熙四十六年，知州董维祺重建"。[6]另外，该志《黄志焕传》，"黄志焕，涪州人，事父母以孝称。康熙已丑夏，五城中失火，延烧民居，父适病卒，志焕先扶母置他所，复冒烈焰入父尸以出，州牧董维祺目击之，额其门"。[7]

罗克昌，据《（乾隆）江南通志》，罗克昌，雍正七年（1729）己酉科进士。[8]高邮人，曾官荣城知县。

张师范，江苏阳湖（治今江苏武进县）人。《（钦定）剿平三省邪匪方略》载，嘉庆中，"留川候补知县张师范加恩以知州升用，先换顶戴"。[9]《伊江笔录》载："四川涪州牧张师范缺分应得外，丝毫不滥取，勤听讼，严缉匪，附近州县户民往往迁涪居住，张佐杂出身，用人何可拘资格。"[10]

濮世濂，江苏溧水县人，《碑传集补》载《钦加三品衔河南升用道南阳府知府濮公行状》一文，云濮文升"父琅圃公（濮世濂），以进士官四川涪州牧，循声卓著"。[11]

濮文升，江苏溧水县人，字号不详，同治时曾为涪州知州。据《（同治朝）东华续录》载，其曾于涪州知州任上，赴黔江会同覆行相验法国教士遇害案。[12]

[1] 《（同治）重修涪州志》卷一五。

[2] 《（康熙）江西通志》卷五三。

[3] 《（雍正）四川通志》卷二八中。

[4] 《（雍正）四川通志》卷三一。

[5] 《（雍正）四川通志》卷三一。

[6] 《（雍正）四川通志》卷五中。

[7] 《（雍正）四川通志》卷一〇下。

[8] 《（乾隆）江南通志》卷一三四。

[9] 《钦定剿平三省邪匪方略·续编》卷一八。

[10] 《伊江笔录下编》。

[11] 《碑传集补》卷二五。

[12] 《（同治朝）东华续录·九八》。

（二）历代涪州知州情况的初步比较

从上表统计可见，白鹤梁题刻中共有历代知州39人，其中唐代1人、北宋10人、南宋14人、元代3人、明代5人、清代6人。这一数量的变化正与现存题刻多集中于宋代的现实情况是一致的。

题刻所镌官称各异，计有知郡、知郡事、太守、权知涪州、摄郡事、知军州事、同知涪州事、假守、监郡、涪守、州守、涪刺史、涪州刺史等十余种，这其中有些是临时的差遣名称，比如同知涪州事、权知涪州、知涪州军州事等，这些差遣名称多见于宋代题刻。宋制，见任官有官、职、差遣之别。官指寄禄官，用以确定官位奉禄的官称；职为一种加官，即馆职与贴职；差遣为官员所任实职，即如上所谓同知涪州事、权知涪州之类。宋代推行差遣制度，一则可以防止元老重臣，操持权柄，侵夺军权。二则可以把财、政、军大权不因官品、资历限制，授给皇帝所信赖的人，以巩固中央集权，杜绝地方割据。但此法实施后，弊端亦日渐显现，那就是制度的长期推行，使官僚队伍不断扩大，官员不断增多。推行官、职、差遣分授制度，三省六部和九寺五监等机构因不能适应新制度的需要，而逐渐变为赋闲之所。而新的掌握实权的差遣机构又在不断增加，从而使官僚机构形成了庞杂臃肿、叠床架屋的特征。另外，推行这种制度，使官、职、差遣名称相混，官僚制度显得相当紊乱、复杂。故从北宋后期以后，有关官、职、差遣三者合一的改革尝试又开始不断推行，但改革并不彻底，南宋以后仍有差遣存在。及至宋亡后，元明清三朝在官制改革上，虽有承袭宋制的成份，但无不对差遣制度进行革除，偶或有存续者，亦非常制。因此从题刻所见官名来看，自元以后，涪州知州官称即少有言差遣之名者，而多称之为知州，或以别称名之。比如涪守、涪陵守、涪州太守、涪州牧、涪刺史、涪州刺史，等等。需知，以知州称太守、州牧、刺史，由来已久。史载，刺史之名见于西汉武帝年间，时分天下为13部（州），部置刺史，以六条察问郡县，本为监察官性质，其官阶低于郡守。成帝时，改刺史为州牧。哀帝初，又改归旧制，不久复称为州牧。东汉初又称刺史。灵帝时，为镇压农民起义，再改刺史为州牧，居郡守之上，掌握一州的军政大权。自三国至南北朝，各州亦多置刺史，一般以都督兼任，并加将军之号，权力很大。其不加将军的，称为"单车刺史"。隋初撤销郡，只有州、县两级，州的长官，除雍州称牧外，余均称刺史。此后州刺史实际上等于从前的郡太守，职权渐轻。宋制以朝臣充知州，虽仍有刺史之称，仅为虚衔，并不赴任，已习惯上与州牧、太守等一道用作知州的别称。故白鹤梁题刻所见诸官称、别称，正反映出这种问题的复杂性与特殊性，以及传统官制流变的某些表象因素。

另外，结合传世文献所记，题刻中所镌诸知州中，明确有科举经历者有18人，占到总人数的46%，其中北宋2人、南宋6人、明代4人、清代6人。需要指出的是，就以上统计来看，明清两代涪州知州中科举出身者虽加起来不过10人，看似与宋代8位登科者差别不大，实际上如从绝对比值来看，明清知州题名者也仅10人，换个角度考量，明清两代涪州知州中，以科举登第者充任的比例应该远大于赵宋一朝。至于元代，因史料尤为缺乏，科举登第情况无从考证，且元代百年间开科取士甚少，地方官多以吏员出职、荫叙与宿卫入仕、纳粟补官等形式入选，故今略而不征。

总之，上述统计足以说明，科举登第者中，明清知州占到绝大多数，之所以有此类现象，固然是有所据史料多寡的因素在内，但还有重要的一点不容忽视，那就是自宋以后，随着蜀地开发程度的加深，特别是以涪州为代表的川东一带文化的发展，过去单纯以武人或土官来统治当地的治理架构已经完全破局。代之以科举出身的流官逐渐占据地方政治的主流。对于这一现象，不光在涪州一地出现，在蜀地其他一些相对较为偏远的州郡也有较为明显的反映。比如在与涪州一地之隔的黔州（绍庆府），也就是今天的重庆市彭水县一带，据笔者统计，赵宋一朝行伍出身知州就占到总人数的78.4%，可以说武职知州居于绝对的主流。比如，仁宗天圣时期知黔州的邓雅，据《（光绪）湖南通志》载，其字彦正，平江（治今湖南岳阳）人，"身长八尺，博览史传，尤精《孙吴兵法》。张咏镇蜀，辟与俱往。王均反，（邓）雅分兵攻取，所向辄克，授供奉官，累迁知黔州。黔南蛮反，招降二千八百户，移知全州，官至御史中丞，封安定郡侯，年九十卒赠太子太保"。[1]又如苗授，史书记载其初以恩荫，累迁供备库副使。后随名将王韶取镇、洮等州，克珂诺城（治今甘肃广河县），尽取河湟之地。败鬼章有功，知河州。破羌人于露骨山（甘肃定西市境内），俘大酋长冷鸡朴，羌族十万多帐归附，威震洮西。拜龙神卫四厢都指挥使，徙知熙

州，后又因功徙黔州。黔州任上，他剿抚蛮夷，恩威并施，颇受神宗赏识，随即因功出知忠州。元祐三年（1088），其迁武泰军节度使、殿前副都指挥使，知潞州，并卒于任。此外，诸如北宋时期的王良、杜该、卢政、曹谱等人，南宋时期的黄旦、王宗道、刘光弼、成铺、高师颜、赵翰、黄登等也均以行伍出身。明确因科举入仕出知黔州（绍庆府）者，只有蒋介、李仲熊二人。而至明清时期，随着原绍庆府（黔州）被废并入重庆府，这一地区几乎不见有武将知县或知府出现。反观涪州，白鹤梁题刻所镌知州中，除去有科举经历者8人，其余诸人是否定为武将出身，现有史料虽无从定论，但是从黔州一地情况来看，涪州情况当与黔州差别不大。

若考究表中人物籍贯还可发现，可查者共24人，其中北宋5人、南宋9人、明代4人、清代6人。籍贯在蜀地者，北宋一朝未见，南宋3人，明代1人，清代亦未见。从两宋数据来看，或可印证一个事实，那就是宋廷平蜀虽甚易，但西蜀长期未获安定，兵叛民反不息，直至太宗、真宗之际，犹是"起甲午距庚子，七年三乱，狂夫一呼，群应如响"，且蜀地虽不乏饱学之士，然向学求仕之风不浓。故为求治蜀，宋廷一方面选用武将知州统御各地，另一方面也注意选拔一些外籍官员入蜀临民，当然，选用外籍官员入蜀，还有一个重要的原因，那就是对本地士人并无信任感可言，总之，北宋中期之前，朝廷防蜀患蜀之心甚重。及至仁宗之后，随着蜀地统治日久，特别是诸

---

[1] 楼钥：《攻媿集》卷二九。

如张咏、马知节、田况、张方平等官员入蜀后，对蜀地文教的扶持，蜀学日新，抵抗之心日渐消弭，以及朝廷对蜀士的有意拔擢，加之蜀虽号称富庶，但仍为"阻远险恶"之地，"中州之人多不愿仕其地"，以上因素终于使得利用蜀人治蜀的条件日渐成熟。大约从北宋后期开始，"蜀人得乡郡"者日渐增多，及至南宋以后，随着统治区域的缩小以及渐次南移，巴蜀地区更关乎国运兴衰，"自嘉定以来，蜀之宣抚、安抚、制置三司皆得荐士"。而据学者研究，此时所荐士，以"川籍士大夫为主"，特别是"四川类省试所出名列前茅者被举荐前多在四川为州县官或府州学教授之类"。[1]因此，白鹤梁题刻所见宋时诸知州能有籍贯可查者虽仅寥寥数人，且遗漏尚多，但从统计学角度来看，所存"样本"仍足能反映从北宋开始的这一变化趋势。而如将考察的视角进一步延伸，自宋至明及至清代，蜀籍涪州知州大体呈现出一种抛物发展的过程。为什么在明清时期蜀籍士人治蜀者会急剧减少呢？笔者以为这主要是由于明清以后，随着大一统国家的重新建立，以及历经元世政治区划的变动与调整，巴蜀地区再无分裂割据之虞，且此时国家选官用人的制度更趋规范，比如明朝规定"南人官北，北人官南"，要想做官，就只能穿越半个中国。清代法律略有放宽，只规定不得本省为官。但一旦为官，便要拿着身份证明，到五百里之外的地方上任，称为"避籍"。这种避籍的好处在于使官吏孑然一身，在辖地举目无亲，避免因过多的社会关系，形成徇私舞弊的

人情网。上述政策造成蜀人若无特殊情况，几无再在蜀地为官的可能，故蜀籍涪州知州的数量急剧减少。

（三）余论

以上，本书以较大篇幅分别分析了自唐以来，特别是宋、明、清三朝涪州知州的官称、入仕途径、籍贯等问题，但对于任职年限，年龄等因素则因相关佐证材料缺乏而无从作群体性考证。惟据现存史料，题刻所见诸知州评价尚属正面。需知涪州作为中央王朝的西南边陲，以山地、丘陵等地形组成，气候炎热潮湿，原始森林、植被密布。适合发展农业、渔业、林业。当地土人"刚悍生其方，风谣尚其武。锐气善舞，冠婚相袭，尚鬼信巫，风俗朴野，服食简陋"。[2]自秦以来，统治者都秉承"合辑诸蛮"的方针，以安静绥抚为主。入宋以来，朝廷对涪州既有防范，又有倚仗，通过政策上的大力扶持和人事上的精心安排达到了治理目的。明清以后，蜀地既安，涪州境内丰庶，所历知州虽均流官，但于涪治却颇多佳声。自宋以来知州，如嘉祐间知州武陶，欧阳修言其"勤干"。另有约至和前知州邹霖，则以诗书传家，为人正直，与其孙邹浩一道享誉乡里，明代嘉靖二十三年（1544），明廷赐书"道乡世泽"以彰其事，其所居之地则至今仍沿昔时名号"十子街"。再如赵汝廪，史称呼其"资禀高明，才华卓出"。[3]刘叔子"才业优而资历深"。[4]罗克昌，为民请命，清

---

[1]　谭平：《惟蜀有才——宋代四川人才辈出的文化机理》，四川大学出版社，2013年，322页。

[2]　《大明一统志》卷六九。

[3]　《字溪集》卷九。

[4]　《后村集》卷七〇。

廉自守。濮文升，重世谊，凡其父门生，不问贤否，虚心听受。除题刻所见知州外，文献记载知州另有如李瞻、王玺、余光、吴调元、朱麟贞、杨应元、孟时芬、徐烺、何道升、王愿、王绶等31人，他们缉寇安民、修筑城池、劝课农桑、减轻赋税、兴学重教，为涪州的发展亦助力良多。当然，从群体类型来看，上述诸人有循良奉职、精明干练者；有文武兼备、清正廉洁者；但亦有贪墨残酷、昏庸无能者；急功近名、贪图权势者。可以说，这些特点既有涪州知州群体一般性的一面，又带有蜀地职官的特殊性因素。

总之，白鹤梁题刻所镌涪州知州因当地特殊的地理环境及政治情势，的确形成了某种群体态势，鲜明体现了唐宋以来巴蜀边地官员选任方面的一些特点。限于篇幅，本书所讨论的还仅限于涪州知州某几个方面的共性或个性特征。至于该群体之政治实迹、为政心态等则仍少有涉及。此外，知州之外，白鹤梁题刻所见涪州一地其他官员的出身及叙用情况如何？白鹤梁题刻所镌诸知州的政治归宿如何？诸知州与地方文人的关系怎样？以上问题，作为当前地域史研究的一种新视角同样值得关注，冀望通过本书所论能引起诸同仁之兴趣，将这一区域研究议题逐一引向深入。

二、宋代涪州地方治理的几个侧面——以白鹤梁题刻人物为中心

有关宋代涪州知州的选任，上文中已经有讨论，但由于文中论题涉及宋、明、清三朝人物，故对赵宋一朝情况的分析略显单薄。今拟据其题名线索（参见表一），再就宋代涪州知州选任中的某些情况，以及涪州地方治理的方式及效果加以分析。

通过逐一比对白鹤梁题刻所镌宋代诸知州出身、行迹、官职迁转等情况，我们发现宋代涪州知州的选任主要有四个方面的特点：

一是知州多非科举出身。从前文列表统计来看，题刻所见涪州知州中，有科举经历者北宋仅2人，南宋则为6人。据统计，涪州所在夔州路文臣得入正史者，北宋缺，南宋仅1人，而同时期，两浙路这一数量分别是100人和148人，京东路是110人和14人，就连同处偏远的福建路也达到66人和50人，而同处蜀地的成都府路则是40人和30人。[1]这些看似并不相关的数据实则能够从某一侧面说明，涪州文官在当时所任全部知州中的比重应该也是很小的。当然，两宋之间本身也存在着一定的差异性，那就是南宋涪州知州中科举登第者的数量多于北宋。出现上述现象主要有两方面的原因：一是入宋初期，宋廷虽有效瓦解了后蜀孟氏政权，但是由于长期的割据背景和蜀地独特的地理位置，加上归并时措施失当，将领贪渎等因素，

---

[1] 程民生：《宋代地域文化》，河南大学出版社，1997年，第134页。

导致蜀境长期不安。为此，至少在真宗朝以前，宋廷治蜀主要以武将为主，特别是涪州所在的川东一带，土瘠民贫，当地土族桀骜难驯，故以武夫当政，自可有效防止民乱。加之彼时宋廷规定"西蜀、岭表、荆湖、江浙之人，不得为本道知州、通判、转运使及诸事任"[1]，因此涪州及周边地区少有文臣知州存在。而自真仁以后，随着赵宋政权从整体上得到巩固，蜀地乱局亦逐渐消弭，此时科举出身官员，经过历年沉淀，数量亦逐渐上升，因此文官入蜀成为一种可能，然此时涪州及夔州路大部分地区，在宋人心目中仍属乱邦、危邦。"危邦不入"心理造成一些士大夫虽有入蜀之愿，但仍少有意入涪州等夔州路所辖军州为官。对于这一现象，就连身为蜀人的苏轼也不得不承认，"巴峡之险，邑居偏陋，负山临谷，以争寻常"，致使有士大夫以僻远"鄙夷其民"。[2]而此时，间或有官于此地者，往往属仕途不顺者或乃客观条件使然。就题刻所见北宋一朝涪州知州中明确有科举经历者邹霖、贾思诚为例。邹霖，天禧三年（1019）进士，浙江钱塘人。邹氏虽得功名，亦无朋党之虞，然其出仕之时，正为寇准主政，寇氏为政极力排斥南方进士，北南矛盾加大。从《宋登科记考》所录登科者来看，邹霖同榜进士多未能居显宦，初仕则多派赴远恶军州，可以说，邹霖治涪当为无奈之举。再看贾思诚，贾氏于北宋末登进士第，但其入涪已是绍兴丁巳（绍兴七年，1137），此时宋祚南移，北方领土几乎尽失，涪州等地早已是抗金入川之前线，地

位陡显。贾思诚此时在涪境为官，任夔峡（州）路转运判官，都大主管川陕茶马监牧公事等职，均是在这一特殊历史时期由客观现实造成的。当然，自南宋绍兴之后，随着宋金对峙局面的彻底形成，涪州等夔路地区虽仍较落后，但文化地位则已有很大改观，这也或正是南宋后涪州科举出身知州数量出现增长的一个因素。二是考选、任期等执行并不严格。宋初承袭五代之制，对地方官普遍实行一年一考，三考为一任的任期制。宋太祖初年，由于统一战争尚未完成，北部沿边带兵的帅臣如李汉超、郭进等十几人，都实行久任制，往往十几年不易其位。开宝五年（972）十月始诏："国家提封既广，吏职尤繁，边远效官，所宜轸念，政成受代，素有规程，苟或逾时，谅难为劝。自今委所司点检到官月日，才及三周年，便与除替。"这既是为了激励边远官吏，也是为了加强中央对新收复地区的控制。太宗太平兴国六年（981）曾诏："诸道知州，通判，知军、监、县及监榷物务官，任内地满三年，川广福建满四年者，并与除代。"[3]八年又诏令河东、江浙、川峡、广南官，此后均以满三年为任期，满即除代。宋真宗朝的地方官，特别是京朝官由堂除出任者，其任期呈缩短趋势。咸平三年（1000），为了鼓励内地官员赴偏远地区任职，曾把川峡、广南地区幕职州县官的任期改为二年，"以速其升迁"。此制后世颇循之。南宋时，地少官多，"赴调者萃东南，选法留滞"。于是，京朝官任知州、通判、

---

[1] 《续资治通鉴长编》卷二三。

[2] 《苏轼文集》卷三九。

[3] 《续资治通鉴长编》卷二二。

签判、知县及监当者，皆以二年为一任，终南宋之世未再改。[1]

然而制度虽有，但是就涪州知州的任职来看，具体操作层面多有破例。比如庞恭孙、史言其因辟土有功，于崇宁中被保举出知涪州。白鹤梁题刻中《庞恭孙等题名》则见镌于大观二年（1108），此时庞氏仍为涪州知州，而及至政和三年（1113），才有《宋会要辑稿》载其由涪转任夔州路转运判官。据以上史料推断，庞恭孙在涪州一地，前后任职应在七年左右。这种超长的任期，明显与宋制不符。又如王择仁，绍兴二年（1132）知涪州[2]，李心传《建炎以来系年要录》于绍兴二年记事中云："张浚奏以通直郎王择仁知涪州，择仁初除河东制置使，会都统制韦忠佺不能守，以山寨降敌，统制官宋用臣、冯赛以余众赴宣抚司，择仁因改命。"[3]白鹤梁题刻之《王择仁题记》即镌于是年。同书绍兴五年（1135）记事又云："左朝散郎王择仁知广德军，择仁自蜀还行在，上召对而命之。"[4]绍兴二年至绍兴五年前后达三年之久，这显然也与南宋"皆以二年为一任"的选任制度有所出入。除上述列举超时任用者之外，知州任职中也有仅一年，或只几个月，更有如南宋孝宗时期的陈敦书那样，几年中一人多次出任的复杂情况出现。

三是所历诸知州，少有仕途通达者。题刻文字记载来看，两宋三百余年间，主政涪州者先后有王公□、武陶、颜亚之、邹霖、郑颛、杨嘉言、姚珏、

杨元永、庞恭孙、司马机、王拱、王择仁、贾思诚、何宪、赵彦球、卢棠、冯和叔、朱永裔、夏敏、李瑀、张霁、邓刚、赵汝廪、刘叔子等数十人。如再加上题刻不载，今见录于《涪陵县续修涪州志》的范仲武、谢宋卿、李瑞等人，总人数可能更多。[5]而遍考上述诸人仕宦履历可以发现，这些人仕途普遍不彰。比如邹霖，其于涪州之后，仅及鼎州知州。杨嘉言，也只是做过漳州、处州知州。又如，上文所提及的贾思诚，曾历朝请郎、荆湖北路提举茶盐公事、左朝散郎、知临江军、湖北提举茶盐公事、夔峡（州）路转运判官、都大主管川陕茶马监牧公事等，终生未进位台辅。而赵汝廪，虽为绍兴元年（1131）进士，又是皇室宗亲，亦止官于绍庆府知府而已。刘叔子，据《补遗》作者考，其于宝祐二年（1254）知重庆府，不久卒。[6]程敦书，晁公遡云："仕至右朝议大夫，不克大显。"[7]

当然，本文统计知州中仍不应回避以下问题：一、所统计人物并不全面。两宋三百年间，以三年转官为期，涪州知州少说也应有近百人，此处仅列二三十人，遗漏者颇多。二、在列涪州知州中，一些人履历仍有缺漏。某些人历官情况，或因未见载于史籍，未得全面辑录。然虽存在上述之种种，但是我们应当认识到，传世史书中对于显宦达官的记录，一般是较为具体准确的。既然史书无载，正可从侧面印证，某人缺漏之职位实非要职，缺漏之人亦不甚显贵。

---

[1] 上述对宋制的梳理，参考苗书梅《宋代官员选任与管理制度》（河南大学出版社，1996年，第256–258页）一书。

[2] 黄森荣编《涪陵地区书画名人录》（四川省涪陵地区文化局编印，1986年，第8页）言，王择仁于绍兴二十八年（1158）知涪州，当误。

[3] 《建炎以来系年要录》卷五三。

[4] 《建炎以来系年要录》卷八五。

[5] 涪州诸志所载之外，涪州知州遗漏者当仍为数不少，故现已很难统计出确切人数。

[6] 《宋诗纪事补遗》卷七一。

[7] 《嵩山居士集》卷五二。

（一）地方治理的方式

中国民间自古有所谓"天下未乱蜀先乱，天下既治蜀后治"的说法流传。这句话看似浅显，实则是对巴蜀历史特征的深刻总结，在宋代的巴蜀，"蜀乱"是个离不开的话题，历代治蜀者均极为重视蜀地之治乱。北宋太平兴国四年（979）七月，宰相卢多逊即建言太宗："西蜀远险多虞""当先以腹心重臣镇抚之，则无后忧"。[1]而右谏议大夫、知成都府许骧被召回朝，也上言："蜀土久安，其民流瘝易扰，愿谨择忠厚者为长史，使镇抚之。"[2]可以说蜀之治乱，关系到国家之长治久安，自不可轻视。对于蜀地官员选任的问题，前文已有所浅述。另，李禹阶、唐春生主编《宋代巴蜀政治与社会研究》[3]一书亦设立专章《北宋"入川"的策略及"平川"后的政策调整》，对此问题有详细的论说，故不再做空泛引录。本书想要重点关注的则是涪州地方治理的方式问题。以白鹤梁题刻所载诸知州为线索，结合其他各类传世史料，认为两宋的涪州治理，主要通过如下方式：

1. 倡导文教，修葺祠庙

实际上，自宋初开始对于蜀地的治理，宋廷除了选官任职、军事调遣、赋税减免以外，宣扬德教文化就一直是重要的手段之一。对于这一点，以往研究只是集中于对成都府路及邻近文化较为发达的蜀内州郡进行考察，对于夔州路境内则少有关注。就现存史料来看，白鹤梁所载涪州知州中，

大多数人均有倡导文教的经历，比如后世号为名宦的赵汝谠，史言其"知涪州，歉岁则贷公庾，丰年则贮义仓，劝农兴学，民立生祠于学宫，以配程、黄、尹、谯四贤"。[4]很明显，赵汝谠之所以得配程、黄、尹、谯四贤其中一大政绩就是"劝农兴学"。又比如王蕃，史载其"居今而好古，抱质而学文"，并因其文优字美，入列苏门六君子。《任全一墓志铭》载有这样一件事，在涪州等地为官期间，王蕃"选事以文学，老故自当接，公（任全一）颇简倨，时开江奏已前上，公奋袖去，不就。蕃悔，即书走置谢，固愿还，仍属道前郡劝止，不答。久之，勑下，竟不赴，其介特如此"。此段史料虽意在彰显任全一之清介不屈，实际上也说明王蕃选用僚属的倾向，即以长于"文学"者为优。王蕃选材任官已然如此，在临民之时尤在意地方文教。在涪之时，其倾力修建学宫，倡导儒学，并亲自教授当地士人子弟从学，因此受到域内文士尊崇。当然，涪州知州倡导本地文教"劝农兴学"固然是其中一个很重要的方面，实际上搜访"怀才挺操，耻仕伪廷者"，修葺前代祠庙与先贤坟墓也是重要的手段之一。比如绍兴五年（1135），涪州知州李瞻就曾于普净院建伊川先生祠堂。嘉定元年（1208），又有涪州知州范仲武增塑程颐像行香供奉，还曾建造致远亭、碧云亭。嘉定十年（1217）又请建北岩书院。此后，又有四贤楼、三畏斋以及三仙楼等的兴建。此外，还有吴公堂，"宋太守吴光辅疏城，南溪后，其孙信仲仍守是邦，遂临溪建

---

[1] 《续资治通鉴长编》卷二〇。

[2] 《续资治通鉴长编》卷三五。

[3] 李禹阶、唐春生：《宋代巴蜀政治与社会研究》，巴蜀书社，2012年，第1—22页。

[4] 《涪陵县续修涪州志》卷九。

堂"。[1]这些场所后来几成川东重要的学术聚集之地和人才培养之所。特别是北岩书院成为川东易学圣地,涪陵重要名胜。又有如知州杨元永、庞恭孙亦先后修葺文庙。杨元永本人,虽未见有于涪州崇儒的直观史料记载,但据《齐乘》载:"元祐六年,杨元永为邑(费县)建新庙(颜鲁公祠)。"[2]由此看来,对于文教之扶持亦当是其施政的重点所在,涪州之时有相关活动也自在情理之中。而南宋时期定慧禅院的修建,直接目的就是当时知州认为,"其于佐教化者宜易也,而涪之民当有劝焉"。[3]

2. 尊重民俗民风,柔术秉政

宋代的涪州背靠四川盆地,境内汉族与其他少数民族杂糅而居。《(同治)重修涪州志》引《华阳国志》云:"涪陵郡,巴之南鄙也。徙枳县入沂,涪水本与楚商于之地接。秦将司马错由之取楚商,于其地为黔中郡也。汉后恒有都尉守之。旧属县五,去洛五千七百一十里。东接巴东,南接武陵,西接牂牁,北接巴郡。山险水滩,人多愍勇,多獽蜑之民,县邑阿党,斗讼必死。无蚕桑,少文学。"[4]

其地风俗与巴同,而"巴之风俗,皆重田神,春则刻木虔祈,冬则用牲解赛,邪巫击鼓以为淫祀,男女皆唱竹枝歌"。[5]又,时人蒲宗孟形容,"惟夔为西南之陋,当天下学者翕然向劝之时,此邦之人尚不

识书生"。尚不识书生,或许言过其实,但是由此说明包括涪州在内的夔州路,风俗迥异于中土,文明程度尚低倒是实情。

久居涪州的晁公遡曾说:"峡中之郡,十有三晋尚鬼,而淫祀若施与黔其尤焉。而涪于二邦为近,故其俗延及于外之属邑,乐温亦然,有疾则谢医却药,召巫师,刲羊豕,以请于神,甚者用人为牲以祭,不可则云神所谴,弗置也。"[6]这种崇巫信神的做法发展到用人为牲的地步,的确匪夷所思。但是即便如此,大部分知州在兴扬文教的同时,也非常注意以柔术秉政,防止出现矫枉过正的失误。比如早在宋初就任职涪州等地的朱昂,史言开宝六年(973)"会渠州妖贼李仙众万人劫掠军界,昂设策禽之。自余果、合、渝、涪四州民连结为妖者,置不问,蜀民遂安"。[7]可见,正是朱昂的柔术,造成了涪州等地政情初安的局面。又比如姚涣"知涪时,宾化夷常犯境,涣抚纳以恩,酋豪争罗拜庭下,涪遂无扰"。[8]此外,还有如庞恭孙秉政时,劝诱附近珍州骆文贵、承州骆世华献纳土地,许以便宜之权,于是溱、播、溪、思、费等州相继归降,涪境于是始无肘腋之患。可以说,尊重民俗民风,柔术秉政者远不止上述所列三人,其他知州也都有这方面事迹可循,姑不逐一罗列。当然,这一现象也并非涪内独有,在蜀境其他州县治理中亦有存在。

---

[1] 《(乾隆)涪州志》卷一。

[2] 《齐乘》卷四。

[3] 《嵩山集》卷五〇。

[4] 《(同治)重修涪州志》卷一。

[5] 《太平寰宇记》卷一三七。

[6] 《嵩山居士集》卷五〇。

[7] 《续资治通鉴长编》卷一四。

[8] 《涪陵县续修涪州志》卷九。

3. 兴农除弊，祈盼丰稔

一般认为，经济条件的好坏，直接影响着社会秩序的和谐与否，也就是所谓"经济基础决定上层建筑"。对于这一点，宋人早有认识。如早在踞蜀之初，蜀地频乱，宋廷虽措手不及，但首先想到的就是"摒除伪蜀政令有烦苛刻削害及民者"，[1]并禁止官府与民争利。而从乾道三年（1167）开始，又先后多次免除蜀地租赋，并规定"西川诸州，凡以匹帛折税，并准市价"。[2]上述政策是否在涪境推行，现因无具体史料佐证，尚无法得出准确判断。但南宋时期涪州守陈敦书所行减税之策，则颇与之相同。晁公遡《嵩山居士集》中收有一篇陈敦书墓志文，其云："（公）守涪州，其民旧出地租，为公使钱者，悉除之。守普州，盐井废，所负不入，系狱者百余家，公论其当除，卒为免其课九十九万一千余斤，钱五万三千余缗。再至涪州，州之人喜，且相语：'我公来矣，我公来矣。'"[3]或许正是因为陈敦书民生之策颇见成效，顺乎民心，故得以两次治涪。

从白鹤梁题刻的内容来看，此类政策应在涪州境内施行很普遍，其要旨就是鼓励生产，改善民生。比如《韩震等题名》，"都官郎中韩震静翁、屯田外郎费琦孝琰，侄伯升、景先，进士冯造深道、卢遘彦通。暇日，因陪太守、驾部员外郎姜齐颜亚之，同观石鱼。按旧记：大和泊广德年，鱼去水四尺，是岁稔熟，今又过之，其有秋之祥欤？熙宁七年正月二十四日题"。题刻中所言及的太守颜亚之具体在改善民生上有何举措，我们固然无法回答，但是这段题刻背后反映的正是其希望境内丰稔，民生改善的一种心理祈盼。而题刻文字也如一种祈誓，似在显示其任内治迹。可以肯定地说，这种与颜亚之类似的思想预设，在宋代其他题刻中也广泛存在，正是这些特殊的题刻意涵，间接证明了涪州知州群体，在地方治理中汲汲于生产与民生的一面。

（二）地方治理的效果

对于地方的治理，效果到底如何？一般认为可从两个方面予以检视：一是文化是否有所发展，具体到物化环节，那就是科举登第人数是否有所增加。二是当地户口数量是否有所变化。那么涪州的情况如何呢，我们可据史料略作分析。

首先来看科举登第人数。据统计，赵宋已一朝"共举行了118榜常科考试，文、武两科正奏名进士及诸科登科总人数达十多万人，是唐、五代10188名登科总人数的近10倍，明代24624人的近4倍，清代26849人的近3.8倍"。[4]但是如此数量的登科人数，分布却极不平衡，"北方地区就试人数最多的是开封府，宋哲宗元祐五年（1090）就试者达2000余人"。就试人数多，录取机会自然也就大，史载，咸平元年（998）孙仅榜共取50人，"自第一至十四人，惟第九名刘烨为河南人，余皆贯开封府，其下二十五人亦然"。[5]一榜50人中，开封就占到38人，其余地区仅占到12人。再以涪州所在夔州路为例，嘉祐三年

[1] 《续资治通鉴长编》卷七。

[2] 《续资治通鉴长编》卷一六。

[3] 《嵩山居士集》卷五二。

[4] 龚延明、祖慧等：《宋登科记考》，江苏教育出版社，2009年，第1935页。

[5] 《文献通考》卷三〇。

（1058）科举得解与免解人数共28人，及第人数仅1人。而同年，开封府得解与免解人数278人，及第44人。河北路开封府得解与免解人数为152人，及第5人。由此可见各地差别之大。涪州所在夔州路向来就是全国经济、文化较为落后地区，但与同区域的成都府路一样，经过宋初的沉寂之后，本路士子参与科举的人数也呈现出逐年递增的现象。据程民生统计，嘉祐五年（1060）、嘉祐七年（1062）两次考试中，夔州路无及第者。而在此前历次科举中，该路总及第数亦不过2人。然至绍兴十八年（1148）一榜登科者已有4人，宝祐四年（1056）则有5人，整个巴蜀四路登第共106人，几乎占到了全国总数的17.6%。[1]据《（同治）重修涪州志》记载，宋代涪州登科者共9人。分别为李椿、任昌大、韩翱、张方成、蹇世芳、韩俦、韩铸、韩涛、冯造、卢遵。其中北宋仁宗庆历以前仅有李椿一人，且为举神童试得中。庆历至钦靖康间，则有涪州武隆人任昌大、冯造、卢遵。至南宋后得第者主要集中于理宗嘉熙以后，其中咸淳间韩俦、韩铸、韩涛三兄弟同登咸淳甲戌榜，一时传为佳话。除登科者有所增长外，南宋时因在巴蜀地区施行类省试的特殊制度，涪州参与科举的人数也逐年上升。本书据《（乾隆）涪州志》所载统计，从北宋初至仁宗朝涪州参与科举者不足7人，而仁宗朝至北宋末这一数字则增长到了15人，类省试施行以后，涪州参与科举者大增，今

虽已无法详细计算人数，但方志中所谓，"涪之士子率以科举为业"[2]之语，当说明人数不少。可以说，这些成绩的取得，正是涪州知州治迹在文教方面的最直观反映。

再来看户口。据《晋书》载，两晋时期涪州名涪陵郡，属县五，"户四千二百"。[3]至唐代，《元和郡县志》云，开元时，有"户六千九百九，乡二十六"，而至元和，"户三百五，乡二十一"。[4]开元至元和间短短八十余年，之所以户口锐减，一方面是因为经安史之乱蜀内虽安，但所受冲击亦大，导致人口外流现象较为突出。另一方面则是行政进行了调整，原属涪陵的部分地方划归黔府。至宋代，《太平寰宇记》云："皇朝管户，主三千五百一十，客八千五百四十七。"[5]《太平寰宇记》撰于宋太宗太平兴国年间，可见此户数反映了宋初涪州的基本情况。而《元丰九域志》载，元丰前"户，主一万二百一十，客九千八百九十四"。元丰时期涪州主户比宋初增长了六千七百户，客户则增长了一千三百四十七，总户数增长达到八千零四十七。而《方舆胜览》所载，户又达一万一千四百一十，《方舆胜览》大概成书于南宋理宗嘉熙三年（1239），据此前《元丰九域志》又已过去一百余年，户口增长几乎达到42%，这种增长速度还是比较快的。单纯户口的增长或许是多种因素作用的结果，但我们不可否认，地方官府有效的治理，当是其中一个无法回避的因素。

[1] 程民生：《宋代地域文化》，河南大学出版社，1997年，第229-232页。

[2] 《（乾隆）涪州志》卷二。

[3] 《晋书》卷一四。

[4] 《元和郡县志》卷三一。

[5] 《太平寰宇记》卷一二〇。

当然，从整体来看，涪州虽在夔州路内非僻陋之处，但是如与川蜀境内其他州军进行整体横向对比就会发现，彼时涪州登科数量以及户口数目等虽有所增长，但是增长速度仍远低于蜀内大部分地区。而若虑及主客户的比率问题，漆侠先生统计得出，至熙丰时期，涪州所在夔州路主户所占46%，客户占到54%。而此时同处蜀地的成都府路，则分别为74%和26%。主客户的数量是决定一地经济发展程度的重要指标，生产越是较为落后的地区，客户所占比率就越小。[1]而就涪州来讲，宋太宗时期涪州客户占比为71%，到宋神宗时期则已经到86%。由此看来，当地客户数量是急剧上升的，从这个角度考量，涪州仍是较为落后的地区。

另外，虽涪州历代知州中不乏精明强干之士，改革弊政，发展民生。如前文已经提到的赵汝愚，歉岁以公庾之粮向民间借贷，使人民渡过难关，此法有利于社会稳定，丰年又将余粮贮于义仓，使农民不因粮价过低而承受巨大的损失，有效地提高了社会救助能力。但也有庸懦之徒，贻误发展。比如史载："开禧元年，浙东、西不雨百余日，衢、婺、严、越、鼎、沣、忠、涪州大旱。开禧二年，绍兴府、衢、婺州亡麦。湖北、京西、淮东西郡国饥，民聚为剽盗。南康军、忠、涪州皆饥。"[2]连年的严重灾荒，使涪州地区灾民遍野，或流离失所，或啸聚山林，严重地影响到宋廷在涪州的统治。作为涪州知州的文梓，却不能积极地救灾，以安定民心为朝廷解忧，于是四川

宣抚使程松上书诉其"任吏刻剥，救荒蔑裂"，最终导致"知涪州文梓降两官，放罢"。[3]

在漆侠先生看来，两宋时期涪州经济虽然有持续的发展，但是不容否认，作为边缘"夷"族地区，其经济形态仍只是由农奴制向封建制过渡。[4]而程民生在《宋代地域经济》一书中统计两宋时期较大水利工程建设，涪州所在的夔州路竟无一处。[5]因此，如从这个角度对涪州知州治迹进行审视，则三百年间此地地方治理自然是虽在起伏波澜中有所发展，但效果毕竟是有限的。

三、名人何宪辩误——白鹤梁题刻

白鹤梁题刻中有一段镌刻于绍兴十八年（1148）的题刻，今人多名之为《何宪等倡和诗并序》，其文云：

通□□□□观，因成拙诗一章，缮写拜呈，伏□笑览。

知涪州军州事何宪。

何年天匠巧磨□，巨尾横梁了莫穷。不是江鱼时隐见，要知田稼岁凶丰。四灵劾瑞非臣力，一水安行属帝功。职课农桑表勤惰，信传三十六鳞中。

岁将大稔，双鱼出见，邦人纵观，以慰维鱼之占也。戊辰正月二十有八日，鱼出水数尺。知府、学士置酒瑞鳞阁，邀宾佐以乐之，又蒙出示佳篇，以纪其实。辛虽非才，辄继严韵，斐然成章，但深惭恧，伏幸采览。

---

[1]　漆侠：《宋代经济史》，中华书局，2009年，第198页。

[2]　《宋史》卷六七。

[3]　《宋会要辑稿·职官七四》。

[4]　漆侠：《宋代经济史》，中华书局，2009年，第193页。

[5]　程民生：《宋代地域经济》，河南大学出版社，1992年，第85页。

权通判军州事盛辛。

巨浸浮空无路通，双鳞纪瑞香难穷。昔人刊石留山□，今日呈祥表岁丰。众喜有年歌□□，独惭无补助□□。□知显晦将千载，往哲标名岁大中（唐玄宗年号也）。

□令王之古谨刻，判官庞仔孺书。

此段题刻共有二百七十余字，这在现存题刻中字数应该是比较多的。题刻内容主要是时任知涪州军州事何宪与时任权通判军州事盛辛的两首倡和诗词，有关盛辛其人，史书几无记载，故难详考。而对于何宪，现有研究成果中，曾超认为："何宪，白鹤梁题刻所见人名。姓何，名宪。生卒不详。绍兴十八年知涪州军州事。善诗，工书。何宪仅见于《何宪、盛辛倡和诗并序》。"[1] 又，李胜《白鹤梁石刻题名人考按一百二十二则》云："何宪，字子应（《梅溪后集》卷八）。高宗绍兴十八年（1148）知涪州军州事。与王十朋有交往。"[2] 王晓晖《南宋涪州知州考略》言："何宪，字子应，知涪州军州事。"白鹤梁题刻《何宪、盛辛倡和诗并序》有"知涪州军州事何宪"。[3] 至于其他一些论著中，但凡提及何宪，或存而不论，或简略带过，不做考证。笔者在研究白鹤梁题刻过程中，通过梳理相关史料后认为，白鹤梁题刻所镌何宪与宋代何麒恐非一人，今据相关史料，考辩如下。

（一）文献所见"何宪"举要

对于何宪，《所见录》《题名记》等均未作辨明。而《八琼室金石补正》以及清人所修涪州诸方志也都未见论及。

检索文献，宋代名何宪者凡四人。一是宋真宗景德间何宪。据李焘《长编》记载，真宗景德元年（1004）"邠州部署言，李继迁子阿移与孔目官何宪来归，诏令乘传赴阙，遣内殿崇班杨保用等四人，分诣河东西路抚问官吏将卒，察访功状"。[4] 据此可知，此李宪为盘踞西北一隅的党项政权李继迁之属。二是宋哲宗元祐间李宪。仍据《长编》，元祐元年（1086）十一月"殿中侍御史吕陶奏，伏见利州路转运副使蒲宗闵，始附会李稷，以卖茶为名，兴贩诸物，贪息冒赏，累次迁官。明堂赦后，有利州衙前何宪等乞除免市易等钱，宗闵一切不为受理，伏望早赐责降诏，蒲宗闵等先次放罢，仍令本路提刑司体量诣实闻奏"。[5] 从这一记载来看，此李宪应为北宋哲宗时人，任职利州衙前。所谓衙前，即为一种"职役"。《宋史·食货志》云："役之重者，自里正、乡户为衙前，主典府库或辇运官物，往往破产。"[6] 衙前为官府押送，搬运物资，有缺损要负责赔偿。这种职役，往往劳逸不均，贫农户败亡相继。北宋中期以后准许衙前承包酒税、坊场钱，供作役用。从衙前这一职役特征来

---

[1] 《三峡国宝研究——白鹤梁题刻汇录与考索》，第95页。

[2] 《白鹤梁题名人考按一百二十二则》，第167页。

[3] 王晓晖：《南宋涪州知州考略》，《长江师范学院学报》，2014年第6期。

[4] 《续资治通鉴长编》卷五八。

[5] 《续资治通鉴长编》卷三九一。

[6] 《宋史》卷一七七。

看，此处李宪当为利州人。三是历官于南宋高、孝两朝的何宪。南宋诗人王十鹏《梅溪集》中存有多篇诗文涉及此人。如《次韵何宪子应喜雨》，"亢阳谁谓不为灾，饥馑连年甄有埃。旱魃忽随冤狱散，雨师遥逐使车来。平反尽欲归中典，调燮端宜位上台。更喜诗如杜陵老，江流坐稳兴悠哉"。[1]又如该书同卷另有两诗《元夕次何宪韵》云："火树银花遍九衢，天移星斗下空虚。心忧机妇寒窗士，诗句分明似谏书。"再一云："鄱阳灯火类残星，风雨那堪更满城。为郡何如在家好，长檠不似短檠明。"另有《送何宪行部趣其早还》一诗："九郡饥民望使轺，阳春有脚不辞遥。更须速返鄱君国，莫遣诗筒久寂寥。"[2]从中可见，此李宪与王十鹏关系友善，交往密切。四是绍兴间进士何宪。郑刚中《北山集》载有《答何宪抡仲》文一篇，"早辱故人华示，惕然悚惧，退而被濯诵之，悚惧增甚。荐士，盛德也。惟魁杰有重望，气力可以运动感移者，乃克当之。区区绵薄，敢事此语。蓝田有贾，既贫且病，每见道旁宝玉，虽眼明心动，然欲市而取之则贫无资，欲怀而去则病无力，抱空恨而已。虽然，张敞尝谓朱邑曰：'伊尹、吕望，其人不因阁下而进矣。'此言荐举之力，止可施于中人，非常之才，不待荐而犹兴也。岷、峨多士之乡，所谓中贤之可荐者既坐绵薄，而非常之士又将不因推毂而进，反复无以当厚意，此所以增悚惧焉。行大用矣，愿以今日所以见告者，他日躬行

之，以宠善类。敢持是说以谢"。[3]据上文故知，此何宪，字抡仲。

（二）诸"何宪"辩证

上述四人中，真宗时期党项部何宪自与题刻所记年月相差甚远，故题刻中所谓何宪是此人的可能性不大。而哲宗时利州衙前何宪，非为职官，且哲宗元祐距高宗绍兴间，亦有近四十余年历史，故此人亦可排除。剩余二人，即王十鹏《梅溪集》所载何宪以及郑刚中《北山集》所载何宪，生活时代大体均在绍兴前后，与题刻所镌时间（绍兴）戊辰年（1148）有所重合，故可能性相对较大。

首先来看《梅溪集》中所载何宪，郑刚中《北山集》有《答何宪子应》一文，"某顿首再拜。提刑直阁：伏被置中惠帖，审闻即日台候动止万福，不胜感慰。某去岁既一见，各有万里之役。自中夏孤寄西南，便愿相从晤语，第以夏秋不雨，关外民饥欲死，水运方斗升而进，一司弊事，无处开眼，意欲拨遣措画，略见次序，然后屈致旆从，相与闭阁密坐，开道心胸，以慰平生。今得书，而公以奉常之命，背我去矣。贤俊得路，羽仪朝廷，岂不深庆。惟瞻见之末期，亦抚躬而增慨尔。丞相外传并道中佳什，远辱寄示，价重万金。东林后壁小诗，不谓亦烦过眼。三帖俗谬，公独不掩覆之。俾人得以相暴章，何也？并用愧感。公之东去，指日腾上，为名公卿何疑！然澄清之志，阴德之语，虽朝

---

[1]　《梅溪集·梅溪先生后集》卷八。

[2]　《梅溪集·梅溪先生后集》卷八。

[3]　《北山集》卷二〇。

夕勿忘也。某蒙主上委寄，无他奇画，惟严法度，示信义，使人渐由纲纪之内。自余买牛置农器，力劝将士尽耕缘边之田，岁傥不俭，公私其少宽乎。属在原头按阅，草草为书，姑慰愈远跂望之怀。其他不能周尽，惟道涂保重是望"。此文所提何宪，字子应，任官提刑，即某处提点刑狱，而前引《梅溪集》诸诗词，王十鹏所称何宪正为此人。另据《舆地纪胜》所载，何宪诗《虎丘》《龙多山》等又记于何麒名下，并言何麒，字子应。《建炎以来系年要录》云："麒，青城人，常守蜀郡，用荐者除职提点湖南刑狱，未上。复召对，遂命为夔州路提点刑狱公事。"[1]据此可知，《梅溪集》所称何宪就是何麒。

再来看郑刚中《答何宪抡仲》一文中所云何宪。《云溪集》卷九载有一诗，名为《邛州西岩轩阁陋甚，抡仲知府、舍人侍殿撰公来游，惜其颓敝，乃更新之，既成以书招印同游，因成一章》，诗云"鹤山争揽胜，此地独超然。秀巘修屏立，枯崖半屋悬。团云饶翠竹，鸣玉落清泉。自得高人赏，佳名日益传"。[2]从这段诗文，有抡仲知府之称，又见"邛州西岩轩"等语，故推断此何宪曾官邛州知州（知府）。而《南宋馆阁录》有载："何抡，字抡仲，青城人，何涣榜上舍及第。八年八月，自著作郎除，是月知邛州。"[3]这则说明，此何宪当即何抡，曾在绍兴八年知邛州。

既然《梅溪集》中所称何宪为何麒，郑刚中《答何宪抡仲》一文中所述何宪又为何抡，那么为何将两人均称作何宪呢？

宋制，诸路提点刑狱司掌一路刑狱公事，兼督察官吏。此职始设于宋太宗端拱元年（988），始于诸路转运司置提点刑狱，掌本路郡县之庶狱，核其情实而覆以法，督治奸盗，申理冤滥，并岁察所部官吏，保任廉能，劾奏冒法。设提点刑狱公事为长官，兼以文武臣充任。后屡经废置，至仁宗明道二年（1033）始成为常设机构。神宗熙宁六年（1073）各增设检法官。哲宗绍圣初，令兼管坑冶事。南宋又设干办官。孝宗乾道八年（1172），又兼催督经总制钱。又称"外台""提刑司""宪司""宪台"等，曾任官提点刑狱司者多于姓氏后加一宪字，以示尊崇。如陈著《本堂集》中有《通刘宪仲益启》，此刘宪，实为刘仲益。从前引史料来看，何麒曾于夔州路任提点刑狱公事。而另据《建炎以来系年要录》卷一七三，绍兴十年（1140）九月"乙丑，右朝奉大夫知邛州何抡为成都府路提点刑狱公事。丙午，左宣教郎郑昌龄为太府寺主簿"。[4]可知，何抡亦曾有任官提点刑狱公事的经历，故两人均被称为"何宪"自无可厚非。

[1]　《建炎以来系年要录》卷一四一。

[2]　《云溪集》卷九。

[3]　《南宋馆阁录》卷七。

[4]　《建炎以来系年要录》卷一七三。

（三）白鹤梁题刻何宪与何麒非为一人

前此所列史料既已辨明诸"何宪"基本情况，那么白鹤梁题刻所镌何宪是否即如前人所说是何麒呢？

清人陆心源曾于己作《宋诗纪事小传补正》一书中，遍检史料，辑成何麒小传，其曰："何麒，字子应，青城人。建炎元年六月，宣教郎与差遣。先是，李纲之谪江宁，麒等十七人皆坐，累贬降。至是悉复之。绍兴初，右通直郎、直秘阁、特赐同进士出身，除提点湖南刑狱。未上，复召对，遂命为夔州路提点刑狱公事。十二年九月，试太常少卿，十三年四月，新除宗正少卿李文会论其浮薄夸诞，出知嘉州。十月，复除知邵州，连为李文会所击，上疏诉之，秦桧奏麒所言不实，遂落职，主管台州崇道观，道州居住。麒富收藏，藏有吴道子《白衣观音》、韩滉《白牛》、张南本《勘书》、黄居采《雀跃》、唐希雅《风竹惊禽》、巨然《四时横山》、徐熙《梨花折枝》、崔白《鸳鸯蒲荷》、李成四幅《林石》、张戡八幅《蕃马》。"[1]另据《宋会要辑稿》所载："（绍兴）十一年（1141）九月二十四日，赐直秘阁、荆湖南路提刑何麒同进士出身，以引对可采，故命之。"[2]也就是说，陆心源所辑《何麒传》中"除

提点湖南刑狱"的准确时间应是绍兴十一年，而同年，何麒又因召对称旨，被命为夔州路提点刑狱公事。何麒在蜀中先后转任夔州、嘉州等地，直至绍兴十三年（1143）十月出蜀，移官邵州。是年末，因秦桧所劾落职。对于此事，《建炎以来系年要录》有载："（绍兴十三年九月）壬午，徽猷阁待制、知邛州冯檝为泸南沿边安抚使、知泸州。冬十月甲申朔，直秘阁、新知邵州何麒落职，主管台州崇道观，道州居住。麒连为李文会所击，上疏诉之，秦桧奏麒所言不实，上曰'此事果实，亦不可行，宜重加窜责，以为士大夫诞妄之戒'。"[3]由以上史料可知，绍兴十三年十月后，何麒已落职去官。另据同书卷一百七十所载，绍兴二十五年（1155）"左奉议郎、主管台州崇道观道州居住何麒，勒停人、前左朝散郎、直显谟阁、兴化军居住徐林，并放逐便"。[4]据此推断，从绍兴十三年至绍兴二十五年，何麒均在道州居住，所任职位也一直是主管台州崇道观，直至乾道元年（1165）逝世，并无再次入蜀为官的记载。[5]而白鹤梁题刻《何宪等倡和诗并序》镌刻时间为绍兴十八年（1148），题刻所署何宪官名则是知涪州军州事，显然与何麒履历不符。由此，题刻所镌何宪与何麒并非一人。另外，前文已经提到，何麒之所以被称何宪，乃是因

---

[1] 《宋诗纪事小传补正》卷三。

[2] 《宋会要辑稿·选举九》。

[3] 《建炎以来系年要录》卷一五〇。

[4] 《建炎以来系年要录》卷一七〇。

[5] 据李裕民先生《宋人生卒行年考》一书引洪迈《夷坚乙志》卷一四第299页："何子应麒为江东提刑，隆兴二年（1164）十月，行部至建康……子应还鄱阳为予言。次年春，复往建康，欲再访之，及涂而卒。"又引王十朋《梅溪集》卷一八《哭何子应》，注"何以正月二十二日行部，方议刊《楚东酬唱集》，途中亡"，并认为此前又有《次韵何宪太平道中书事》，雍正本注"乾道乙酉（元年）"。祷中云"行部近清明"，故推断何麒（字子应）之卒应在乾道元年（1165）二三月间。（详见《宋人生卒行年考》，中华书局，2010年，第124页）

其曾为提点刑狱公事，即曾居"宪司"之职，故有此尊陈。而白鹤梁题刻署名，一般为题刻者自署，岂有何麒自称何宪之理，故题刻中所镌何宪自当另有其人。

（四）余论

既然何麒并非题刻中之何宪，同样被称为何宪的何抡是否有此可能呢？《南宋馆阁录》载何抡"字抡仲，青城人，何涣榜上舍及第。（绍兴）八年八月自著作郎除，是月知邛州"。[1]而在此之前，据《要录》载，大约在绍兴七年（1137）七月前后，曾官秘书省著作郎兼起居人。绍兴十年（1140）九月，何抡再迁成都提举刑狱兼常平。另据《宋会要辑稿》记载："（绍兴）十四年五月四日，知宣州秦梓言：新除本路安抚大使张守，系臣前妻之亲叔，乞回避，不从。二十一日，权发遣仙井监何伯熊乞避本路提刑何抡亲嫌，诏与知怀安军。"[2]从这一记载推断，至少在绍兴十四年（1144）五月二十一日前，何抡一直居成都提刑之职。仍据《宋会要辑稿》载，绍兴十七年（1147），何抡因事去官，不久亡故。显然，何抡亦非题刻中人。总之，由于此题刻所反映信息极度缺乏，而何宪之名于白鹤梁题刻中仅见此一处，峡江地区其他洪水、枯水题记中亦不见何宪之名，故《何宪等倡和诗并序》中所言何宪究竟是谁，恐怕已难以蠡测了。

四、涪州地方志与白鹤梁题刻

清人所编《涪州石鱼文字所见录》以及《涪州石鱼题名记》二书对于题刻文字引录全面，考订精详，几被视为白鹤梁研究之发端。实际上早在二书撰成之前，涪州诸方志就有对题刻文字的记载，且题刻所存信息，对涪州地方志材料的补充起到了重要的作用，或因诸志所存白鹤梁题刻文字本身数量有限，且多散见于各门目之内，少有整段评述与考证，并不标注材料出处，故历来不受学人重视。基于此，本篇今从现存诸方志中厘清白鹤梁相关记载，就题刻史料与涪州方志的关系加以论析。

（一）巴渝方志纂修之缘起与现存

涪州方志

方志记载一个地方的历史、现实以及种种地理、风俗等。记录某个区域内综合情况的地方志，是地域文化的集中体现。地方志的出现，原本是为了统治者了解地方情况以便更好地实施统治。宋代以前的地方志，详于地理，略于人文，主要记载山川疆域、土地物产、人口赋役等，内容多属于地理书的范围。自宋代始，地方志增加了人物、艺文等内容。乐史《太平寰宇记》，"增以人物，又偶及艺文。于是为州县志书之滥觞"；"后来方志，必列人物、艺文者，其体皆始于（乐）史。盖地理之书，记载至是书而始详，体例亦自是而大变"。

---

[1] 《南宋馆阁录》卷七。

[2] 《宋会要辑稿·职官六三》。

这样，方志就由单纯为政治服务走向了突出地域文化，从而具有了更广泛的功能。方志内容的扩展，需要收集大量的地域文化资料，为此，历代各地方政府采取了或公告、号召、或奖励的各种办法。修志不再只是官方的事，也是一方民众的事。这不仅保证了志书的丰富和质量，也唤起了人们的地域文化意识。

巴蜀地区历代都重视地方志的修撰，其方志之书无论在数量上还是质量上在全国都是首屈一指的。东晋常璩的《华阳国志》是中国现存的最早讲究体例的一部方志，它对后世方志无论是体例还是结构形式都影响很大。此后，历经唐、宋、元、明、清诸朝，巴蜀方志大多传承有序，代有修纂，无论在方志体例还是方志内容上颇多开创之举。而在以重庆为中心的巴渝地区，虽处蜀境偏僻之一隅，方志修纂远不及其他地区兴盛，但亦不曾中断。因为巴渝一带远离蜀地政治文化中心，自然易为其他史书所忽视乃至忽略，本土所修方志的出现故能在一定程度上弥补这个缺憾。同时，正是因为巴渝地区远离正统文化区域，且疏于与内地交流，较少受到外来文化的冲击，其殊异的内部风俗得以保存，为巴渝方志提供了丰富的内容。据考证，现存最早的巴渝方志当属明代纂修的《重庆府志》，该志修成于明成化间，今已无全书，不知纂修人，亦不知卷数，仅北京图书馆收藏一部残本，存长寿、南川、綦江、江津、永川五县之事。保存相对较为完整的则有明正德八年（1513）吴潜修，傅汝舟纂的《（正德）夔州府志》十二卷（府治在今重庆市奉节县）。明末纂修的《合州志》不分卷，不著纂修人，亦无刻本，记事止于崇祯末年。

专就涪州一地而言，早在唐宋时期即有方志问世，白鹤梁北宋题刻《刘叔子诗并序》有文字云："鉴湖之石鱼，唐人所刻也。《图经》谓三五年或十年方一出，出则岁稔，大率与渝江《晋义熙碑》相似。"此处所谓《图经》，即或是唐宋时期所修成的《涪州旧图经》。除此以外，宋代所修涪州方志另有《涪州图经》《涪陵志》，惜上述诸志均已无存。元代亦有《涪州志》纂修。据顾宏义《金元方志考》一书考证，"《永乐大典》卷九七六六《北崖》引录《涪州志》一则，述及北崖书院，嘉熙兵废"。此后巴地鏖战不息，直至宋亡。推知本《志》撰成于元代。[1]然此志亦已亡佚。

李胜《涪陵历代方志举要》一文对涪州方志有系统考查，他认为，现今保存最为完好的涪州方志当是清康熙五十四年（1715）董维祺修、冯懋柱纂的《（康熙）涪州志》，该志3万余字，卷首有董维祺《（康熙）重庆府涪州志·序》，冯懋柱《附序》，文坷、刘之益、夏国孝等三篇旧序，凡例七则，康熙癸亥年（二十二年，1683）、康熙甲午年（康熙五十三年，1714）二次修志姓氏以及目录卷末有康熙五十四年（1715）涪州训导孙于朝《涪州志跋》。正文分为二十七目附七目，共四卷。卷一：图考、星野、建置沿革（附城池塘铺）、公署、邮传、祠庙、村镇、形胜（附疆界）、山川（附八景）、古迹、贡赋、风俗（附时序、物产）；卷二：官制、官籍、学校（附祀典）、礼制、名宦、乡贤、选举（附武

[1]　顾宏义：《金元方志考》，上海古籍出版社，2012年，第223页。

科）、兵制；卷三：孝义、节烈、隐逸、流寓、仙释、祥异；卷四：艺文。其中，艺文一门收载最富，近万字，占全书篇幅的三分之一，具有较高史料价值。由于该志属明季兵焚以后，旧志仅存残帙背景下的首次编刊，甚少凭借，文献无征，故除艺文、职官、人物稍详外，其余门类均为简约，且不免偶有编次失当之处。原刻印本仅见日本内阁文库收藏一部。

康熙修志70年之后，即乾隆五十年（1785），再有《涪州志》修成。该志由多泽厚主修，周煌等人协修，陈廷瑶等人编辑。卷首列董维祺、文珂、夏国孝、刘之益、冯懋柱、夏道硕、孙于朝、郭宪仪等人旧序，凡例十四则，正文分十二纲八十四目，共十二卷。卷一，封域志：舆图、星野、沿革、山川、形胜、街市、里甲、古迹、垄墓；卷二，营建志：城隍、公署、学校、仓廪、坊表、津梁、恤政；卷三，秩官志：官制、知州、州判、学正、训导、吏目、巡检、武职；卷四，武备志：驻防、兵制、塘房、铺司；卷五，风土志：习俗、节序、四礼、方言、物产；卷六，赋役志：户口、田赋、解支、盐政；卷七，祀典志：文庙、崇圣、名宦、乡贤、忠义、四贤、节孝、关庙、社稷、神祇、先农、厉坛；卷八，礼仪志：庆贺、开读、新任、迎春、救护、行香、封印、祈祷、讲约、乡饮、送学、宾兴、公车；卷九，选举志：进士、举人、副榜、贡生、仕宦、封典、命妇；卷十，人物志：贤达、孝友、忠烈、义举、寿考、文苑、隐逸、流寓、列女；卷十一，艺文志：文选、诗选；卷十二，见闻志：祥异、仙释、寺观。该志以康熙旧志为基础，旁收博采，对旧志做了大幅补订增编。所载史料亦有较高价值。该志原刻，故宫博物院图书馆、四川大学图书馆各藏一部。

此后道光二十五年（1845），涪州再修方志，即后世人称所谓《（道光）涪州志》。该志由德恩修、石彦恬、李树滋、舒廷杰纂，周克恭等人协修。全志约20万字，卷首有道光二十五年德恩《重修涪州志序》、徐树楠《重修州志引》，道光二十三年（1843）周熙尧《重修州志序》，夏国孝、刘之益、夏道硕、文珂、董维棋、冯愚柱、孙于朝、郭宪仪、多泽厚、陈于宣、彭宗古等11人旧序，凡例十四则以及总目；卷末列有康熙癸亥年、甲午年、乾隆乙巳年三次旧志姓氏与本次修志姓氏。正文十二卷，分为十二纲八十五目附二目，"纲内作大序以贯诸首，八十余目作小序以引其端"（《凡例》第七）其门类设置，除卷七"厉坛"下增附"私祀"一目，卷九改增"命妇"为"武选""武绅"二目，卷十改"列女"为"节孝"并附"贞烈寿"一目外，余皆一仍乾隆旧志。今传本仍为道光二十五年涪州州署原刻，二函十册，国家图书馆、上海图书馆等地有藏。

此外，自清同治以后至民国时期，另有三部涪州方志修成，分别为《（同治）重修涪州志》《涪乘启新》《涪陵县续修涪州志》。其中《（同治）重修涪州志》，由吕绍衣主修，王应元、傅炳墀总纂，谭孝达、周元龙修纂，李树滋、文人蔚等人协纂。全志约26万字，卷首有同治九年（1870）王应元、傅炳墀、吕绍衣分别撰写的序文，凡例十则，重修姓氏、总目、旧志纂修姓氏、涪州图考、卷末附义勇汇编一卷、典礼备要八卷。正文分九纲六十二目附三目，共十六卷。卷一，舆地志：星野、沿革、山川、疆域、户口、里甲（附场市）、物产、田赋、盐法、茶课、水利、风俗；卷二，舆地志：古迹、碑目、垄墓、寺观；卷三，建置志：城隍（附街市）、公署、学校、仓储、坊表、津梁、砦堡、恤政；卷四，秩官志：历代秩官；卷五，秩官志：国朝秩官；卷六，典祀志：坛庙、文庙、各祠；卷七，选举志：神童、进士、举人、拔贡、副榜、贡生、例贡、武科；卷八，人物志：乡贤、仕宦、武职、封荫；卷九，人物志：孝友、忠烈；卷十，人物志：义举、文苑、隐逸、耆英（附女寿）；卷十一，人物志：列女；卷十二，人物志：列女、流寓、方技（附仙释）；卷十三，武备志：营造、兵额、器械、邮驿、塘房、兵燹；卷十四，艺文志：散体文、骈体文；卷十五，艺文：古今体诗；卷十六，拾遗志：灾祥、轶事。该志图绘丰富，纲目赅简，而且艺文门较多增宋代晁公遡《观石鱼记》、明代李宽《石鱼记》等涪陵名胜白鹤梁石鱼题刻诗文，《舆地门》中又专辟"碑目"一类，仿《金石粹编》之例摹刻古名贤手迹，具有极高的史料价值。此志原刻本（二函八册）见藏于国家图书馆等31家藏书机构。《涪乘启新》邹宪章修，贺守典、熊鸿谟纂，又名《涪州小学乡土地理》，系当时学堂改章、科举已废背景下为初等小学堂编写的一本乡土志启蒙学教材。全志两万余字，卷首有《编辑大意》云："是书稍异于州志。""于历史则讲乡土大端故事，及本地古先名人事实；于地理则讲乡土道里建置，及本地先贤祠庙遗迹；于格致则讲乡土动、植、矿各物。凡关于日用所必需者，使知其作用及名称。……耳目所习，一经指示，便成学问，以启初学之知识。"正文三卷，分为三门九十八课。第一卷地理门，下列位置、疆界州志沿革等；第二卷政治门，下列官制、吏役、乡吏、贡赋、农政、盐法等；第三卷风俗门，下列中世民俗、士习、乡

贤、孝友等。作为蒙学读物，该志语言通俗易懂，行文简洁明了，篇制精悍短小。全书见于光绪乙巳（光绪三十一年，1905）涪陵小学堂原刊本藏于国家图书馆、重庆图书馆等处。至于《涪陵县续修涪州志》，修成于民国十七年（1928），刘湘主修、王监清监修，施纪云总纂，刘子治、施愚、萧湘等分纂。民国十七年（1928）重庆都邮街德新公司铅印。该志约30万字，卷首有凡例十八则、总目；卷末附专辑民国元年（1911）至民国十五年（1926）间史料的民国记事一卷及全书刊误表。正文分十二纲七十目附一目，共二十七卷，内容多同旧志。唯记事续至清宣统三年（1911），除刊登旧志原载外，不少门类有所增补，较旧志更加详尽。目前，是书藏本较多，主要见藏于国家图书馆、北大图书馆、复旦大学图书馆、重庆市图书馆等处。[1]

（二）涪州诸志白鹤梁题刻相关史料举要

现存涪州诸志中对于白鹤梁题刻的引述主要保存于各志艺文志、人物志、古迹、仕宦等门目中。其中艺文志所引大体以题刻诗文、铭记为主。人物志则侧重于对题刻者本身的关注，间或有对题刻人物生平的考订与铺叙。古迹则主要是为描述石梁区域的状貌，并由此申述"石鱼出水"之说。仕宦门则专记题刻所镌涪州历代官员之事。下面，笔者即将所辑诸志中有关白鹤梁题刻的材料条陈如下，为避免繁复，重点汇集方志名，所在门目，内容概要，原刻时代，原题名等信息。

---

[1] 以上参引自李胜：《涪陵历史文化研究》，中央文献出版社，2006年，第215-224页。

表二 涪州诸志白鹤梁题刻收录情况简表

方志名	门目	内容概要	备注
《（康熙）涪州志》	古迹	江心石鱼出水事	专记石鱼出水兆丰年之谶语
	名宦	赵汝廪事	此门亦载黄寿、萧星拱。董维祺之事未明言录自题刻，今不列入
	艺文	杜同春《江心石鱼歌》、章绪《石鱼兆丰》、夏景宣《石鱼兆丰》及《白鹤时鸣》	
《（乾隆）涪州志》	古迹	江心石鱼	文字袭《（康熙）涪州志》而来
	人物	陈廷璠、徐上升、杨名时、文珂、汤又仲、刘昌祚、夏可洲等事	官制一门载赵汝廪事，与前志同，姑略，另见黄寿、萧星拱、董维祺等人之名，亦略
	艺文	罗克昌《题江心石鱼留别涪陵耆庶》、王士祯江心石鱼	
《（道光）涪州志》	古迹	江心石鱼	文字袭前志
	秩官	赵汝廪、罗克昌、张师范、夏可洲、刘昌祚、王士正等事	王士正即王士祯
	文苑	杜同春《江心石鱼歌》、罗克昌《题江心石鱼留别涪陵耆庶》、章绪《石鱼兆丰》、董维祺《石鱼兆丰》、邹渭宁《白鹤梁》、王正策《石鱼兆丰》、萧学旬《石鱼兆丰》	
《（同治）重修涪州志》	舆地	白鹤梁；碑记	碑记目中收录：广德元年碑、朱转运诗序、刘转运石鱼诗、白鹤梁熙宁碑四、吴缜题名、杨军州题名、郡守姚班(珏)游记、山谷碑二、庞恭孙题名、蒲蒙亨观鱼记、吴军州纪事、毋丘兼孺题名、绍兴石鱼记十七、刘郡守纪事、晁公遡游记、盛景献游记、贾振文题名、冯和叔石鱼记、陶侍卿游记、曹士中题名、李玉新题名书、谢兴题名、张明父游记、邓记中题名志、蹇别驾诗序、刘叔子诗序、高应乾诗、元聂文焕题名、张八歹题识、明李宽纪事、刘冲霄诗序、七叟胜游、张楫诗、罗奎诗、典试王渔洋诗、州牧张晴湖诗
	秩官	朱昂、赵汝廪、刘忠顺、郑令珪、黄觉、费琦、禄几复、徐庄、赵君仪、颜亚之、韩震、郑顗、杨嘉言、钱宗奇、杜致明、姚班(珏)、黄庭坚、石谅、吴缜、庞恭孙、王拱、林琪、张时行、盛景献、何宪、王择仁、邓襄、孙仁宅、刘意、王之古、张维、庞仔孺、冯和叔、（种）慎思、晁公遡、庞价孺、盛辛、王季和、赵广偕、王季和、朱永裔、刘甲、等等	所录人名，均摘自白鹤梁题刻，宋元人物，多仅具官名及官称。宋元以后人物则有籍贯、字号、行年等项，今从略

方志名	门目	内容概要	备注
《（同治）重修涪州志》	人物志	列《七叟胜游》题刻中所见七叟：刘□□、刘道、曾彦甲、刘昌祚、陈文炜、夏可洲、罗瑛等	《（同治）重修涪州志》载："刘志德、刘道、曾彦甲、陈文常、夏可洲、罗瑛，俱年近百岁，名镌白鹤梁"
		黄庭坚、陈廷璠、侯显廷等宋至清初题名人	与前志相较多 24 人
	艺文志	晁公遡《观石鱼记》、黄仲武等《白鹤梁刻石》、种慎思《游北岩还观石鱼记》、朱永裔《石鱼记》、陶侍卿《观石鱼记》《嗣韵石鱼诗序》、蔡惇《观石鱼记》、孙仁宅《白鹤梁刻石》、石韫玉《题陈观察预鉴湖石鱼记》、石彦恬《白鹤梁》、张师范《江心石鱼》、陈预《鉴湖石鱼记》	"艺文志"另见董维祺、王正策、萧学旬等白鹤梁诗，前志已列，今不复录
《涪陵县续修涪州志》	人物志	乡贤、忠义、孝友、文苑等志中皆列题刻人物，内容袭前志	
	艺文志	王士贞（祯）《江心石鱼》、赵秉渊《题陈观察预鉴湖石鱼记》	除此二作，另附《（道光）涪州志》艺文内容

以上所列，即是现存涪州诸志有关白鹤梁题刻的部分史料。[1]这其中有些是对题刻情况的宏观记述，涉及题刻区域的形态、题刻历史、题刻数量、题刻范围等。也有一些如《（同治）重修涪州志》中所列多是对题刻内容的直接抄录，比如该志艺文志部分晁公遡《观石鱼记》，黄仲武等《白鹤梁刻石》，种慎思《游北岩还观石鱼记》，朱永裔《石鱼记》《嗣韵石鱼诗序》，蔡惇《观石鱼记》等，俱是如此。还有一些史料则是对题刻人物的介绍或题刻内容的辩证。这部分内容各志均有存在，尤其在《（同治）重修涪州志》以及《涪陵县续修涪州志》中数量最大。应当说，涪州志所记载的一些史料为今天我们研究白鹤梁提供了不可多得的宝贵资料，同时白鹤梁题刻中的题名则又为涪州诸方志提供了重要的史料来源，比如涪州各志中宋元仕宦部分的史料，就多直接抄录自白鹤梁题刻。

（三）涪州诸志白鹤梁史料特点分析

纵观涪州诸志，其有关白鹤梁题刻的史料虽然比重不同，侧重点相异，但从整体上来说，具有以下几个方面的共同特点。

首先，对于白鹤梁题刻的介绍与题刻材料的引用，各志差异较大，但后志材料往往较前志为多。以现存最早的《（康熙）涪州志》为例，前文已有所述，该志共四卷，其中"江心石鱼出水事"的记载，见于"古迹"一门，不见引录题刻文字，专记石鱼出水兆丰年之谶语，以及题刻所在区域状况。名宦门，载赵汝廪事，其有引白鹤梁题刻以佐证赵氏涪州之治。"艺文志"则唯存杜同春《江心石鱼歌》、章绪《石鱼兆丰》、夏景宣《石鱼兆丰》及《白鹤时鸣》

---

[1] 现存涪州方志中，还有成书于光绪三十一年（1905），由时任涪州知州邹宪章审定，州人贺守典等编纂的《涪乘启新》，因该志又名《涪州小学乡土地理》，虽有三卷九十八目，但内容极为简略、浅显，并无只言片语道及白鹤梁题刻，故上表所列诸志时，特剔除此志。

等诗，对于题刻文字中所存其他诗歌、铭记等则不作抄录。故从总体上看，《（康熙）涪州志》中有关白鹤梁题刻的内容在全志中所占比重并不大。而《（乾隆）涪州志》中有关白鹤梁题刻的记载则主要见载于古迹、人物、艺文等门。其中古迹所载，虽主要转抄自《（康熙）涪州志》，"人物""艺文"等志内容则有所扩充。比如"人物志"中增加陈廷璠、徐上升、杨名时、文珂、汤又仲、刘昌祚、夏可洲等题刻事。"艺文志"中则加入罗克昌《题江心石鱼留别涪陵耆庶》、王士祯《江心石鱼》诗，唯对题刻文字仍少直接引录，特别是前人所题《（康熙）涪州志》中已有所述及的石鱼状况的描述，此志亦不再载录。

又，《（道光）涪州志》中白鹤梁史料亦有不同，题刻事虽仍普遍存在于古迹、秩官、文苑中，但在古迹一门中对石鱼的描述较此前二志更为全面。如言题刻"白鹤时鸣"诗之背景时云："州西有石梁横江，集鹤无数，昔仙子尔朱者，常乘鹤至此，声彻九皋。"[1] 又言"江心石鱼"时则引述宋人著录《舆地纪胜》语："州西鉴湖上流有石梁，上刻双鱼，皆三十六鳞，一衔芝草，一衔莲花，旁有一秤一斗，见则年丰。"并照录王士祯石鱼诗："涪陵水落见双鱼，北望乡园万里余。三十六鳞空自好，乘潮不寄一封书。"对于石梁题刻的渊源，该书再引《（雍正）四川通志》云："白鹤滩。州西一里，尔朱真人冲羽处，真人浮江而下，渔人有白石者，举网得之，击磬方醒，遂□□鹤仙去。"在人物门，除前述两志所载人物，《（道光）涪州志》均有引录外，又增加了对

晁公遡、庞价孺、盛辛等人的记载，然这种直接转引题刻的做法，仍较为简略，并未就人物行实作进一步考释。而在文苑一门中，《（道光）涪州志》则基本沿袭《（乾隆）涪州志》基调，但对于乾隆至道光几十年来新增题刻文字进行了收录。现存涪州诸方志中，真正对白鹤梁题刻进行系统介绍，并逐一引录的当属《（同治）重修涪州志》了。据笔者统计，该志与白鹤梁相关的文字有近6万字，其舆地志、职官志、人物志、艺文志中均有大量的白鹤梁相关文献。如在"舆地志"内，设置碑记目，其中收录广德元年碑、朱转运诗序、刘转运石鱼诗、白鹤梁熙宁碑四、吴缜题名、杨军州题名、郡守姚班（珏）游记、山谷碑二、庞恭孙题名、蒲蒙亨观鱼记、吴军州纪事、毋丘兼孺题名、绍兴石鱼记十七、刘郡守纪事、晁公遡游记、盛景献游记、贾振文题名、冯和叔石鱼记、陶侍卿游记、曹士中题名、李玉新题名书、谢兴题名、张明父游记、邓记中题名志、蹇别驾诗序、刘叔子诗序、高应乾诗、元聂文焕题名、张八歹题识、明李宽纪事、刘冲霄诗序、七叟胜游、张楫诗、罗奎诗、典试王渔洋诗、州牧张晴湖诗等，此处虽言记目，但有些题刻实际已是全文引录。又如"秩官志"列朱昂、赵汝廪、刘忠顺、郑令珪、黄觉、费琦、禄几复、徐庄、赵君仪、颜亚之、韩震、郑颙、杨嘉言、钱宗奇、杜致明、姚班（珏）、黄庭坚、石谅、吴缜、庞恭孙、王拱、林琪、张时行、盛景献、何宪、王择仁、邓褒、孙仁宅、刘意彦、王之古、张维、庞仔孺、冯和叔、（种）慎思、晁公遡、庞价孺、盛辛、

---

[1] 《（道光）涪州志》卷一。

王季和、赵广僖、王季和、朱永裔、刘甲等人任官时间及字号、籍贯等情况。"人物志"引《七叟胜游》题刻，列七叟刘□□、刘道、曾彦甲、刘昌祚、陈文炜、夏可洲、罗瑛等人事。此外，黄庭坚、陈廷璠、侯显廷等人也见列于此处。《（同治）重修涪州志》最大的贡献就是在"艺文志"中，全文照录了当时所见题刻文字，并对个别存疑题刻进行了考证与辨析，具有较高的史料与学术价值。《（同治）重修涪州志》以后，民国所修《涪陵县续修涪州志》对于题刻的介绍比重仍较大，但与《（同治）重修涪州志》相比仍略有不同。首先，该志同治以前文字虽照录自《（同治）重修涪州志》，但是对于题刻内容而言，很多并未直接引录，而是仅列其名目而已。其次，该志对于同治朝以后的题刻内容，虽然做了一些收录与记载，但是并不全面，特别是题刻区于清后期所刻石鱼图、线刻画像等并未有提及。此外，该志对于《（同治）重修涪州志》所列举的题刻人物史料，亦未能很好保存，仅于人物一门中存有部分明清以后题名人信息。

其次，题刻文字引用极不规范，讹误颇多。由于诸志材料多陈陈相因，且在《涪陵县续修涪州志》成书之前，始终未见有题刻拓本流传，亦未有专门的研究性著作问世。因此，诸志中所引的题刻文字，多存讹误。以辑录题刻材料较多的《（同治）重修涪州志》为例，其中如著名的"姚珏等题名"，该志作"郡守姚珏游记"[1]，并录文"元祐癸酉正月中澣前一日，郡守姚班率幕宾钱宗奇、涪陵令杜致明、主

簿张微（微）、县尉蒲昌龄、武隆令袁天倪游览，因记岁月，巡检王恩继至"。这其中，姚珏、张微等人之名，均释读错误。又比如，"谢兴甫等题名"，该志作"谢兴题名"，并录文"长沙谢兴，资中杨坤之夷叔，郡人虞会和叔，绍定庚寅上元后一日来观石鱼，子篯侍"。很明显，志文所录有缺字，但未加注明，考现存题刻拓本，"谢兴"实作"谢兴甫"。考之于史，谢兴甫，字起□，长沙人。文行华美、气质粹和、谨重好修，学术甚正，以殿试第五名及第，授从事郎、全州州学教授。《后乐集》存有《奏举萧遵施桐姜注谢孙复谢兴甫郄梦祥乞加录用状》[2]，据明人杨士奇《历代名臣奏议》载绍定二年（1229）任涪州太守。著有《中庸大学讲义》三卷（《宋史·艺文志》有其文名）。另外《涪陵县续修涪州志》亦误将其录作"谢兴"。还比如，《向仲卿题记》："涪陵江心石梁刻二鱼，古今相传水大落，鱼出见，则时和随丰。自唐广德间，刺史郑令珪已三载其事，而鱼之镌刻莫详何代，盖取诗人'众维鱼矣，实维丰年'之义。淳熙五年正月三日，刘帅文相约同勾晦卿、□清卿来观，时水落鱼下三尺，□人舟楫往来，赏玩不绝，因书以识升平瑞庆云。向仲卿题。"此题刻《（同治）重修涪州志》于"古迹门"内仅录其名，但所名错误，其云《陶侍卿游记》，很明显是将"向仲卿"误释作"陶侍卿"了，而在具体题刻文字上，"同勾晦卿"，其作"同句晦卿"。"赏玩不绝"一句，又作"赏元不绝"。殊为巧合的是，上述错误亦均见于《涪陵县续修涪州志》中。除上述所列诸条

---

[1] 《（同治）重修涪州志》卷二。

[2] 《后乐集》卷一二。

外，在康熙、乾隆、道光朝所修三志中也同样存在此类错误，唯此三志所记史料相对较少，故错误亦无同治、民国所修二志集中，此处姑不一一罗列。

此外，题刻人物介绍厚古薄今，题刻收录多不全面。清代士大夫向来就有泥古之传统，而这种学术倾向也鲜明反映在了传世文献中有关白鹤梁题刻史料的择取上。比如最为世人所熟知的清人所编《涪州石鱼文字所见录》以及《涪州石鱼题名记》两部白鹤梁题刻专著，二书对于题刻文字引录号称精详，于题刻研究颇多开创之功。但是二书所录仅限宋人所题，明清题刻尽数不录。再如陆增祥编《八琼室金石补正》一书所收题刻，则至明人题刻为止，明以后亦不取片言。再来看现存清人所修的涪州诸方志。《（康熙）涪州志》是目前最早记录白鹤梁题刻的涪州方志文献，该志所引白鹤梁题刻人物仅录及宋代，且只集中于赵汝窶等几个人身上。而在"艺文志"中，所录诗词同样以前代诗文为主，本朝诗词虽有记录，但数量较少。同样《（乾隆）涪州志》《（道光）涪州志》等也存在这一问题。《（乾隆）涪州志》所引题刻人至明正德叙州府同知陈旦、保宁府同知郭愆、府通判盛应期、德阳县知县吴珹、新繁县知县祁璘、江安县知县徐崧、涪州知州袁宗夔等人。《（道光）涪州志》则是至天启间"七叟胜游"诗止，并于"人物志"录刘□□、刘道、曾彦甲、刘昌祚、陈文炜、夏可洲、罗瑛等名姓。[1]清代道光朝之前题刻所见人物，除仕宦尚有记述外，其他人之信息则极少，文字更不见有引录。又，《（同治）重修涪州志》，

"舆地志"引题刻目录，上自端拱元年《朱昂题诗记》，下迄嘉庆二十年（1815）《张师范题记》，而嘉庆二十年至同治九年（1870）间五十余年所镌题刻则不作收录。此外，在该志"人物志"中，多有专文论及白鹤梁人物，但至晚则为康乾时期的董维祺、罗克昌等人，之后人物亦多不载。同样，《涪陵县续修涪州志》，有"白鹤梁石鱼"一文主要收石梁题刻，其云："相传历代名人留题甚多，近来水虽极涸，宋以前之刻石皆不可见。江心渐高，古今固自不同，兹将旧志所载刻石人名节录如后。端拱元年朱转运昂诗序，皇祐元年刘转运石鱼诗，王季和题名，熙宁元年判官徐庄，熙宁甲寅奉节县令黄觉，熙宁七年都官郎中韩震、判官禄几复，元丰元年吴缜，元祐六年知军州杨嘉言，元祐癸酉郡守姚班（珏），元符庚辰黄山谷，大观元年知军州庞恭孙，政和壬辰阆中蒲蒙亨，宣和四年权知军州吴革，宣和乙巳阆中丗丘兼孺，建炎三年徐兴卿，绍兴壬子蔡惇又赵子逋，绍兴庚申郡守孙仁宅，绍兴庚申周翊，绍兴壬申晁公武，又济南张彦中、张仲通，汝南张宗忞，知涪州军州事何宪，绍兴甲子晁公遡，又杜肇，绍兴壬辰州人杜与可先后题名，绍兴乙亥盛景献游记，乾道三年贾振文，淳熙戊戌冯和叔题名，陶侍卿游记，徐嘉言纪事，嘉定庚辰曹士中，宝庆二年李玉新，绍定庚寅谢兴，淳祐癸卯张明父，淳祐戊申邓季中题名，宝祐二年蹇材望诗序，宝祐判官何震午题名，刘子叔诗序，元至大辛亥聂文焕，至顺癸酉张八夕题名，明洪武十七年州牧刘冲宵诗，正德丙寅按察签事李宽诗，七叟胜游刻石，

[1] 《（道光）涪州志》卷九。

张楫诗，罗奎诗，清典试王士贞（祯）诗，太守石蕴玉诗，州牧张晴湖诗。"[1]从中可以很明显看出，在相关内容上，此志主要因袭《（同治）重修涪州志》而来，嘉庆二十年以后至民国十五年（1926）志成前题刻尚有数十段，竟然只字不提。

（四）小结

总的来看，涪州诸志对于白鹤梁题刻的记载相对较为集中，其中一些录文，对于今天辨识题刻文字提供了重要的参考，特别是一些后世剥蚀严重的题刻，方志所载，几成为唯一史料来源。另外，涪州诸志所记题刻人物，大多数人较少见于其他传世文献之中，为整理题刻人物生平提供了较为扎实的史料基础。而修志者所作的某些初步考订也为我们今天继续研究白鹤梁提供了一些方向。同时，毫无疑问白鹤梁题刻也为涪州诸志编纂提供了直接的线索，比如涪州宋、元、明三朝仕宦人物，由于宋代志书《涪州图经》《涪州新图经》《龟陵志》《龟陵新志》《涪陵记》《涪陵志》等均亡佚无存，明人金光所修《涪州志》，夏国孝所修《涪州志》亦无迹可寻。而清修诸志中，现存《（康熙）涪州志》之前朱麟祯所修《涪州志》、萧星拱主修《涪州志》则从无刊行，未及传布。因此，涪州清代以前仕宦情况，自来缺略甚多，特别是知州以下官吏之更迭，几无其他史料道及。据现存《（康熙）涪州志》载，该志修纂之时即以志局之力、访求涪内诸碑，遍寻拓本文字，纂辑人名长编，并加考订删节而终成人物之志。毫无疑问，此处所谓的涪内诸碑即包括白鹤梁题刻文字。另就各志

"艺文志"而言，所录宋明碑传文字，有相当部分亦直接抄录白鹤梁题刻而来。特别是《（同治）重修涪州志》以及《涪陵县续修涪州志》二书，艺文部分几乎遍录宋明以来题刻文字。因此可以说，白鹤梁题刻与涪州诸志之间关系是非常紧密的。当然，由于题刻文字的特殊性，其所蕴含的信息毕竟是有限的，涪州诸志引录题刻也仅仅是出于辑录材料的需要，并非是充分认识到了题刻本身的历史与科学价值。对于这一点，我们或许还可以从清代以来白鹤梁题刻研究的历程，以及题刻名称之变迁中略窥一二，而相关论述已见于本书首章，此处不再赘述。

五、白鹤梁题刻与峡江古史研究

峡江地区古史，历来是中国史研究中的薄弱一环，以往学术研究因缺乏文献材料的支撑，致使峡江古史研究领域呈现出研究倾向：一是研究覆盖面较窄，研究议题仅限于热门的人物研究、经济研究以及流寓诗文研究等方面，而对于整个地域内的社会史研究、思想史研究以及文献辑录等工作则相对滞后。二是研究的碎片化现象较为明显，现有研究多针对某一具体问题，具体人物，单个文献进行考证，而缺少宏观视角的分析，大时代背景下的考量。上述研究倾向，说到底是由于峡江地区经济文化历来较为落后，传世史料欠缺，致使研究者"巧妇难为无米之炊"。然而近年来随着三

---

[1] 《（道光）涪州志》卷九。

峡考古工作的顺利结束，一大批考古资料陆续得以整理发表，这些新的材料相信能为今后的研究提供重要的学术支撑。本篇专以分析三峡考古的重要成果白鹤梁题刻对于峡江古史研究的价值与作用，[1]冀望能够起到抛砖引玉的作用，以此引起学术界对于三峡题刻、题记新材料的关注。

（一）考史与补史

涪州一地，唐时属江南西道，入宋后则先后隶西川路、峡路、夔州路等。因此地"在蜀江之南，涪江之西，故为名"。《元和郡县志》云："涪州去黔府三百里，输纳往返，不逾一旬，去江陵一千七百余里，途经三峡，风浪没溺，颇极艰危。自江陵近四十年，众知非便，疆里之制，远近未均。"[2]又，北宋时所著《太平寰宇记》记载其民"并是夷獠，露顶跣足，不识州县，不会文法，与诸县户口不同，不务蚕桑"。[3]南宋以后，涪州虽"于三峡为要郡"，但境内大部分地区仍不改"巉岩险峻之中，其俗刀耕火种"[4]的现实。故从唐代以来，涪州就基本在文化上属于边缘地带，政治上亦为疏离区域，而这种现象则造成了两种趋势，一是传统史书对于这一区域的记载颇多缺漏，举凡域内制度、经济、文化、人物、历史事件等记载，均仅存只言片语。二是这一区域成为官员流放以及失意流寓文人的聚集地，上述趋势在唐宋时期尤其明显。众所周知，现存白鹤梁题刻主要集中于宋代，但明清题刻数量也颇为可观。题刻者主要是当时的地方文士、涪州及周边州县的官员、流寓文人，等等。题刻的性质则多属于交游留题，当然也有些则在于彰显地方治迹。因此，通过白鹤梁题刻所附历史信息，我们完全可以从中探寻出涪州更或是巴蜀一带一些尘封的历史，亦可对部分史实或史传人物生平有所补缺或正误。

就蜀地诗文而言，自古以来巴蜀地区号称诗歌繁盛之地，但随着时间的流逝，前世诗文凡未能及时入集刊印者，则往往亡佚无存，白鹤梁题刻则保存了一批入蜀文人及蜀地官宦的作品。比如朱昂题诗："欲识丰年兆，扬鬐势渐浮。只应同在藻，无复畏吞钩。去水非居辙，为祥胜跃舟。须知明圣代，涵泳杳难俦。"有关朱昂生平，《宋史》无传，然宋人诸书多有引录，但唯独此诗不见有只言道及，及至清末陆心源编《宋诗纪事补遗》时，得白鹤梁题刻拓片一套，方据题刻补入此诗，名之为《观石鱼成诗一章因歌圣德》。又比如，皇祐元年（1049）刘忠顺诗："七十二鳞波底镌，一衔蘘草一衔莲。出来非其贪芳饵，奏去因同报稔年。方客远书徒自得，牧人嘉梦合相先。前知上瑞宜频见，帝念民饥刺史贤。"清代以前文献少有记载，《宋诗纪事补遗》名之为《留题浩州石鱼》，其所谓"浩州"，当为"涪州"之误。作为此诗的和诗，约于宋元祐间有尚书屯田员外郎、知梁山军水丘无逸题诗，"谁将江石作鱼镌，奋鬣扬鬐似戏莲。今报丰登当此日，昔模形状自何年。雪因呈瑞争高

---

[1] 高远《白鹤梁题刻与宋史研究》，孙华、陈元棪《白鹤梁题刻的历史和价值》等文对题刻史学价值有所分析，但二文论述范围与言说对象则与本文不同。

[2] 李吉甫：《元和郡县志》卷三一。

[3] 乐史：《太平寰宇记》卷一二〇。

[4] 王象之：《舆地纪胜》卷一七四。

下，星以分宫较后先。八使经财念康阜，寄诗褒激守臣贤"。后人名此诗为《无逸谨次韵和公执转运郎中留题涪江双鱼之什》，亦不见宋元文献有载。除以上所列举外，还比如镌于北宋崇宁前后的《杨公题诗》："邀客西津上，观鱼出水初。长江多巨石，此地近仙居。所记皆名笔，为祥旧奏书。丰年知有验，遗秉利将舒。戏草春波静，双鳞乐意徐。不才叨郡寄，燕喜愧萧疎。"据考，此杨公，字刚中，北宋崇宁间为涪州知州，亦曾知费县事。然其传世作品，除此白鹤梁题诗外，仅见《山左金石志》所录寥寥数语。又如南宋间《何宪等倡和诗并序》，"何年天匠巧磨□，巨尾横梁了莫穷。不是江鱼时隐见，要知田稼岁凶丰。四灵劲瑞非臣力，一水安行属帝功。职课农桑表勤惰，信传三十六鳞中。岁将大稔，双鱼出见，邦人纵观，以慰维鱼之占也。戊辰正月二十有八日，鱼出水数尺。知府、学士置酒瑞鳞阁，邀宾佐以乐之，又蒙出示佳篇，以纪其实。辛虽非才，辄继严韵，斐然成章，但深惭恶，伏幸采览"。明洪武十七年（1384）所镌《刘冲霄诗并序》："石鱼见处便丰年，自我居官亦有缘。愿得从今常献瑞，四民乐业永安然。"清康熙间高应乾诗作，"访胜及春游，双鱼古石留。能观时显晦，不逐浪沉浮。守介难投饵，呈祥类跃舟。胥归霖雨望，千载砥中流"。以上诸篇均仅见于白鹤梁。这些作品的存世，对我们今天分析当地流寓文学作品的特点，考察该群体创作心态，及至考订创作者生平信息，编续作品总目等均具有极其重要的价值。

需要注意的是，现存白鹤梁题刻中有名有姓者就有三百余人之多，这些人中，有些生平事迹固难以寻觅，但是有些人史料记录则为数不少，通过白鹤梁题刻中所存史料信息，当可证传世史料之误，亦可补某人生平事迹之漏。例如北宋著名诗人、书法家黄庭坚，其于绍圣年间因"修史多污"，被贬知鄂州，旋再贬涪州别驾、黔州安置。对于黄庭坚涪州之行，其所著《山谷集》等多有文字记述，言其在绍圣五年（1098）三月间，然此次并未有游观白鹤梁之记载。而"元符庚辰涪翁来"题记则侧面印证，绍圣以后，黄庭坚或于元符三年（1100）再次到过涪州，并于此次畅游白鹤梁，并作题记。又比如秦九韶，其为南宋著名数学家，字道古，普州安岳（治今四川安岳县）人，曾历任县尉、通判、参议官、州守、同农、寺丞等职。先后在湖北、安徽、江苏、浙江等地做官。秦九韶18岁时曾"在乡里为义兵首"，后随父亲移居京部。宋代文献对于秦九韶出川后经历记载甚详，但独不见载其归蜀经历。通过白鹤梁题刻，则足可补此记载之缺。据题刻载，宝庆二年（1226）正月十二日，秦九韶随同父亲秦季槱到涪州，在涪陵州守李瑀、郡纠曹掾何昌宗等人陪同下去观看石鱼，并刻石题名，其中有一题记云："季槱之子九韶道古，瑀之子泽民志可同。"另一题记则曰："郡守李瑀公玉，新潼川守季槱宏父，郡纠曹掾何昌宗季文，秦季槱之子九韶道古，瑀之子泽民志可同来游。石鱼闰八年不出，今方了然，大为丰年之祥，此不可不书。宝庆二年正月十二日，涪州太守。"宝庆元年（1225）六月，秦季槱以显谟阁知潼川府。而越年正月所镌秦季槱与秦九韶"涪州石鱼题名"，则证实秦九韶此次归蜀实由涪西进到达潼川任所。

至于题刻所载人物，可以证传世史书记载之误，此处姑举三例以证之。比如《向仲卿题记》中所载之刘师文，即刘甲，《宋史》卷三九七载，"其先永静军东光人，元祐宰相挚之后。父著，为成都漕幕，葬龙游（治今四川乐山），因家焉"。故有宋以来文献多承袭此说，言其籍贯为永静军人，或云东光人。然据题记中称"东平刘甲"，故更应信其为东平（治今山东东平）人。又比如宋代《谢兴甫等题名》，谢兴甫，字起□，长沙人。文行华美，气质粹和，谨重好修，学术甚正，以殿试第五名及第，授从事郎、全州州学教授。《后乐集》存有《奏举萧遵施桐姜注谢孙复谢兴甫郤梦祥乞加录用状》[1]，据明人杨士奇《历代名臣奏议》载，绍定二年（1229）任涪州太守。著有《中庸大学讲义》三卷（《宋史·艺文志》有其文名）。但《涪陵县续修涪州志》误将其名录作"谢兴"[2]，并俱将谢兴甫之事迹附后。此外，《黄寿石鱼诗》之作者黄寿，《（乾隆）涪州志》载："黄寿，进士，江西南城人，万历间任（涪州守）。"[3]然万历间据此诗所铸之年，也就是正德五年（1510）已经有五六十年之久，故据题刻时间推断，《（乾隆）涪州志》所载黄寿任官涪州的史料定有讹误之处。

有关涪州历史的沿革，史传虽屡有记载，但据题刻所记，能更为准确地发现涪州政区地理的变化关系。例如，据《舆地纪胜》，黔州，唐末升武泰军，"天复三年，王建以王宗本为武泰留后。武泰军旧治黔州，宗本以其地多瘴疠，请徙治涪州，建许之。皇朝因之不改，至太宗朝复归黔州置理所"。[4]又，据该书载，黔州历黔中、黔南郡名，辖彭水、黔江二

县。然今据《申状题记》所见官称及人物关系，黔南之设于宋初当非郡名，涪州所辖仍属黔州，黔南则或为路分之名，《申状题记》所谓"黔南诸官"的说法也即本于此。

对于宋末元初的政治人物和政治活动，题刻记载可以补传世史料之不足。宋代史料一个重要的特点就是详北宋而略南宋，而就南宋一代而言，宋末史料尤其缺乏。白鹤梁题刻则恰恰集中于宋代，且尤以南宋题刻为多，因此对于宋末史事，多可据题刻补充。比如蹇材望，《宋史》言其曾为湖州通判，自言必与州城共存亡，并于大锡牌上镌写"大宋忠臣蹇材望"等字以告诸将士，然当元军攻城时，其则"先一日出城迎拜"，为当时士论所不齿。宋元史书有关蹇材望的记述大抵仅及此事。然通过白鹤梁题刻，我们可以看出，蹇材望在湖州之前曾官涪州别驾，其籍贯为蜀内潼川人。白鹤梁题刻中另留有其诗作一篇，"何代潜鳞翠琰镌，双双依藻更依莲。梦符瑞报屡丰兆，物盛宜歌大有年。玉镯调和从可卜，金刀题咏又开先。浑如泼刺波心跃，感召还知太守贤。粤明年人日重游"。从这首题刻诗作中亦足以看出蹇材望的两面性格。

（二）扩大峡江地区古史研究的领域

正如前文所言，白鹤梁题刻群所在峡江地区，自古经济文化较为落后，传世典册记载稀疏，故以往有关峡江历史的研究主要集中于先秦历史的考

---

[1] 《后乐集》卷一二。

[2] 《涪陵县续修涪州志》卷九。

[3] 《（乾隆）涪州志》卷三。

[4] 王象之：《舆地纪胜》卷一七六。

辨，传统的金石文字整理，以及地方文献的耙梳等方面。而以白鹤梁题刻为代表的峡江地区题刻群，则在考史补史的同时，无形中扩大了峡江古史研究的领域，具体如：

在地方政治史研究方面。如宋史研究专家包伟民所言："'目光向下'是近年来中外史学界的共同取向，不过就中国中世史领域而言，困难也是显而易见的，缺少出土文书支持的宋代史领域尤其如此。这里不可能有任何灵丹妙药，出路无非仍在于一如既往的两个方面：更全面、更深入地搜寻历史记载；更犀利、更灵活地解读历史信息。"[1]对于包伟民教授的论断，在峡江地区地方政治史研究方面表现尤其明显。长期以来，峡江地方政治史研究领域因未见有重大新史料发现而略显沉闷，白鹤梁题刻所存史料则为此一研究领域提供了可资拓展的余地。如题刻所见题名人书写习惯，多以籍贯、乡里、人名等构成，通过逐一检视这些信息，即可大致梳理出宋代以后涪州为中心的峡江一带乡—村制，或乡—都、乡—里制的基本特征。再如白鹤梁题刻者多为地方士绅及流寓官员，题刻中存留了大量题刻者的官职、官称。以《庞恭孙等题名》为例，其云："大宋大观元年正月壬辰，水下鱼下七尺，是岁夏秋，果大稔，如广德、大和所纪云。二年正月壬戌，朝奉大夫、知涪州军州事庞恭孙记。左班殿直、兵马监押王正卿，将仕郎、州学教授李贲，通仕郎、录事参军杜咸宁，通仕郎、涪陵县令权签判张永年，将仕郎、司理参军黄希说，将仕郎、涪陵县主簿向修，将仕郎、涪陵县尉胡施。进

士韩翱书。"这段题刻文字所见涪州地方官称有知涪州军州事、兵马监押、州学教授、录事参军、涪陵县令、司理参军、涪陵县主簿、涪陵县尉，等等，特别是其中明列各职位所对应散官官阶名，使得今天的研究者对于峡江地区宋以后基层职官体系的设置有了更为明确的认识。

在水文史研究方面。白鹤梁题刻作为峡江地区一处重要的枯水题刻，与水文相关的题刻有一百多段，多以石鱼为水标，来描述江水高低，而题刻几乎都是围绕着石鱼而逐渐形成的。一般认为，白鹤梁题刻主要记载了该地区72个历史枯水年份的水文记录。对于通过白鹤梁水文史的研究始于1962年，但是应该说这一研究领域直至20世纪90年代中期以后才逐渐掀起热潮，这以后一大批相关研究成果得以问世。目前普遍认为白鹤梁首次以刻石形式记载枯水年份是在唐广德元年，亦即公元763年。据考，该年题记"江水退，石鱼出见，下去水四"，这一水位记载，换算成当今吴淞高程为137.54米。[2]就题刻分布来看，明代以前的题刻，多刻在石鱼水标附近，清代以后的题刻，因石鱼周围已无空隙，分布在石梁上端，向左右发展。题刻文字内容多以石鱼为标准，并记当年石鱼出水情况。由于石鱼位置固定，高低相当于黄海吴淞基准面138.5米并且和现长江的枯水位零点高相同，可以根据题记所载石鱼离水高度推测出长江枯水水位千年以上的数据，具有很高的科学价值，故对于白鹤梁题刻水位的研究也越来越受到研究者关注，而一些研究成果已经在三峡工程建设中发挥了一定的作用。在人

---

[1]　包伟民：《"地方政治史"研究杂想》，《国际社会科学杂志（中文版）》，2009 年第 3 期。

[2]　杨铭：《西部民族、文物与文化研究》，民族出版社，2014 年，第 339 页。

物研究方面。白鹤梁题刻出现题名人数量甚多。考明这些题名人的生平行实，必将有助于石鱼文字的正确解读，促进相关研究的进一步深入，甚或开拓出新的学术领域。然正如《涪州石鱼文字所见录》一书所刊钱保塘跋语中所说的那样，惜乎自唐迄今，时逾千载；题名人中又多偏处一方之士，"史有传者""史无传而书行世者"以及"间有见于他书可考者"究属少数，往往"十不得二三"。因此，当前对于题刻人物的研究逐渐成为白鹤梁题刻研究的重要选题之一。先后有《白鹤梁石刻题名人考按一百二十二则》等专题研究成果问世。而清人所著《八琼室金石补正》《涪州石鱼文字所见录》《涪州石鱼题名记》等著作中，对于题刻人名的考证也实占各书大部分篇幅。仅就目前对于题刻人物研究所取得的成果来看，通过考证人物生平及事迹，不但有助于我们勾勒出宋以后峡江文人群体的基本轮廓，同时对于解读峡江区域人才的分布，以及对峡江文化发展状况的实证研究也不无帮助。

诗文研究方面。白鹤梁题刻一个显著的特点就是诗文题刻众多，自唐代至民国一千多年的历史时期内，题刻区镌刻了数十首文人诗词。其中有载诸于文典者，比如刘忠顺石鱼诗："七十二鳞波底镌，一衔蓂草一衔莲。出来非其贪芳饵，奏去因同报稔年。方客远书徒自得，牧人嘉梦合相先。前知上瑞宜频见，帝念民饥刺史贤。"此诗即见收录于宋人王象之《舆地纪胜》一书。又比如，《王士禛石鱼诗云》："涪陵水落见双鱼，北望乡园万里余。三十六鳞空自好，乘潮不寄一封书。"该诗在《蜀都碎事》《渔洋诗话》《笑笑录》等都有收录。然而相对于以上诗词作品，石梁所镌诗词中，大多数仍仅靠题刻传世。比如曾为尚书屯田员外郎、知梁山

军的水丘无逸所作《谨次韵和转运郎中留题涪江双鱼之什》一诗："谁将江石作鱼镌，奋鬣扬鬐似戏莲。今报丰登当此日，昔模形状自何年。雪因呈瑞争高下，星以分宫较后先。八使经财念康阜，寄诗褒激守臣贤。"此诗为水丘氏依刘忠顺诗韵所作和诗，但宋元典籍中仅见刘忠顺诗，却不曾收录此诗。又比如，清代乾隆时期的涪州知州罗克昌题诗："古涪江心卧石梁，梁上凿鱼徜徉。岂是王余留半面，非同沙内曳红裳。三十六鳞形质全，闻说在昔唐人镌。此石成鱼鱼赖水，胡为失水偏有年。鸣呼噫嘻知之矣，纪闻纪见俱至理。白鱼入舟周载祥，圣嗣钟灵独梦鲤。讲堂鹳鹤集三鳣，公卿象服说非俚。太人占之曰维丰，此事更与瑞鳞通。独茧茧钩强不起，石文潜现悉天工。我来涪陵鱼常出，岁岁仓箱盈百室。今兹休暇复往观，鱼高水面空匼窟。额手称庆告农夫，及时举籽莫荒芜。圣朝仁爱天心见，人事承庥切自图。主伯亚旅勤胼胝，三时不懈冻馁无。纯孝裂水双鲤跃，类推集祉在中孚。我将去矣无多嘱，愿尔群黎共惇笃。作善降祥鱼效灵，江石千年兆人足。"此诗完整、形象地勾勒出白鹤梁题刻的前世今生，以及涪州官民对"石鱼出水兆岁丰"这一流传千载民俗信仰的认识，简直可以称得上是一首非常具有学术研究价值的叙事诗。然此诗亦不见于罗克昌本人文集，清人诗文总集中也未见有收录此诗，故题记所镌，应当是此诗现存唯一的版本，价值是不言自明的。

风俗研究方面。一般认为，风俗习惯的内涵，决定了它宽广的外延。具体表现在一个地区的衣、食、住、行、婚、丧、诞、娱的方方面面，而各种礼仪场合又是风俗习惯最集中的表现。涪州所在峡江一带，自古以来受限于自然环境，因此在社会风俗上也就形成了一些有别于域外的特点，而这在地方信仰上

表现得尤其突出。成书于清末民初的《涪乘启新》一书就记载说，涪州一带"民质直好义，士风敦厚，有先民之遗。晋孝武后，五教雍和，秀茂挺逸，朝有忠贞之臣，野有歌咏之音乐。其见于常璩《华阳国志》者如此"。又云："县邑阿党，斗讼必死，盖地气迫不得舒，瘠土之民所禀受亦差异云。"[1]以上特质在具体的信仰层面上表现为巫风盛行、谣讹易起。今仅从《戴良□题记》《晏瑛诗并序》《李宽观石鱼记》《联句和黄寿诗》等明清题刻内容中就能很清晰地看出这种信仰的存在。至于出现这种情况的原因，借用清人贺守典所分析则是"盖沿苗俗之遗也，巫为之教与崇为缘，故为神怪妄谈"。[2]除以上所列，白鹤梁其他一些题刻中还有很多关于风俗的记述值得研究者作进一步挖掘。当然若将这一议题进一步申发，从峡江现存题刻整理研究的视角来探讨本地区风俗情况，相信还将有更为全面的认知与收获。

题刻文化研究方面。峡江两岸特别是三峡库区涪陵、云阳、巴东、秭归等地沿线摩崖石刻、碑刻、题记等数量众多。就镌刻时代而言，自上古至明清，乃至民国，不一而足。就内容而言，涉及长江洪枯水、治理航道、提示滩险、镇江佑安、以及筑路、捐献、义渡等内容都被铭记下来。这些石刻题记和长江两岸众多的古代文化遗址、古墓葬、古城址共同构筑了峡江文化的历史篇章。白鹤梁题刻作为此地区重要枯水题刻之一，就其题刻本身而言，鲜明地表现出了这一系列峡江题刻的共性特征。故通过对白鹤梁题刻的研究，足以对本地区题刻文化有所探查。如据曾超研究认为，白鹤梁题刻文化中包含有明显的天命思想。[3]在《贾思诚题记》中就有所谓"天或垂悯"之语，而《何耀萱题记》则有"天心仁爱，示兆于石"的说法。而纵观各代题记，无不将"石鱼出水兆丰年"的故语看作是天命赐福的直接结果。同样的思想，除白鹤梁题刻以外，在龙脊石题刻、莲花石题刻，以及巴东、宜昌诸摩崖题刻中也多能见到。

（三）为创新区域社会研究方法提供了个案

白鹤梁题刻前后跨度达到近一千多年，作为峡江地区特有枯水题刻的代表，是沿江地区特有的一种题刻形式。它的形式、内容和价值，决定了它富有旺盛的生命力，以致历千年而不衰，这是全国其他地区现存题记题刻无法比拟的。所以有学者称白鹤梁题刻已经"成为全世界文化史中的一项特有瑰宝"，此话表述十分确当。因为白鹤梁题刻是记载峡江地区历史文化的一部活教材，它包含了本地区的政治、经济、文化、物产和社会风俗等方面的综合性的资料。因此，它完全可以成为研究峡江区域历史、区域文化不可缺少的重要资料宝库，同时也为相关研究的展开提供了绝佳的研究个案。

---

[1] 邹宪章修，贺守典、熊鸿漠纂：《涪乘启新》，《珍稀四川地方志丛刊》，巴蜀书社，2009年，第419页。

[2] 《涪乘启新》，《珍稀四川地方志丛刊》，第429页。

[3] 《三峡国宝研究——白鹤梁题刻汇录与考索》，第332页。

而白鹤梁题刻之所以可以成为峡江地区区域社会研究的范本，原因自然是多方面的。其中一个很重要的因素，那就是以白鹤梁题刻为代表的题刻材料是峡江区域社会研究的重要史料来源之一，与之相衔接。峡江地区地处长江上中游，地理相同，人文相近，风俗相接。局部地区文化在某些层面虽有其特殊性，也仅是细枝末节而已，从大局来看，该地区一直沿袭着同样的"小传统"。

目前学术界对于峡江题刻题记研究尚且处于拓荒阶段，除白鹤梁题刻研究成果相对较为丰富外，诸如江津莲花石、云阳龙脊石等题刻群尚且未见有系统的整理成果问世，遑论精深研究了。综合梳理目前有关白鹤梁题刻研究的成果，就所用研究方法而言，已经初步形成多学科研究手段并用，跨学科研究成果逐渐涌现的局面。当然利用最多的仍属传统历史学实证研究的方法。比如，对于白鹤梁题刻研究用力甚勤的学者曾超先生所撰诸文就多为实证研究。在《元明清白鹤梁题刻涪州牧考述》一文中，曾氏利用白鹤梁题刻线索，结合地方史志文献，详细考证了元明清以来涪州一地州牧长官，计元代咬寻进义等2人，明代刘冲霄等6人，清代萧星拱等7人，并考补勾勒了诸人生平事迹。而在《三峡库区白鹤梁题刻的姓族考察》一文中，则考证出白鹤梁题刻共涉及赵、贾、濮、高、朱、文等不同地域的姓氏48个，共129人，并借此归纳总结了白鹤梁族姓研究方面的价值。

总体而言，目前白鹤梁题刻研究中，多学科研究手段的运用主要表现在以下几个方面：

（1）史学研究手段与社会学研究方法的结合。史学与社会学的起源不同，演变各异，但是两者的对象则相同——都以"人"作为研究的对象。两门科学的学者，在过去往往互相轻视，原本应该携手合作的伙伴，变成了猜忌的敌手。另一方面，社会学者对于只在一时一地收集的资料，轻易地用来推论一般性的结论；而史学工作者也往往自囿于小圈子的工作，忽略了可以从比较研究获得的丰硕结果。社会学者常不能避免错用因果律的毛病；史学工作者又往往不愿借助于其他学科已经建立的理论，反而沾沾自喜地依赖直觉。于是本可以珠联璧合的学科，在各自分道扬镳的局面下，不免遭受离之两伤的命运。

令人欣喜的是，目前在白鹤梁题刻研究领域，一些成果已经有意试图打通二者之间的学科壁垒，认为白鹤梁史学研究与基于社会学视角下的考察之间实在只有课题的不同，而未尝有基本立场或方法的不同。反过来说，两者应当辅车相依，社会学可以提供白鹤梁史学学理的观念，史学则可以提供无数倍于单纯社会学研究的社会背景，以作比较研究的素材。而在已有成果中，《民间符号语的历史记录——长江白鹤梁题刻管见》《宗教与历史的积淀——白鹤梁"石鱼"形象初探》等文即已有此类尝试与探索，所得结论无疑树立了以白鹤梁题刻为代表的峡江水文题刻研究的新范式。

（2）心理学研究在题刻研究中的运用。峡江题刻数量众多，时间跨度之大，在世界题刻史上虽非独有，但所占地位无疑是非常重要的。有关题刻心理学方面的研究，早在20世纪七八十年代，西方学术界即已经开始有所涉及。比如法国学者让-皮埃尔·维尔南（Jean-pierre Vernant）曾在其著作《希腊人的神话和思想——历史心理分析研究》（*Etudes* de Psychologie Historique）[1]中，就利用古希腊镌刻语言对历史信息进行分析，这种研究方法的利用，使得对"不可见物的现世化"的研究有了质的突破，同时镌刻语言的心理解读也使得"希腊人的整个心理活动和心理机能表象：时空背景、记忆、想象、个人、意志、象征手法和象征符号的运用、推理方法、思维范畴"等得以更好地表达出来，从而拓宽了学界对这一问题研究的尺度。与之相对，在国内相关研究却一直付之阙如。在白鹤梁研究领域，目前成果中，黄秀陵《涪陵白鹤梁唐代石鱼与周易文化》[2]一文或粗涉此命题，但亦失之于浅，作者虽然有心理分析方法的利用，但是研究的重点仍在历史背景、地理环境、石鱼图像本身的分析，且对白鹤梁题刻中的唐代石鱼刻石与传统《周易》学说的关系分析，亦非以镌刻者创作心理分析为旨归。客观地说，"心理与历史"既是一个老问题，又是一个新课题。说它"老"，因为它是千百年来一直为人们所热衷于讨论的问题；说它"新"，是因为在史学界长期回避这一问题，对此缺乏止面、系统的阐述。正因为存在上述诸种情况，以白鹤梁题刻为代表的峡江题刻作为一种遗存性史料，完全有可能在题刻研究领域开垦出一块新苗圃，在传统研究方法之外引伸出一种全新的分析模式。当然，这里所谓的心理学手段的运用，也绝对不是历史学与心理学的简单嫁接，而是糅合二者之长，为题刻研究启开一扇新的思维门窗。

（3）统计分析方法的利用。统计学是研究如何测定、收集、处理、分析、解释数据并从数据中得出结论的方法论科学。作为一种学术研究领域的舶来品，在中国传统的学术研究领域内利用甚少。然而近年来，随着越来越强的学术研究综合性发展的趋势，统计学逐渐开始在传统史学研究领域深根厚植，催生出了一系列利用该学科方法撰就的学术著作或科研论文，而与之相依相存的计量时学已经成为现代史学研究的重要学术领域。应当说，统计分析方法，目前在史学研究领域的利用已经相对较为成熟，因此，在这种研究背景之下，有关峡江题刻题记的研究，如能引入统计分析的方法，通过对题刻进行量化统计，取得反映客观现象的数据，并通过图表的形式对所收集的数据进行加工处理和显示，进而通过综合、概括与分析得出反映峡江题刻客观现象的规律性数量特征，应非难事。然而纵观目前峡江题记题刻研究的现状，这种研究的方法仍较少利用。在学术成果相对较为集中的白鹤梁题刻研究领域，仅见熊达成于20世纪80年代撰文《从涪陵白鸽（鹤）梁石鱼题刻看四川省的水旱灾害》。虽然该文部分内容涉及统计方法的应用，但客观地说，其距成熟的统计分析研究成果距离尚远。而其后几十年间相关成果中，即或稍有涉及此一研究方法之著作亦少之又少。故毫不夸张地说，如以白鹤梁题刻研究为突破，今后的峡江题刻研究中，统计分析方法的利用应当是相关研究持续出新出彩的亮点所在。

（4）自然科学研究手段的引入。白鹤梁题刻作为峡江地区一处最为著名的枯水题刻群，随着三峡工

---

[1] 让－皮埃尔·维尔南：《希腊人的神话和思想——历史心理分析研究》，中国人民大学出版社，2007 年。

[2] 黄秀陵：《涪陵白鹤梁唐代石鱼与周易文化》，《四川文物》，2004 年第 2 期。

程的上马，水下博物馆的建立，与工程建设相伴，一大批与题刻紧密相关的自然科学研究成果得以问世。这其中就有如杨宝衡《涪陵白鹤梁的形成、发展与保护》[1]认为白鹤梁题刻保护应从地质学的角度，依其地质结构，对白鹤梁的形成条件、砂岩的解体和发展趋势进行分析。又如，张绪进《三峡库区涪陵河段泥沙淤积及对白鹤梁题刻影响的研究》[2]一文，在模型试验成果的基础上，研究分析了三峡水库运行30年过程中白鹤梁所在河段的泥沙冲淤特征及河床演变规律，为白鹤梁题刻的保护方案提供了科学依据。再如，黄真理《白鹤梁题刻保护问题及其与水域环境的关系》[3]一文，在简单介绍和评价白鹤题刻现有保护方案的基础上，探讨了白鹤梁题刻及其与水域环境的相互关系，并提出在进行白鹤梁题刻保护时，除应注意保护白鹤梁题刻本身，还应恢复白鹤梁题刻赖以生存的水域环境及其所形成的独特的人文景观。此外，诸如刘忠铭《涪陵白鹤梁题刻原址保护参观廊道设计综述》[4]，周建军《关于涪陵白鹤梁题刻保护工程的可靠性研究和建议》[5]，胡长华《白鹤梁题刻水下保护工程安全监测系统设计研究》[6]，汪耀奉《长江涪陵白鹤梁题刻在科学文化领域中的应用》[7]、《长江涪陵白鹤梁历史枯水题刻研究应用》[8]等文所论，也

分别从建筑学、地质学、信息技术、水文学等学科的研究视野出发对白鹤梁题刻的保护提出了具体操作方案。可以说，目前白鹤梁题刻研究中，自然科学方法的引入，自然科学研究成果的成规模出现是该项研究的一大特征。相对于白鹤梁，峡江地区其他各类题记题记题刻的研究虽亦有成果问世，比如《长江三峡工程文物保护项目报告·丙种第二号·三峡湖北段沿江石刻》一书即收录有秭归、宜昌、恩施等地题刻题记的水文调查结论，但客观地说，成果仍略显单薄，且研究的深度及广度与白鹤梁题刻相比均相差较远。因此，以白鹤梁题刻研究为范本，利用自然科学的诸种手段，更或是以自然科学的视角，结合传统史学方法的解读，对峡江题刻进行科学且有针对性的研究，仍是今后研究的重要方向。

（四）结语

以上所列仅限笔者目光所及，而在上述论述之外，白鹤梁题刻之于峡江古史研究的价值无疑仍有较大的延展空间。本节之所以不畏烦琐，列举白鹤梁题刻研究之意义，并详述其与峡江古史研究的关系，主要有以下考虑：相对于峡江地区其他题刻群研究的没落寂寥，白鹤梁题刻研究直可谓方兴未艾、异彩纷

[1] 杨宝衡：《涪陵白鹤梁的形成、发展与保护》，《人民长江》，1998年第3期。

[2] 张绪进：《三峡库区涪陵河段泥沙淤积及对白鹤梁题刻影响的研究》，《中国水力发电工程学会水文泥沙专业委员会第四届学术讨论会论文集》，2003年。

[3] 黄真理：《白鹤梁题刻保护问题及其与水域环境的关系》，《文物保护与考古科学》，2001年第1期。

[4] 刘忠铭：《涪陵白鹤梁题刻原址保护参观廊道设计综述》，《人民长江》，2011年第23期。

[5] 周建军：《关于涪陵白鹤梁题刻保护工程的可靠性研究和建议》，《科技导报》，2003年第4期。

[6] 胡长华：《白鹤梁题刻水下保护工程安全监测系统设计研究》，《长江工程职业技术学院学报》，2006年第4期。

[7] 汪耀奉：《长江涪陵白鹤梁题刻在科学文化领域中的应用》，《四川水利》，1998年第6期。

[8] 汪耀奉：《长江涪陵白鹤梁历史枯水题刻研究应用》，《水文》，1999年第2期。

呈。在多种因素的作用下，目前白鹤梁题刻研究几成峡江地区一门显学，各种研究的方法、研究的手段多融汇其中，产生成果数量之庞大，内容涉及之广博，不但在峡江题刻研究领域无一能及，即或是在全国相关研究领域内，也应是独树一帜的。而与此同时，峡江题刻一个重要的特征则是同质化现象非常严重，不但不同地域单体题刻很可能成于一人或几人之手，而且题刻内容也多大同小异。因此，如以白鹤梁题刻现有研究的方式与方法嫁接于峡江地区其他各型题刻研究中去，无疑会产生一些意想不到的效果，成果之丰富自然指日可待了。

总之，本节主要探讨的是白鹤梁题刻与峡江区域古史研究在材料利用，议题发掘以及方法论等层面的关系，对于题刻研究关注的诸要素及其对区域研究的作用，提出了初步的解答。至于题刻本身对于此项研究的贡献程度以及所得结论的适用范围，则仍需在具体议题研究中加以检视。目前，题刻题记受到重视，研究逐渐增多，如何反省既有的研究方法和途径，得到较合乎实际，也较能为人所接受的结论，是一项还待努力的工作。而在大的题刻范围内，题记、摩崖、刻画甚至造像，在镌刻过程中，工匠、主题人、地域习惯和流行风气等因素所起的作用，以及题记和时代文化思想之间的关系，如何在题刻文献传统之外，为峡江地区史学研究勾勒出其存在、延续与转变的样貌，这都是有待我们进一步考察的课题。

六、白鹤梁题刻的文学内涵和价值

（一）引言

白鹤梁所在的古涪州（治今重庆涪陵），唐时所置，属山南东道，宋代隶属夔州路，由于这一地区，属于典型川东山地风貌，土瘠民贫，文化落后，交通闭塞，故唐宋以来一直作为犯官贬戍之地，被中原士大夫视作畏途。正因如此，集中于此地的士大夫们或出于寄情畅怀，或出于宦旅排遣，或出于追慕往哲，在涪州各地题咏甚多，而这其中题刻数量最多，内容最广泛，保存状况最好的就是白鹤梁题刻。应当说，白鹤梁题刻是目前存世的最具特色的古代石刻群落之一，长久以来就以其巨大的考古学和文化史、水文史价值受到国内外研究者的极大关注。与国内大部分石刻群落以造像为主体不同，白鹤梁题刻主要以形诸文字的石梁刻字占据了题刻区的绝大部分，题刻文字之外，则有少量的石鱼图、芝草图、白鹤图、观音图等。这些题刻除记载了特定时期的水文情况，交游人名，还留下了不少出自士大夫们之手的各类文学作品。

然而，长期以来研究白鹤梁题刻历史的学者很少关涉题刻的文学内涵，而研究古典文学者，则仅及于对题刻诗文的收录，而较少作品分析与创作背景还原。当然，这一现象并不只就白鹤梁题刻研究中存在，而是金石研究普遍存在的问题。台湾著名金石学专家叶国良就曾有感于研究古典文学利用金石的不足，在其《石学的展望》一书中说："近人研究古典文学，很少注意到其与金石学的关系，这是奇怪的学术脱节现象。古人重视金石文字，金石文字往往占了文集中的最大篇幅，所以研究文学，而不涉猎金石学，是有点奇怪的；清代以前的学者并不如此。石刻释例的起源，正是从研究韩、柳、欧、王的古文来的，其后的研究虽然范畴不限于文学，但与文学研究与创作关系密切。个人建议古典文学研究者应当将石刻释例的著作纳入参考的范同。"[1]反过来，石刻研究者也应该关注金石当中文学成分。本篇姑尝试对此问题予以初步探讨。

不同于现今保存较好的另一处大型题刻群——石门题刻，从唐代镌刻的时代，白鹤梁题刻的文字中多为简单的题记，比如，镌刻于广德元年的一段有关州守郑令珪的题记仅有短短数言："唐广德元年春二月岁次甲辰，江水退，石鱼出见，下去水四。问古老，咸云：江水退，石鱼见，即年丰稔，时刺史、州团练使郑令珪记。"又，宋代嘉祐年间的《武陶等题名》，也仅短短48字，"游石鱼题名记。尚书虞曹外郎、知郡事武陶熙古、涪忠州巡检、殿直侍其璀纯甫，郡从事傅颜希圣。嘉祐二年正月八日谨识"。整个唐宋时期题刻中，与上述情况类似的题刻很多，也就是说题刻文学作品的情况甚少。现今所见题刻区中，保存最早的诗文题刻当是创作于端拱元年（988）十二月十四日的《朱昂题诗记》，该题刻高四尺，宽五尺六寸，记八行，行十字。正书，径三寸，诗凡四行，行十二字。字径三寸五分，衔名一行。记曰："涪州江心有巨石，隐于深渊，石旁刻二鱼。古记云：鱼出，岁必大丰。端拱元年十二月十有四日，昂自瞿塘回，遵途于此，知郡琅琊王公□云：'石鱼再出水，岁复稔。'昂往而观之，果如所说，

因歌圣德，辄成一章。朝请大夫、行尚书库部员外郎、峡路诸州水陆计度转运使、柱国朱昂上。"其下诗云："欲识丰年兆，扬鬐势渐浮。只应同在藻，无复畏吞钩。去水非居辙，为祥胜跃舟。须知明圣代，涵泳杳难俦。"《朱昂题诗记》而后，宋代题刻中的诗文题刻另有皇祐元年《刘忠顺等倡和诗》、崇宁间《杨公题诗》、宣和间《王蕃诗并序》、绍兴十八年（1148）《何宪等倡和诗并序》、淳祐十年（1250）《赵汝廪观石鱼诗》、宝祐二年（1254）《刘叔子诗并序》、宝祐二年《蹇材望诗并序》，等等。明清以后，白鹤梁题刻中诗文题刻数量渐多，除诗歌外，亦出现诸如铭、碑、记、赋等各种体裁。其中不乏刘冲霄、王士祯等名家手笔，也留下了诸如《金国祥诗记》《七叟胜游》《王士祯石鱼诗》等不朽的篇章。因而白鹤梁题刻，既是川江石刻文学的代表群落，也是三峡地域文学的集中表现。

（二）白鹤梁题刻的文体类型

白鹤梁文学是一个具有石刻群落特征的文学，其选用的文体也就与刻石的内容、刻石的功能相一致。石刻的主要功能在于铭功记事，因而白鹤梁文学的文体就以诗、铭、记为多。新近题刻中，也有词作多摹古例。

1. 诗

"诗"这一文体，是白鹤梁文学的主体部分，自宋代以来的题刻中即未见有所中断。现存白鹤梁题刻中诗歌题刻共有18处，其中大多创作于明清时期。综而论之，现存白鹤梁题诗大体分为三种类型。

---

[1] 叶国良：《石学的展望》，台湾大安出版社，1999年，第262页。

一是题刻者触景生情自作诗词。中国文人自古即有即兴赋诗的传统，一些著名的诗词，诸如湖南浯溪摩崖石刻中的宋代诗人陈统《经浯溪元次山归隐》一诗，重庆大足石刻群中所题明代游和《赐进士重庆府通判豫章游和诗》，以及陕西汉中石门石刻中的宋代诗人文同诗作《游石门诗》等，均赖以石刻而得其全。而在涪州，早在秦汉以前中原文化就陆续传播至此，催生出一批涪州本土诗词，而至隋唐时期涪州流寓文人渐次增多，一大批著名的诗人寓居涪州，更是留下了大批优秀诗作，这其中如杜甫作于永泰元年（765）五月的《黄草峡》一诗，"黄草峡西船不归，赤甲山下人行稀。秦中驿使无消息，蜀道兵戈有是非。万里秋风吹锦水，谁家别泪湿罗衣。莫愁剑阁终堪据，闻道松州已被围"。这首诗是杜甫路过涪陵黄草峡忧愁蜀地兵乱之作，全诗寄情于景，表现出高超的叙事技巧。又如，涪州本土诗人孙定，一生作诗千余首，为人极为洒脱，他有诗作《寄孙储》云："行行血泪洒尘襟，事逐东流渭水深。秋跨蹇驴风尚紧，静投孤店日初沈。一枝犹挂东堂梦，千里空驰北巷心。明月悲歌又前去，满城烟树噪春禽。"此诗被后世视作唐代言志诗歌的典型代表。入宋后，涪州文风渐盛，传统题咏酬唱之风在此地逐渐蔓延，大量的地方官员及本地文人士子为涪州留下了数量众多的优秀诗篇，这其中仅题刻诗文就不在少数。宋代涪州的题刻诗文主要分布在点易洞、白鹤梁、北岩等地，而这其中又以白鹤梁诗文保存最为完整。白鹤梁题刻诗文多为时人触景生情即兴之作。而这些诗篇又大体可分为两类：一类属于单篇诗词。比如镌刻于北宋后期的《杨公题诗》，"邀客西津上，观鱼出水初。长江多巨石，此地近仙居。所记皆名笔，为祥旧奏书。丰

年知有验，遗秉利将舒。戏草春波静，双鳞乐意徐。不才叨郡寄，燕喜愧萧疏"。据考，此诗作者当为北宋崇宁间出任涪州知州的杨元永。杨元永，字刚中，曾为知费县事，即费县知县。杨元永此诗意在借石鱼出水事，表达丰稔之想，并有追古慕远的意味。又比如清代康熙二十四年（1685）《高应乾题诗》，"访胜及春游，双鱼古石留。能观时显晦，不逐浪沉浮。守介难投饵，呈祥类跃舟。胥归霖雨望，千载砥中流"。此诗作于诗人登石梁观石鱼出水之时，看似为歌咏石鱼出水之作，实则借石鱼出水之事，隐喻那些不逐浪沉浮，有操守，有才干的士大夫们。纵观白鹤梁题刻诗词，此类诗词共有11处，可以说是题刻诗词中的绝对主角。另一类则是和诗。这其中有些是当时人同登石梁先后创作的倡和之作，比如镌刻于康熙三十四年（1695）的《徐上升、杨名时诗记》，其中徐上升诗作云："约赋石鱼江上镌，伊人佳句比青莲。留形远垂建炎代，多志由考淳祐年。潜见何心关运会，人材有意赞今先。民依可念愁鲂尾，题石故愿刺史贤。涪庠上徐上升同兄上□、上朝和。"此诗后附题记文字多泐损，但据文意很明显可看出，乃涪庠士徐上升连同其两位兄长与某人的倡和诗，而同区域下接涪庠士杨名时诗，故此处所和诗自然是杨名时之作无疑了。杨名时和诗云："江上鱼兮石上镌，浪生鳞甲拥为莲。鉴湖不游惊鱼笛，白鹤将鸣和有年。在藻兴歌时已远，临渊难羡钓谁先。风流刺史悬鱼节，化作游鳞颂今贤。涪庠士杨名时和，清康熙乙亥人日刻鱼和书。"杨名时和诗与徐上升诗韵脚不但相同，而且前三句完全步韵，所作诗词虽不能称之为绝妙，但意境大体高远悠长，表现出诗人具有较高的文学素养。还有一种和诗则是后世和前朝诗作。遍阅整个题

刻区域，此类诗作尤以和北宋刘忠顺诗作者最多。刘忠顺原诗云："七十二鳞波底镌，一衔嘉草一衔莲。出来非其贪芳饵，奏去因同报稔年。方客远书徒自得，牧人嘉梦合相先。前知上瑞宜频见，帝念民饥刺史贤。"北宋元祐间有尚书屯田员外郎、知梁山军水丘无逸作《无逸谨次韵和公执转运郎中留题涪江双鱼之什》，其曰："谁将江石作鱼镌，奋鬣扬鬐似戏莲。今报丰登当此日，昔模形状自何年。雪因呈瑞争高下，星以分宫较后先。八使经财念康阜，寄诗褒激守臣贤。"至南宋宝祐二年，又有蹇材望作和诗："何代潜鳞翠琰镌，双双依藻更依莲。梦符瑞报屡丰兆，物盛宜歌大有年。玉镯调和从可卜，金刀题咏又开先。浑如泼刺波心跃，感召还知太守贤。"至明代万历前后，再有新安金国祥和诗："江石之鱼何代镌，江头之石拥青莲。呈奇偏遇上元节，题句因书淳祐年。来去岂为蓑笠引，浮沉不作鼋鼍先。今人漫续古人咏，他日还传此日贤。"上述诸诗创作年代跨度虽大，但是和诗用韵分别在镌、莲、先、贤等字上，押韵较为合理，特别是金国祥诗更在用典上与刘忠顺诗前后相接，甚为巧妙。

二是联句诗。据史料记载，联句诗最早可以追溯到汉武帝元封三年（前108），武帝刘彻作柏梁台，召集两千石以上大臣，有能为七言诗者乃得上坐。于是君臣即兴赋诗，每人一句，共得26句，这首诗就是后人所谓的《柏梁诗》："日月星辰和四时（帝），骖驾驷马从梁来（梁王）。郡国士马羽林材（大司马），总领天下诚难治（丞相）。和抚四夷不易哉（大将军），刀笔之吏臣执之（御史大夫）。撞钟伐鼓声中诗（太常），宗室广大日益滋（宗正）。周卫交戟禁不时（卫尉），总领从官柏梁台（光禄

勋）。平理请谳决嫌疑（廷尉），修饰舆马待驾来（太仆）。郡国吏功差次之（大鸿胪），乘舆御物主治之（少府）。陈粟万石扬以箕（大司农），徼道宫下随讨治（执金吾）。三辅盗贼天下危（左冯翊），盗阻南山为民灾（右扶风）。外家公主不可治（京兆尹），椒房率更领其材（詹事）。蛮夷朝贺常会期（典属国），柱枅榱栌相枝持（大匠）。枇杷橘栗桃李梅（太官令），走狗逐兔张罘罳（上林令）。齿妃女唇甘如饴（郭舍人），迫窘诘屈几穷哉（东方朔）。"此诗虽为七言，但非一人所写，且一人一句，上下互不相关，韵语高下有别，诗意亦不完全相同，故非独创诗词，应是一首标准的联句诗。《柏梁诗》之后，后世联句诗有每人一句，两句一韵的；有每人两句一韵的；有每人一句，每句为韵的；有每人四句两韵的；还有一人出上句，继者对成一联，再作出句，轮流相续，最后结篇的。联句诗多在诗人聚会时采用，多为乘兴之作，要求参加者思维敏捷，反应迅速，而且要符合众人议定的规则。作为文人雅集的场所，白鹤梁题刻中自然少不了这种联句诗的影子。比如镌于明代的《联句和黄寿诗》，"鱼出不节用（张璘），年丰难为丰（刘用良）。鱼没知节用（文行），年凶未必凶（文羽夏）。造化存乎人（蒋建辰），丰凶岂无踪（刘是）。神官俭且廉（吴崇夒），小子心当同（张儒臣）。"此诗是一首典型的每人一句，两句一韵诗。又比如目前暂系于清初诗词之列的一首佚名诗，全诗云："江上石鱼镌（周），游戏水中莲（汤）。扬须沐□□（□），鸣鼓报丰年（杨）。广德诗云古（徐），清□识已先（张）。尧民志帝力（□），刑□郡□虞（黄）。□琦、汤又仲、□□□。"此诗亦每人一句，两句一韵，集众句

成一首五言律诗，平起入韵，韵字为莲、年、先等，大体为和刘忠顺诗韵而来。

三是转刻诗。这里所谓的转刻诗，专指转刻前人或同时期其他成名诗作而言。转刻诗词由来已久，据考现今闻名于世的先秦石鼓中所存前后连贯的十首古诗，大体即为转刻制作，转刻诗文无固定规则，全凭镌刻者个人喜好而为之，当然内容择取仍多以与镌刻地关联者为主。白鹤梁转刻诗词中，最为著名的即是康熙十一年典试四川乡试、户部郎中王士禛题诗："涪陵水落见双鱼，北望乡园万里余。三十六鳞空自在，乘潮不寄一封书。"此诗为一首七言绝句，第一、二、四句同韵。镌刻者题为"后学陈廷璠"。陈廷璠其人，《听雨楼随笔》记载："陈廷璠，号六斋，涪州人，以孝廉补粤西。藤县素多盗，捕戮殆尽。偶乘舟外出泊荒洲，寝后闻有人，连呼速起，披衣开窗起视无人，旋闻舟前群盗汹涌而来，逾窗登岸，匿林中。贼入，执役问官所在，入见衾枕宛然，疑其尚卧，众刃交下，碎榻而去。后侦知官竟无恙，惊为神佑，尽避去，民为立生祠。"[1] "北望乡园万里余"一句，《柳亭诗话》作"北望乡关万里余"。[2]

2. 铭

中国古代历史意识起源很早，先秦时期人们就十分重视前言往行，以史为鉴成为行政的准则与处世的智慧。因为铭体具有叙事功能，所述之事又有具体的历日可查，确凿可信。加上铭所涉及的人物均为当时杰出之贵族或卿大夫，故春秋时期一些铭传播很广。有的为当世之人屡次引用，作为论事析理之根据，或谈论之凭借，有的则成为史官记录历史之材料来源，据以证史。刘勰《文心雕龙》云："敬慎如铭，而异乎规戒之域。"[3]言铭之文风"敬慎"而有规戒之功，即指此。铭体文学相对于诗歌而言，所占比重并不是很大，所镌时代亦较晚。目前题刻中最早所见铭文为镌于清光绪七年孙海所作并书《白鹤梁铭》，此铭也是题刻中唯一一处铭体文学作品。全篇大略为："长江宛宛，来自汶易。毋渝注夔，汇此岩疆。曰惟涪都，蜀之巨镇。镜波冲容，碕石蔽暎。惟鹤之梁，在水中沚。惟鱼之祥，谷我士女。仙人邈矣，缅想云銮。澄潭净渌，珠玉盈碣。我侨此土，驹景鸿泥。陵谷迁变，目示此刻辞。秦州孙海撰并书。历下朱煜、大荔屈秋泰同游，时光绪七年中春上浣也。"史载，孙海，字吟帆，秦安（治今甘肃天水）人。咸丰辛酉拔贡，曾官遂宁知县。[4]此文为典型的山川铭，同时也属于无序铭的范畴。此外，此铭文辞短小，以四言为主，共计108字，故亦属齐言铭。

3. 记

关于"记"类文体，徐师曾（明嘉靖癸丑进士）曰：

> 按《金石例》云："记者，纪事之文也。"《禹贡》《顾命》，乃记之祖；而记之名，则防于《戴记》《学记》诸篇。厥后扬雄作《蜀记》，而《文选》不列其类，刘勰不著其说，则知汉魏以前，作者尚少，其盛自

---

[1] 《听雨楼随笔》卷四。

[2] 《柳亭诗话》卷二。

[3] 刘勰著，张长青、张会恩等诠释：《文心雕龙诠释》，湖南人民出版社，1982年，第170页。

[4] 《晚晴簃诗汇》卷一五七。

唐始也。其文以叙事为主，后人不知其体，顾以议论杂之。故陈师道云："韩退之作记，记其事耳，今之记乃论也。"盖亦有感于此矣。无观《燕喜亭记》已涉议论，而欧、苏以下，议论寖多。则记体之变，岂一朝一夕之故哉?

从以上论述中可以约略看到"记"类文体的流变特征。总之，对客观物体加以描述并以此激起人们对相关问题的冥想，应是"记"类文体的基本功能之一。

而就内容来看，记之为文，有纪事之属；有讲论之属；有描摹之属。正如明代人吴讷所说:

大抵记者，盖所以备不忘。如记营建，当记月日之久近，工费之多少，主佐之姓名，叙事之后，略作议论以结之，此为正体。

白鹤梁题刻共有记类文体六篇[1]，其中《张八歹木鱼记》《成化抄写古文诗记》，文简字俗，仍当属于普通题记范畴。而其余《萧星拱重镌双鱼记》《范锡朋观石鱼记》《李宽观石鱼记》《何耀萱白鹤梁记》则应是记之"正体"。比如《萧星拱重镌双鱼记》云："涪江石鱼，镌于波底，现则岁丰。数千百年来，传为盛事。康熙乙丑春正，水落而鱼复出。望前二日，偕同人往观之，仿佛双鱼菱莲隐跃。盖因岁久剥落，形质模糊，几不可问。遂命石工刻而新之，俾不至湮没无传，且以望丰亨之永兆云尔。时同游者旧黔令、云间杜同春梅川、州佐、四明王运亨元公，盰江吴天衡高伦，何谦文奇，西陵高应乾侣叔，郡人刘之益四仙，文珂奚仲。涪州

牧盰江萧星拱薇翰氏记略。"此记，于石鱼本身没有多加笔墨，几乎略去对白鹤梁及其周边景物的模写刻画，而是着重于以石鱼为媒介，以表述兆丰之念。这种表述方式可以说代表了宋代以来记类文体创作的普遍思路。又如《何耀萱白鹤梁记》："民国廿六年三月，雨泽稀少，河流枯落。沿西鉴湖中有石梁横亘，古凿有两石鱼于其上，相传水涸鱼出，出则岁丰。公余之暇，偕曾海清、刘升荣、王和欣、谭佑甫、蒋慎修、周国钧、周哲生、刘静禅诸君命舟渡梁，眺览大周，果见鱼出。窃思涪陵亢旱六载于兹，民不聊生，哀鸿遍野。今天心仁爱，示兆于石，斯亦吾民之大幸也。海清命余为记，并勒诸石。邑人何耀萱记。方伯旻书。"此记，除了客观描摹景物外，更多是对涪州时事民生的看法。全篇写作从最开始纯粹的"记"逐渐转变为通篇之"议"，而议论成分甚至超过了写景部分。除此两文之外，其他诸记情况也大体如此，今姑不逐一引述分析。

4. 词

有关词类题材的概念及特征，自来论述颇多，此处不做赘述，或许因词类自古即是难登大雅之作，故题刻所见词类作品甚少。唯一一处词作，镌刻时代亦较晚，为1963年2月14日涪陵专员公署副专员龚堪贵所作，其名为《卜算子·游白鹤梁》，词曰："涪陵长江心，白鹤梁驰名；相传石鱼唐人刻，还有佛像神；石鱼兆丰年，游者题诗称，尽管有唯心观点，贵在四代文。"此词，文字较为浅显，无论是创作的思想，还是用语的方式，均鲜明

---

[1] 因题记文字普遍较短，且行文较为随意，口语化较强，此处统计未将题记包括在内。

体现了20世纪六七十年代的文学创作风格。如果单就艺术价值而言，这段词作算不上上乘，但却留下了20世纪60年代初期中华人民共和国的地方行政区划、思想意识形态、经济和自然状况的记录，故亦有一定的史料价值。

（三）白鹤梁文学作品的纪实性

白鹤梁题刻文学因为其特殊的性质，决定了其有别于传统文学作品以抒情为主的基调，而是具有很强的纪实性特征。各种文体，大多是视事而作。比如现存题刻中，镌刻最早的《申状题记》即是如此，它记述了北宋开宝四年发现唐代题刻的具体情况，时间、人物、事件一应俱全，而且重点描绘唐刻的状貌，以及上面所附文字："唐广德元年春二月岁次甲辰，江水退，石鱼出见，下去水四。问古老，咸云：江水退，石鱼见，即年丰稔，时刺史、州团练使郑令珪记。"这段文字是对前代白鹤梁史料的忠实记录。要而言之，白鹤梁题刻文学的纪实性主要表现在三个方面。

1. 人物

白鹤梁题刻有关人物的题记较多，如前所述《申状题记》就是记载左都押衙谢昌瑜等人发现唐代题刻经过，以及涪州诸官前往观看的一段文字作品。这段题刻以及之前已佚原刻的《郑令珪题记》，之后的《朱昂题诗记》等对白鹤梁题刻中后世有关碑文、铭文的人物叙述具有一定的影响。比如《赵汝廪观石鱼诗》："预喜金穰验石鳞，□能免俗且怡神。晓行鲸背占前梦，瑞纪龟陵知几春。拂石已无题字处，观鱼皆是愿丰人。片云不为催诗黑，欲雨知予志在民。"此诗是白鹤梁题刻诗词中的代表性作品。其前有题记一段，云"淳祐庚戌

正月八日，郡守、开封赵汝廪观石鱼，赋五十六言"。文虽短小，实则记述了作者赵汝廪个人信息，并对刻书缘由有所简略叙述。又如《姚觐元题记》："光绪乙亥冬，鱼出。岁其大稔乎？喜而记之。二品顶带布政使衔、分巡川东兵备道，归安姚觐元。"此题记记载了姚氏在川东为官时期的职位、官衔，并叙述了镌刻题记之目的，可以对研究姚觐元川东行迹有所帮助。还有如清代题刻《濮文升题记》："咸丰癸丑，先大夫琅圃公来治涪州，文升与兄文逵、弟文昶、文曦侍，三载于兹，颇穷蒐访，独以莫见石鱼为憾。同治辛未，文升复承之是州，自时厥后，凡三至焉。江山云物，皆若有情，然终莫见斯石也。今年春，水涸鱼出，因偕诸友流览其上，让酒之暇，余兴未已，爰叙颠末，以志不忘。同游者需益娄楷、婺源胡寿春、芜湖沈福曾、中江蒋蕴、岳尚先、眉州何晋铣、归安吴瑜、乌程沈锌庚、昭文范观治、营山张元圭及余弟文曦子贤懋、贤忱、贤恭、贤怡、贤泌，犹子贤愈，妹夫顺德张思源、甥宝应朱学曾、顺德张元钰。清光绪七年辛巳春正月甲子朔二十正癸未溧水濮义升记。"这段题刻文字重在介绍濮氏一族与涪州之渊源以及石鱼出水后，众人从游的盛况。对于这些从游者，除少数人事迹在其他史籍中有所记载，大部分则无片语可查，故此题刻所载人名及对应官称、字号、人物关系，正可补其缺漏。同时，据题刻记载，可以将濮氏的政绩突出地表现出来，在叙述时条理清晰，足以表现其人的风貌。

2. 事件

白鹤梁题刻大多因事而作，而所记事件多与石鱼出水之事相关，故从这个意义上来讲，白鹤梁题刻也可以说全具记事性特征。比如题刻中镌刻年代相对比较早的《刘叔子诗并序》，诗云"衔尾洋洋石上镌，或依于

藻或依连。梦占周室中兴日，刻自唐人多历年。隐见有时非强致，丰凶当几必开先。太平谁谓真无象，罩罩还歌乐与贤。三年春王正月乙巳，佥男贡士从龙书"。前序云，"鉴湖之石鱼，唐人所刻也。《图经》谓三五年或十年方一出，出则岁稔，大率与渝江《晋义熙碑》相似。圣宋宝祐二年岁次甲寅蜡（腊）月立春后一日，郡假守长宁刘叔子君举，偕别驾塞材望君厚送客江上，过石鱼浦，寻访旧迹，则双鱼已见，时维丰年之兆。因披沙阅古碣，得转运使尚书主客郎中刘公忠顺所题一诗，叔子感慨颓波之滔滔，激节石鱼之砥柱，而转运公之佳句与之相为无穷，敬嗣韵以识盛事，尚庶几小雅，歌牧人之意云尔"。此题刻主要记载了石鱼出水的事实，以及前代有关石鱼出水兆丰年的故事，另外对题刻以及《图经》中的有关记载也进行了引述，最后，则交代了此次石鱼出水后，郡守刘叔子与众人一同往观的情况。又比如《罗奎诗并序》，"万历己丑上元后一日，予偕江、金二别驾往观石鱼。读宋淳祐中太守同僚赓刘转运诗，因步韵以纪事云。神鱼翠壁托奇镌，不落池塘岂傍莲。春雨涨江翻巨浪，晴波浮石兆丰年。渔人把钓空垂饵，太史占祥庆有先。惟愿此中相继见，公余同咏附前贤。惠阳罗奎"。此诗记载万历十七年（1589），罗奎与江、金二别驾观看石鱼出水，但见前代石题刻甚多，遂亦沿袭北宋刘忠顺石鱼诗之韵，自作诗词镌刻的事。又比如，清代题刻《萧星拱重镌双鱼记》："涪江石鱼，镌于波底，现则岁丰。数千百年来，传为盛事。康熙乙丑春正，水落而鱼复出。望前二日，偕同人往观之，仿佛双鱼菱莲隐跃。盖因岁久剥落，形质模糊，几不可问。遂命石工刻而新之，俾不至湮没无传，且以望丰亨之永兆云尔。时同游者旧黔令、云间杜同春梅川，州佐、四明王运亨元公，盱江吴天衡高伦，何谦文奇，

西陵高应乾侣叔，郡人刘之益四仙，文珂奚仲。涪州牧盱江萧星拱薇翰氏记略。"此题刻记载事件首尾皆具，本末清晰，主要围绕石鱼出水后，所见皆"岁久剥落，形质模糊，几不可问"，故命工摹刻之事。除上述所列诸刻之外，其他题刻也多有反映彼时诸事，今不详论。

3. 涪州自然风貌

白鹤梁作为一处著名的人文景观，既是历世文人交游之所，故所存题刻中自然也就少不了对涪州风貌，特别是白鹤梁本体风貌描述的作品。比如镌成于清代乾隆时期的《罗克昌题记》："古涪江心卧石梁，梁上凿鱼鱼徜徉。岂是王余留半面，非同沙内曳红裳。三十六鳞形质全，闻说在昔唐人镌。此石成鱼鱼赖水，胡为失水偏有年。呜呼噫嘻知之矣，纪闻纪见俱至理。白鱼入舟周载祥，圣嗣钟灵独梦鲤。讲堂鸑鷟集三鳣，公卿象服说非俚。太人占之曰维丰，此事更与瑞鳞通。独茧苴钩强不起，石文潜见悉天工。我来涪陵鱼常出，岁岁仓箱盈百室。今兹休暇复往观，鱼高水面空匼窟。额手称庆告农夫，及时举籽莫荒芜。圣朝仁爱天心见，人事承麻切自图。主伯亚旅勤胼胝，三时不懈冻馁无。纯孝裂水双鲤跃，类推集祉在中孚。我将去矣无多嘱，愿尔群黎共惇笃。作善降祥鱼效灵，江石千年兆人足。乾隆十六年岁次辛未二月初四日，前涪州刺史珠湖罗克昌题。命子元定书。"此题刻对白鹤梁景物的描述非常翔实，如"古涪江心卧石梁，梁上凿鱼鱼徜徉。岂是王余留半面，非同沙内曳红裳。三十六鳞形质全，闻说在昔唐人镌"诸句，就依稀可以让后来人感悟到白鹤梁周边的青石、碧水、游鱼、古记、绿树、古居的画面。可以说，全诗文字浅显，语言生动，描摹景物朴实自然，仿佛为后世勾勒出了一幅石鱼出水的绚美画卷。另如

比之稍晚的《张师范题诗并记》："大江日夜流，陵谷巨云间。奇石撼波涛，崩云胜霹雳。北岩水落时，中有白鹤脊。清浅漾双鱼，丰俭以出没。我来已一载，岁歉悯漠脊。晨夕剧忧惶，富庶惭豪述。今作濠梁游，因抚昆明石。芝草与莲花，节出就我侧。好风送斜晖，时密媚空碧。初春风物伴，瑞龙验秋获。共有忠鉴喜，复寻古篆迹。逸响满沧浪，骚雅缅时昔。相与促题诗，俯仰法踟蹰。兹邦无若旱，我欲致河伯。刻化一鲸鱼，飞跃蛟龙宅。来时显作霖。长渥涪陵泽。吞吐叠烟波，江天恣旷道。大清嘉庆癸酉岁新正四日，偕诸同人往观石鱼，鱼已见水面，喜盈于色，作此志。胜而续风骚，复于白鹤梁之西，续刻巨鱼，卜众维年丰之兆，且冀雨泽常润我州，遂命勒石焉。州牧张师范题并书。"此诗视野更为宏阔，诗人仿佛立于题刻之外，通过远景、近景的交替描写，为阅读者提供了白鹤梁所在长江涪州段"奇石撼波涛，崩云胜霹雳"的壮丽景象。而"北岩水落时，中有白鹤脊"一句则将北岩题刻与白鹤梁题刻并列表述，显示出此地人文胜景的繁复。"清浅漾双鱼，丰俭以出没"，以及"芝草与莲花，节出就我侧"等句，亦如前诗，简直将石梁一带江景刻画得入木三分。

（四）结语

本节之所以在引言中，将论题定位于白鹤梁石刻文学，就是试图通过对这一地方文学的考察，在实证的层面挖掘其文学内涵，并展现出白鹤梁题刻多方面的研究价值。

就石刻文学而言，白鹤梁题刻具有丰富的文体类型，包括诗、铭、记、词等。这些文体以应用性的叙事为主，这与白鹤梁所附着的人文身份特征，以及历代文人士大夫交游题刻风气的愈加兴盛是紧密地联系在一起的。其中纯文学性的诗文，大多主要表现历代文士面对优美的石梁胜景和独特的古迹遗产所发出的赞美与慨叹。当然，既然白鹤梁题刻以叙事为主，那么白鹤梁文学一个突出的特点就是其具有强烈的纪实倾向。而这种纪实性又主要表现在纪人物、纪事件、纪涪州自然风貌等诸方面，可以很明显看出，这与传统文学重抒情的主流倾向有所不同。正因如此，才使得白鹤梁产生了一种独特的，具有高度的文学技巧的特殊文学创作现象。

另就地方文学而言，白鹤梁题刻也是在石刻文学基础上体现其区域文学研究价值的。对于历代石刻。我们可以分为可移动石刻和不可移动石刻两种类型，墓志墓碑之类的石刻是可以移动的，而题记、摩崖等一般以为是不可移动的，这两种石刻的功能和表现也就会有所不同。白鹤梁题刻属于题记，应属于不可移动的石刻。尽管随着三峡工程的建设，今天的白鹤梁已经很难恢复其往日的风采，大部分题记、题刻随着三峡蓄水永远地沉入了江底，有些则通过特殊手段得以异地保存，但上述做法并不妨碍将这些石刻视为不可移动文物的性质。总之，白鹤梁石刻比起涪州其他类型石刻，其文字更为工整，布局更为精炼，也更具有水文应用价值，还更利于传世久远。尤其重要的是，白鹤梁的题刻文学，多是出于涪州本土文人以及峡江流寓士大夫之手，前后跨度虽历经千年，但不妨碍其属于涪州地域文学的性质。

当然，对于白鹤梁文学的研究，特别是从宏观层面进行整体论述，本节只可谓是一种初步的尝试，其中对于各类诗文、铭记等的分析，仍显粗浅，特别是对于不同时代题刻文学作品的对比分析，基本没有涉及。但笔者相信，这种分析与比较是很有必要的，因为这涉及地方文学研究的扩充与延展，冀望有同好者进一步申发，从而使白鹤梁题刻文学研究能继续深化。

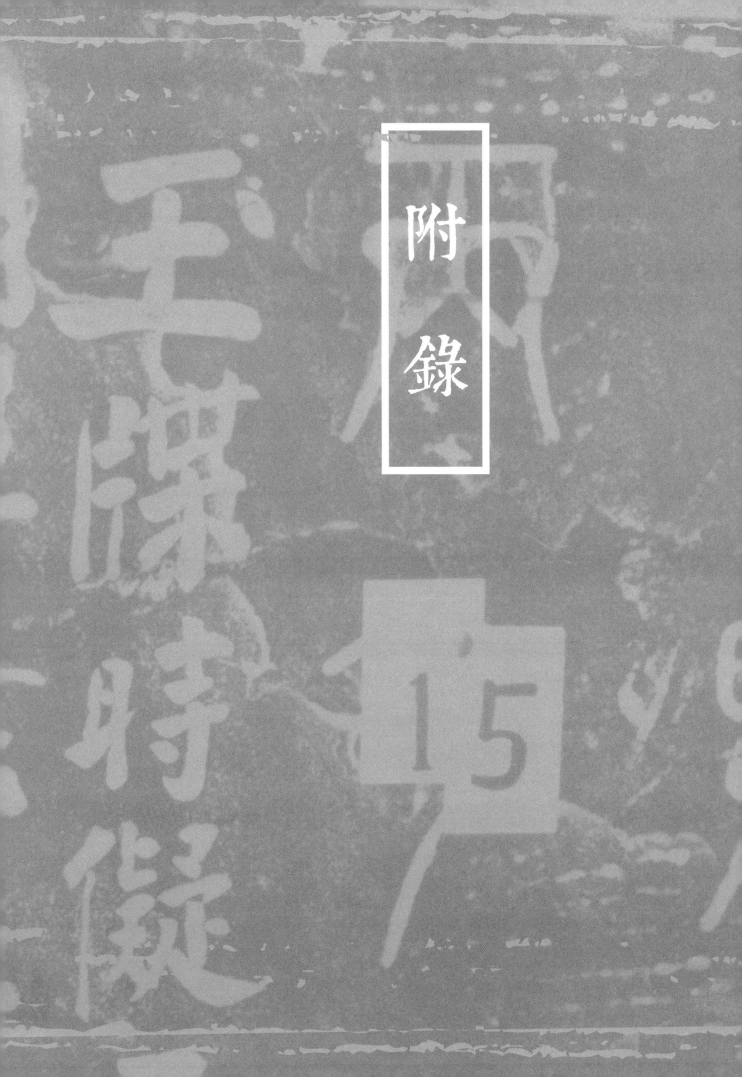

附錄

15

一、《涪州石鱼文字所见录》所收题刻表

编号	题刻命名	备注
1	谢□□题记	即本书"申状题记"
2	朱昂题诗记	
3	刘忠顺等倡和诗	
4	武陶等题记	
5	刘仲立等题名	
6	冯玠等题名	《八琼室金石补正》名此题刻为"郡从事冯□等题名"
7	徐庄等题名	
8	韩震等题名	
9	黄觉等题名	
10	吴缜题记	
11	王珪直等题名三段（王珪直、太原游以忠／元祐五年正月十五日／公执）	又有作"□兆思题名"
12	杨嘉言题名	
13	姚珏等题名	
14	涪翁题名	即"黄庭坚题名"
15	符直夫题名	
16	杨元永题记	《题名记》作"杨公题诗"
17	庞恭孙等题名	
18	王蕃题诗	
19	蒲蒙亨等题名	《题名记》作"蒲蒙亨等题记"
20	又	即"蒲蒙亨等再题"
21	吴革题记	
22	毌邱兼孺等题名	即"毌丘兼孺等题名"
23	陈袭卿题记	"陈袭卿"即"陈似"
24	文悦等题名	
25	刘公亨等题名	
26	赵子通等题名	
27	何梦与等题名	
28	王择仁题记	
29	刘意等题名	《题名记》作"种慎思题记"
30	李宜仲等题名	此题疑与上题为一时所题
31	张忠宪题名	《所见录》录字有误，实为"张宗宪题名"
32	贾公哲等题名	
33	蔡兴宗等题名	
34	邢纯等题名	
35	贾思诚题记	
36	又	即"贾思诚再题"
37	戊午己未题记	
38	张仲通等题名	
39	孙仁宅题记	
40	晁公武等题名	
41	张仲通等题名	即"张仲通等再题"
42	潘居实等题名	此题记及以后诸题均见此书下卷
43	周诩等题名	
44	张宗忞等题名	
45	李景嗣等题名	
46	杜肇等题名	
47	张珤等题名	"珤"，前人亦有直接录作"宝"者

续表

编号	题刻命名	备注
48	李景嗣等题名	本书作“李景孚等再题”
49	晁公遡题记	
50	杨谔等题名	
51	杜与可题记	
52	邓子华等题名	
53	何宪盛辛倡和诗	
54	高克舒题名	《题名记》无录此题记
55	高祁等题名	
56	张维题名	
57	又	即“张维再题”
58	张松兑等题记	
59	黄仲武等题名	
60	向之问等题名	此题刻文字《八琼室金石补正》未见收录
61	王宏甫题名	
62	贾振文等题名	
63	赵彦球题记	
64	陶仲卿题记	即本书“向仲卿题记”
65	冯和叔等题记	
66	朱永裔题记	
67	夏敏彦等题名	“夏敏彦”，恐作“夏敏，字彦博”
68	徐嘉言题名	
69	赵时儗题名	
70	贾复等题名	《题名记》作“贾涣等题名”
71	禄几复等题名	
72	曹士中题名	
73	李公玉题记	又有录作“李玉新”者
74	又	即“李公玉再题”
75	瑞鳞古迹	
76	宝庆题字	仅存“宝庆丙戌水齐”等字
77	凵镐等题名	
78	谢兴甫等题名	
79	张霁等题记	
80	王季和题记	
81	邓刚等题名	
82	赵以廩题诗	即“赵汝廩观石鱼诗”
83	蹇材望题诗记	
84	刘叔子题诗记	
85	李可久等题名	
86	盛芹等题名	
87	周品级等题名	此题刻位于“高祁等题名”下方，文字横列。《题名记》未见此题刻
88	姚昌遇等题名	
89	铜鞮徐朝卿太原	此题记及后“亲观故迹”诸字亦可能为同一题刻
90	亲观故迹	
91	双龙鳞甲奇，变化待何时	
92	无净居士王汉老来观	
93	遂宁傅端卿游此	此题记，未见拓本尺寸，亦或归于“谢兴甫等题名”内
94	董时彦游	
95	杨公题诗	

续表

编号	题刻命名	备注
96	安固题记	
97	宣侯题记	
98	滦阳□等题字三种	
99	张八歹木鱼记	
100	蒙古题字	

二、《涪州石鱼题名记》所收题刻表

编号	题刻命名	备注
1	谢□□题记	本书作"申状题记"
2	朱昂题诗记	
3	刘忠顺等倡和诗	
4	武陶等题记	
5	刘仲立等题名	
6	冯玠等题名	
7	徐庄等题名	
8	韩震等题名	
9	黄觉等题名	
10	吴缜题记	
11	王珪直等题名三段	文字附于"刘忠顺等题名"内，《八琼室金石补正》作"□兆思题名"
12	杨嘉言题名	
13	姚珏等题名	
14	涪翁题名	即本书"黄庭坚题名"
15	符直夫题名	
16	杨元永题记	
17	庞恭孙等题名	
18	王蕃题诗	
19	蒲蒙亨等题记	
20	又	即"蒲蒙亨等再题"
21	吴革题记	
22	母邱兼孺等题名	即"毌丘兼孺等题名"
23	陈袭卿题记	即本书"陈似等题名"
24	文悦等题名	
25	刘公亨等题名	
26	赵子逼等题名	
27	何梦与等题名	
28	蔡悙题记	即"王择仁题记"
29	种慎思题记	又有谓"刘意等题名"
30	李宜仲等题名	
31	张宗宪题名	
32	贾公哲等题名	
33	蔡兴宗等题名	
34	邢纯等题名	
35	贾思诚题记	

编号	题刻命名	备注
36	贾思诚再题	
37	戊午己未题记	
38	张仲通等题名	
39	孙仁宅题记	
40	晁公武等题名	
41	张仲通等题名	即"张仲通等再题"
42	潘居实等题名	
43	周诩等题名	
44	张彦中等题名	《所见录》未见
45	张宗忞等题名	
46	李景嗣等题名	
47	杜肇等题名	
48	张珌等题名	
49	李景嗣等题名	本书作"李景嗣等再题"
50	晁公遡题记	
51	杨谔等题名	
52	杜与可题记	
53	邓子华等题名	"邓子华"即"邓褒",故又有名"邓褒等题名"
54	何宪、盛辛倡和诗	
55	盛景献等题记	此题记疑为北岩题刻,《所见录》不载
56	高祁等题名	
57	张维题名	
58	又	即"张维再题"
59	盛芹等题名	
60	张松兑等题名	
61	黄仲武等题名	
62	向之问等题名	
63	王宏甫题名	
64	贾振文等题名	
65	赵彦球题记	
66	卢棠等题名	《所见录》未见
67	徐朝卿题名	
68	陶仲卿题记	
69	冯和叔等题记	
70	朱永裔题记	
71	夏敏彦等题名	即本书"夏敏等题名"
72	瑞鳞古迹	此或与"李公玉再题"为同一题刻
73	徐嘉言题记	
74	赵时健题名	
75	贾涣等题名	本书及《所见录》作"贾复等题名"
76	禄几复等题名	
77	曹士中题名	
78	李公玉题记	
79	又	即"李公玉再题"
80	宝庆题字	
81	□镐等题名	
82	谢兴甫等题名	
83	张霁等题记	
84	王季和题记	
85	邓刚等题名	

续表

编号	题刻命名	备注
86	赵以廪题诗	即"赵汝廪观石鱼诗"
87	蹇材望题诗记	
88	刘叔子题诗记	
89	何震午等题记	此题名,《所见录》未见
90	李可久等题名	
91	姚昌遇等题名	
92	无诤居士王汉老来观	
93	遂宁傅端卿游此	
94	董时彦游	
95	杨公题诗	此为北宋题刻
96	安固题记	此题刻以后数种,均为元代题刻
97	宣侯题记	
98	滦阳□等题字三种	文字分别为"滦阳留题""□元""天历□午,石鱼现涪州□□□"
99	张八歹木鱼记	
100	蒙古题字	

三、《八琼室金石补正》所收题刻表

序号	题刻名	备注
1	申状题记	
2	朱昂诗	即本书"朱昂题诗记"
3	刘忠顺等诗	即本书"刘忠顺等倡和诗"
4	武陶等题名	
5	刘仲立等题名	
6	郡从事冯□等题名	即本书"冯□等题名"
7	徐庄等题名	
8	韩震等题名	
9	黄觉等题名	
10	□兆思题名	即本书"王珪直等题名"
11	杨嘉言题名	
12	姚珏等题名	
13	黄庭坚题名	又有称作"元符庚辰涪翁来题刻"者
14	孙羲叟等题名	本书作"符直夫题名"
15	扬元永等题名	此处"扬"字,当作"杨"
16	庞恭孙等题名	
17	王蕃诗	
18	蒲蒙亨等题名	
19	蒲蒙亨等再题	
20	吴革等题名	

序号	题刻名	备注
21	毌邱兼孺等题名	
22	陈似等题名	
23	史时杰等题名	此题刻，本书名为"刘公亨等题名"
24	文悦等题名	
25	赵子遹等题名	
26	何梦与等题名	
27	王择仁等题名	
28	刘意等题名	即"种慎思题记"
29	李宜仲等题名	
30	张宗宪题名	
31	贾公哲等题名	
32	蔡兴宗等题名	
33	宋艾等题名	即"邢纯等题名"
34	贾思诚等题名	
35	己未题记	《所见录》《题名记》《白鹤梁题刻辑录》等均作"戊午己未题记"
36	孙仁宅等题名	
37	张仲通等题名	
38	晁公武等题名	
39	潘居实等题名	
40	张彦中等题名	
41	周翊等题名	
42	李景嗣等题名	
43	杜肇等题名	
44	张珬等题名	亦有作"张宝题记"
45	李景嗣等再题	本书作"李景寻等题名"
46	晁公遡题记	此题刻三峡博物馆馆藏拓本未见
47	扬谔等题名	"扬"字，当录为"杨"
48	杜与可等题名	
49	邓子华等题名	
50	吴克舒题名	此题刻，《所见录》作"高克舒题名"，"高"当为"吴"之误。题刻拓本今未见。《涪陵市志》名其为"绍兴癸酉题刻"，并云"在一石龛东壁，40厘米×132厘米，楷书，二行：汴阳吴克舒绍兴癸酉书云日举家来游，阰橡侍行"[1]
51	高祁等题名	
52	张维题名	
53	张维等再题	
54	盛景献题记	此题刻，当非白鹤梁题刻
55	黄仲武等题名	
56	贾振文等题名	

---

[1] 《涪陵市志》，第1398页。

续表

序号	题刻名	备注
57	赵彦球等题名	
58	王宏甫题名	
59	卢棠等题名	
60	刘师文等题名	即"向仲卿题记"
61	冯和叔等题名	
62	朱永裔等题名	
63	夏敏彦等题名	
64	贾涣题记	《所见录》作"贾复等题名"
65	曹士中题名	
66	李公玉等题名	
67	李公玉等再题	
68	丙戌残题	
69	谢兴甫等题名	
70	绍定残刻	
71	张霁等题名	
72	王季和等题名	
73	邓刚等题名	
74	赵汝凛诗	
75	刘济川等题名	实为涪州北岩题刻
76	朱子诗	实为涪州北岩题刻
77	刘叔子诗	即本书"刘叔子诗并序"
78	塞材望诗	
79	江应晓诗	此为明代题刻
80	杨名时诗	此为清代题刻
81	金国祥诗	此为明代题刻
82	徐上升等诗	
83	何震午等题名	
84	甲子题记	即本书"萧星拱观石鱼记"
85	李可久等题名	
86	赵时偡题名	
87	雷毂题记	
88	盛芹等题名	
89	禄几复等题名	
90	何宪等诗	
91	高应乾诗	
92	杨太守诗	此题刻当为北宋题刻，《八琼室金石补正》误认其为南宋题刻，本书作"杨公题诗"
93	姚昌遇等题名	
94	李袭题名	此题名实为"徐庄等题名"之一部分
95	傅端卿题名	此题刻《题名记》《所见录》作"遂宁傅端卿游此"
96	董时彦题名	

序号	题刻名	备注
97	王汉老题名	
98	骈体残刻	此题刻本书作"董维祺题记",《题名记》《所见录》未收
99	双龙鳞甲奇变化待何时围	此题刻未见单独列出
100	明成化年题刻四行	此题刻未有录文

四、现存涪州诸志所收题刻表

序号	题刻名	《(康熙)重庆府涪州志》	《(乾隆)涪州志》	《(道光)涪州志》	《(同治)重修涪州志》	《涪陵县续修涪州志》	《涪乘启新》
1	朱昂题诗记	×	×	×	√	√	×
2	刘忠顺等倡和诗	×	×	×	√	√	×
3	王季和等题名	×	×	×	√	√	×
4	徐庄等题名	×	×	×	√	√	×
5	黄觉等题名	×	×	×	√	√	×
6	韩震等题名	×	×	×	√	√	×
7	禄几复等题名	×	×	×	√	√	×
8	吴缜等题名	×	×	×	√	√	×
9	杨嘉言等题名	×	×	×	√	√	×
10	姚珏等题记	×	×	×	√	√	×
11	黄庭坚题名	×	×	×	√	√	×
12	庞恭孙等题名	×	×	×	√	√	×
13	王士禛石鱼诗[1]	×	√	√	√	√	×
14	蒲蒙亨等题名	×	×	×	√	√	×
15	吴革题记	×	×	×	√	×	×
16	毌丘兼孺等题名	×	×	×	√	×	×
17	陈似等题名	×	×	×	√	√	×
18	王择仁题记	×	×	×	√	√	×
19	孙仁宅题记	×	×	×	√	√	×
20	赵子遹等题名	×	×	×	√	√	×

[1] 此诗,诸志均作《王渔洋诗》。又,题刻所收录题名,凡见于该志者,用"√"表示,凡未见者,用"×"表示,凡诸志均未载者,本表不做统计。

续表

序号	题刻名	《（康熙）重庆府涪州志》	《（乾隆）涪州志》	《（道光）涪州志》	《（同治）重修涪州志》	《涪陵县续修涪州志》	《涪乘启新》
21	周诩等题名	×	×	×	√	√	×
22	晁公武等题名	×	×	×	√	√	×
23	张彦中等题名	×	×	×	√	√	×
24	张仲通等题名	×	×	×	√	√	×
25	张宗忞等题名	×	×	×	√	√	×
26	何宪等倡和诗并序	×	×	×	√	√	×
27	晁公遡题记	×	×	×	√	√	×
28	杜肇等题名	×	×	×	√	√	×
29	杜与可等题记	×	×	×	√	√	×
30	盛芹等题名	×	×	×	√	√	×
31	朱永裔题记	×	×	×	√	√	×
32	贾振文等题名	×	×	×	√	√	×
33	冯和叔等题名	×	×	×	√	√	×
34	向仲卿题记	×	×	×	√	√	×
35	徐嘉言题记	×	×	×	√	√	×
36	曹士中题名	×	×	×	√	√	×
37	李公玉题记	×	×	×	√	√	×
38	张霁等题记	×	×	×	√	√	×
39	邓刚等题名	×	×	×	√	√	×
40	蹇材望诗并序	×	×	×	√	√	×
41	何震午等题名	×	×	×	√	√	×
42	刘叔子诗并序	×	×	×	√	√	×
43	安固题记	×	×	×	√	√	×
44	张八歹题记	×	×	×	√	√	×
45	刘冲霄诗并序	×	×	×	√	√	×
46	李宽观石鱼记	×	×	×	√	√	×
47	七叟胜游	×	×	×	√	√	×
48	张楫题诗	×	×	×	√	√	×
49	罗奎诗并序	×	×	×	√	√	×
50	张晴湖诗[1]	×	×	×	√	√	×

[1] 此诗今拓本未见，疑非白鹤梁题刻。

五、白鹤梁题刻所见人名索引

1. 本索引收入本书出现之白鹤梁人物之姓名，并及字、号、别名、谥号、籍贯、官职、斋号等。

2. 本索引以题刻正文中出现之姓名为主条目，其他称谓如字号、别名、谥号及籍贯、官职、尊称、字号等，分别置于姓名条目之后，如：

3. 题刻正文中未出现姓名而仅出现其他称谓者，未能确考姓名则以所出现之称谓为主条目，以俟他日再考。

4. 同一人物有不同镌刻称呼者，将参见条目汇为一条，参见各自之土条目。如：

5. 本索引所列人物以姓名首字母为序，佚姓、佚名者，依所存名字中之第一个文字之首字母排列。以字号、官爵等相称者，视字号、官爵等为名进行排列。条目内书写依次为：姓名、所见题刻名、本书所见页码。如：

A

B

C

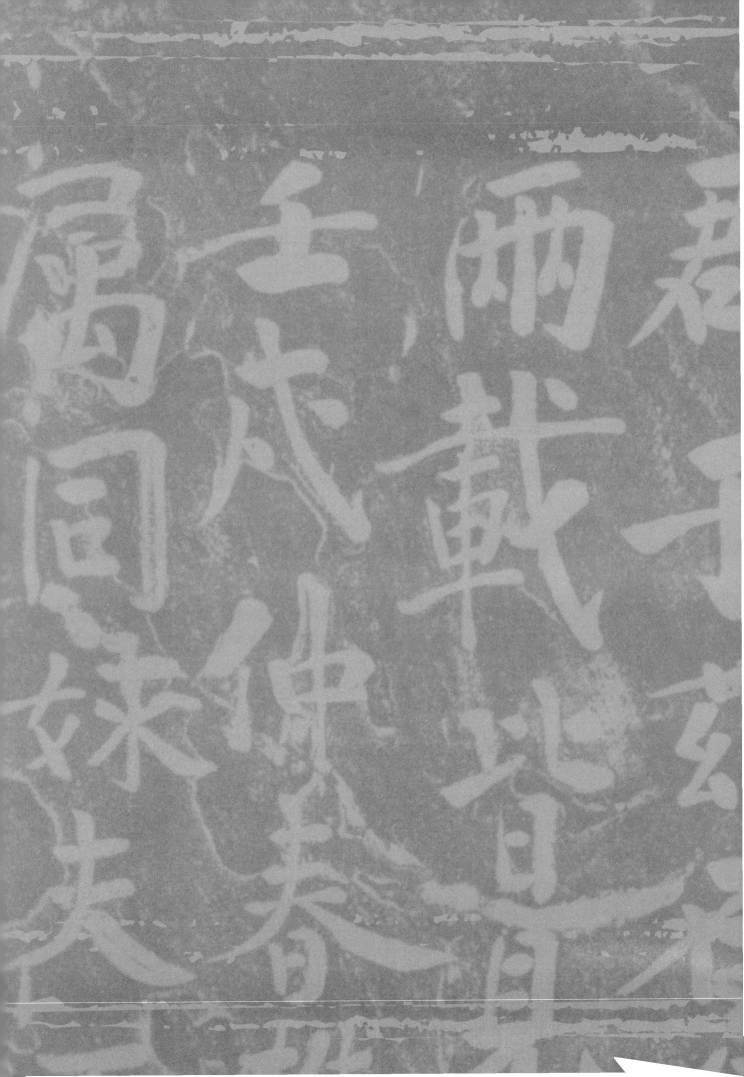

参考文献

15

按：本书参考文献分古籍、专著、学术论文三部分，其中古籍部分主要按照作者时代、出版时间和古籍种类分类排序，专著和学术论文部分主要依据出版时间先后排序。

古籍

1.（唐）房玄龄等撰：《晋书》，中华书局，1974年。

2.（宋）李昉等撰：《太平御览》，中华书局，1960年。

3.（宋）彭百川撰：《太平治迹统类》，江苏广陵古籍刻印社，1990年。

4.（宋）李焘撰：《续资治通鉴长编》，中华书局，2004年。

5.（宋）杨仲良撰：《皇宋通鉴长编纪事本末》，黑龙江人民出版社，2006年。

6.（宋）佚名撰：《皇宋中兴两朝圣政》，北京图书馆出版社，2007年。

7.（宋）徐梦莘编：《三朝北盟会编》，上海古籍出版社，2008年。

8.（宋）李埴撰，燕永成校正：《皇宋十朝纲要校正》，中华书局，2013年。

9.（宋）李心传编撰：《建炎以来系年要录》，中华书局，2013年。

10.（宋）邓椿著：《画继》，人民美术出版社，1964年。

11.（宋）徐光溥编：《自号录》，《丛书集成初编》本，中华书局，1985年。

12.（宋）佚名编：《绍兴十八年同年小录》，永瑢、纪昀等纂修：《景印文渊阁四库全书》本，台湾商务印书馆，1986年。

13.（宋）司马光撰：《涑水记闻》，中华书局，1989年。

14.（宋）岳珂编，王曾瑜校注：《鄂国金佗稡编续编校注》，中华书局，1989年。

15.（宋）李心传撰：《建炎以来朝野杂记》，中华书局，2000年。

16.（宋）陆游著，蒋方校注：《入蜀记校注》，湖北人民出版社，2004年。

17.（宋）欧阳修撰：《欧阳文忠公文集》，《四部备要》排印本，中华书局，1920年。

18.（宋）黄庭坚撰：《豫章黄先生文集》，《四部丛刊初编》本，商务印书馆，1922年。

19.（宋）朱熹撰：《晦庵先生朱文公文集》，《四部丛刊初编》本，商务印书馆，1922年。

20.（宋）魏了翁撰：《鹤山先生大全文集》，《四部丛刊初编》本，商务印书馆，1922年。

21.（宋）刘敞著：《彭城集》，《国学基本丛书》本，商务印书馆，1937年。

22.（宋）王安石撰：《王临川集》，《国学基本丛书》本，商务印书馆，1937年。

23.（宋）黄庭坚撰：《山谷别集》，《丛书集成初编》本，中华书局，1985年。

24.（宋）周必大撰：《文忠集》，永瑢、纪昀等纂修：《景印文渊阁四库全书》本，台湾商务印书馆，1986年。

25.（宋）王安中撰：《初寮集》，永瑢、纪昀等纂修：《景印文渊阁四库全书》本，台湾商务印书馆，1986年。

26.（宋）王十朋撰：《梅溪后集》，永瑢、纪昀等纂修：《景印文渊阁四库全书》本，台湾商务印书馆，1986年。

27.（宋）阳枋撰：《字溪集》，永瑢、纪昀等纂修：《景印文渊阁四库全书》本，台湾商务印书馆，1986年。

28.（宋）晁公遡撰：《嵩山居士集》，永瑢、纪昀等纂修：《景印文渊阁四库全书》本，台湾商务印书馆，1986年。

29.（宋）葛立方撰：《归愚集》，永瑢、纪昀等纂修：《景印文渊阁四库全书》本，台湾商务印书馆，1986年。

30.（宋）胡宿撰：《文恭集》，永瑢、纪昀等纂修：《景印文渊阁四库全书》本，台湾商务印书馆，1986年。

31.（宋）刘克庄撰：《后村集》，永瑢、纪昀等纂修：《景印文渊阁四库全书》本，台湾商务印书馆，1986年。

32.（宋）卫泾撰：《后乐集》，永瑢、纪昀等纂修：《景印文渊阁四库全书》本，台湾商务印书馆，1986年。

33.（宋）李流谦撰：《澹斋集》，《中国西南文献丛书》，兰州大学出版社，2003年。

34.（宋）汪应辰撰：《文定集》，学林出版社，2009年。

35.（宋）罗濬撰：《（宝庆）四明志》，《中国方志丛书》本，台湾成文出版社，1983年。

36.（宋）谈钥纂修：《（嘉泰）吴兴志》，《宋元方志丛刊》本，中华书局，1990年。

37.（宋）王象之著：《舆地纪胜》，中华书局，1992年。

38.（宋）史能之纂修：《（咸淳）重修毗陵志》，《宋元珍稀地方志丛刊》本，四川大学出版社，2007年。

39.（宋）梁克家纂修：《（淳熙）三山志》，《宋元珍稀地方志丛刊》本，四川大学出版社，2007年。

40.（宋）周应合撰：《（景定）建康志》，《南京稀见文献丛刊》，南京出版社，2009年。

41.（宋）潜说友纂：《（咸淳）临安志》，浙江古籍出版社，2012年。

42.（元）脱脱等修：《宋史》，中华书局，1977年。

43.（元）于钦纂修：《齐乘》，《宋元方志丛刊》本，中华书局，1990年。

44.（元）苏天爵编：《元文类》，上海古籍出版社，1993年。

45.（元）马端临撰：《文献通考》，浙江古籍出版社，2007年。

46.（元）张铉修：《（至大）金陵新志》，《宋元珍稀地方志丛刊》本，四川大学出版社，2007年。

47.（明）翁相修，陈棐纂：《（嘉靖）广平府志》，《天一阁藏明代方志选刊》影印本，上海古籍书店，

1982年。

48.（明）崔铣等纂修：《（嘉靖）彰德府志》，《天一阁藏明代方志选刊》影印本，上海古籍书店，1982年。

49.（明）董天锡等纂修：《（嘉靖）赣州府志》，《天一阁藏明代方志选刊》影印本，上海古籍书店，1982年。

50.（明）樊深等纂修：《（嘉靖）河间府志》，《天一阁藏明代方志选刊》影印本，上海古籍书店，1982年。

51.（明）王光蕴等纂修：《（万历）温州府志》，永瑢、纪昀等纂修：《景印文渊阁四库全书》本，台湾商务印书馆，1986年。

52.（明）杨慎等纂修：《（正德）四川通志》，永瑢、纪昀等纂修：《景印文渊阁四库全书》本，台湾商务印书馆，1986年。

53.（明）朱睦㮮等纂修：《（万历）开封府志》，永瑢、纪昀等纂修：《景印文渊阁四库全书》本，台湾商务印书馆，1986年。

54.（明）赵瀛、赵文华纂修：《（嘉靖）嘉兴府图记》，永瑢、纪昀等纂修：《景印文渊阁四库全书》本，台湾商务印书馆，1986年。

55.（明）李贤等纂修：《大明一统志》，永瑢、纪昀等纂修：《景印文渊阁四库全书》本，台湾商务印书馆，1986年。

56.（明）黄仲昭等纂修：《（弘治）八闽通志》，《中国史学丛书三编》本，台湾学生书局，1987年。

57.（明）雷礼撰：《国朝列卿记》，台湾文海出版社，1984年。

58.（明）邝璠修，熊相纂：《（正德）瑞州府志》，《天一阁藏明代方志选刊续编》影印本，上海书店，1990年。

59.（明）曹学佺撰：《蜀中广记》，上海古籍出版社，1993年。

60.（明）凌迪知撰：《万姓统谱》，《四库类书丛刊》本，上海古籍出版社，1994年。

61.（明）周瑛、黄仲昭著，蔡金耀点校：《重刊兴化府志》，福建人民出版社，2007年。

62.（明）李东阳撰，周寅宾、钱振民校点：《李东阳集》，岳麓书社，2008年。

63.（清）查慎行撰：《补注东坡先生编年诗》，清乾隆二十六年（1761）刻本。

64.（清）卢元昌撰：《杜诗阐》，大通书局，1974年。

65.（清）钱曾撰：《读书敏求记》，书目文献出版社，1984年。

66.（清）黄宗羲撰：《宋元学案》，中华书局，1986年。

67.（清）王培荀撰：《听雨楼随笔》，巴蜀书社，1987年。

68.（清）庆桂等撰：《钦定剿平三省邪匪方略》，中国书店，1989年。

69.（清）朱珪撰：《词林典故》，江苏广陵古籍刻印社，1990年。

70.（清）陆心源撰：《宋诗纪事补遗》，山西古籍出版社，1997年。

71.（清）顾祖禹撰：《读史方舆纪要》，中华书局，2005年。

72.（清）丁立中编：《八千卷楼书目》，国家图书馆出版社，2009年。

73.（清）陈文述撰：《秣陵集》，南京出版社，2009年。

74.（清）陈锦撰：《勤余文牍》，《清代诗文集汇编》本，上海古籍出版社，2010年。

75.（清）陆心源撰：《仪顾堂集》，《清代诗文集汇编》本，上海古籍出版社，2010年。

76.（清）徐松辑：《宋会要辑稿》，中华书局，1957年。

77.（清）刘锦藻纂：《清朝续文献通考》，浙江古籍出版社，1988年。

78.（清）蒋良麒辑：《（康熙朝）东华录》，台湾文海出版社，2006年。

79.（清）吕绍衣等修：《（同治）重修涪州志》，清同治八年（1869）刻本。

80.（清）田文镜等纂修：《（雍正）河南通志》，清光绪二十八年（1903）刻本。

81.（清）刘于义、沈青崖纂修：《（雍正）陕西通志》，台湾华文书局，1969年。

82.（清）施纪云等纂，王鉴清等修：《涪陵县续修涪州志》，台湾学生书局，1971年。

83.（清）黄廷桂等纂修：《（雍正）四川通志》，永瑢、纪昀等纂修：《景印文渊阁四库全书》本，台湾商务印书馆，1986年。

84.（清）平翰等修，郑珍、莫友芝纂：《（道光）遵义府志》，《中国地方志集成》本，巴蜀书社，2006年。

85.（清）许鸿磐著：《方舆考证》，《山东文献集成》影印本，山东大学出版社，2007年。

86.（清）李瀚章等编纂：《（光绪）湖南通志》，岳麓书社，2009年。

87.（清）于成龙等纂修：《（康熙）江西通志》，《中国地方志集成》本，凤凰出版社，2009年。

88.（清）张宝琳修，孙诒让等纂：《（光绪）永嘉县志》，《中国地方志集成》本，凤凰出版社，2009年。

89.（清）金鉷等纂修：《（雍正）广西通志》，广西人民出版社，2009年。

90.（清）尹继善、赵国麟等纂修：《（乾隆）江南通志》，《中国地方志集成》本，凤凰出版社，2011年。

91.（清）沈葆桢、吴坤等纂修：《（光绪）重修安徽通志》，《中国地方志集成》本，凤凰出版社，2011年。

92.（清）缪荃孙撰：《艺风堂金石文字目》，光绪三十二年（1906）刻本。

93.（清）端方辑：《陶斋藏石记》，《石刻史料新编》本，台湾新文丰出版公司，1977年。

94.（清）陆增祥撰：《八琼室金石补正》，《石刻史料新编》本，台湾新文丰出版公司，1977年。

95.（清）武亿撰：《金石三跋》，《石刻史料新编》本，台湾新文丰出版公司，1977年。

96.（清）闵尔昌编辑：《碑传集补》，台湾文海出版社，1980年。

97.（清）叶昌炽著：《语石》，上海书店出版社，1986年。

98.（清）王昶著：《金石萃编》，陕西人民美术出版社，1990年。

99.（清）毕沅撰：《山左金石志》，《续修四库全书》本，上海古籍出版社，1996年。

100.（清）姚觐元、钱保塘撰：《涪州石鱼文字所见录》，《古学汇刊》本，广陵书社，2006年。

101.（清）吴熊光撰：《伊江笔录》，上海古籍出版社，1996年。

专著

1.龚廷万等编：《四川涪陵石鱼铭记图集》（内部资料），1963年。

2.昌彼得等编：《宋人传记资料索引》，台湾鼎文书局，1974年。

3.傅崇矩编：《成都通览》，巴蜀书社，1987年。

4.高文等编：《四川历代碑刻》，四川大学出版社，1990年。

5.贵阳市教育年鉴编辑委员会编：《贵阳教育纪事1949—1989》，贵州人民出版社，1991年。

6.石柱县志编纂委员会编：《石柱县志》，四川辞书出版社，1994年。

7.李国玲编纂：《宋人传记资料索引补编》，四川大学出版社，1994年。

8.四川省涪陵市志编纂委员会编：《涪陵市志》，四川人民出版社，1995年。

9.陈曦震主编：《水下碑林白鹤梁》，四川人民出版社，1995年。

10.水利部长江水利委员会编著：《长江三峡工程水库水文题刻文物图集》，科学出版社，1996年。

11.重庆市博物馆编：《中国西南地区历代石刻汇编·四川重庆卷》，天津古籍出版社，1998年。

12.大兴县志编纂委员会编：《大兴县志》，北京出版社，2002年。

13.重庆市涪陵区政协文史资料委员会编著：《甲午抗日名将徐邦道》（内部编印），2003年。

14.陈曦震、陈之涵编著：《中国长江水下博物馆——白鹤梁题刻》，重庆出版社，2003年。

15.重庆市渝中区政协文史资料委员会编：《重庆渝中区文史资料（第十三辑）》（内部编印），2003年。

16.曾超著：《三峡国宝研究——白鹤梁题刻汇录与考索》，中国文史出版社，2005年。

17.曾枣庄、刘琳主编：《全宋文》，上海辞书出版社，2006年。

18.长江水利委员会宣传出版中心编：《长江志》，中国大百科全书出版社，2007年。

19.曾德祥主编：《蜀学（第4辑）》，巴蜀书社，2009年。

20.谢向荣、吴建军、章荣发著：《水下文化遗产保护——白鹤梁题刻原址水下保护工程》，东南大学出版社，2014年。

21.黄海辑：《白鹤梁题刻辑录》，中国戏剧出版社，2014年。

22.重庆市文物局、重庆市移民局编著：《涪陵白鹤梁》，文物出版社，2014年。

23.王晓晖汇注：《白鹤梁题刻文献汇集校注》，天津古籍出版社，2015年。

学术论文

1.丁祖春、王熙祥撰：《涪陵白鹤梁石鱼和题刻研究》，《四川文物》，1985年第2期。

2.刘尚恒撰：《金陵书局小考》，《图书馆杂志》，1987年第5期。

3.黄秀陵撰：《涪陵白鹤梁"瑞鳞古迹"题刻》，《四川文物》，1988年第1期。

4.朱更翎撰：《清人研究涪陵石鱼题刻的成就》，《长江水利史论文集》，河海大学出版社，1990年。

5.俞伟超撰：《十年来中国水下考古学的主要成果》，《福建文博》，1997年第2期。

6.何凤桐撰：《宋代长江水文题刻实录》，《贵州文史丛刊》，2002年第1期。

7.胡昌健撰：《涪陵白鹤梁"元符庚辰涪翁来"题刻考》，《四川文物》，2003年第1期。

8.李宏松撰：《白鹤梁保护工程十年》，《文史天地》，2003年第6期。

9.李胜撰：《〈水下碑林白鹤梁〉题刻释文校读记》，《重庆社会科学》，2005年第10期。

10.李胜撰：《白鹤梁石刻题名人考按五十六则》，《三峡大学学报》（人文社会科学版），2006年第1期。

11.李胜撰：《〈八琼室金石补正〉石鱼朱子诗辨伪》，《重庆社会科学》，2006年第9期。

12.曾超、彭丹凤、王明月撰：《白鹤梁题刻〈晁公溯（遡）题记〉价值小议》，《三峡大学学报》（人文社会科学版），2007年第3期。

13.旷天全撰：《〈全蜀艺文志〉编者考论》，《绵阳师范学院学报》，2010年第7期。

14.赵红娟撰：《姚觐元、姚慰祖父子生平与藏书活动考述》，《中国典籍与文化》，2012年第3期。

15.王晓晖撰：《北宋涪州知州考略》，《长江师范学院学报》，2012年第9期。

16.武仙竹、邹后曦、黄海撰：《白鹤梁石鱼考》，《中国国家博物馆馆刊》，2012年第10期。

17.曾超、张正武撰：《西南地区白鹤梁题刻唐宋涪州牧考述》，《长江师范学院学报》，2013年第1期。

18.刘兴亮撰：《国内白鹤梁题刻研究综述》，《长江师范学院学报》，2013年第2期。

19.高远撰：《白鹤梁题刻与宋史研究》，《四川文物》，2013年第3期。

20.曾超撰：《白鹤梁题刻数及题刻收录考察》，《三峡大学学报》（人文社会科学版），2014年第1期。

21.黄海撰：《白鹤梁题刻考释》，《重庆书学》，2015年第3期。

22.曾超撰：《白鹤梁题刻易学文化考察》，《重庆师范大学学报》（哲学社会科学版），2015年第4期。

23.胡黎明撰：《白鹤梁题刻水环境现状与展示提升思考》，《中国文化遗产》，2015年第5期。

24.孙华、陈元棪撰：《涪陵白鹤梁题刻的保护与展示》，《四川文物》，2015年第6期。

25.李重华撰：《重庆保护与利用重要文化资源策略》，《中华文化论坛》，2015年第10期。

图书在版编目（CIP）数据

白鹤梁题刻整理与研究 / 刘兴亮 著 . -- 重庆 ：重庆大学出版社，2019.10
　　ISBN 978-7-5689-0286-1

　　Ⅰ. ①白… Ⅱ. ①刘… Ⅲ. ①碑刻—研究—涪陵区
Ⅳ. ①K877.424

中国版本图书馆CIP数据核字（2016）第294775号

白鹤梁题刻整理与研究
BAIHELIANG TIKE ZHENGLI YU YANJIU

刘兴亮　著
策划编辑：张菱芷
责任编辑：张菱芷　刘雯娜　　版式设计：张菱芷
责任校对：邹　忌　　　　　责任印制：张　策
＊
重庆大学出版社出版发行
出版人：饶帮华
社址：重庆市沙坪坝区大学城西路21号
邮编：401331
电话：（023）88617190　88617185（中小学）
传真：（023）88617186　88617166
网址：http://www.cqup.com.cn
邮箱：fxk@cqup.com.cn（营销中心）
全国新华书店经销
重庆新金雅迪艺术印刷有限公司印刷
＊
开本：889mm×1194mm　1/16　印张：24　字数：530千
2019年10月第1版　　2019年10月第1次印刷
ISBN 978-7-5689-0286-1　定价：398.00元